# JOURNAL DU VOYAGE

DU

# CAVALIER BERNIN

## EN FRANCE

PORTRAIT DE BERNIN.

(D'après une gravure du XVIIe siècle.

# JOURNAL DU VOYAGE

DU

# CAVALIER BERNIN

## EN FRANCE

PAR

## M. DE CHANTELOU

MANUSCRIT INÉDIT PUBLIÉ ET ANNOTÉ

PAR

## LUDOVIC LALANNE

PARIS

*GAZETTE DES BEAUX-ARTS*

8, RUE FAVART

—

1885

# NOTICE

 ORSQU'EN janvier 1664 Colbert fut nommé à la surintendance des bâtiments du roi, le premier objet de ses préoccupations fut l'agrandissement et l'achèvement du Louvre, dont Louis XIV voulait faire la plus magnifique des résidences. Sous Mazarin, Louis Le Vau, premier architecte du roi, avait construit la façade du côté de la Seine ; et, pour la façade principale, celle qui regarde Saint-Germain-l'Auxerrois, il avait fourni des plans que l'on commençait à exécuter. Mais à peine arrivé au pouvoir, Colbert arrêta les travaux qui s'élevaient déjà à quelques pieds de terre. Puis, comprenant la responsabilité qui pesait sur lui, et avant de s'engager dans une entreprise où l'on devait dépenser des millions, voulant, avec sa prudence et sa sagacité habituelles, s'éclairer autant que possible sur un projet qui ne lui plaisait guère, il prit la résolution toute nouvelle d'adresser un appel au public. Après avoir soumis le plan de Le Vau à tous les architectes de Paris, « il les invita, dit Charles Perrault dans ses *Mémoires*[1], à en venir voir le modèle de menuiserie dans une salle où il était exposé aux yeux de tout le monde, et en même temps il invita ces mêmes architectes à faire des dessins de cette façade ; promettant de faire exécuter celui qui aurait le mieux rencontré et que le roi trouverait le plus à son goût. Presque tous les architectes blâmèrent

---

1. *Mémoires de Charles Perrault, de l'Académie française et premier commis des bâtiments du roi, contenant beaucoup de particularités et d'anecdotes intéressantes du ministère de M. Colbert.* Avignon, 1759, in-12. C'est la première édition.

1

le projet de M. Le Vau, et en firent la critique dans des mémoires qu'ils donnèrent. Plusieurs même apportèrent des dessins de leur invention, qui furent aussi exposés dans la même salle où était le projet de M. Le Vau. Mon frère (Claude Perrault) fit un dessin à peu près semblable à celui qu'il donna depuis et qui a été exécuté. M. Colbert, à qui je le montrai, en fut charmé ».

Le résultat de cette tentative ne pouvait satisfaire Colbert. Si elle lui démontrait à quel point les plans du premier architecte du roi étaient défectueux, elle ne lui en fournissait aucun qui lui semblât digne de le remplacer. Il se décida à recourir aux architectes italiens. Des copies des dessins de Le Vau, accompagnées des indications nécessaires, furent envoyées à Rome pour être soumises aux personnes les plus compétentes en leur demandant non-seulement leur avis, mais de nouveaux projets. On avait d'abord pensé à charger Poussin de cette mission délicate [1] ; mais son état maladif la lui aurait probablement rendue fort difficile, et on la confia à un certain abbé Elpidio Benedetti, agent de Colbert à Rome. Pierre de Cortone, Rinaldi et un gentilhomme amateur, Landiani [2], furent consultés et firent, à ce qu'il paraît, des plans extravagants. Un quatrième, Borromini, demanda, dit-on, à être payé d'avance [3], ou du moins que le roi lui écrivît. Enfin l'abbé présenta au cavalier Bernin le plan de Le Vau, qui, dit-on, lui avait promis 4,000 pistoles, s'il parvenait à le faire approuver par l'homme regardé à juste titre comme l'artiste le plus éminent de l'Italie.

Giovanni-Lorenzo Bernino ou Bernini, architecte, sculpteur et même peintre, né à Naples le 7 décembre 1598, était alors à l'apogée de sa gloire. Favori des papes Grégoire XV, Urbain VIII, Innocent X et Alexandre VII, il avait rempli Rome de bustes, de statues en marbre et en bronze, et de monuments dont deux, la fontaine de la place Navone et surtout la colonnade de Saint-Pierre, suffiraient à immortaliser son nom. Aucun artiste ne l'égalait en talent ni en réputation ; aussi, quoiqu'il eût écrit à Colbert, le 4 mai 1664, pour le remercier d'avoir songé à lui, se montra-t-il blessé quand il apprit qu'on s'était aussi adressé à

---

1. Voyez dans les *Mémoires de Perrault*, p. 62, la longue lettre que Colbert l'avait chargé d'écrire et qui ne fut pas envoyée. Poussin mourut le 19 novembre 1665.

2. Jal, dans son *Dictionnaire critique*, à l'article *Bernin*, l'appelle Candiani ; mais on sait qu'il a commis plus d'une faute de lecture dans la transcription des documents manuscrits, très-curieux d'ailleurs, dont il a fait usage.

3. Il avait tort de se méfier de la générosité du roi, car Colbert ne tarda pas à envoyer à Benedetti une boîte contenant pour les artistes consultés des présents « dignes de la munificence de S. M. ».

d'autres. Néanmoins il se mit à l'œuvre, et, le 24 juin, il lui annonçait l'envoi de ses dessins et d'un mémoire explicatif.

Bien que très-certainement supérieur à ceux de ses concurrents, son plan fut assez mal accueilli à Paris, et les critiques arrivèrent à Rome plus tôt que l'accusé de réception, qui se fit attendre jusqu'en octobre. Colbert les avait fait parvenir, dès le mois d'août, à Benedetti qu'il chargeait de les communiquer à Bernin ; mais l'abbé ne voulut pas agir sans l'appui du cardinal Chigi alors absent. L'entrevue eut lieu au retour du prélat, en octobre, et elle dut être passablement orageuse ; car, quelques semaines plus tard, le Cavalier se plaignait encore amèrement au duc de Créqui, l'ambassadeur du roi près du pape, « qu'on lui eût fait plus d'observations et trouvé plus de défauts qu'il ne fallait de pierres pour bâtir le Louvre ». On lui demandait d'autres plans. Il refusa nettement, en disant « que les architectes de France ne manqueraient jamais de blâmer tout ce qu'il ferait, et auraient intérêt à ne pas mettre en œuvre le dessin d'un Italien ». Pourtant les instances du cardinal et de l'ambassadeur triomphèrent de sa résolution, et, au mois de janvier 1665, de nouveaux dessins furent expédiés à Paris. On en fut plus content que des premiers ; mais il était difficile de s'entendre de loin, et, pour sortir d'embarras, on songea à faire venir le Cavalier.

Il y avait alors à la cour un prélat italien, le cardinal Antonio Barberini, que l'on désignait habituellement sous le nom de cardinal Antoine. Établi chez nous depuis longtemps, il y était devenu évêque de Poitiers (1652) et (1653) grand aumônier de France[1]. Ce fut lui qui, le premier, suggéra l'idée d'appeler le Cavalier à Paris. Il fut vivement appuyé par le marquis de Bellefonds, premier maître d'hôtel du Roi. On les écouta, et, le 11 avril 1665, Louis XIV écrivit à Bernin une lettre des plus flatteuses, qu'il lui envoya par un exprès[2]. Il lui mandait qu'il avait chargé le duc de Créqui, son ambassadeur extraordinaire à Rome, « de lui faire savoir plus particulièrement le sujet qui lui faisait désirer de le voir et de l'entretenir des beaux dessins qu'il avait envoyés pour le bâtiment du Louvre ». D'autres lettres furent adressées en même temps au pape et au cardinal Chigi pour obtenir qu'on permît au Cavalier de quitter Rome, ce qu'on n'osa pas refuser[3].

---

1. En 1667, il fut nommé archevêque de Reims. Le cardinal de Richelieu l'avait pris pour intermédiaire auprès de Bernin, en 1652, lorsqu'il commanda à celui-ci son buste en marbre qu'il paya richement.

2. Voyez cette lettre dans les *Mémoires* de Perrault.

3. Ce que nous venons de raconter, nous l'avons tiré soit du *Journal* de Chantelou, soit des pièces données dans le *Dictionnaire* de Jal, dans la *Correspondance admi-*

« C'est une chose qui n'est pas croyable, dit Charles Perrault, que les honneurs que l'on fit au cavalier Bernin. Quand M. de Créqui alla prendre congé du pape, *colla solita pompa*, il alla ensuite chez le cavalier Bernin, *colla medesima pompa*, le prier de venir en France, et quand il partit de Rome, toute la ville fut dans une grande alarme, à ce que l'on dit, pour la crainte que l'on avait que le roi ne le retînt en France pour toujours. Dans toutes les villes par où il passa, les officiers eurent ordre de la part du Roi de le complimenter et de lui porter les présents de la ville... Des officiers, envoyés de la cour, lui apprêtaient à manger sur sa route, et quand il approcha de Paris, on envoya au-devant de lui M. de Chambray[1], seigneur de Chantelou, maître d'hôtel de S. M., pour le recevoir, lui tenir compagnie et l'accompagner partout où il irait. M. de Chantelou fut choisi parce qu'il savait très-bien l'italien, qu'il avait été en Italie où il avait fait amitié avec le cavalier Bernin et qu'il avait pour lui une estime au delà de ce qui se peut imaginer[2]. »

Le roi ne pouvait mieux choisir. Paul Fréart, sieur de Chantelou, était cet amateur plein de goût et de délicatesse, qui, par sa longue et tendre amitié pour Poussin, a rendu son nom inséparable de celui de notre grand peintre[3]. Il avait été, en 1640 et 1643, envoyé en Italie par son cousin Sublet de Noyers, surintendant des bâtiments du roi, et possédait une collection de tableaux où les toiles de son ami tenaient le premier rang. L'aménité de son caractère, son tact, sa loyauté, sa modestie qui contrastait si fort avec la vanité de l'Italien, ses connaissances artistiques le faisaient plus apte que personne à servir à la fois de guide, de compagnie et d'interprète à Bernin qui ne savait pas un mot de français. Il gagna bien vite la confiance et l'affection du Cavalier, lui donna

nistrative *sous Louis XIV,* par Depping, et dans la *Correspondance de Colbert,* par M. P. Clément.

1. Jamais M. de Chantelou ne porta le nom de Chambray, sous lequel était connu l'un de ses frères aînés Roland.

2. Quarante ans auparavant, le comte de Béthune, ambassadeur de Louis XIII à Rome, avait voulu entraîner Bernin en France, et l'artiste, qui était bien jeune encore, avait déjà accepté ses offres séduisantes, quand Urbain VIII, alors cardinal, le fit renoncer à son projet. C'est le Cavalier qui raconta à M. de Chantelou ce fait resté, je crois, ignoré jusqu'ici.

3. Né au Mans le 25 mars 1609, il mourut en 1694. Il survécut à ses deux frères aînés : Jean Fréart, né le 15 février 1604, mort en octobre 1674, et Roland Fréart, sieur de Chambray, né le 13 juillet 1606, mort en décembre 1676. Nous aurons occasion plus d'une fois de parler de ce dernier.

M. Henri Chardon a publié, en 1867, sur les trois frères, une excellente étude, où abondent les renseignements les plus curieux.

d'utiles et sages conseils, modéra souvent les vivacités de son caractère, et en même temps le défendit, autant qu'il put, contre les menées et les intrigues qui s'agitaient autour d'eux.

Depuis le 2 juin 1665, où il alla à sa rencontre à Juvisy, jusqu'au 20 octobre, où il lui fit ses adieux à Villejuif, Chantelou passa toutes ses journées avec Bernin. Il avait noté soigneusement les particularités les plus intéressantes de sa vie à Paris, ses travaux, les nombreuses visites qu'il avait reçues et rendues, ses théories artistiques, et les anecdotes qu'il aimait tant à conter. Quelques années plus tard [1], à la sollicitation de son frère aîné, Jean, qui n'avait jamais connu le Cavalier et qui, depuis longtemps, vivait retiré dans sa province du Maine, il rédigea ses notes en forme de journal. Ce journal resta manuscrit, et son existence fut, pour la première fois, révélée au public par les Mémoires de Charles Perrault (1759), qui en ayant eu communication après la mort de l'auteur en donna, en quelques pages, un résumé fait avec sa malignité habituelle. Au dernier siècle, il figurait dans la collection de Cotte, et en 1811, Castellan s'en servait pour son article *Bernin* dans la *Biographie universelle* de Michaud [2] ; mais, depuis cette époque, l'on ne savait ce qu'il était devenu.

Il y a environ dix-huit mois, en m'occupant de classer divers manuscrits précieux renfermés soigneusement dans une des armoires de la bibliothèque de l'Institut, je rencontrai un volume in-4°, revêtu d'une reliure en veau brun, de la fin du XVIIe siècle. Au dos on lisait ce titre : *Voyage du cavalier Bernin en France*, qui n'était point répété à l'intérieur. Bien que le manuscrit ne portât point d'autre indication et commençât par une courte lettre d'envoi : *A monsieur mon très-cher frère,* il m'a suffi — comme cela suffira, j'espère, au lecteur — d'en lire les premiers feuillets, pour me convaincre que j'avais eu la bonne fortune de mettre la main sur ce journal de Chantelou dont on déplorait la perte. Dans un examen rapide, je retrouvai les passages utilisés par Ch. Perrault, et enfin les mentions souvent répétées de « mon neveu Fréart, mon frère de Chambret », ne me permirent plus — si j'avais pu en avoir — de conserver le moindre doute sur le nom de l'auteur. Quant au « très-cher frère », c'est le frère aîné de Chantelou, Jean Fréart, qui n'était jamais allé à Rome et habitait loin de Paris.

Ce manuscrit n'est point malheureusement l'original, mais une copie

---

[1]. Au plus tôt en 1671, puisque dans son journal il donne à M. d'Estrées le titre de cardinal, que celui-ci n'obtint que cette année.

[2]. Il en parle en ces termes : « Manuscrit inédit très-curieux ».

contemporaine qui offre tous les caractères désirables d'authenticité. Il
est composé de cinq cent quatre-vingt-sept pages, dont les dix-huit
dernières contiennent des lettres échangées entre Chantelou et le Cavalier depuis le départ de celui-ci, et dont l'une annonce en une ligne la
mort de Poussin. A la suite de ces lettres et de pages blanches, on trouve
un feuillet où sont dessinées deux petites figures linéaires avec renvoi
aux pages 596 et 673 de l'*original*, et, plus loin, avec quelques variantes
et sans nom d'auteur, le sonnet sur Daphné, de Fontenelle, inspiré peut-
être par le groupe de Bernin dont il est question dans le journal. Le
copiste a si fidèlement reproduit le manuscrit qui lui avait été confié
que, sur le feuillet suivant, il a transcrit une anecdote relative au fils du
Cavalier, puis une devise, et enfin, au verso, cette adresse inachevée
qui pourrait se rapporter à un envoi du manuscrit de Chantelou :
« A monsieur de Saint-Paul, marchand à Rouen, pour faire tenir... »
Le volume est terminé par un numéro du *Journal des savants* (24 février 1681), contenant un *Éloge de M. le cavalier Bernin par
M. l'abbé De la Chambre, de l'Académie françoise.*

La copie est fautive en plusieurs endroits. Il y a entre les lignes
quelques corrections, et en marge quelques annotations la plupart du
temps insignifiantes. Nous indiquerons celles qui nous paraîtraient en
valoir la peine.

Si on en jugeait d'après les courtes pages que lui a consacrées
Charles Perrault, on se formerait une idée très-incomplète de l'intérêt que
peut offrir ce *Journal*, écrit dans le style à la fois courant et familier des
gens de cour au XVIIᵉ siècle, et où respirent partout la douceur, la droiture
et la sincérité. Sans doute on y rencontrera, comme on devait s'y attendre,
de nombreux renseignements sur les sourdes menées et les causes
diverses qui aboutirent à l'abandon des projets que Bernin avait mis plus
de quatre mois à composer, corriger, modifier suivant des critiques et
des exigences sans cesse renaissantes; mais il s'y trouve encore bien
d'autres choses dont je vais toucher deux mots.

Bernin mena à Paris une vie fort laborieuse et assez retirée. Après
les plans du Louvre, le travail auquel il se livra avec le plus d'assiduité
fut le buste de Louis XIV qu'il ne termina que peu de temps avant son
départ. Ce buste, aujourd'hui au musée de Versailles, attira dans son
atelier la cour et la ville, et Chantelou nous fait assister à cette longue
procession de princes et princesses, de grands seigneurs et de grandes
dames, de bourgeois et de gens de lettres parmi lesquels on voit apparaître, menant Mᵐᵉ de Longueville par la main, le grand Corneille que
l'on présente au Cavalier « comme le héros de la poésie ». Mais en dehors

de cette foule, souvent très-importune, il n'y eut guère à Paris d'artiste
un peu renommé avec lequel il n'entra en relation, depuis Varin,
Nanteuil, Bourdon, Stella, Mignard, Mansart et Lebrun jusqu'à Benoît,
l'habile faiseur de portraits en cire; et dans leurs conversations, fidèlement rapportées, il y a bien des faits curieux pour l'histoire de l'art.
J'en dirai autant de ses visites à Saint-Denis, aux monuments de
Paris, etc., à l'Académie de peinture où il alla dessiner le modèle avec
les élèves auxquels il ne ménagea pas les conseils, aux Gobelins, et surtout aux collections de tableaux et de dessins, soit du roi soit d'amateurs
comme Chantelou, La Vrillière, Renard et le fameux Jabach, chez qui il
fit une longue séance dont il sortit « ayant les yeux las des belles choses
qu'il avait vues ».

Dans ces visites, comme dans ses causeries avec le nonce, le légat
et d'autres compatriotes, et surtout avec Chantelou qui montrait souvent
un goût plus pur que le sien, le Cavalier, « beau parleur, ayant l'esprit
vif et brillant et un grand talent pour se faire valoir », semait les bons
mots et les historiettes où revenaient les noms de Raphaël, de Michel-
Ange, de Poussin, des Carraches, de Véronèse, du Guide, etc. Rien
n'est plus curieux que de l'entendre donner son avis sur les tableaux et
les dessins qu'on faisait passer sous ses yeux, discuter leur valeur ou
eur authenticité, et sans oublier de se citer lui et ses ouvrages, exposant
ses théories et formulant des jugements auxquels ses talents, sa grande
expérience, sa longue fréquentation des chefs-d'œuvre de l'antiquité et
de la Renaissance donnent un attrait singulier. C'est le côté tout à fait
neuf du *Journal* et que je prends la liberté de recommander particulièrement aux lecteurs. Il y aurait là sans doute matière à une étude sur
l'influence artistique que son séjour peut avoir exercée en France à cette
époque, mais je la laisse à de plus habiles que moi.

Bien qu'il eût souvent des moments de tristesse et de découragement,
Bernin prolongea son séjour en France plus longtemps qu'il ne l'avait
résolu, et ce fut seulement au mois d'octobre qu'il repartit pour l'Italie.
Le 5 de ce mois, Louis XIV vint voir son buste qui était terminé, et en
le lui présentant le Cavalier fut pris d'un tel accès d'attendrissement
que les sanglots lui coupèrent la parole. Le 17, le Roi posa avec une
grande solennité la première pierre du nouveau bâtiment du Louvre, et
dans cette cérémonie tous les honneurs furent pour l'artiste à qui le sur-
lendemain le trésorier des Bâtiments et Charles Perrault portèrent les
présents du monarque; et enfin le 20 il quittait Paris accompagné de
Chantelou qui, la larme à l'œil, se sépara de lui à Villejuif.

Voici en quels termes la *Gazette de France* annonça ce départ :

« Le 20 octobre, le chevalier Bernin, après avoir pris congé du Roi et laissé un dessin de ce qui est à faire, pour l'accomplissement des bâtiments du Louvre, partit de cette ville pour retourner à Rome ; S. M. lui ayant fait donner, outre dix mille écus qu'il a touchés avant que venir en France, onze mille écus en trois mille louis d'or effectifs, avec un brevet de pension de deux mille écus ; à son fils deux autres mille écus aussi avec un brevet de pension de quatre cents écus ; deux mille écus à celui qui doit venir faire exécuter ses dessins, et pareille somme qui fut distribuée à ses domestiques, et donné des ordres pour le faire reconduire et traiter à ses frais, jusque dans sa maison, comme lorsqu'il y est venu de Rome en cette ville, et durant le temps qu'il y a séjourné. »

On s'étonnera peut-être de cette énumération, si détaillée et en termes si secs, des faveurs dont on avait comblé le Cavalier, mais elle était motivée par sa conduite inexplicable. Lorsqu'il fit ses adieux au Roi et à Colbert, il ne trouva pas un mot de remerciement à leur adresser pour la manière dont on avait si largement payé ses services. Le prince et son ministre s'en plaignirent à Chantelou, qui ne put que protester de la profonde reconnaissance de l'artiste, sans toutefois parvenir à les persuader ; et de méchants propos commencèrent à courir. Le maréchal de Gramont « qui n'aimait pas les présomptueux » raconta au souper du Roi que Bernin avait fait de grandes libéralités, qu'il avait donné une pièce de trente sols à une vieille servante du palais Mazarin (où il avait logé longtemps) et que cette femme l'ayant jetée à terre, il l'avait soigneusement ramassée. Il l'accusait en outre d'avoir gardé pour lui l'argent destiné à ses domestiques. Le Roi, fort intrigué, questionna encore Chantelou, qui affirma « n'avoir rien vu de tout cela », mais ne sut alléguer le moindre fait à la décharge de son ami ; et, d'après son silence, il est peut-être permis de croire que de tant de milliers de louis qu'il avait reçus, Bernin ne put se décider à distraire même la pièce de monnaie dont s'égayait le vieux courtisan. Faut-il donc s'étonner qu'à sa mort, arrivée quinze ans plus tard, le 28 novembre 1680, il ait laissé à ses enfants une fortune montant à quatre cent mille écus romains ?

J'aurais encore bien d'autres choses à dire, mais il est temps de céder la parole à M. de Chantelou.

LUD. L.

# JOURNAL

## DU

# SÉJOUR DE BERNIN

## EN FRANCE

PAR

## M. DE CHANTELOU

# A MONSIEUR MON TRÈS-CHER FRÈRE

Le désir que vous avez eu d'être instruit de tout ce qui regarde M. le
cavalier[1] Bernin, que le roi a appelé de Rome en France pour le bâtiment du
Louvre, a fait que j'ai tâché de me souvenir de ce qui s'est passé aux premiers
jours de son arrivée, que je ne pensais pas encore à noter ces sortes de particularités, comme j'ai fait depuis. J'en ai donc dressé, suivant votre avis, une
espèce de journal que vous recevrez avec cette lettre.

---

1. « Chevalier, dit Ménage, c'est celui qui est d'un ordre de chevalerie... Mais comme
les Italiens appellent *cavalieri* leurs chevaliers, nous les appelons de même *cavaliers,* et non
*chevaliers.* Il faut donc dire le *cavalier Marin,* et non pas le *chevalier Marin.* Il faut dire de
même le *cavalier Bernin.* » (*Observations sur la langue françoize,* 1675, in-12, t. I, p. 523.)

D'après Baldinucci, ce fut le cardinal Lodovico Lodoisio, neveu de Grégoire XV, qui fit
obtenir à Bernin *la croce del cavalierato di Cristo,* vers l'époque où il fit le groupe de l'*Enlèvement de Proserpine.* (*Vita del cavaliere G.-L. Bernino,* Firenze, 1682, in-4º, p. 10.)

Sur la fin du mois de mai 1665, le Roi étant à Saint-Germain-en-Laye, l'on eut nouvelle à la cour que le cavalier Bernin était arrivé en France, et il se répandit un bruit que S. M. lui avait fait donner à Rome, avant qu'il partît, 3,000 pistoles, mais qu'elle lui avait envoyé des gens pour avoir soin de le servir et le traiter depuis Marseille, avec ordre par où il passerait de le complimenter et de le loger.

M'étant trouvé un jour à la messe du Roi auprès de M. l'archevêque de Lyon [1], je lui demandai s'il avait nouvelle que le Cavalier y fût arrivé. Il me dit que non, mais qu'il avait reçu l'ordre de S. M. et l'avait envoyé, afin qu'à son arrivée l'on lui fît les présents de la ville, et que les échevins prissent soin de le loger [2]; que pour ce dernier point, c'était un honneur tout extraordinaire et que la ville de Lyon ne faisait qu'aux princes du sang [3].

A quelques jours de là, m'étant trouvé, aussi par rencontre, auprès de M. Colbert, à la messe du Roi, il me dit que le cavalier Bernin arriverait dans deux jours à Paris.

Le premier jour de juin, un laquais de ce ministre vint le soir me chercher de sa part, et l'étant allé trouver il me dit que le Roi m'avait choisi pour aller recevoir le cavalier Bernin, non pas en qualité de maître d'hôtel, mais comme envoyé pour l'entretenir et l'accompagner pendant qu'il serait

1. Camille de Neufville de Villeroi qui fut archevêque de Lyon de 1653 à 1693.
2. Il y a écrit en marge : *est à noter.*
3. Voici comment l'arrivée de Bernin en France est racontée par son biographe : « Perve-nuto ch'egli fu al Ponte di Buonvicino (Pont-de-Beauvoisin) nella Francia, comparvero ad incontrarlo d'ordine di S. Maestà in nome del Pubblico quelli che presedevano in quel luogo, da uno de' quali fu salutato con particolare orazione, e da parte dello stesso Re regalato ; onori, ch'egli riceve di poi in ogni altra città, o luogo di quel fortunatissimo regno. Rispondeva egli con pronte ed affabili maniere, ed i regali faceva dispensare a i luoghi pii. Non s'era egli ancora appressato a Lione a tre miglia, ch'e' fu incontrato da tutti i pittori, scultori, ed ingegneri della città, altri a cavallo, altri in carrozza. » (Baldinucci, p. 46.)

en France. Je lui dis que ce m'était beaucoup d'honneur, mais que je me trouvais embarrassé à cause que l'ambassadeur extraordinaire de Malte arrivait à la cour le lendemain, que le Roi le traitait, et que j'étais seul pour avoir [1] ce traitement, n'y ayant à Saint-Germain de maître d'hôtel du Roi que moi, tant pour le service ordinaire de S. M. que pour cet extraordinaire [2]. M. Colbert me repartit qu'il fallait que j'envoyasse toute nuit [3] avertir ces messieurs de mon quartier de venir incessamment pour ces services et qu'il fallait que, sans remise, je partisse le lendemain de fort grand matin.

Ayant quitté M. Colbert, je fus chez M. le grand maître [4] pour lui donner cet avis et recevoir congé de Son Altesse. Ne l'ayant point rencontré en son logis, je fus chez le Roi le chercher, et là je trouvai M. le marquis de Bellefonds [5], premier maître d'hôtel, à qui je dis mon embarras, de ce qu'aucun de mes camarades n'était à Saint-Germain. Il me répondit que je ne me misse point en peine, qu'en tout cas, lui et M. Sanguin [6] auraient soin de ces services. Il m'ajouta que le Roi lui avait parlé à sa collation dans le parc, du choix qu'il avait fait de moi, et lui avait demandé s'il n'avait pas bien rencontré; qu'il avait répondu ce que je pouvais souhaiter d'un ami. Étant demeuré ensuite pour accompagner la viande [7] de S. M., M. Colbert m'envoya chercher derechef, et, l'étant aller trouver, il me dit qu'il fallait que le lendemain j'allasse à Paris et que j'en partisse sur le midi, et m'en allasse sur la route d'Essonne jusques à ce que j'eusse trouvé le cavalier Bernini, lequel y devait dîner. Il me demanda si j'avais six chevaux à mon carrosse. Je lui dis que non. « Vous prendrez donc, me dit-il, celui de mon frère [8]. Je vais lui écrire un mot. » Il me dit ensuite que je me trouvasse au coucher du Roi, que S. M. me donnerait l'ordre elle-même pour cela. Je lui dis que je n'en avais pas besoin de plus exprès, que j'allais écrire à ces messieurs de mon quartier, et que je partirais du matin, le lendemain; ce que je fis.

Le deuxième, ayant pris le carrosse de M. Colbert, maître des requêtes, je m'en suis allé sur le chemin d'Essonne. A la sortie de Juvisy j'ai trouvé M. le cavalier Bernin. Ayant aperçu sa litière [9], j'ai fait signe qu'on l'ar-

1. C'est-à-dire pour être chargé de le traiter.

2. Lomellini, bailli de l'ordre de Saint-Jean de Jérusalem et grand prieur d'Angleterre, fit son entrée à Paris le 2 juin, et prit congé du Roi le 27 juillet. L'ambassadeur ordinaire était le bailli Jacques de Souvré, qui fut grand prieur de France en 1667.

3. C'est-à-dire : dès cette nuit.

4. Henri-Jules de Bourbon, duc d'Enghien. On sait que le grand maître de France était chef de la maison du Roi.

5. Bernardin Gigault, marquis de Bellefonds, maréchal de France (1668), mort en 1694.

6. Jacques Sanguin, maître d'hôtel ordinaire du Roi, mort au château de Rumigny le 1er septembre 1680. Il acheta, en 1676, du marquis de Bellefonds, la charge de premier maître d'hôtel.

7. C'est-à-dire les plats destinés à la table du Roi. Le mot *viande* autrefois signifiait toute espèce d'aliment.

8. Charles Colbert, qui devint plus tard marquis de Croissy.

9. Le récit que fait Baldinucci de l'arrivée du Bernin à Paris est assez inexact : « Tre giorni prima del suo arrivo a Parigi trovò la lettiga del Re, che l'aspettava allo sbarco; ne vi s'era ancora accostato a tre miglia che monsig. Roberti, il nunzio apostolico, comparve ad incontrarlo in propria carrozza con le mute del Re, ed al Palazzo del Lovre, dove egli era

rêtât. J'ai descendu de carrosse, et, lui ayant aussi mis pied à terre, je le suis allé saluer, et lui ai fait mon compliment en français. J'ai connu d'abord qu'il ne l'entendait point, et lui ai dit en italien que je ne me hasarderais pas de lui faire des compliments en sa langue même, mais que je le suppliais de vouloir monter dans le carrosse que je lui avais amené. Son fils[1] et le seigneur Mathie[2] étaient descendus du leur et s'en sont venus me saluer. Après ces civilités, nous sommes entrés, le Cavalier et moi, avec mon neveu votre fils[3] que j'avais mené avec moi, dans le carrosse de M. Colbert. Quand nous y avons été, je lui ai répété en italien, au moins mal que je l'ai pu, mon compliment. Je lui ai expliqué l'ordre que j'avais reçu du Roi, la joie que j'en avais reçue, pour l'estime singulière que j'ai toujours faite de lui et de sa vertu. Je lui ai dit que j'avais même autrefois reçu des grâces de lui, m'ayant donné à Rome quelques académies de sa main, que je gardais chèrement. Je lui ai rapporté ensuite quelques maximes à observer dans les portraits de marbre que je lui avais entendu dire, et dont j'avais conservé la mémoire, pour le cas que je faisais de lui; que de cela il pouvait juger si le commandement que le Roi m'avait fait de le venir recevoir et de demeurer auprès de lui, pendant qu'il serait en France, m'avait été agréable. Il m'en a remercié bien civilement, et après m'a dit que ce lui avait été un très-grand honneur d'avoir été appelé pour le service d'un roi de France; qu'outre cela le pape[4], qui est son seigneur, lui avait ordonné de venir, mais que s'il n'y eût eu que ces deux considérations, il serait encore à Rome; que ce qui l'avait principalement fait résoudre à sortir de chez lui, était qu'il avait appris de toute part que le Roi n'était pas seulement un grand prince, de grand cœur et de grand esprit, mais qu'il était le plus honnête homme de son royaume; que cela lui avait donné la curiosité de le connaître et le désir de le servir; que son regret, à présent, était de n'avoir pas des talents proportionnés à cet honneur, et pour correspondre à l'opinion qu'on avait conçue de lui. Tombant ensuite sur la matière pour laquelle il est venu, il a dit que le beau de toutes les choses du monde, aussi bien que de l'architecture, consiste dans la proportion; qu'on peut dire que c'est une partie divine, puisqu'elle tient son origine du corps d'Adam[5], qui a été non-seulement fait des mains de Dieu, mais qui a

stato preparato un nobile alloggiamento, il condusse. » (p. 26.) On voit que le biographe attribue au nonce le rôle que joua Chantelou, dont là, ni ailleurs, il ne prononce même pas le nom. De plus, comme on va le voir, le Cavalier ne fut pas logé au Louvre, mais à l'hôtel de Frontenac. Ce nonce était Charles Roberti, qui devint cardinal en 1666 et mourut à Rome le 14 février 1673.

1. Paolo Valentino Bernini. Il n'avait que dix-huit ans. « J'ai vu, dit Mariette dans son Abecedario, art. Bernino, une estampe d'après lui. C'était un frontispice de livre, composé avec beaucoup d'esprit et dans la manière de son père. »

2. Mattia de' Rossi, suo discepolo (Baldinucci, p. 52).

3. Roland, fils de Jean Fréart.

4. Alexandre VII (Fabio Chigi).

5. « Ce fut en prenant pour modèle l'imitation abstraite du corps humain, où chaque partie indique la dimension du tout, comme le tout donne la mesure de chaque partie, que les Grecs étaient parvenus à assimiler le système de l'architecture à celui de la nature. Ainsi le corps de l'homme étant devenu le type naturel de ce genre métaphorique d'imitation, ce fut prendre la nature pour modèle que d'appliquer le système des diverses proportions des corps à la dimension, à la proportion, à la décoration des colonnes. De là le système des ordres. » (Quatremère de Quincy, Histoire de la vie et des ouvrages de Michel-Ange, 1835, 8, p. 303.)

été formé à son image et semblance ; que la variété des ordres de l'architecture a procédé de la différence du corps de l'homme et de la femme, et des différentes proportions que l'on y voit, et a ajouté plusieurs autres choses sur cette matière qui nous sont assez familières. Il m'a dit après, au sujet des ministres, que M. le cardinal d'Estrées [1], le premier, et M. le cardinal légat [2] ensuite, lui avaient parlé si avantageusement de M. Colbert, sous les ordres particuliers de qui il aurait à travailler, que cela avait achevé de le résoudre ; outre que le P. Oliva [3], jésuite, général de l'ordre des jésuites et son ami particulier, lequel il fut consulter dans la difficulté de se résoudre de venir, lui avait dit qu'il n'avait point à balancer, et que si un ange du paradis venait l'assurer qu'il mourrait dans le voyage, il lui conseillerait pourtant de le faire. Je lui ai répondu que l'on était en France bien obligé au P. Oliva, et que je me persuadais que le Roi l'en remercierait. Dans ces sortes d'entretiens nous sommes arrivés à Paris, à l'hôtel de Frontenac [4] que M. Colbert avait fait préparer pour y loger le Cavalier et sa famille. A la descente du carrosse, nous avons trouvé M. du May [5] intendant des meubles et commis de M. Colbert, lequel a reçu et complimenté le Cavalier, l'a mené dans la chambre qu'on lui avait préparée. Elle était fort proprement meublée et accommodée. Il lui a montré après une galerie, des cabinets et autres commodités pour sa personne ; un autre appartement pour le seigneur Paule, son fils, et pour le seigneur Mathie, architecte, travaillant sous lui, avec des chambres pour tous les autres. Cela fait, comme le Cavalier était fatigué, j'ai pris congé de lui et l'ai laissé reposer [6].

Le lendemain au matin, troisième, j'ai été le voir pour savoir ce qu'il pouvait désirer. Il m'a demandé des tables et autres choses nécessaires pour dessiner, lesquelles M. du May, qui s'est trouvé là, a ordonnées en diligence. Après dîner, M. Colbert est arrivé. Le Cavalier étant encore dans le lit, selon la coutume qu'ont les Italiens de s'y mettre après le repas, il a voulu se lever brusquement, mais M. Colbert n'a pas voulu, et lui a parlé à son lit. Il lui a témoigné d'abord une grande joie de le voir arriver en bonne santé. Le Cavalier lui en a rendu grâces avec beaucoup de compliments et lui a dit qu'il était venu avec un grand désir de bien servir le Roi et Son Excellence,

---

1. César d'Estrées. Il ne fut créé cardinal qu'en 1671. C'est donc postérieurement à cette date que Chantelou a rédigé son journal.

2. Flavio Chigi, neveu d'Alexandre VII. Il fut envoyé légat en France, en 1664.

3. « Trovavasi però, dit Baldinucci, (p. 43) in grandi angustie, le quali seppegli ben presto togliere dal cuore l'affetto, la facondia, la carità del suo amicissimo, il padre Gianpaolo Oliva, generale della Compagnia di Gesù. » — Jean-Paul Oliva, né à Gênes en 1600, général des jésuites (1661), mort en 1681.

4. Je n'ai trouvé nulle part la mention de cet hôtel, qui était probablement situé dans les environs du Louvre.

5. Gédéon du Metz était alors intendant des meubles de la couronne. Il mourut à quatre-vingt-trois ans le 4 septembre 1709, président honoraire à la chambre des Comptes et contrôleur général des meubles de France.

6. Suivant Baldinucci, évidemment mal informé, le Cavalier était à peine couché qu'il reçut la visite de Colbert. « Ma a pena si fu egli posato al quanto, che comparve monsù Colbert per visitarlo per parte di S. Maestà. » (P. 46.) Cette visite, comme on va le voir, n'eut lieu que le lendemain.

pourvu qu'il en fût capable et fût assez heureux pour cela. Il lui a répété à peu près les mêmes choses qu'il m'avait dites le jour précédent, qui l'avaient engagé de s'embarquer à son âge dans un long et pénible voyage comme celui de France. Il[1] lui a dit ce qui le regardait, lui, M. Colbert, en son particulier, que j'ai noté ci-devant; et après ces compliments il l'a laissé, lui disant que le lendemain il viendrait le prendre au matin, pour le mener à Saint-Germain saluer le Roi.

M. Colbert est venu le lendemain, jour de la Fête-Dieu, prendre le Cavalier, comme il l'avait dit. Les seigneurs Paule et Mathie, l'abbé Butti[2] et moi sommes entrés dans son carrosse. Il y avait un carrosse de la suite du Roi pour les gens du Cavalier. L'on est arrivé à Saint-Germain à neuf heures du matin. M. Colbert a été descendre chez lui, au vieux château, et y a été quelque temps avec le Cavalier, puis il l'a mené au château neuf, où est le logement de S. M. et des Reines. En entrant dans l'antichambre, l'on a appris que le Roi n'était pas encore habillé. M. Colbert est entré dans la chambre, et, après en être ressorti, il nous a fait faire le tour et a mené le Cavalier dans le cabinet de S. M., où étaient MM. les maréchaux de Gramont, du Plessis et autres personnes de haute qualité. Là, il s'est entretenu avec eux[3]. Le Roi étant tout habillé, M. Colbert a fait entrer le Cavalier dans la chambre, et lui a fait saluer S. M., qui s'était mise à la croisée d'une fenêtre, avec le premier gentilhomme de sa chambre et le maître de la garde-robe[4]. Le maréchal de Gramont y était aussi. Le Cavalier a fait son compliment au Roi avec une honnête hardiesse, et a dit à S. M., comme il avait fait à M. Colbert, les sujets qui l'avaient principalement engagé de venir en France. Après, venant au sujet du bâtiment du Louvre : « J'ai vu, Sire, a-t-il dit à S. M., les palais des empereurs et des papes, ceux des princes souverains qui se sont trouvés sur la route de Rome à Paris, mais il faut faire pour un roi de France, un roi d'aujourd'hui, de plus grandes et magnifiques choses que tout cela. » Puis, se tournant vers ceux qui faisaient cercle autour du Roi, il a ajouté : « Qu'on ne me parle de rien qui soit petit. » A cela, le Roi a pris la parole et a dit qu'il avait quelque affection de conserver ce qu'avaient fait ses prédécesseurs, mais que si pourtant l'on ne pouvait rien faire de

1. Il, Colbert.

2. Je n'ai pu découvrir quel était cet abbé Buti ou Butti que l'on verra figurer souvent dans le Journal. Peut-être était-il attaché au nonce ou plutôt à la nonciature. Ce devait être un personnage assez important; car j'ai trouvé à son nom dans le Dictionnaire des bienfaits du Roi (Biblioth. nat., fonds français, ms n° 7655, f° 168) l'article suivant : « L'abbé Buti a tous les ans un acquit patent de 3,000 livres ». — On a des lettres de lui à Colbert.

3. « Gli applausi e le congratulazioni, che furono fatte al nostro virtuoso nell'anticamera del Re da quo' grandi, furono eguali all' affetto, alla stima e al desiderio, con che egli era stato colà ricevuto, e tanto si parlava di lui da per tutto, che egli diceva : non esser per allora altra moda in Parigi, che il cavalier Bernino. » (Baldinucci, p. 46.)

4. La Gazette de France, année 1665, p. 583, rend compte ainsi de cette première entrevue : « De Saint-Germain-en-Laye, le 12 juin 1665. Le chevalier Bernini, que le Roi avait mandé ici de Rome, pour prendre son avis touchant l'achèvement du Louvre, lui ayant été présenté le 4 de ce mois par le sieur Colbert, surintendant des bâtiments, fut reçu de S. M. avec tous les témoignages possibles d'une estime singulière et conformément à cette haute réputation qu'il s'est acquise dans le bel art de l'architecture. »

grand sans abattre leur ouvrage, qu'il le lui abandonnait ; que pour l'argent il ne l'épargnerait pas. S. M. ensuite lui a fait toute sorte de bon accueil. Puis M. Colbert l'a ramené au vieux château. L'on avait tendu dans les cours les tapisseries de la couronne pour la procession du Saint-Sacrement (car c'était le jour de la Fête-Dieu) celle des *Actes des Apôtres*, les *Triomphes de Scipion* et les autres du dessin de Jules Romain [1]. Après que le Cavalier les a eu considérées et trouvées fort belles, il m'a prié de le mener à la chapelle, où il est demeuré longtemps en prière, et, après la cérémonie, il a dîné au chambellan [2] avec M. Colbert et nous autres aussi. Il s'est, au sortir de table, allé reposer à la mode d'Italie, dans l'appartement de M. de Bellefonds. Sur le soir, M. Colbert l'a ramené à Paris.

Le cinquième, il l'est venu prendre au matin pour lui faire voir le Louvre, et a commencé par le dedans de la cour. Après, l'on a été aux Tuileries, puis le long du quai et de la grande galerie. Ensuite l'on a monté en carrosse, et M. Colbert l'a mené voir l'île du Palais, la Sainte-Chapelle, les salles du Palais, le terrain qui est à la tête de l'église Notre-Dame, et de là dans l'île. Il a entré à la pointe de l'île, chez M. de Bretonvilliers [3], pour voir la belle situation du lieu. Il y a vu une galerie peinte par Bourdon, laquelle il a trouvé belle. Après cela, M. Colbert l'a ramené à l'hôtel de Frontenac.

Le sixième, pendant que l'on faisait des tables, et que l'on préparait les autres choses nécessaires pour dessiner, le temps s'est passé en conversation, et comme le cavalier Bernin est un homme dont le nom est fameux et la réputation grande, j'ai jugé aussi bien que vous, mon très-cher frère, que ce ne serait pas une chose inutile à notre commune étude et pour notre divertissement même de garder quelque mémoire de ce que je lui ai entendu dire. Vous qui ne l'avez point vu, serez peut-être bien aise que je vous fasse ici un léger crayon ou, comme disent les peintres italiens, un *squisse* [4] de lui et de son esprit.

Je vous dirai donc [5] que le cavalier Bernin est un homme d'une taille médiocre, mais bien proportionnée, plus maigre que gras, d'un tempérament

---

1. La tapisserie des *Actes des Apôtres*, d'après le dessin de Raphaël, a péri dans l'incendie des Gobelins en 1871 ; celle du *Triomphe de Scipion* existe encore au Garde-Meuble. Les cartons de Jules Romain sont au Louvre.

2. C'est-à-dire à la table du grand chambellan. « Fu ad esse, dit Baldinucci, ed al figliuolo dato luogo alla tavola de' principi e principali ministri del regno. » (P. 46.)

3. L'hôtel de Bretonvilliers, bâti pour le Ragois de Bretonvilliers, président à la chambre des Comptes, était situé à la pointe de l'île Notre-Dame. Outre la galerie peinte par Sébastien Bourdon on y voyait, suivant Hurtaut, quatre tableaux du Poussin : *Le Passage de la mer Rouge*, l'*Adoration du Veau d'or*, l'*Enlèvement des Sabines* (actuellement au Louvre) et le *Triomphe de Vénus*.

4. *Schizzo*. On voit que le mot esquisse n'était point encore en usage. Le premier dictionnaire, à ce que je crois, où il figure, est celui de Furetière (1690).

5. Voici le portrait que Charles Perrault en a tracé de son côté : « Il avait une taille un peu au-dessous de la médiocre, bonne mine, un air hardi. Son âge avancé et sa grande réputation lui donnaient encore beaucoup de confiance. Il avait l'esprit vif et brillant, et un grand talent pour se faire valoir ; beau parleur, tout plein de sentences, de paraboles, d'historiettes et de bons mots dont il assaisonnait la plupart de ses réponses. » (*Mémoires*, livre II, p. 79.)

tout de feu. Son visage a du rapport à un aigle, particulièrement par les yeux. Il a le poil des sourcils fort long, le front grand, un peu cavé vers le milieu et relevé doucement au-dessus des yeux. Il est chauve et les cheveux qui lui restent sont crêpés et tous blancs ; aussi de sa propre confession, il a soixante-cinq ans [1]. Il est pourtant vigoureux pour cet âge-là et marche délibérément à pied, comme s'il n'en avait que trente ou quarante. L'on peut dire que son esprit est des plus beaux que la nature ait jamais formés ; car, sans avoir étudié, il a presque tous les avantages que les sciences donnent

CH GOUTZWILLER

BERNIN.

(D'après la médaille de Chéron.)

à un homme. Au reste, il a une belle mémoire, l'imagination vive et prompte, et, pour son jugement, il paraît net et solide.

C'est un fort beau diseur, et il a un talent tout particulier d'exprimer les choses avec la parole, le visage et l'action, et de les faire voir aussi agréablement que les plus grands peintres ont su faire avec leurs pinceaux. C'est pourquoi, sans doute, il a si bien réussi dans l'exécution des comédies qu'il a composées [2]. Elles ont eu, dit-on, une approbation universelle, et elles ont fait un fort grand bruit à Rome, à cause des décorations et incidents surpre-

1. Bernin étant né le 7 décembre 1598 était dans sa soixante-huitième année.
2. « Ad instanza del cardinal Antonio Barberini compose il Bernino, ed a proprie spese, da persone dell'arte, cioè da pittori, scultori e architetti, fece rappresentare il belle ed oneste commedie, delle quali a suo tempo si parlera ; siccome ancora altre ne furono ammirate in Roma con macchine maravigliose, che furon parto dell'ingegno di lui, e fatte a spese dello stesso cardin. Antonio, come pure diremo a suo luogo. » (Baldinucci, p. 23.) Il parle encore longuement (p. 73) de ces comédies qui n'ont jamais été publiées, à ce que je crois.

3

nants qu'il y introduisait, lesquels trompaient même ceux qu'il avait avertis auparavant. Le pape Urbain VIII [1], de qui il a été aimé et considéré dès sa plus tendre jeunesse, est cité par lui à tout propos. Une des premières choses que je me souviens qu'il m'a dites est que ce pape, n'étant encore que cardinal, fut un jour chez son père, lequel était aussi sculpteur [2], et, considérant un ouvrage que le Cavalier finissait, âgé de huit ans seulement, le cardinal Barberin (c'est ainsi que s'appelait alors Urbain VIII) dit en riant à son père : « Seigneur Bernini, prenez-y garde. Cet enfant vous surpassera et sera sans doute plus habile que son maître. » Il dit que son père répondit à cela brusquement : *Non me ne curo niente. Sappi V. E. che in quel gioco chi perde vince* [3].

En parlant de la sculpture et de la difficulté qu'il y a de réussir, particulièrement dans les portraits de marbre et d'y mettre la ressemblance, il m'a dit une chose remarquable et qu'il a depuis répétée à toute occasion : c'est que si quelqu'un se blanchissait les cheveux, la barbe, les sourcils et, si cela se pouvait, la prunelle des yeux, et les lèvres, et se présentait en cet état à ceux mêmes qui le voient tous les jours, qu'ils auraient peine à le reconnaître ; et pour preuve de cela, il a ajouté : Quand une personne tombe en pâmoison, la seule pâleur qui se répand sur son visage fait qu'on ne le connoît presque plus, et qu'on dit souvent : *Non parea più desso;* qu'ainsi il est très-difficile de faire ressembler un portrait de marbre, lequel est tout d'une couleur. Il a dit autre chose plus extraordinaire encore : c'est que, quelquefois, dans un portrait de marbre, il faut, pour bien imiter le naturel, faire ce qui n'est pas dans le naturel. Il semble que ce soit un paradoxe, mais il s'en est expliqué ainsi : Pour représenter le livide que quelques-uns ont autour des yeux, il faut creuser dans le marbre l'endroit où est ce livide, pour représenter l'effet de cette couleur et suppléer par cet art, pour ainsi dire, au défaut de l'art de la sculpture, qui ne peut donner la couleur aux choses. Cependant le naturel n'est pas, a-t-il dit, de même que l'imitation. Il a, après, ajouté une observation à faire dans la sculpture, de laquelle je ne suis pas demeuré si bien convaincu que des précédentes : « Un sculpteur, a-t-il dit, fait une figure avec une main en haut et l'autre posée sur la poitrine. La pratique fait connaître que cette main qui est en l'air doit être plus grande et plus pleine que l'autre qui est posée sur l'estomac ; et cela à cause que l'air qui environne la première altère et en consomme quelque chose de la forme ou, pour mieux dire, de la quantité. » Pour moi, je crois que, dans la nature même, cette diminution se ferait ; ainsi qu'il ne faut pas faire dans l'imitation ce qui n'est pas dans la nature. Je ne lui dis pas, et depuis j'ai pensé que les antiques ont observé de faire les colonnes qu'ils posaient aux angles des temples plus grosses d'une seizième partie que les autres à cause, comme dit Vitruve [4], qu'estant environnées d'une plus grande quantité d'air qui mange de leur quantité, elles auraient paru moins grosses que les autres, qui leur sont voisines, quoiqu'elles ne le fussent pas en effet.

---

1. Maffeo Barberini, élu pape en 1623, mort en 1644.
2. « Fu Pietro Bernini, padre del cavaliere, di non ordinario grido nella pittura e scultura. » (Baldinucci, p. 3.)
3. « Je ne m'en soucie pas. Que V. E. sache qu'à ce jeu qui perd gagne. »
4. Voyez Vitruve, livre III, chap. III.

Me parlant ensuite de la peinture comparée à la sculpture, lesquelles ont eu toutes deux chacune leurs partisans, qui ont disputé longtemps dans ces siècles-ci, aussi bien que du temps des Grecs, à qui devait être donnée la préséance en noblesse et la prérogative d'honneur, il s'est efforcé, avec des raisons bien imaginées, de faire voir que la peinture est bien plus aisée et qu'il y a beaucoup plus de peine d'arriver à la perfection de la sculpture. Afin de mieux prouver sa proposition, il a posé un exemple : « Le Roi, a-t-il dit, désire de faire faire un bel ouvrage de sculpture. Pour cela, il en parle à un sculpteur, et lui laisse la liberté de choisir lui-même le sujet, selon son génie. S. M. lui donne pour cela une, deux ou trois années, et enfin autant de temps qu'il peut désirer pour bien perfectionner son ouvrage. Le Roi fait aussi la même proposition à un peintre pour un autre ouvrage de sa profession ; il lui accorde la même liberté du temps et du sujet, tels qu'il les voudra prendre. Si l'on vient, a-t-il continué, demander au peintre, le temps expiré et son ouvrage fini, s'il y a mis tout ce qu'il a pu de la perfection de son art, il peut librement répondre qu'oui, ayant pu mettre dans son tableau non-seulement ce qu'il savait lorsqu'il a commencé d'y travailler, mais y ajouter encore ce que son étude particulière lui a pu faire acquérir pendant tout le temps qu'il a été à le faire, soit six mois, soit une année ou davantage. Il n'en est pas de même du sculpteur, a dit le Cavalier, car quand son ouvrage est achevé, si l'on lui demande aussi si c'est là tout le mieux qu'il sait faire, il pourra dire que non et avec raison, que c'est seulement ce qu'il savait lorsqu'il a commencé son ouvrage ; pour ce qu'il a appris depuis, il n'a pu l'ajouter à cet ouvrage où il ne pourrait changer l'attitude qu'il avoit arrêtée au commencement, ni la réformer à mesure que par l'étude il se rendait plus parfait dans sa profession. »

Étant, après, passés de sa chambre où nous étions alors dans sa galerie, il m'a dit qu'à Rome il en avait une dans sa maison, laquelle est presque toute pareille ; que c'est là qu'il fait, en se promenant, la plupart de ses compositions ; qu'il marquait sur la muraille, avec du charbon, les idées des choses à mesure qu'elles lui venaient dans l'esprit ; que c'est l'ordinaire des esprits vifs et de grande imagination, d'entasser sur même sujet pensées sur pensées ; que quand il leur en vient quelqu'une, ils la dessinent. Leur en vient-il une seconde, ils la notent encore, puis une troisième et une quatrième, sans en purger ni perfectionner aucune, s'attachant toujours à la dernière production par un amour particulier qu'on a pour la nouveauté. Que ce qu'il faut faire en cette occasion pour remédier à ce défaut, c'est de laisser reposer là ces différentes idées sans les regarder d'un mois ou deux, après lequel temps on est en état de faire choix de celle qui est la meilleure ; que si d'aventure la chose presse et que celui pour qui l'on travaille ne donne pas tant de loisir, il faut avoir recours à ces lunettes qui changent les objets de couleur, ou à ces autres qui les font voir ou plus grands ou plus petits, les regarder à revers, et enfin chercher par ces changements de la couleur, de la grandeur et de la situation, de remédier à la tromperie que nous fait l'amour de la nouveauté, lequel empêche presque toujours qu'on ne puisse faire choix de la meilleure pensée.

Le septième, il a commencé à travailler au dessin du Louvre et s'y est occupé toute la journée. Le soir, il a été à la promenade dans le carrosse que le Roi a ordonné pour lui. En voyant les couvertures du palais des Tuileries, il a dit que le défaut qu'il y a dans la hauteur de ces couvertures ne s'est pas sans doute introduit tout d'un coup, et sur ce sujet il a fait une comparaison et a dit que c'est de même qu'un homme, lequel aime à boire frais, il commande à son valet d'avoir bien soin de cela. Le valet dès la première fois satisfait bien au gré de son maître, le faisant boire fort frais. Le lendemain voyant que cela lui a plu, il le fait boire encore plus frais; le lendemain davantage, et les jours suivants encore plus, et enfin jusques au point qu'il

PORTRAIT DE MICHEL-ANGE.

(D'après une gravure sur bois du xvie siècle.)

lui fait boire comme de la glace, pour ainsi dire, sans qu'il s'en aperçoive, sinon qu'enfin il en demeure malade. Il en est de même de ces couvertures qui étaient basses dans un temps; on les élève un peu davantage, puis un peu plus, et enfin si excessivement qu'elles ont presque autant de hauteur que le reste du bâtiment, et cela sans que l'œil s'aperçoive de l'horrible difformité. Je lui ai répondu en riant que les couvertures s'étaient faites hautes à l'imitation des chapeaux; que la mode étant venue de les porter si bas, qu'à peine la tête y peut-elle rentrer, il y a lieu de croire qu'on baisserait aussi les couvertures. Il a dit ensuite, au sujet du Roi, qui appelle d'Italie un architecte pour le servir, que cela n'est point honteux à la France; qu'on avait recours à elle pour l'art militaire, et quand on aura besoin de gens pour discipliner des troupes, bien former des escadrons et commander des armées. Dans toutes ses conversations, il m'a presque toujours cité sur toute sorte de différents sujets Urbain VIII, soit pour rapporter quelques traits de son esprit qu'il avait, m'a-t-il dit, le plus vif et délicat qu'il ait connu dans toute sa vie, soit pour donner à connaître la grande familiarité qu'il avait avec lui.

Lui parlant un jour, m'a-t-il dit, pour une jeune orpheliue, afin de persuader à Sa Sainteté de lui donner une dot, *Santissimo Padre*, lui disait-il, *è molto vistosa.* Le Pape lui répondit tout aussitôt : *Se è vistosa ha la dote*[1].

Il m'a dit que quand Urbain VIII fit fortifier Rome au temps de la guerre du duc de Parme[2], il voulait que le Cavalier eût la direction et la conduite des fortifications. Sur quoi, il répondit à Sa Sainteté : *Bisogna prima que*

FIGURE DU PASQUIN.

*V[a] S[tita] mi dii licenza d'andar per tre o quatro anni in Fiandra, affine imparar la pratica di quel arte*[3]. Sur cela, il s'est mis à faire une réflexion et a dit que, le plus souvent, quand un prince trouve un serviteur à son gré et qu'il lui a donné sa confiance, il le charge de toutes choses et croit qu'il n'est rien de bien fait si ce n'est lui qui le fasse; mais qu'il se trompe fort en cela, parce

1. « Très-saint-Père, elle est bien belle. — Si elle est belle, elle a sa dot. »
2. En 1639, Urbain VIII déclara la guerre au duc de Parme Odoard, qui fut soutenu par les Vénitiens, les Florentins et le duc de Modène. Elle ne fut terminée qu'en 1644.
3. « Il faut auparavant que V. S. me donne la permission d'aller pendant trois ou quatre années en Flandre, pour y acquérir la pratique de cet art. »

que s'il donnait aux personnes l'emploi des choses qui sont de leur talent et
de leur expérience particulière, elles seraient mieux exécutées, et le prince bien
mieux servi. Il a rapporté ensuite un beau mot qui fut dit au roi d'Espagne,
Philippe IV, au sujet du comte-duc [1] : Un prédicateur faisait le panégyrique
de saint Jean l'Évangéliste, et lorsqu'il fut à la fin de son sermon, il feignit
d'avoir oublié le point le plus remarquable qui est que saint Jean eut le pri-
vilége de reposer sur la poitrine de N.-S. ; « enseignement, dit-il, aux rois de
permettre que leurs ministres se reposent sur leur poitrine, mais encore aussi
à eux de ne se reposer jamais sur celle de leurs ministres ». J'ai rapporté sur
ce sujet ce qu'un autre prédicateur avait aussi dit en chaire à Philippe III
qui était père de celui-ci, au regard du duc de Lerme qui était son favori,
mais favori si puissant qu'il disposait de tout en Espagne, comme s'il en eût
été le roi, et avait des favoris qu'il fît grands d'Espagne. Son texte était :
Quand le diable tenta N.-S. au désert et qu'il le porta sur le pinacle du
temple et lui offrit de lui donner tous les royaumes qu'il voyait, pourvu qu'il
voulût l'adorer. Le prédicateur sur cela fit une apostrophe au Roi et lui dit :
Mire V M^{ad} que dar todo a uno es obra del diablo [2].

Le huitième, M. le nonce est venu voir le Cavalier. Il l'a trouvé le crayon
à la main. Après avoir parlé du Louvre et discouru quelque temps de la
grandeur de ce bâtiment, il lui a demandé d'où vient qu'il y a des ouvrages
qui plaisent beaucoup à l'abord, mais après, quand on les considère longtemps, ou qu'on les revoit d'autres fois que la première, ils plaisent bien
moins ou plus du tout, et qu'au contraire, il y a des ouvrages d'autres
peintres qui ne touchent pas au commencement, mais de jour à autre viennent
à plaire de plus en plus, et à la fin, quelquefois même, nous ravissent. Il a
répondu que cela procède du savoir ou du non-savoir du peintre ; que les
tableaux de celui qui n'a pas procédé par les bons principes et ne possède pas
le fond du dessin, ayant seulement un beau coloris ou quelque agrément
naturel, ces tableaux-là ne contentent que les yeux et non pas l'esprit, lequel
y cherchant après sa satisfaction, laquelle il ne trouve que dans les ouvrages
faits avec l'exacte observation de bonnes règles et remplis d'intelligence et de
savoir, il se dégoûte et rebute aussitôt. Il a dit, par exemple, un tableau du
Baroche [3] qui avait un coloris vague et donnait quelque air agréable à ses
figures, vu d'abord par les savants mêmes, plaira plus peut-être qu'un tableau
de Michel-Ange, qui paraît à la première vue rude et mal plaisant, de sorte
que, pour ainsi dire, on en détourne les yeux ; néanmoins, s'en détournant et
le quittant, il semble, a-t-il ajouté, qu'il vous retienne ou vous rappelle, et
l'on est contraint de dire, l'ayant un peu examiné : « Ah ! cela est pourtant
beau. » Il vous charme enfin insensiblement, et de telle manière qu'on a
peine de le quitter ; et les autres fois qu'on le revoit, il semble toujours de
plus en plus beau. Il arrive le contraire, a-t-il dit après, d'un ouvrage du

1. Gaspar Guzman, comte d'Olivarès, duc de San-Lucar, premier ministre de Philippe IV,
mort exilé en 1643.
2. « Que V. M. voie bien que donner tout à un seul est œuvre du diable. »
3. Federigo Barocci, né à Urbin en 1528, mort le 30 septembre 1612. Il y a de lui deux
tableaux au musée du Louvre.

Baroché, ou d'un autre peintre qui n'a pour partage que le coloris ou l'agrément naturel; car cet ouvrage perd de sa beauté à chaque fois qu'on le revoit.

M. le nonce a dit, passant de là à un autre discours, que les papes, au lieu des ouvrages nouveaux qu'ils font tous les jours faire à Rome, pour l'embellissement de la ville, devraient faire restaurer ceux des antiques, comme les arcs de triomphe qui sont ruinés et à demi enterrés, et le Colisée aussi qui est un si beau et si grand ouvrage; qu'on pourrait employer à cela les fonds qui s'emploient avec une apparence de vanité et de pompe trop grande à la canonisation des saints. Je lui ai répondu que peut-être que cela serait mal interprété; que peu de gens connaissaient la beauté de ces ouvrages antiques, que les autres n'approuveraient pas cet amour qu'il a pour eux. Le Cavalier a pris la parole et a fait un conte d'un peintre napolitain, et a dit : A Naples l'on n'aime que les bagatelles et les dorures. Un certain peintre, ayant ouï beaucoup de fois louer la beauté et la magnificence du Colisée, se résolut un jour d'aller exprès à Rome pour le voir. Quand il fut près de la ville, son chemin étant de passer par Saint-Grégoire, voyant là auprès de grandes masures, il demanda à ceux qui se trouvèrent là ce que c'était; ils lui dirent que c'était le Colisée. A ce mot, il s'arrêta tout court et se mit à le considérer, et comme il le vit en ruine, ainsi qu'il est, et qu'il lui parut hideux : « Quoi! s'écria-t-il, c'est donc là le Colisée qui passe pour une des merveilles de l'antiquité, le plus grand et superbe ouvrage qui en soit resté». Cela dit, il tourna bride et, sans même entrer dans Rome, il reprit le chemin de Naples.

Le Cavalier a ajouté à ce sujet que les Espagnols n'ont nul goût, ni connaissance des rts; que quand il eut fait son *Ravissement de Proserpine* [1], l'ambassadeur d'Espagne fut chez lui voir cet ouvrage avec quelques cardinaux, et, après l'avoir considéré longtemps et avoir manié la figure de Proserpine, il se mit à dire : *es muy linda, es muy linda*; puis ajouta : *por mayor belleza sera menester que tenesse de aquellos ojos neros que las monias dan a ciertos perros pequeños que hazen* [2], auquel discours il eut peine de ne pas éclater de rire.

Il a conté ensuite une historiette d'un seigneur espagnol qui, passant à Masserat [3] pour aller à Naples, tomba avec sa mule dans un précipice; mais s'étant recommandé à la Vierge, il crut voir en tombant une lumière qui l'éblouit, et enfin il se trouva sain et sauf au fond d'un abîme; d'où s'étant tiré et ayant gagné Naples, il y voulut faire faire un tableau d'un ex-voto pour ce miracle. Il conta l'aventure à Philippe Napolitain [4], lui décrivit la montagne

---

1. Ce groupe, en marbre, est à Rome, à la villa Ludovisi.

2. « Elle est très-jolie. — Pour augmenter sa beauté il faudrait qu'elle eût de ces yeux noirs que les religieuses donnent à ces petits chiens noirs qu'elles font. »
Je suppose que ces petits chiens noirs aux yeux noirs (en émail, en verre ou en jais) étaient un de ces objets en laine ou quelque autre étoffe, comme on en fabriquait tant jadis dans les couvents de femmes, et comme on en fait encore aujourd'hui qui sont destinés à servir de jouet, de pelote ou d'essuie-plumes.

3. Macerata.

4. Le musée du Louvre possède une toile de lui. Filippo Angeli, né à Rome, surnommé le Napolitain à cause du long séjour qu'il avait fait à Naples; il était peintre de paysages et de batailles, et mourut jeune vers 1660.

et de quelle sorte il était chù. Philippe Napolitain en ayant fait un tableau où il représenta le mieux qu'il put le lieu et comme la chose était arrivée, il l'apporta ensuite à cet Espagnol qui le trouva beau. hormis, lui dit-il, qu'il était tombé de l'autre côté de la montagne. Le peintre lui répondit qu'il l'avait peint de la sorte afin qu'on le vît, et que s'il l'eût mis de l'autre côté, l'on n'aurait pas pu le voir. L'Espagnol repartit que cela était contre la vérité de l'histoire, qu'il fallait le peindre au derrière de la montagne, et insista tou-

DESSIN DE PORTE PAR MICHEL-ANGE.

jours à cela jusqu'à ce que Philippe Napolitain, qui connut son ineptie, lui promit qu'il le changerait; et, ayant effacé la figure et apporté le tableau, il lui dit qu'il l'avait remis de l'autre côté de cette montagne; de quoi il se tint content et paya fort bien l'ouvrage. A cela j'ai dit en riant qu'autrefois les Français auraient pris plaisir de voir traduire en ridicule les Espagnols, mais qu'à présent qu'on est en bonne paix avec eux, il n'en était pas de même. « Si faut-il que je fasse, a-t-il répondu, encore un conte d'un Espagnol qui voulut faire faire un autre ex-voto au sujet d'une aventure qu'il avait eue, de

ce que passant par un bois où il avait été assassiné et détroussé par six
voleurs, à une demi-heure de nuit [1] et n'avait pas été tué; le peintre peignit
l'aventure et n'éclaira son tableau que d'une lumière sombre. L'Espagnol le
voyant achevé n'en fut pas content, à cause qu'il faisait, disait-il, plus nuit
quand il fut volé; qu'il fallait faire une grande obscurité. Le peintre ayant
encore rembruni l'ouvrage, cela ne le satisfit pas, et voulut qu'il y mît du noir
davantage; de quoi le peintre, se fâchant, lui dit que s'il le peignait plus noir,

DESSIN DE PORTE PAR MICHEL-ANGE.

l'on ne distinguerait rien du tout. « Aussi ne voyait-on goutte du tout, répli-
« qua-t-il en colère, quand ces coquins-là m'ont volé; car si j'eusse vu qu'ils
« n'étaient que six, je les aurais mis en pièces. Peignez la chose dans une
« nuit toute noire. » Le peintre se fit alors payer son tableau, et le barbouilla
après si fort, que l'on n'y connaissait comme rien. »

M. le nonce, changeant de matière, a demandé au Cavalier laquelle des

1. C'est-à-dire une demi-heure après le coucher du soleil.

4

figures antiques il estimait davantage. Il a dit que c'était le *Pasquin*[1], et qu'un cardinal lui ayant un jour fait la même demande, il lui avait répondu la même chose, ce qu'il avait pris pour une raillerie qu'il faisait de lui et s'en était fâché; qu'il fallait bien qu'il n'eût pas lu ce qu'on en avait écrit, et que le *Pasquin* était une figure de Phidias ou de Praxitèle et représentait le serviteur d'Alexandre, le soutenant quand il reçut un coup de flèche au siége de Tyr[2]; qu'à la vérité, mutilée et ruinée comme est cette figure, le reste de beauté qui y est n'est connu que des savants dans le dessin. Le Cavalier a nommé après le *Torse du Belvédère*[3] et a dit qu'on connaît que c'est un Hercule se reposant, quoiqu'il n'ait ni tête, ni bras, ni jambe. On dit que cette figure n'a jamais été achevée et que cela se voit visiblement. Il a ajouté qu'un jour Michel-Ange le considérant, et s'étant mis à genoux pour le mieux voir, le cardinal Salviati[4] le trouva en cette posture, et s'en étonnant et lui parlant, il fut du temps sans lui répondre dans l'abstraction où il était; mais revenant à lui et apercevant le cardinal, il dit : *Questo è l'opera d'un huomo che ha saputo più della natura; è sventura grandissima che sia perso*[5].

Je lui nommai, après, le *Laocoon* comme un des chefs-d'œuvre grecs. Il a dit qu'il était admirable, mais que le torse était encore d'une plus grande manière. Je lui ai parlé ensuite du *Gladiateur*[6] et de la *Cléopâtre*[7] qu'il tient être du rang des plus belles statues. Lui parlant, après, de l'*Hercule de Farnèse*[8], il l'a loué comme étant d'un excellent maître grec; mais il a dit qu'il a été fait pour être vu un peu de loin; que là où il est posé, plus l'on s'en éloigne, plus il paraît admirable. M. le Nonce a nommé le *Taureau de Farnèse,* qui n'est considérable que par sa grande masse et quantité de figures, toutes d'une seule pierre, et, après, la *Vénus de Médicis*.

Parlant encore de Michel-Ange, le Cavalier a dit qu'à la porte Pie[9], qui est une des portes de Rome et du dessin de Michel-Ange, il avait voulu y faire de sa main le mascaron qui y est; et à ce sujet a conté que le même cardinal Salviati qui était ami particulier de Michel-Ange, ayant une vigne près de cette porte, la lui offrit pour y aller quand il voudrait, et commanda au garde-robe[10] de le recevoir dans la maison et dans le jardin comme lui-même, et de lui fournir tout ce qu'il demanderait. Le cardinal, étant allé à cette vigne à quelque temps de là, demanda des nouvelles de Michel-Ange à ce garde-robe. Il lui dit que c'était pitié et qu'il était devenu fou. Le cardinal tout

---

1. Cette célèbre statue a donné lieu à de nombreuses dissertations, et aujourd'hui on s'accorde généralement à y voir la figure d'Ajax défendant le corps de Patrocle. Elle se trouve encore, où elle était au XVIIᵉ siècle, au pied du palais Braschi, derrière la place Navone.

2. Non pas de Tyr, mais d'une ville des Malliens, dans l'Inde.

3. Au musée du Vatican.

4. J. Salviati, évêque de Ferrare, né en 1510, mort en 1563.

5. Ceci est l'œuvre d'un homme qui en savait plus que la nature; c'est un très-grand malheur qu'elle soit perdue.

6. Le *Gladiateur mourant,* au musée du Capitole.

7. Au musée du Vatican.

8. Aujourd'hui au musée de Naples, comme le *Taureau.*

9. « Ricercato a questo tempo Michelagnolo dal papa (Pie IV) d'un disegno, per porta Pia, ne fece tre tutti stravaganti e bellissimi, ch'el papa elesse per porre in opera quello di minore spesa. » (Vasari, *Vita di Michelagnolo Bonarroti,* édit. de Milan, 1811, in-8, t. XIV, p. 253.)

10. C'est-à-dire au maître de sa garde-robe (*guardarobbe*).

étonné demanda comment. Le garde-robe dit avoir connu sa folie en ce qu'il
l'avait trouvé diverses fois à l'écart avec son valet; qu'il lui faisait ouvrir la
bouche et ne cessait de lui crier : *Ancora più, ancora più*, pour la lui faire
ouvrir plus grande; qu'il ne prenait plus plaisir à rien qu'à faire faire la
grimace à ce valet[1].

Le neuvième jour de juin, M. le Nonce et M. l'ambassadeur de Venise[2]
sont venus voir le Cavalier. Il leur a lu en ma présence un écrit qu'il a fait au
sujet du bâtiment du Louvre qui contenait, et était de la forme qui s'ensuit :

*Considerazioni da farsi sopra la fabbrica, che vuol far sua Maestù.*

*Il rè di Francia d'oggi è un grandissimo rè, grande di cervello, grande di
animo, et grande di forze; ha tempo di poter far gran cose, perchè è giovane et
al presente il suo regno sta in pace. Vuol fare il suo palazzo a proportione di
quello che s'è detto di sopra. Si farebbe un grand' errore, se non si facesse una
grande e maestosa fabbrica; et, per mettere in opera questo suo pensiere, s'è
mandato in Italia a far venire persona a posta.*

*In riguardo di quanto è detto sopra, si dovrebbe fare una grandissima e
maestosa fabbrica.*

*Dall' altra parte, si deve avvertire che l'età nostra è breve. Il principe quando
è risoluto di fare qualche bell' opra, massime quando è di suo gusto, la vorrebbe
veder et goder presto. Il Francese per sua natura non è molto flemmatico, e la
quiete della pace in Francia suol durar poco : un sito da principiar di pianta
una gran fabbrica non ci è, se non si getta in terra una buona parte di Parigi,
dove ci anderebbe molti milioni e molto tempo, et di questa fabbrica del Louvre,
conforme l'uso, ne è fatta la maggior parte.*

*In riguardo di quanto s'è detto di sopra, non si dovrebbe intrapendere pen-
sieri tanto vasti.*

*Con la bilancia del giudicio, si dovrebbe pesare tutte queste ragioni per
poter eleggere il meno male[3].*

1. Voir les mascarons dans les deux dessins, p. 24 et 25.
2. Alvisi Sagredo. Il fit son entrée à Paris le 11 mars 1663.
3. « Réflexions que l'on doit se faire au sujet du bâtiment que veut faire le Roi. »

« Le roi de France d'aujourd'hui est un très-grand roi, grand par l'intelligence, grand par
l'esprit et grand par la puissance. Il a le temps de faire de grandes choses parce qu'il est
jeune et qu'actuellement son royaume est en paix. Il veut faire son palais en rapport avec ce
qui vient d'être dit. Ce serait une grande faute s'il ne faisait pas un grand et majestueux
monument; et pour mettre en œuvre cette pensée, on a envoyé en Italie afin de faire venir
quelqu'un exprès. »

« Eu égard à tout ceci, on devrait faire un grand et majestueux bâtiment. »

« D'un autre côté, on doit considérer que notre vie est courte. Le prince, résolu à faire
quelque belle œuvre, surtout quand elle est de son goût, voudrait la voir et en jouir vite. Le
Français, de sa nature, n'est pas très-flegmatique, et le calme de la paix en France ordinairement ne dure guère. Il n'y a pas d'emplacement pour commencer un grand bâtiment, à
moins qu'on ne jette à terre une bonne partie de Paris, ce qui coûterait beaucoup de millions
et beaucoup de temps; et de ce bâtiment du Louvre, comme toujours, la plus grande partie
est faite. »

« Eu égard à tout ceci, on ne devrait pas entreprendre des projets aussi vastes. »

Avec la balance du jugement, on devra peser toutes ces raisons pour s'arrêter au parti le
moins mauvais. »

Après avoir lu cet écrit, il a dit qu'il faisait à la façade[1] du devant du Louvre deux appartements royaux accompagnés de tout ce qu'il juge nécessaire pour la commodité et pour la magnificence ; que comme l'étage du plan terrain du Louvre n'a pas assez d'exhaussement, il ne le fait servir dans sa façade que comme si c'était le piédestal de l'ordre corinthien qu'il met au-dessus ; et que ces deux appartements royaux se joindront au vieux bâtiment qui subsistera.

Ces messieurs, ayant longtemps discouru sur cet écrit, l'ont fort approuvé

PORTA PIA, A ROME, PAR MICHEL-ANGE.

et ont loué la solidité des raisons du Cavalier, et puis s'en sont allés.

Le dixième, il a travaillé à ses dessins avec grande attache. Quelqu'un de chez lui ayant apporté un morceau de terre à modeler, il m'a demandé s'il y avait un moyen d'en avoir une charretée, afin d'occuper ses gens et qu'ils ne fussent pas sans rien faire. J'ai donné ordre qu'on lui en fît venir ce qu'il en demandait. Le soir, sur les six heures, j'ai fait venir le carrosse que le Roi a commandé pour le Cavalier, qui est un de ses carrosses de suite à six chevaux. Nous avons été jusques au Cours[2] sans qu'il ait dit un seul mot. Voyant qu'il ne parlait point à son ordinaire, je lui ai demandé s'il était malade.

---

1. Le manuscrit porte toujours *faciade* ou *fassiade;* de l'italien *facciata.*
2. Le Cours-la-Reine.

Il m'a dit que non, mais qu'il avait les esprits épuisés du travail de l'après-dinée. Il n'a point voulu entrer dans le Cours, mais ayant fait un tour le long de la rivière, il s'est mis à discourir agréablement à son ordinaire.

Le onzième, étant allé le matin voir le Cavalier, je l'ai trouvé dessinant quelques têtes sur le papier. Je ne les ai regardées qu'en passant et suis allé vers le seigneur Mathie, qui dessinait là auprès l'élévation de la façade du Louvre. Ayant un peu considéré cet ouvrage, je suis revenu au Cavalier, qui a quitté ce qu'il faisait et, me tirant à part, m'a dit par forme de confidence

DAPHNE, PAR BERNIN.

qu'il était bien empêché; que de divers côtés l'on lui faisait entendre que le Roi désirait de lui qu'il fît son portrait et celui de la Reine, et que pourtant M. Colbert ne lui en avait pas parlé; que M. de Créqui[1] avait été le premier à le lui dire, M. de Lionne[2] après, et puis M. le cardinal Antoine[3]; que véritablement il n'avait rien tant à cœur que de plaire au Roi et le servir en ce qu'il pourrait; que, s'il était vrai que Sa Majesté voulût cela de lui, qu'il serait bien

1. Le duc de Créqui, ambassadeur à Rome.
2. Hugues de Lionne, alors secrétaire d'État aux affaires étrangères.
3. Le cardinal Antonio Barberini, grand aumônier de la Reine, dont nous avons parlé dans la Notice.

aise d'y travailler au plus tôt; qu'il avait fait état de s'en aller à la fin d'août, mais que pour un tel ouvrage il demeurera volontiers jusques à la fin d'octobre, deux mois au delà de ce qu'il avait projeté : qu'il ne pouvait pas passer ici l'hiver à cause du froid, ni se mettre en chemin plus tard que le mois de novembre à cause de son âge. Je lui ai répondu que M. Colbert avait dessein de lui faire la même proposition qu'avaient faite ces messieurs; qu'il m'en avait parlé à moi; mais que, comme il ne m'avait pas dit d'en parler, je ne l'avais pas fait. J'ai ajouté que M. Colbert réservait sans doute à lui faire cette proposition qu'il eût l'esprit libre et dégagé du dessin auquel il était occupé[1]. Il m'a réparti que cela ne l'empêchait de rien, parcequ'il se préparerait pendant que Mathie mettrait au net ses dessins: que c'était pour cela qu'il avait demandé de la terre afin de faire des ébauches de l'action[2] qu'il pourrait donner au buste, en attendant qu'il travaillât à la ressemblance. Il a répété qu'il donnerait volontiers deux mois au delà de ce qu'il avait projeté; que ce n'était pas que, s'il fallait dix années (s'il avait à vivre tant), il ne les donnât avec plaisir, quand même il devrait mourir ici; qu'il était tellement obligé au Roi du traitement honorable qu'il recevait qu'il devait employer le reste de sa vie pour le reconnaître. Je me suis offert d'écrire ces choses à M. Colbert, il m'a dit qu'il n'en était pas besoin; qu'il chercherait quelques pensées entre ci et mecredi[3] que retournerait[4] M. Colbert; qu'alors il lui en parlerait lui-même; qu'il croyait que son dessin serait prêt pour le porter au Roi le jeudi, et qu'alors il en saurait la résolution.

Nous avons été ensuite voir la procession de l'octave du Saint-Sacrement de la paroisse Saint-Sulpice; et, en attendant qu'elle passât, le Cavalier est entré dans Luxembourg qu'il a fort considéré, et après a dit que c'était ce qu'il avait vu de plus beau depuis qu'il était en France.

Le douzième, l'étant allé voir, il m'a dit que le dévoiement, qu'il avait déjà eu une fois, l'avait travaillé de nouveau. Je l'ai accompagné aux PP. de l'Oratoire, où il a entendu la messe. Retourné qu'il a été au logis, le voyant abattu, je lui ai conseillé de se mettre au lit et de ne manger rien de solide. Je lui ai même demandé s'il voulait que j'écrivisse à M. le premier médecin[5] à qui le Roi avait ordonné d'avoir soin de sa santé. Il m'a dit que non, et s'est couché. Sur les cinq ou six heures du soir que j'y suis allé, il m'a dit qu'il se trouvait un peu mieux, mais qu'il ne sortirait point. Il s'était levé et j'ai

---

1. On voit d'après ceci que Charles Perrault s'est trompé, et probablement avec intention en avançant que Bernin « proposa, dès qu'il fut arrivé, de faire le buste du Roi, ce qui était un bon moyen de faire sa cour ». Il ajoute à ce propos les détails suivants : « On porta chez lui le plus beau bloc de marbre qu'on pût trouver. Il travailla d'abord sur le marbre et ne fit pas de modèle de terre, selon l'usage des autres sculpteurs. Il se contenta de dessiner en pastel deux ou trois profils du visage du Roi, non à ce qu'il disait, pour les copier dans son buste, mais seulement pour rafraîchir son idée de temps en temps, ajoutant qu'il n'avait garde de copier son pastel, parce qu'alors son buste n'aurait été qu'une copie, qui de sa nature est toujours moindre que son original. » *Mémoires,* p. 78.

2. Mouvement, attitude.

3. Boileau et M^me de Sévigné écrivaient toujours ainsi.

4. Reviendrait.

5. Antoine Vallot, mort en 1671.

été bien deux heures à me promener avec lui dans sa salle à discourir de la peinture.

Il me souvient, entre autres choses, qu'il m'a dit que quand on montrait à Michel-Ange Bonarrote quelques ouvrages d'un bon maître, il avait accoutumé de dire : *Questo è d'un gran furbo, d'un gran tristo.* Qu'aux ouvrages médiocres il disait : *E d'un buon huomo; non dan fastidio a nessuno* [1].

Le Cavalier parlant des différents goûts qu'on a pour les choses, et de ce qu'il ne se voit rien qui ait une approbation générale, il a dit que la différence des esprits en est la cause, qu'il faudrait qu'il n'y en eût que d'une

ÉGLISE DU NOVICIAT DES JÉSUITES, D'APRÈS ISRAEL SILVESTRE.

sorte pour faire qu'une chose plût à tout le monde; que, quand il eut fait la *Daphné* [2], le pape Urbain VIII (il n'était alors que cardinal) l'étant allé voir chez lui, le cardinal de Sourdis [3], qui était avec Sa Sainteté, dit au cardinal Bourghèse [4], pour qui elle avait été faite, qu'il aurait scrupule de l'avoir dans sa maison; que la figure d'une belle fille nue, comme celle-là, pouvait émouvoir ceux qui la voient. Sa Sainteté repartit qu'avec deux vers il se faisait fort d'y donner remède. Et de fait, sur cela, le pape fit une épigramme prise de la fable, qui dit qu'Apollon ayant longtemps couru après Daphné, sur le point qu'il était de l'attraper, elle fut changée en laurier, dont il prit des feuilles dans le transport de son amour; lesquelles ayant été portées à la bouche et trouvées amères, il dit que Daphné l'était pour lui aussi bien après son changement que devant. La substance de l'épigramme dit : *Ch'il piacer doppo il*

1. « Cela est d'un grand coquin, d'un grand méchant. — C'est d'un brave homme; cela ne fait de peine à personne. »

2. Voyez Baldinucci, p. 9.

3. François d'Escoubleau, cardinal de Sourdis, mort à cinquante-deux ans en 1628.

4. Scipion Borghèse.

*quale corriamo, o non si giunge mai, o quando si giunge, ei riesce amaro nel gustarlo* [1]. L'épigramme est latine et dit ainsi [2] :

> Quisquis amans sequitur fugitivæ gaudia formæ,
> Fronde manus implet, baccas seu carpit amaras.

Le treizième, sur les cinq heures du matin, le Cavalier m'a envoyé prier qu'il pût aller voir les maisons des PP. Jésuites. J'ai envoyé quérir le carrosse du Roi, et, après avoir entendu la messe avec lui aux PP. de l'Oratoire, nous sommes allés au Noviciat des Jésuites [3], où il a entendu encore une messe, laquelle finie, il s'est mis à considérer le tableau du grand autel, et a dit qu'il lui semblait qu'il était du Poussin [4]. Il l'a trouvé fort beau, et l'église aussi. Je lui ai dit que ç'avait été M. des Noyers qui l'avait fait bâtir, et que mes frères et moi nous en étions un peu mêlés. Il l'a considéré alors avec plus d'attention et a dit que les ornements qui y sont, sont bien exécutés. Il est entré ensuite dans la maison et dans le jardin. Le menant après au collége de Clermont [5], quand il a été devant Luxembourg, il a voulu descendre de carrosse, pour faire voir ce palais à son fils et au seigneur Mathie, qui étaient avec lui, répétant ce qu'il avait dit le jour précédent, que c'était ce qu'il avait vu de plus beau en France. Quand il a été dans la cour, il a fait mesurer la largeur des loges [6], puis il a passé dans le jardin et a fort considéré et fait considérer à son fils et à l'autre cette façade.

De là nous avons été au collége de Clermont où, après avoir prié Dieu dans l'église, il n'a demeuré qu'un moment et s'en est revenu à l'hôtel de Frontenac.

Sur les quatre heures, M. le Nonce et l'abbé Butti sont venus le voir. L'on est allé au Val-de-Grâce. Il a beaucoup examiné l'église et a monté au haut de la coupe [7] pour voir ce que Mignard y a peint. Il est ensuite entré dans le couvent que M. Tubeuf [8] qui s'est trouvé là lui a fait voir. Le Duc [9], architecte,

---

1. « Le plaisir après lequel nous courons, ou n'est jamais atteint, ou s'il est atteint, ne donne, en le goûtant, que de l'amertume. »

2. Elle est restée en blanc dans le manuscrit, mais elle est donnée dans Baldinucci, p. 9. On ne la trouve pas dans la magnifique édition des poésies latines et italiennes d'Urbain VIII, publiée à Paris (imprimerie du Louvre), 1642, in-folio.

3. Cette église, qui était située rue du Pot-de-Fer-Saint-Sulpice, avait été commencée en 1630 et achevée en 1642. Elle fut construite sur les dessins et sous la direction du frère Martel Ange et aux frais de Sublet des Noyers.

4. Il ne se trompait pas : c'est le *Saint François-Xavier* actuellement au Louvre. En 1763, c'est-à-dire après la suppression de l'ordre des Jésuites, Louis XV l'acheta 3,800 livres.

5. Qui, depuis 1682 où il fut érigé en fondation royale, prit le nom de Collége de Louis-le-Grand.

6. *Loge*, galerie; *loggia*.

7. Coupole.

8. Jacques Tubeuf, surintendant des finances de la Reine, président à la Chambre des comptes, mort à Paris le 10 août 1670.

9. François Mansart avait d'abord été chargé de la construction du Val-de-Grâce, mais au bout de quelque temps on lui enleva ce travail que l'on confia successivement à Jacques Lemercier, puis à Pierre Le Muet et enfin à Gabriel Le Duc qui exécuta, d'après ses dessins, une partie du portail, le dôme, les tourelles, etc. Le bâtiment fut terminé en 1665. Mansart mourut en 1666 et Le Duc en 1704.

et beaucoup d'autres gens y étaient. Il est allé de là voir le modèle de l'autel. L'ayant regardé longtemps, M. Tubeuf lui en a demandé son sentiment. Il ne lui a répondu autre chose, sinon que Michel-Ange Buonaroti avait accoutumé de dire que l'argent qui se dépensait en dessins profitait à cent pour un. Revenu au logis, je lui ai demandé pourquoi il n'avait rien dit de ce modèle. Il m'a répondu qu'il avait vu que ce jeune architecte (c'est Le Duc dont il voulait parler) ne prenait pas bien les choses qu'on lui disait, ce qu'il avait remarqué quand on avait parlé du dôme du Val-de-Grâce qu'il disait être de la proportion de celui de Saint-Pierre de Rome, ce qui n'était pas; que ce jeune architecte avait réparti que chacun a son goût; que, pour ne déplaire à personne, il n'avait rien dit des ornements dont on avait gâté l'église, ni des autres choses qui y sont défectueuses. Parlant[1] à un autre du dôme de ladite église, il lui a dit qu'on avait mis une bien petite calotte sur une grosse tête; et cela est très-facile à remarquer.

Le quatorzième, il a été voir l'église des Théatins[2], et les PP. lui ayant demandé ce qu'il lui en semblait, il n'a rien répondu, sinon : *Credo che riuscirà bella,* et sur ce qu'ils lui ont dit que le *Jésus* de Rome[3] avait la voûte trop basse, qu'à Saint-André de La Val[4] qui avait été fait sur le même modèle, l'on l'avait tenue plus haute, il a dit que l'une et l'autre avaient leur proportion; qu'il ne faut pas chercher à donner de l'élévation qu'à proportion de la largeur, parce qu'autrement l'on était incommodé d'avoir à lever la tête si haut; et qu'un architecte à qui l'on faisait voir une fois une église trop exhaussée, s'avisa, pour s'en moquer, d'étendre son manteau au milieu sur le pavé, et puis se coucha dessus à la renverse pour la considérer et faire connaître qu'on ne pouvait autrement la voir à son aise. Il a dit à ces PP. que quand leur église serait couverte, elle en paraîtrait plus grande, et a conté à ce sujet ce qui était arrivé au pape d'aujourd'hui[5] qui, ayant fait commencer une église à Castel-Gandolfe[6], quand il la fut voir, y mena un cardinal qui la trouva trop petite; que le pape, qui entend assez les bâtiments, témoigna approuver son avis, et dit qu'il y ferait remédier; que le remède qu'il y donna fut de faire faire la voûte de l'église, qui ne l'était pas alors; qu'à un an ou deux de là Sa Sainteté y retournant avec ce même cardinal et lui en demandant son sentiment, il la trouva bien et crut que le pape l'avait fait abattre et rebâtir, lui paraissant, à ce qu'il dit, d'un tiers plus grande qu'elle n'avait fait la première fois, ce qui venait seulement, à ce qu'il a dit, de ce qu'elle avait été couverte.

Il leur a dit encore qu'il serait bon qu'il y eût quelque partie qui avançât sur le devant, parce que les églises qui sont rondes tout à fait, quand on y entre, on fait ordinairement sept à huit pas, ce qui empêche qu'on n'en puisse

1. Cette fin de l'alinéa est rajoutée en marge et d'une autre écriture.
2. Le couvent des Théatins, le seul de cet ordre qui existât en France, était sur le quai Malaquais.
3. L'église du Gesù.
4. S.-Andrea della Valle.
5. Alexandre VII.
6. Castel-Gandolfo, séjour de plaisance des papes, à 16 kilomètres S.-O. de Rome.

pas bien voir la forme. Et à propos du rond, il a dit qu'Archimède ayant brûlé et détruit par ses inventions les vaisseaux des ennemis, le Roi[1] lui envoya quantité d'or qu'il refusa, et dit qu'il fallait en faire présent aux dieux, qui avaient fait trouver le cercle et le compas avec quoi l'on fait le cercle.

Le quinzième, il a travaillé à ses dessins avec grande assiduité. Le soir, il a été voir la maison de M. Le Coigneux au faubourg Saint-Germain[2], l'abbé

MAISON DU PRÉSIDENT LE COIGNEUX, D'APRÈS ISRAEL SILVESTRE.

Butti m'ayant dit qu'il en estimait la situation digne d'être montrée au Cavalier; mais il ne l'a pas trouvée belle.

Le seizième, l'Académie royale des peintres et sculpteurs est venue en corps complimenter le Cavalier. Il l'a reçue avec beaucoup de civilités et a entretenu ces messieurs fort agréablement d'historiettes touchant leur profession. Il leur a conté, entre autres, qu'étant encore jeune[3] et allant à l'Académie, il rencontra un jour Annibal Carrache, lequel y vint avec lui, et que l'Académie, voyant ce grand peintre, lui déféra l'honneur de poser le modèle, ce qu'il fit sans en approcher, disant seulement au modèle : « Mettez-vous de « telle sorte, reposez sur une telle jambe, levez le bras de l'autre côté, baissez « l'autre, inclinez la tête de telle façon; » et que le modèle posé, Annibal dessina après comme les autres. Au sujet des modèles, il leur a dit qu'on en a trouvé

1. Je ne sais où Bernin a puisé ce conte. Tout ce que je puis dire, c'est que quand Syracuse fut assiégée par les Romains, elle était sans roi depuis l'assassinat de Hiéronyme (215 avant J.-C.).

2. Cette maison était située sur l'emplacement occupé aujourd'hui par le Ministère de l'instruction publique. Elle avait été construite pour une espèce de fou, le président Jacques Le Coigneux, à qui Tallemant des Réaux a consacré une historiette.

3. Il aurait pu dire *enfant*, car il était dans sa onzième année quand Annibal Carrache mourut, le 16 juillet 1609. « A ce bâtiment, dit-il, on verra bien qu'il y avait quelque chose qui n'allait pas bien dans dans sa tête. »

fort rarement de beaux; qu'un jour un faquin [1] lui étant venu apporter quelque chose, il vit qu'il avait le plus bel estomac du monde, qu'il le dessina sans le lui dire, pour ce que peut-être il n'eût pas voulu le permettre; que pour en avoir le temps et l'arrêter, il lui fit apporter du vin, puis le paya au double; qu'une autre fois il lui fit dépouiller les bras qu'il trouva merveilleusement beaux, et un autre jour qu'il avait un modèle nu, il le fit venir afin de l'apprivoiser; que ce modèle lui dit qu'il gagnait quinze écus par mois, qu'il ne tiendrait qu'à lui d'en gagner autant, sans se donner tant de peine; que, s'y étant résolu, il le fit la première fois mettre dans une posture assez aisée, la jambe droite croisée sur la gauche et le menton appuyé dans sa main, de son bras droit, et dont le coude appuyait sur le genou; qu'ayant été quelque temps ainsi, qu'il lui dit, peur de le rebuter la première fois, qu'il pouvait se lever et se reposer; et à quelque temps après, lui ayant dit de se remettre, il se remit, mais qu'il posa la jambe gauche sur la droite et le coude gauche sur le genou, qui était le contraire de la posture où il était auparavant. On lui dit que ce n'était pas ainsi qu'il était. Il insista que si, et comme on disait que non, il se lève, prend ses habits, et sortit tout en colère, jurant que de sa vie il ne reviendrait, et qu'il voyait bien que l'on se moquait de lui.

Il a conté encore quelques autres pareilles choses, puis ces messieurs s'en sont allés, le Cavalier les laissant au lieu où il les était allé recevoir, qui était au bout, à l'entrée de sa salle. Quelques personnes depuis ont dit que l'Académie s'était plainte de ce qu'il ne l'avait pas reconduite; mais il l'a traitée comme il a fait les plus grands seigneurs, et comme il a traité M. Colbert même [2].

Les dix-septième et dix-huitième, le Cavalier a travaillé avec une assiduité grande à ses dessins, afin qu'ils fussent prêts pour les faire voir à M. Colbert que l'on attendait à Paris. Le soir, M. le Nonce l'étant venu voir, l'a mené à la promenade. Il m'a répété, en le quittant [3], ce qu'il m'avait déjà dit d'autres fois qu'il commençait à s'accoutumer au vin français, mais qu'on lui faisait trop bonne chère.

Le dix-neuvième, M. Colbert est venu chez le Cavalier; je n'y étais pas encore. Il lui a fait voir le plan du Louvre, lequel ne lui pas agréé, à ce que m'a dit le seigneur Paule, quand je suis venu, à cause qu'il a fait le pavillon du Roi au pavillon proche de Saint-Germain-l'Auxerrois, et qu'il serait, a-t-il dit, exposé au bruit qui se fait au port de l'École, et que de plus ayant fait des loges afin que le Roi pût monter et descendre en carrosse à couvert, c'étaient des places où des gens qui voudraient faire un mauvais coup pourraient se cacher, et derrière les colonnes qu'il fait pour porter le vestibule. Le Cavalier ne m'a rien témoigné de cela, mais il en a été plus sombre.

Le vingtième, nous sommes allés à Saint-Germain-en-Laye avec M. Col-

---

1. Un commissionnaire, *facchino*.
2. Voyez dans le *Dictionnaire* de Jal (article *Chantelou*, p. 358) une lettre du 17 juin où Chantelou raconte en peu de mots à Colbert les visites que le Cavalier a faites ou reçues.
3. C'est-à-dire : le Cavalier, lorsque je l'ai quitté, m'a répété...

bert. Le Cavalier a présenté au Roi son plan du Louvre avec l'élévation de la façade. Le tout a tellement plu à S. M. qu'elle lui a dit qu'elle se savait bon gré d'avoir prié le Pape de lui permettre de venir. Ayant remarqué, entre autres, un écueil ou espèce de rocher, sur lequel il a fait l'assiette du Louvre, lequel il avait couvert d'un papier où était dessiné un rustique, fait pour avoir à choisir, à cause que cet écueil était de difficile exécution, le Roi ayant considéré l'un et l'autre, a dit que cet écueil lui plaisait bien plus, et qu'il voulait qu'il fût exécuté de la sorte. Le Cavalier lui a dit qu'il l'avait changé, s'imaginant que, comme c'est une pensée toute nouvelle, que peut-être elle ne plairait pas, outre qu'il faudrait que cet écueil, pour réussir dans son intention [1], fût exécuté de sa main. Le Roi a répété que cela lui plaisait extrêmement. Sur quoi le Cavalier lui a dit qu'il a la plus grande joie du monde de voir combien S. M. a le goût fin et délicat, y ayant peu de gens, même de la profession, qui eussent pu en juger si bien. Le Roi lui a dit de faire aussi un dessin pour la façade du côté de la cour des cuisines, à quoi il a dit qu'il travaillerait; puis s'est retiré.

A la sortie, nous sommes allés à la chapelle où le Cavalier a demeuré longtemps en prière, et de temps en temps baisait la terre.

J'ai appris que le Roi, quand le Cavalier a été sorti, a été chez la Reine-Mère lui montrer les dessins qu'il avait retenus, et lui a dit qu'il en était extrêmement satisfait; qu'il y avait trois ou quatre ans qu'il avait dans l'esprit de faire un logement digne des rois de France, et de lui; que tous les dessins qu'il avait vus auparavant ne l'avaient point contenté; ce qui l'avait obligé d'appeler d'Italie ici le cavalier Bernin; qu'à présent il avait l'esprit en repos, ayant confié ce soin au plus habile homme de l'Europe; qu'ainsi dorénavant il n'avait rien à se reprocher.

J'oubliais de dire que le Roi l'a prié de faire son portrait. Il a répondu à S. M. que c'était une chose difficile, et qui lui donnerait de la peine à elle, parce qu'il aurait besoin de la voir vingt fois, et deux heures chaque fois. J'ai encore appris que le Roi, le soir, avant que de souper, avait apporté à la Reine le dessin du Cavalier, et avait dit qu'il en était très-satisfait, mais qu'il ne l'expliquerait pas; qu'il en avait déjà tant parlé, que sa bouche en était lasse.

Le vingt et unième se passa à chercher des marbres. L'on fut aux Tuileries et le long de l'eau, puis en divers autres lieux, le soir au Val-de-Grâce, où parmi plusieurs blocs le Cavalier n'en a trouvé que deux, encore douteux. L'on a donné ordre d'en apporter un morceau qui était aux Tuileries et de sur [2] un de ceux du Val-de-Grâce [3].

Le vingt-deuxième, le seigneur Mathie a pris les mesures nécessaires pour travailler à la façade de la cour des cuisines. Le Cavalier y a été aussi lui-même, et ayant su que l'on n'avait pas encore apporté la pièce de marbre qu'il avait demandée, il s'est fâché. Le retardement venait, à ce qu'a dit

---

1. Suivant son intention. — 2. En outre.

3. Voyez, au sujet de la recherche de ces marbres, deux lettres de Chantelou et de Charles Perrault à Colbert, dans la correspondance de Colbert publiée par M. P. Clément, t. V, p. 507 et 508. Cf Depping, *Correspondance administrative sous Louis XIV*, t. IV, p. 553-554.

M. Perrault[1]; de ce qu'on voulait proposer au Cavalier de faire une statue au lieu d'un buste, et que M. Colbert avait écrit pour cela à M. l'abbé Butti; mais le Cavalier a répondu qu'il fallait faire un buste, par plusieurs raisons; que c'était par où l'on commençait; que dans le buste l'on faisait recherche de particularités et délicatesses, ce qu'on ne faisait pas dans la statue; que le premier se faisait pour être tenu dans une chambre, l'autre dans une galerie; le buste pour être vu de près, la statue de loin; et que par conséquent qu'il la fallait de sept à huit pieds de haut; qu'il n'y avait pas de marbre ici, même pour un buste; à plus forte raison qu'il n'y en avait pas pour une statue. Tout cela a été écrit à M. Colbert, et que le Cavalier demandait au Roi une heure pour dessiner, le lendemain, au cas que Sa Majesté voulût la donner.

Le vingt-troisième, à quatre heures du matin, M. Perrault m'est venu trouver pour me dire que le Cavalier pouvait aller à Saint-Germain. J'ai envoyé quérir le carrosse du Roi, et nous y sommes allés. Nous y avons trouvé Sa Majesté jouant à la paume. Le Cavalier a eu le temps de considérer le Roi. Il a dîné chez M. de Lionne, et après qu'il a eu dîné et dormi, M. Colbert m'a envoyé dire d'amener le Cavalier. Sa Majesté l'a fait entrer un quart d'heure après. Elle se préparait cependant pour donner audience à l'ambassadeur d'Angleterre[2] et au résident de Danemark[3]. Le Cavalier a dessiné d'après le Roi une tête de face, une de profil, et après nous nous en sommes revenus à Paris.

Le vingt-quatrième, il a travaillé au modèle de son buste jusques à sept heures du soir qu'il a été à Saint-Jean[4] faire ses prières à cause de la fête du jour, et de là se promener le long de la rivière.

Le vingt-cinquième, M. Colbert lui a remis entre les mains les dessins du Louvre. M: le Nonce les voyant et le félicitant de l'approbation que le Roi leur avait donnée, le Cavalier a dit que Dieu en était l'auteur, qu'avant que d'y travailler il s'était recommandé à lui, et, tous les jours depuis qu'il lui avait demandé la grâce d'y réussir; que ce qu'il avait fait, il pouvait dire que c'était Dieu qui le lui avait inspiré, pour ce que, quand il n'aurait pas eu la sujétion de s'accommoder à ce qui était de fait au Louvre, il n'aurait pu rien concevoir de plus magnifique que ce qu'il a arrêté; que quand l'ouvrage sera achevé, il sera sans doute le plus grand et le plus noble palais de l'Europe; et en France où l'on ne venait voir que des armées on viendra voir de l'architecture plutôt qu'ailleurs[5].

1. Charles Perrault.
2. Le baron d'Heild. — 3. Petkum.
4. Probablement à l'église de Saint-Jean-Le-Rond, près Notre-Dame.
5. C'est probablement vers cette époque qu'il faut rapporter l'historiette suivante racontée par Perrault lui-même et qui ne lui fait pas grand honneur :
« Le cavalier Bernin, dit-il, fit tendre ses dessins dans un cabinet fort propre où personne n'entrait que lui, M. de Chantelou et M. Colbert. Quelques personnes de qualité à qui M. Colbert voulut bien donner ce régal y furent aussi admises. Au bout de quinze jours ou environ, le sieur Fossier, qui avait ordre de fournir au Cavalier tout ce qui lui serait nécessaire pour dessiner, me dit que, si je voulais, il me ferait voir les dessins du Cavalier. J'acceptai

M. Tubeuf et M. de Bartillat[1], ce même jour, sont venus le prier, de la part de la Reine-Mère, de faire un dessin pour l'autel du Val-de-Grâce. Il leur a témoigné qu'il avait peur que cette prière ne fût par le mouvement du directeur des religieuses qui lui en avait déjà parlé ; que pour ce sujet il eût été bien aise d'en avoir un ordre par écrit. Je lui ai dit que ces messieurs étaient l'un le surintendant de la maison, l'autre le trésorier de la maison de la Reine, lesquels l'assuraient que c'était le désir de Sa Majesté. Il leur a dit que, cela étant, il y penserait[2].

Il a travaillé tout le jour au modèle de son buste. Le soir, nous sommes allés à la promenade avec M. le Nonce et l'abbé Butti. Au sujet de la grande attache qu'il a au travail, M. le Nonce lui a demandé s'il avait bien fait cent figures de marbre dans sa vie[3]. Il lui a répondu que Michel-Ange, qui a vécu quatre-vingt-douze ans, n'en a fait que neuf ou dix dont il y en a quelques-unes imparfaites. Il a dit qu'il était grand sculpteur et peintre, mais un divin architecte, d'autant que l'architecture consiste tout en dessin ; que dans la sculpture et dans la peinture, il n'avait pas eu le talent de faire paraître les figures de chair, qu'elles n'étaient belles et considérables que pour l'anatomie. J'ai dit que dans les femmes mêmes, il faisait paraître des muscles, comme l'on voit dans cette figure de la *Nuit*, qui est à Florence, et qui a tant été chantée. Il a, sur cela, rapporté des vers faits pour la louer, du vivant de Michel-Ange, qui y répondit lui-même au nom de la *Nuit*.

> La Notte che tu vedi in si dolci atti
> Dormir, fù da un Angelo scolpita
> In questo sasso ; e, perche dorme, ha vita.
> Destala, se no'l credi, e parlerati[4].

RISPOSTA DI MICHEL-ANGELO IN PERSONA DELLA NOTTE.

> Grato m'è il sonno, e più d'esser di sasso,
> Mentre ch'il danno e la vergogna dura.
> Non veder, non sentir, m'è gran ventura ;
> Però non mi destar ; deh! parla basso[5].

son offre et je vis ces dessins. Le lendemain, M. Colbert me demanda si je les avais vus, et je lui répondis que non. Je puis assurer que c'est la seule fois que je n'ai pas dit la vérité à ce ministre. — C'est quelque chose de fort grand, me dit-il. — Il y a sans doute des colonnes isolées, lui répondis-je. — Non, reprit-il, elles sont au tiers du mur. — La porte est fort grande, lui dis-je. — Non, répliqua-t-il, elle n'est pas plus grande que la porte de la cour des cuisines. — Je lui dis encore quelque autre chose de semblable, qui allait à lui faire remarquer que le cavalier Bernin était tombé dans les mêmes défauts que l'on reprochait aux dessins de M. Le Vau et de la plupart des autres architectes ; et ce fut à cette intention que je feignis de ne point connaître les dessins du Cavalier. Ces critiques devant avoir plus de force, ne les ayant pas vus, que si je les eusse faites après les avoir examinés ; outre que je n'aurais peut-être pas osé en dire alors mon avis avec autant de liberté ». (*Mémoires*, liv. II, p. 76-78.) »

1. Jeannot de Bertillat, trésorier général de la maison de la Reine.

2. Voyez dans Jal, p. 358, col. 2, une lettre de Chantelou à Colbert en date du 26 juin.

3. Le catalogue détaillé des œuvres de sculpture de Bernin, placé à la fin de l'ouvrage de Baldinucci, se résume par les chiffres suivants : 34 bustes en marbre, 1 en argent, 3 en bronze, 43 statues ou groupes en marbre, 14 statues de bronze ; total 95.

4. « La *Nuit* que tu vois dormir en si douce attitude, fut sculptée dans cette pierre par un Ange ; et elle est vivante, car elle dort. Réveille-la, si tu ne le crois pas, et elle te parlera. »

5. *Réponse de Michel-Ange au nom de la Nuit* : « Il m'est doux de dormir et encore plus

Ces vers furent faits pendant que la République de Florence était dans l'oppression et auparavant que les grands-ducs s'en fussent rendus maîtres.

Continuant à parler de Michel-Ange et de ses ouvrages, le Cavalier a dit qu'Annibal Carrache entrant un jour dans la Minerve [1] avec plusieurs de son

LE CHRIST DE LA MINERVE, A ROME, PAR MICHEL-ANGE.

école, un d'eux, qui était Florentin et par conséquent grand louangeur de ses compatriotes, lui dit : « Hé bien, seigneur Annibal, que dites-vous de cette statue de Christ? » « *Caspitra*[2], dit Annibal, elle est de Michel-Ange. Consi-

d'être de pierre, pendant que durent le dommage et la honte. Ce m'est un grand bonheur de ne pas voir et de ne pas entendre. Ainsi ne me réveille pas; de grâce, parle bas. »

1. L'église de la Minerve à Rome. — 2. Vertubleu !

dérez-en bien la beauté, vous autres (se tournant vers la compagnie). Mais pour la bien connaître, il faudrait bien voir comme les corps étaient faits dans ce temps-là », se raillant de ce que Michel-Ange n'avait pas imité la nature.

Il a parlé ensuite de la proposition qu'il avait faite au Pape de transporter la colonne Trajane dans la place [1] où est la colonne Antoniane, et d'y faire deux fontaines qui eussent baigné toute la place ; qu'elle eût été la plus belle de Rome. M. le Nonce a demandé si cette colonne Trajane était un bel ouvrage. Il a dit que c'était l'ouvrage des plus grands hommes qui aient été. M. le Nonce a demandé ensuite si l'on l'appelait *Trajane* à cause de Troie [2] ; ce qui a fait rire la compagnie.

Parlant de l'eau et de la façon de la mesurer, il a dit qu'il la fallait mesurer à l'horloge.

Le vingt-sixième, j'ai écrit à M. Colbert [3], à la prière du Cavalier, qu'il aurait besoin d'aller à Saint-Germain le dimanche 28, afin de voir le Roi ; que ce serait sans incommoder Sa Majesté ; qu'il suffisait qu'il vît le Roi à la messe ou ailleurs.

Le vingt-septième, il a continué à travailler à son modèle, et le lendemain nous sommes allés à Saint-Germain. Là dans le Conseil, il a dessiné d'après le Roi, sans que S. M. ait été assujettie à demeurer en une place. Le Cavalier prenait son temps au mieux qu'il pouvait ; aussi disait-il de temps à autre, quand le Roi le regardait : « *Sto rubando.* » Une fois le Roi lui repartit, et en italien même : *Si, ma è per restituire.* Il répliqua lors à Sa Majesté : *Però per restituir meno del rubato* [4].

Le vingt-neuvième, jour de Saint-Pierre, après le temps donné à la dévotion, nous avons été à la promenade à Auteuil, où nous avons trouvé M. du May avec plusieurs autres, qui lui ont donné bien de l'ennui. Sur quoi il a dit : *Io ho un gran nemico a Parigi, ma un gran nemico*, a-t-il répété. *Il concetto che loro hanno di me* [5].

Le dernier juin, l'on lui a apporté dans la salle du Conseil du Louvre, qui lui a été donnée pour travailler à son buste, deux pièces de marbre : l'une de

1. La place Colonne. — La colonne Trajane est dans le Forum de Trajan.
2. Si Chantelou ne l'avait pas rapportée, on n'aurait jamais pu croire à une pareille question de la part d'un prélat romain. La confusion pour cet ignorant venait de la ressemblance des deux mots *Trojana* et *Trajana*.
3. Voyez la lettre dans Jal, p. 358, col. 2.
4. « Je suis en train de voler. — Oui, mais c'est pour rendre. — Toutefois, c'est pour rendre moins que ce qui a été volé. »
5. « J'ai un grand ennemi à Paris, mais un grand ennemi. C'est l'opinion qu'on y a de moi. »

Bistel[1], l'autre de Guérin[2], qui se trouvent assez belles. Il a travaillé tout le jour à son modèle. Sur les six heures, M. le marquis de Sourdis[3] l'est venu voir, et lui a dit que la Reine-mère lui a parlé de son dessin, mais qu'elle n'a pu le lui expliquer, me priant de dire au Cavalier qu'il serait bien aise de le voir.

A la promenade, discourant de Naples, lieu de sa naissance, il a dit, entre autres choses, qu'assez près l'on y voit une montagne qui a été percée de part en part, et que l'on y fait un chemin de la longueur d'un mille, qui est un ouvrage que les Français firent faire aux Espagnols pendant que ceux-là étaient maîtres de Naples[4] ; qu'un Français et un Espagnol y passant un jour, le Français dit : « Ceci est un ouvrage des Espagnols, » pour renouveler la mémoire de leur servitude; et que l'Espagnol avec l'*agudeza*[5] naturelle de la nation repartit: *È gran maraviglia di servi diventar padroni*[6] !

Il a dit après que, sur une question d'où la poésie avait tiré son origine, l'on soutenait un jour que c'était d'Espagne; d'où *le donne*, qui veut dire les Muses, étaient venues, à cause de *Don Jouan, Don Gaspar, Don Rodrigue*, etc., qui n'est en usage qu'en Espagne.

LE PREMIER JUILLET, m'en étant allé le matin voir le Cavalier, je l'ai trouvé ombrant le dessin de la façade de la cour des cuisines. Il faisait un rustique, avec fenêtre, du premier étage à la porte, et à l'embasement de la façade. Il m'en a demandé mon sentiment. Je lui ai dit que c'était une pensée nouvelle, que les anciens n'avaient pas trouvée, et que des modernes il n'y avait eu que l'Ammanati[7] et Jules Romain qui se fussent bien servis du rustique. Je lui ai dit que je prisais plus cela que le corinthien qu'il avait mis dessus, quoique fort riche, parce que d'autres l'eussent pu trouver, mais non pas ce rustique qui, placé où il est, enrichit beaucoup l'ordre de dessus. J'ai dit que cette façade me semblait plus noble que celle qu'il avait faite pour le devant du Louvre, et en riant j'ai ajouté qu'on pourrait trouver à dire qu'il eût plus orné le derrière que le devant. Il m'a répondu que son intention était que cette façade fût plus belle, étant au dedans du Louvre et le côté des jardins ; qu'il fera le dedans de la cour plus riche et qu'il le doit être plus que les dehors de l'un et de l'autre côté.

Nous avons été, mon frère[8] et moi, aux Tuileries attendre M. Colbert qui y

---

1. Bistel, sculpteur, sur la vie duquel on ne possède aucun renseignement. Il a exécuté, pour les jardins de Versailles, plusieurs statues de marbre qui ont été gravées par Thomassin (pl. 80, 81, 122, 128) dans son *Recueil des figures, groupes, thermes, fontaines, vases et autres ornements tels qu'ils se voyent à présent dans le château et parc de Versailles*, s. d., in-8°.

2. Gilles Guérin, sculpteur ordinaire des bâtiments du roi, mort le 26 février 1678 à soixante-douze ans.

3. Charles d'Escoubleau, marquis de Sourdis, chevalier des ordres du Roi, gouverneur de Beauce, Orléanais, etc., mort à Paris le 21 décembre 1666 à soixante-dix-huit ans.

4. C'est le fameux tunnel connu sous le nom de *grotte de Pausilippe*, et dont la construction est antérieure aux Romains. — Je n'ai pas besoin de dire que tout ceci n'est qu'un conte fait à plaisir.

5. *Agudezza*, vivacité.

6. « C'est une grande merveille, d'esclaves de devenir maîtres. »

7. Barthelemy Ammanati, architecte et sculpteur, né à Florence en 1511, mort en 1589.

8. M. de Chambray.

devait venir. Arrivé qu'il a été, nous l'avons accompagné par tous les bâtiments. Étant dans la galerie qui est au bout de la grande, il m'a demandé
ce qu'avait fait M. le cavalier Bernin. Je lui ai dit qu'il a travaillé à la façade
du derrière du Louvre. Il m'a demandé ensuite s'il l'élevait autant que celle
de devant. J'ai dit que oui. Il a dit : « Elle ne sera donc pas bien. » Il s'est
enquis ensuite si le Cavalier a vu quelque chose de Mansart. J'ai dit que non ;
qu'à Paris l'on voulait qu'ils eussent eu de grandes conférences ensemble,
mais qu'ils ne s'étaient pas vus ; qu'il n'avait vu aucune chose à Paris
que le Luxembourg, le Val-de-Grâce et les maisons des Jésuites ; qu'il avait
trouvé le Noviciat fort beau ; que je lui avais aussi d'abord fait voir la fontaine des Innocents qu'il avait considérée fort longuement et trouvée extrêmement belle. M. Colbert m'a dit à cela que c'était une petite chose. Je lui ai
reparti qu'elle était petite, mais qu'en ce qu'elle contenait, elle avait du
grand et était la plus belle chose de Paris.

Il a été de là chez le Cavalier, qui lui a montré son dessin de la façade de
la cour des cuisines. A la première vue, M. Colbert lui a dit qu'elle était de
même que celle de devant. Il a reparti qu'il y avait beaucoup de différence,
et, pour la connaître, il a fait apporter l'autre. Après, M. Colbert l'a remarqué,
et lui a parlé de la hauteur, et a dit qu'il aurait fallu accommoder cette façade,
en sorte qu'elle eût de la convenance avec la grande galerie et autres bâtiments qui y sont, qui paraîtraient moins par cette hauteur ; qu'au
devant il n'y avait pas ces inconvénients. Il a reparti qu'au derrière non plus
qu'au devant, il n'y en avait aucun ; que les galeries étaient comme les bras
au regard de la tête ; qu'elles ne devaient pas être si hautes ; qu'en tout cas
le comble de ces bâtiments serait aussi haut que ces façades. Il a pris le
et en a fait la démonstration sur le papier. Il a dit qu'il n'avait eu ce
qu'à l'église de Saint-Pierre de Rome dont le portail paraissait bas, au jugement de tout le monde ; il avait trouvé pour remède et conseillé au pape [1] de
faire faire deux ailes de colonnades qui faisaient paraître ce portail plus haut,
quoiqu'il ne le fût pas ; en a montré l'effet avec le crayon, et fait voir que
c'était comme deux bras à une tête ; a dit qu'il en serait de même des deux
galeries, au respect de cette façade, et que l'architecture consistait en proportion tirée du corps de l'homme ; que c'est la raison pourquoi les sculpteurs et
les peintres réussissent plutôt en architecture que d'autres, d'autant que ceux-
là étudient incessamment après la figure de l'homme.

M. Colbert a vu ensuite le modèle du buste du Roi, et lui a dit que Sa Majesté
lui a donné pour y travailler à Saint-Germain l'appartement de M. Mazarin.
Le Cavalier l'en a remercié et a dit quantité de choses au sujet de ce portrait, entre autres qu'il ne se souciait plus de faire aucun ouvrage, lorsqu'il
l'aurait achevé. M. Colbert s'en allant, il l'a ramené jusques au bout de la
salle, et son fils et Mathie jusques à son carrosse. L'après-dînée, le Cavalier
a travaillé à l'exécution d'un mémoire qu'avait donné M. Colbert pour la distribution du premier étage ou plan noble du Louvre, pour y ménager une grande
chapelle ou église qui puisse servir de paroisse au Louvre, afin d'y faire les
fonctions épiscopales et curiales, comme les faisaient faire autrefois les rois

1. Alexandre VII.

de France dans leur palais, dont dépendait autrefois la Sainte-Chapelle, comme aussi pour faire des salles de bal et à banqueter, et autres appartements propres à placer des tableaux et des statues. L'abbé Butti le lui a expliqué et a travaillé pour cela avec lui.

Après, M. le nonce est venu, et l'on a été à la promenade, durant laquelle le Cavalier a été d'agréable humeur, et a rapporté quelques endroits de ses comédies, et entre autres de deux valets qui, chassés de chez leurs maîtres, se résolurent d'apprendre métier et consultèrent entre eux lequel ils prendraient. L'un proposa à l'autre d'en chercher un qui tout ensemble fût noble et nécessaire. Ils cherchèrent longtemps et n'en trouvant point de cette qualité; enfin celui qui avait fait la proposition dit qu'il fallait choisir le métier de serrurier, et pour faire voir que le métier était nécessaire, il dit cent choses; mais sur le noble étant empêché et ne sachant qu'alléguer, il dit qu'enfin la noblesse provenait des armes, et comme on sait que la France a pour les siennes les *lis*, l'Angleterre la *rose*, l'Empire l'*aigle*, et plusieurs autres d'autres choses, eux pourraient prendre avec raison les *clefs*[1] qui sont les premières et plus nobles armes de toutes.

Le deuxième jour de juillet, j'ai été sur les six heures du matin chez M. Colbert. M'ayant trouvé dans sa salle, il m'a demandé si je voulais quelque chose. Je lui ai dit que je venais pour savoir s'il voulait rien m'ordonner touchant le Cavalier. Il m'a dit que non. De là j'ai été chez lui, et l'ai trouvé achevant son dessin. Il m'a demandé, le considérant, ce qu'il m'en semblait. Je lui ai dit qu'il me paraissait fort noble et fort magnifique. Nous l'avons considéré longtemps avec celui de la façade de devant.

Le troisième et le quatrième, il a travaillé et fait le dessin de l'autel du Val-de-Grâce que la reine mère lui a demandé. Il y a travaillé avec grande attache. Aussi est-ce un beau et magnifique dessin.

Ce jour-là, mon frère, se promenant au bâtiment des Tuileries, y a trouvé M. Varin[2], qui lui a dit que ce qu'on y faisait était fort vilain. M. Madiot lui en a dit autant.

M. Perrault est venu le soir nous communiquer à mon frère et à moi quelques changements que l'on proposait d'y faire. Nous lui en avons dit notre sentiment, et que ces vases que l'on a mis à l'entablement ne sont ni beaux ni convenablement placés; qu'il serait mieux de faire régner la corniche de l'ordre corinthien le long de la terrasse, que d'y avoir mis une autre corniche, laquelle n'a liaison ni rapport à celle-là; que ce serait aussi une chose bien plus régulière de faire régner le même ordre corinthien entre les fenêtres à la place de ces consoles qui y sont, faisant entre chaque fenêtre deux pilastres; qu'il y a dans tout cet ouvrage plusieurs choses que l'on pourrait régulariser, d'autres qui sont mauvaises et très-mal exécutées; qu'il est bon de faire des marchés pour l'économie, mais que de cela souvent il arrive qu'on n'a que des ouvrages mal faits; ce qu'il faut fuir surtout dans les bâtiments,

---

1. Les clefs, comme on sait, sont les armes des papes.
2. Jean Varin, célèbre graveur en médailles, sculpteur, contrôleur général et graveur général des monnaies de France, né à Liège en 1604, mort à Paris le 22 août 1672.

où les fautes sont exposées aux yeux d'un chacun et demeurent à la postérité; qu'il y a, outre cela, quelque honte de corriger de jour à autre et qu'il est vrai ce que dit le proverbe italien : *Chi più spende, manco spende*[1].

Le cinquième, nous avons été à Saint-Germain, où le Cavalier a porté le dessin du derrière du Louvre et celui de l'autel du Val-de-Grâce. En partant, il m'a dit qu'il y avait quelque chose qu'il me dirait, étant arrivés; et quand nous avons été là, il m'a dit qu'il serait bien aise que je parlasse de ce dessin d'autel et disse ce que j'en connaissais; que je savais que les belles choses ( quoiqu'il ne sût pas les faire) avaient besoin d'être aidées. Il avait dit *auparavant*[2] que ce dessin faisait voir qu'un homme était peintre, sculpteur et architecte.

Arrivés à Saint-Germain, nous avons été chez M. Colbert et, entrés dans son cabinet, il a vu les dessins du Cavalier, particulièrement celui de l'autel du Val-de-Grâce. Après les avoir considérés quelque temps, il a dit : « Je voudrais qu'il eût coûté au Roi deux cent mille écus, et qu'il y eût en France un homme capable de faire ces ouvrages » ; ce qui semblait vouloir dire que le Roi devrait donner deux cent mille écus pour retenir le Cavalier. Mais il s'est expliqué et a dit que, s'il y avait un homme qui fît de pareilles choses, il y en aurait encore d'autres qui approcheraient de cette suffisance. Il a ajouté, après, que Sa Majesté ne veut rien épargner pour rendre les arts florissants en France, que pour cet effet elle voulait entretenir à Rome des jeunes gens pour étudier à la sculpture et à la peinture; qu'il envoyait un nommé Errard[3] pour les conduire et prendre une maison où ils seraient entretenus aux dépens du Roi. Le Cavalier a dit que cela était bien, mais qu'il fallait tenir une autre méthode que par le passé; que c'était la coutume d'aller à Rome à quinze ans, de ne faire que dessiner neuf ou dix années; que cela était cause qu'un homme avait vingt-cinq ans quand il commençait à opérer ; qu'il en fallait user autrement : dessiner un jour et travailler l'autre, soit de sculpture, soit de peinture, et qu'ainsi l'on en devenait bien plus habile. M. Colbert a approuvé son sentiment, et a demandé s'il ne voulait pas bien que les jeunes sculpteurs que le Roi entretiendrait allassent chez lui pour s'instruire sous sa conduite. Il a dit qu'oui, et qu'il faudra qu'ils travaillent aux statues du Louvre dont il fera les modèles et aura soin de les faire exécuter; qu'à Rome il y a même deux ou trois sculpteurs français fort habiles. M. Colbert lui en a demandé les noms, mais il n'a pu les lui dire[4]. Durant cet entretien, il lui a témoigné ouvertement que le Roi souhaiterait bien qu'il demeurât en France pour l'exécution de tous ses ouvrages; à quoi il n'a rien répondu.

1. « Qui plus dépense, dépense moins. »
2. Le mot est souligné dans le manuscrit.
3. Charles Errard, peintre et architecte, né à Nantes en 1606, mort à Rome le 25 mai 1689. Il avait déjà séjourné longtemps en Italie lorsqu'il fut nommé, en 1666, directeur de l'École française à Rome, où il resta jusqu'en 1673. Il y retourna avec le même titre en 1675 et y demeura jusqu'en 1683. Il en est souvent parlé dans les lettres de Poussin.
4. Il y eut un certain nombre de sculpteurs français à Rome au xviiᵉ siècle, et entre autres un nommé Claude qui exécuta, sous la direction de Bernin, une des quatre figures gigantesques de la fontaine de la place Navone. Voy. Dussieux, *les Artistes français à l'étranger*, 1856, in-8, p. 345.

Nous en revenant de Saint-Germain et discourant de la peinture, il a loué extrêmement Annibal Carrache, et a dit qu'il avait ramassé en lui la grâce et le dessin de Raphaël, la science et l'anatomie de Michel-Ange, la noblesse et la façon de peindre du Corrége, le coloris du Titien, l'invention de Jules Romain et d'André Mantègne; et de la manière des dix ou douze plus grands

PORTRAIT DE JEAN VARIN,

Graveur général des monnaies de France.

(Fac-simile réduit de la gravure d'Edelinck.)

peintres, qu'il en avait formé la sienne, comme si, passant par une cuisine, où elles fussent chacune dans un pot à part, il en avait mis dans le sien, qu'il aurait sous le bras, une cuiller de chacune. Je lui ai contesté qu'il eût la noblesse et la grâce naturelle, mais celle que donne l'étude et le savoir.

Reparlant ensuite du dessin de l'autel du Val-de-Grâce, il nous a dit

qu'ayant fait compliment [1] à celui qui en est l'architecte [2] de ce qu'il était
obligé de mettre la main à son ouvrage, mais qu'il ne pouvait refuser d'obéir
à la Reine-Mère qui l'avait voulu, il lui avait répondu qu'il y avait un remède
aisé qui était de dire que le modèle de l'autel qu'il avait vu était très-beau;
qu'il repartit à cela que, s'il était très-beau, le sien servirait à le faire paraître
davantage.

Le sixième, il a commencé à faire ébaucher son marbre. Le soir, M. le
nonce est venu et l'abbé Butti aussi; l'on est allé à la place du collége des
Quatre-Nations pour voir la façade du Louvre du côté de la rivière, laquelle
le Cavalier a dit avoir ordre d'accommoder pour avoir rapport à la façade de
devant. De là l'on est allé à la promenade, durant laquelle il a répété un endroit d'une de ses comédies, où il y avait introduit un jeune gentilhomme qui
dessinait bien, lequel ayant vu que Gratian avait une fille qui était belle, il
en était devenu amoureux; que s'entretenant avec son valet pour trouver les
moyens de la voir et se satisfaire, sans faire naître du soupçon dans l'esprit
du père, ils résolurent qu'il fallait qu'il tâchât d'entrer chez lui pour
apprendre à dessiner, et pour cela qu'il fallait parler à Zani, valet du Gratian,
et tâcher de le corrompre à force d'argent. Ce conseil ne plut pas à l'amoureux
qui dit que Zani était un vaurien, un scélérat, qu'il l'avait su de tout le monde,
et que les murailles et le pavé même le savaient; qu'il n'y avait point de confiance à prendre en lui. Le valet réplique que cela pouvait être faux; qu'une
marque que sa méchanceté n'était pas extrême et à craindre était que tout le
monde le savait. Il a appuyé sur cette considération comme méritant d'être
notée. Ce gentilhomme ayant donc parlé à Zani, il fit d'abord de grandes difficultés fondées sur la jalousie de Gratian, mais enfin ayant été gagné par argent, il dit qu'il avait trouvé un moyen qui était qu'il contrefît le sourd et le
muet; que la langue et les oreilles ne servent point à la peinture; qu'on ferait
entendre que les parents de ce gentilhomme, qui étaient de qualité, voulaient
lui donner cette application. L'on parla donc à Gratian; ces défauts d'être
muet et sourd empêchèrent qu'il n'eût du soupçon. Il entra comme disciple
dans la maison et dessinait avec les filles; et un jour que Gratian était sorti à
l'heure ordinaire, Zani faisait des leçons à ce gentilhomme, et lui disait, accompagnant son discours de beaucoup de gestes, que, s'il arrivait jamais qu'il fît
connaître qu'il entendait et parlait, ils seraient tous mis dehors; pendant
lequel entretien, Gratian, qui avait feint de sortir, regardant du bout d'une
galerie, et voyant ces gestes que faisait Zani, voulut savoir ce que c'était, et
vint le lui demander. Il dit qu'il disait des injures à ce garçon pour sonder
s'il était muet, le piquant sur sa naissance, et disant qu'il avait l'esprit gros-
sier et rustique pour un gentilhomme, mais qu'il avait connu qu'il était effec-
tivement sourd, n'ayant point été touché de ces injures. Alors Gratian dit que
ce n'était pas une bonne épreuve, et lui-même vint le flatter et le louer avec
excès, disant que c'étaient les louanges qui piquaient et émouvaient plus que
les injures; mais le galant fit le sourd comme il fallait.

Il parla après de quelques dessins que Mignard lui avait montrés chez lui,

1. Au-dessus du mot *compliment*, on lit: *excuse*. — 2. Le Duc.

et dit qu'il avait un plaisir extrême de voir ces premières productions d'esprit des grands hommes; que c'était là qu'on voyait la splendeur d'une idée nette, claire et noble; que Raphaël avait eu l'esprit si beau, que sa première imagination était arrêtée comme les ouvrages les plus beaux du monde, et dit même que ces dessins des grands maîtres étaient, en quelque sorte, plus satisfai-

PORTRAIT DE PIERRE MIGNARD.

(D'après une gravure d'Edelinck.)

sants que les ouvrages qu'ils auraient depuis exécutés dessus[1] avec étude. Nous lui dîmes que, quand il voudrait, nous lui en ferions voir une très-grande quantité de bons des plus grands maîtres que Jabac'h[2] avait ramassés

1. C'est-à-dire d'après ces dessins.

2. Evrard Jabach, riche banquier de Paris et célèbre collectionneur de tableaux et de dessins, né à Cologne, mort le 6 mars 1695. La plus grande partie de ses collections,

de tous côtés. Je lui dis qu'à Paris il y avait aussi grand nombre de beaux tableaux; qu'on les avait achetés depuis vingt années au poids de l'or; qu'entre
autres, il y en avait grand nombre d'Annibal Carrache. Il dit qu'une petite
*Nativité* [1] de ce peintre-là fut donnée du temps d'Innocent X au cardinal Pan-
file [2], qui était si excellente, qu'un homme qui la possédait devait plutôt donner sa vie que ce tableau, c'est-à-dire ne s'en défaire pour quelque considération que ce pût être.

Le huitième, M. Colbert est venu à Paris. Nous étions allés, mon frère et
moi, l'attendre au bâtiment des Tuileries. Étant monté en haut, il m'a demandé si M. le cavalier Bernin n'avait pas été bien fâché de la façon dont la
Reine-Mère avait reçu son dessin de l'autel du Val-de-Grâce. Je lui ai répondu
qu'il ne m'en avait rien fait paraître ; qu'il avait fait le dessin ne sachant pas
qu'on dût faire une grille à l'aile gauche de l'église pareille à celle qui est
à la droite, et que c'était pour couvrir le défaut de symétrie de voir un grand
bras et un petit, qu'il plaçait l'autel en ce lieu-là, et afin que la reine le pût
voir de son oratoire, ce qu'elle ne peut faire, s'il n'est là. M. Colbert a dit
là-dessus que c'était qu'il ne voulait s'informer de rien. Je lui ai reparti qu'à
la vérité, il avait été seul voir la place de l'autel ; que M. Tubeuf m'avait prié
de l'avertir quand il irait au Val-de-Grâce, ce que je n'avais pu faire, parce
qu'il y fut deux jours plus tôt qu'il m'avait dit, par l'occasion d'aller voir son
bloc de marbre.

Il m'a prié ensuite d'aller voir s'il faisait sa méridienne, pour ce qu'en ce
cas, il reviendrait le soir pour le voir. Y ayant été, je sus qu'il achevait de dîner.
M. Colbert étant entré, les seigneurs Paule et Mathie le sont venus recevoir
avec l'abbé Butti, et l'ont mené dans la galerie où il s'est amusé à regarder le
modèle du buste du Roi. Incontinent après, le Cavalier est venu, qui lui a
montré l'élévation de la moitié du dedans du Louvre que M. Colbert a beaucoup louée. Le Cavalier lui a dit qu'il était bien satisfait de l'ouvrage,
qu'il espérait que l'exécution en réussirait belle, qu'il n'y aurait rien de
pareil dans l'Europe. M. Colbert lui a répondu là-dessus qu'il avait impatience
d'en voir faire les fondations. Le Cavalier a dit que ce dessin serait achevé
pour dimanche, et la façade du côté de la rivière que le Roi lui a déjà
demandée deux fois; qu'il faisait état de porter le tout dimanche à Sa Majesté ;
qu'il voulait aussi prendre quelques mesures avant que de faire travailler aux
fondations, parce qu'il n'y a rien, a-t-il dit, plus facile que de faire des
fautes; qu'il a été si heureux jusques à présent qu'il n'y a eu dans ses
ouvrages faute aucune que de savoir, mais non pas d'avoir mal pris ses mesures; qu'il a accoutumé de les faire prendre par Mathie, puis par son frère
à lui [3], et que, quand ils s'accorderaient même, il les prend encore lui-même.

101 tableaux et 5,542 dessins, fut acquise par le Roi en 1671 pour 200,000 livres. On lira plus
loin le récit de la visite que lui fit Bernin.

1. Le musée du Louvre en possède deux qui faisaient partie de la collection de Louis XIV.

2. Camillo Panfilio (en français Pamphile), neveu d'Innocent X. Diacre-cardinal (1644), il
se démit de la pourpre (1647) pour épouser Olympia Aldobrandini, princesse de Rossano, et
mourut en 1666.

3. Luigi Bernino. Il est appelé par Baldinucci (p. 79) : « *Buono scultore, migliore architetto,
ed eccellente mattematico* ».

Il s'est encore étendu sur le bonheur qu'il a d'avoir rencontré dans son dessin, et qu'il soit de sorte qu'il peut être exécuté sans que le Roi soit obligé de déloger du Louvre. M. Colbert a dit que, n'était qu'il faudra acheter force maisons, l'on travaillerait partout à la fois. Le Cavalier a dit que les ouvrages qui s'élèvent partout en même temps en étaient beaucoup meilleurs; dont chacun est demeuré d'accord. M. Colbert a ajouté que le roi ayant le palais des Tuileries y pourra demeurer sept ou huit ans. Après cela il s'en est allé, et le Cavalier l'a reconduit, à son ordinaire, jusques à la porte de la salle.

Le soir, étant à la promenade avec lui, il m'a dit qu'ayant cherché qui l'a enrhumé, c'est d'avoir travaillé dans la salle où sont les marbres, où les vitres sont toutes rompues. Je lui ai dit que j'y donnerais ordre. Il m'a prié de lui faire rapporter les premières armes que je lui avais fait apporter, qui sont celles du dessin de Jules Romain; ce que j'ai fait.

Le neuvième, étant allé le matin chez M. Colbert, j'ai su chez lui qu'il était allé aux Gobelins où je le suis allé trouver, et ai vu avec lui tous les ouvrages qui s'y font. De là il est revenu au Louvre et a monté dans l'appartement du Roi, et a fait demeurer tous ceux qui l'accompagnaient dans la grande antichambre. Il a demeuré là environ une heure. Sortant de là, il a monté dans son carrosse à six chevaux, et s'en est allé à Saint-Germain. L'après-dînée, j'ai fait rapporter au Cavalier cette paire d'armes du dessin de Jules Romain qu'il m'avait redemandée. Le soir, il m'a demandé un carrosse pour six heures du matin, que le seigneur [1] Mathie irait dessiner la façade du côté de la rivière.

Le dixième, j'ai trouvé le Cavalier qui ombrait le dessin du dedans du Louvre; je l'y ai vu travailler une heure durant. Il m'a dit par diverses fois qu'il fallait bien de la discrétion à cet ouvrage dans l'épargne des lumières et des ombres; qu'il espérait que le Roi trouverait cela à son gré. « Sans doute, lui ai-je répondu, car Sa Majesté [se] connaît plus en ces sortes de choses qu'on n'aurait pu s'imaginer, et qu'il l'avait bien fait connaître lorsqu'il lui présenta son premier dessin. » Il m'a dit qu'à la vérité, l'ayant beaucoup considéré et témoigné qu'il le trouvait beau, il avait dit que tous les autres qu'il avait vus jusques alors ne servaient qu'à lui faire connaître la grandeur et la beauté du sien, et qu'il se savait bon gré d'avoir prié Sa Sainteté de lui permettre de venir.

Le onzième, j'ai écrit à M. Colbert que le Cavalier achevait le dessin du dedans de la cour du Louvre et qu'il faisait état de le porter au Roi le lendemain, à Versailles ou à Saint-Germain; que je le priais de me mander où serait Sa Majesté; que je prenais la liberté de lui dire par avance que c'était un ouvrage simple et sans aucun ornement que celui de l'ordre, mais qu'avec cela il était aussi riche, pompeux et magnifique que l'on eût encore vu; qu'à mon avis, pour en exprimer la beauté, il faudrait inventer de nouveaux mots. Il m'a mandé par l'homme que je lui avais envoyé exprès que j'amenasse le Cavalier à Saint-Germain le lendemain.

1. Chantelou écrit tantôt *signeur*, tantôt *seigneur*.

Le douzième, allant à Saint-Germain et discourant de l'architecture avec
l'abbé Butti, il nous a dit qu'il avait vu parmi les papiers du Villamen [1]
une lettre de Michel-Ange écrite à Laurent de Médicis, en réponse d'une de
lui, par laquelle il lui avait demandé conseil, duquel de deux architectes il
se servirait pour la librairie [2] qu'il voulait faire faire à Florence : ou le Vasari
ou l'Ammanati; le premier, peintre, et l'autre sculpteur; et que Michel-Ange
mandait par cette lettre qu'ils étaient tous deux de ses amis, mais qu'en égal
savoir, en matière d'architecture, il fallait préférer le sculpteur au peintre;
qu'il lui conseillait de se servir de l'Ammanati pour ce que l'architecture était
un relief, que le sculpteur en faisait profession; que le peintre dans la sienne
n'en avait que l'apparence.

Arrivés à Saint-Germain, nous avons été chez M. Colbert, et l'avons trouvé
enfermé avec le maréchal de Villeroy [3]. Après qu'il a été sorti, il a donné
audience au maréchal de Chulenberg [4] et à quelques autres. Après il nous a
fait entrer et a vu le dessin, et l'ayant considéré l'a fort loué. Le Cavalier lui
a dit qu'il n'en était pas l'auteur, que c'était Dieu de qui lui était venue cette
pensée [5].

M. Colbert m'a dit de le mener chez le Roi, qu'il allait achever quelque
chose de pressé; que ce jour-là il y aurait deux conseils; qu'il viendrait tout
aussitôt, et de fait, incontinent après il est venu et a fait entrer le Cavalier,
lequel a montré son dessin au Roi, à qui il a encore plus plu que les autres.
Le Cavalier a dit à Sa Majesté que le palais du Vatican à Rome surpasse en
beauté de beaucoup le Louvre, mais que quand ce dessin sera exécuté, le
Louvre surpassera d'autant le Vatican, et qu'il était si satisfait de son dessin que
si Dieu lui donnait assez de vie, il reviendrait exprès pour en voir l'exécution.

Il dessina encore, d'après le Roi, durant le Conseil, et à la sortie a été à la
chapelle rendre grâces à Dieu comme les autres fois. Après je l'ai mené chez
M. de Bellefonds, lequel a fait voir ses dessins à tous ceux qui étaient là pour
dîner au Chambellan, et a dit au Cavalier que le Roi lui avait donné ordre de
les faire voir à la Reine, durant qu'il reposerait; et de fait, après dîner, il [6]
les est venu prendre, et les est allé montrer à Mᴵˡᵉ de la Vallière. Quand il a
été de retour, il a dit au Cavalier qu'elle les avait trouvés admirables. Il a dit
qu'il faut s'entendre à ces sortes de choses pour en bien juger. Il a reparti
qu'elle avait beaucoup d'esprit; que c'en était une bonne marque d'être dans
la place où elle était. J'ai dit : « De s'y être conservée quatre années durant. »
M. de Bellefonds a encore fait voir ces mêmes dessins à M. le commandeur de
Jars [7] et à quelques autres, durant que le Cavalier a fait sa méridienne et qu'il

1. Francesco Villamene, dessinateur, peintre et graveur, né à Assise vers 1566, mort à
Rome en 1626. Mariette possédait 360 pièces de cet artiste.

2. La bibliothèque Laurentienne, à Florence, commencée par Michel-Ange, achevée par
Vasari.

3. Nicolas de Neufville, marquis, puis duc de Villeroy, maréchal de France (1646), né
en 1598, mort en 1685.

4. Jean de Schulemberg, maréchal de France (1658), mort en 1671.

5. En marge est écrit, d'une écriture que l'on retrouve à la fin du volume : *No sempre ride
la moglie del ladro.*

6. *Il,* M. de Bellefonds.

7. François de Rochechouart, chevalier de Jars, commandeur de l'ordre de Malte, mort

a été dire son office à la chapelle. Retourné qu'il a été, nous avons été chez M. Colbert où on nous a dit qu'il était allé au Conseil. Il avait aussi voulu voir M. de Lionne, mais à midi il dormait, et après dîner que nous y sommes retournés ensemble, il était allé au Conseil. Sur les cinq heures, nous sommes partis pour revenir à Paris, et à notre arrivée nous avons trouvé M. le Nonce à qui le Cavalier a parlé.

Le treizième, au matin, j'ai trouvé le Cavalier travaillant à son modèle. L'après-dînée, un valet de chambre de M. Colbert m'a apporté une lettre par laquelle il m'écrivait qu'estimant que M. le Cavalier serait bien aise de voir la revue des troupes de la maison du Roi que Sa Majesté devait mettre en bataille dans la plaine de Coulombe [1]; il m'envoyait au galop afin d'en faire la proposition au Cavalier, et qu'en cas qu'il l'eût agréable, il fallait sur-le-champ le faire monter en carrosse; ce que j'ai exécuté, et nous avons été dans la plaine de Coulombe où nous avons trouvé les troupes en bataille, et le Cavalier en a vu la revue. Au retour, vers Chaillot, nous avons rencontré M. le Nonce qui lui a demandé ce qu'il lui semblait de la revue. Il lui a dit qu'il n'avait jamais rien vu de tel. Il lui demanda combien il pensait qu'il y eût de troupes, il a dit 8,000 hommes.

Le quatorzième, le Cavalier a travaillé à son buste. L'abbé Butti a été avec lui une partie de la journée. L'on a parlé de différentes choses au sujet de l'expression qui est l'âme de la peinture. Le Cavalier a dit qu'il s'est servi, pour tâcher d'y réussir, d'un moyen qu'il a trouvé de lui-même, qui est que, quand il veut donner l'expression à une figure qu'il voulait représenter, il se met dans l'acte [2] même qu'il se propose de donner à cette figure, et se fait dessiner dans cet acte par un qui dessine bien.

Le quinzième, j'ai trouvé au matin M. Colbert avec le Cavalier dans la salle où il travaille à son buste, et qu'il regardait le dessin de la façade du côté de la rivière, auquel travaille le seigneur Mathie qu'il avait envoyé quérir. Il a demandé au Cavalier un beau garde-meuble et de songer de bonne heure où le placer. Il lui a répondu qu'il pourrait être fort bien sur le portail de l'entrée.

Ensuite M. Colbert lui a demandé le moyen de disposer quelque cour où l'on pût faire des ballets à cheval et même pour des machines et moyens de les y faire entrer. Il a répondu, pour ce dernier, qu'on ne pouvait pas faire des portes assez grandes pour cela, mais que dans ces occasions on a de coutume de faire des machines de plusieurs pièces, et qui se puissent rejoindre aisément; qu'il faudrait disposer pour recevoir et construire ces diverses pièces. M. Colbert lui a parlé ensuite de la place du devant du Louvre. Sur cela, le Cavalier a pris du charbon et l'a dessiné sur le pavé, et, ayant pris son

---

le 10 avril 1670. Condamné à mort en 1633, il était déjà sur l'échafaud quand on lui apporta sa grâce.

1. « Le 13 juillet, le roi fit en la plaine de Colombes la revue de ses gardes du corps, mousquetaires, gendarmes et chevau-légers qui se trouvèrent en bel ordre. » (*Gazette de France*, 1666, p. 700.)

2. *Acte*, attitude.

compas et marqué une distance contenant une fois et demie la hauteur de la façade, il a dit que cela suffisait pour voir parfaitement cette façade, et que la place aurait beaucoup de toises davantage, outre que l'église de Saint-Germain ne se trouvant qu'à un côté, cela donnait moyen de faire une grande rue de dix ou douze toises vis-à-vis de la principale entrée du Louvre, dans laquelle on prendrait telle distance qu'on voudrait pour voir la façade; puis après pour les deux côtés de la place, il a marqué deux portions de cercle. M. Colbert a dit que l'on y ferait des corps de garde et autres logements nécessaires auprès du Louvre. Le Cavalier a dit que ce pourrait être comme à la place Saint-Pierre dont il a esquissé le portail, et a dit que, comme du temps de Paul V il n'a pas été exécuté suivant le dessin de Michel-Ange, le portail a toujours été trouvé trop bas, eu égard à sa largeur; ce qui a été cause qu'on a proposé diverses fois de l'abattre, et qu'Urbain VIII en avait eu la pensée et Innocent X après lui; mais que, comme les papes ordinairement n'arrivent au pontificat que vieux, cela a empêché qu'ils n'aient osé entreprendre ce grand ouvrage qu'il fallait commencer par abattre; que le pape d'à présent lui en ayant demandé son avis, il avait étudié et trouvé qu'en faisant des loges plus basses de côté et d'autre de ce portail, cela le ferait paraître plus haut et en corrigerait le défaut. Il a donné la démonstration sur le pavé avec du charbon, comme cela s'est exécuté.

M. Colbert s'est mis après à considérer le buste du Roi et a admiré combien il avait déjà de majesté et de ressemblance. Je lui ai dit qu'il n'y avait encore travaillé qu'un jour; que véritablement c'était avec trop d'attache et que mardi au soir il était si las que j'avais peur qu'il ne s'en trouvât malade. M. Colbert lui dit qu'il devait se ménager. A cela il a reparti que c'était la plus difficile chose du monde, pour ce qu'en cela il était question de se surmonter soi-même et sa propre nature.

Il dit ensuite à M. Colbert, par ironie, que je lui disais incessamment qu'il ne travaillait pas assez; dont M. Colbert s'est mis à rire, et ayant dit adieu s'en est allé au bâtiment des Tuileries, par la galerie de M. Le Brun, où il a découvert, comme il avait fait une autre fois, une figure du *Sommeil versant des pavots*, qui est la seule d'achevée. Il m'en a demandé mon sentiment; je lui ai dit qu'elle était fort belle. Ensuite il m'a dit, en marchant, qu'il fallait confesser que le Cavalier était un habile homme. Je lui ai répondu que, sans parler de ce qu'il faisait, il disait toujours de belles choses et n'y mettait point de bourre. Il a reparti : « Il est vrai, s'il épargnait un peu les autres. » Je lui ai dit que je ne lui entendais parler de personne. Il m'a demandé après s'il avait vu cette galerie. Je lui ai dit qu'il l'avait vue avec lui-même, M. Colbert. Quelqu'un a dit qu'il y était venu une fois seul avec un laquais.

M. Colbert étant passé dans la grande galerie et y ayant trouvé de jeunes garçons qui dessinaient d'après M. Poussin, il a regardé leurs dessins et m'a demandé si je savais qu'il allait faire une Académie à Rome. Je lui ai répondu qu'il m'avait déjà dit qu'il y envoyait M. Errard, lequel aurait soin de conduire de jeunes peintres. Il a ajouté que, pour la sculpture, M. le Cavalier avait dit qu'il recevrait chez lui ceux qui y voudraient aller étudier.

M. Colbert, arrivé dans le nouveau bâtiment, l'on lui a montré deux ébauches d'ornements pour les frontons de la grande galerie. M'étant approché et les ayant considérés, j'ai dit qu'il aurait fallu, au lieu que cet ornement n'est que pour le milieu d'entre les deux ressautements qui sont aux deux coins du tympan, qu'il remplît tout le tympan, ou du moins qu'on fît courir quelques banderoles ou feuillages de chêne ou de laurier pour remplir ce vide. Un des Gaspart, qui a fait ce dessin et a entrepris l'ouvrage, a dit que cela ne se pouvait pas. Je lui ai reparti que, s'il était fait autrement, cela ferait un mauvais effet. Lorsqu'on fut en bas, l'on en a reparlé encore, et j'ai répété mon avis. L'entrepreneur a dit que cela était comme une espèce de bas-relief et qu'il l'avait fait dans l'intention de M. Le Vau. J'ai reparti qu'il ne fallait point orner le tympan (que les antiques les avaient ornés rarement), ou bien l'orner tout à fait ; que d'ailleurs le Roi n'aurait pas trop d'honneur en mettant sa devise à l'ouvrage de la grande galerie, et l'attribuer à son règne[1]. M. Le Vau, qui était là, a dit qu'il fallait que les frontons fussent ornés partout. Il a montré à M. Colbert, après cela, un dessin pour le dôme de cette façade, que je ne me suis point avancé pour regarder. Au retour, l'on m'a dit qu'on allait changer la face qui est vis-à-vis de la terrasse, pour y faire régner la corniche de l'ordre corinthien qui joint cette terrasse. Je me suis fait expliquer cela, et l'on m'a dit que l'architecture de cette corniche ne régnerait qu'entre les fenêtres ; ce qui m'a semblé un grand défaut.

Le seizième, j'ai écrit à M. Colbert, et lui ai mandé au sujet de cette architrave, qui serait interrompue, qu'il me semblait qu'il valait mieux laisser la chose comme elle est que de la corriger pour ne la pas faire bien ; que mon frère était aussi de ce sentiment, et disait que le mot d'architrave porte sa conséquence et son importance avec lui, et ne devait être interrompu pour aucune considération que ce puisse être, étant mieux d'assujettir toutes les autres choses à cette nécessité.

Étant, après, allé voir le cavalier Bernin, je l'ai trouvé travaillant à son buste. Il a, sur le midi, envoyé à Mᵐᵉ de Chantelou[2] un régal de melons et d'abricots. Le soir, il a été aux Carmélites[3] où était l'exposition du Saint-Sacrement. Nous l'avons trouvé resserré, et le tabernacle couvert. Ce tabernacle est d'argent et de grande dépense. Il y a deux chérubins qui couvraient les deux tiers du tableau, lequel est du Guide. Quand le Cavalier a vu cela, il a dit que ces dames faisaient une grande faute, parce qu'elles faisaient juger que les Français étaient très-ignorants, de couvrir une des plus belles choses qu'on pût voir, et qui seule valait la moitié de Paris, par une chose qui était laide ; que ces deux s'entre-nuisaient l'une à l'autre ; qu'il fallait ôter le tableau d'où

---

1. C'est-à-dire : si l'on attribuait cet ouvrage à son règne, en y mettant sa devise.

2. Françoise Mariette, née le 9 décembre 1610, mariée en premières noces à René Le Roy, en secondes à Jacques-Nicolas Chevalier, sieur de Montmort, et enfin en troisièmes (1656) à M. de Chantelou. Elle mourut en 1690.

3. Ce couvent des Carmélites, le plus ancien des soixante-dix que l'ordre possédait en France à la fin du XVIIIᵉ siècle, était situé dans la rue du Faubourg-Saint-Jacques. Le grand autel, grâce à la libéralité de Marie de Médicis, était orné avec une extrême magnificence. Les deux chérubins dont parle Chantelou étaient en bronze et avaient été fondus par Perlan. Le tabernacle représentait l'arche d'alliance. Une ou deux fois par an on exposait sur l'autel un grand soleil d'or enrichi de pierreries. (Voyez le *Dictionnaire de Paris*, de Hurtaut, t. II, p. 45 et suivantes.)

il était, ou le tabernacle qui, même comme il était, était affaissé ; qu'il eût fallu le relever jusques à la corniche des piédestaux, afin qu'il fût avec dignité et remplît l'espace, et ôter le tableau que les religieuses peuvent mettre dans leur couvent comme un joyau. Je l'ai dit à leur chapelain, qu'il valait mieux le mettre à la gauche de l'autel vis-à-vis de la grille où il serait bien vu des religieuses et de tout le monde; que ce n'était pas une pièce à être cachée dans un lieu où n'entre personne, et où il n'y aurait à le voir que des yeux qui n'en connaîtraient point la beauté et le prix. Le Cavalier a dit encore qu'il valait mieux que Paris, que c'était un ouvrage du talent du Guide, et de son

ÉGLISE DES CARMÉLITES SAINT-JACQUES, D'APRÈS SILVESTRE.

bon temps[1]. Il n'a point parlé des autres tableaux du Brun et de Stella, a demandé seulement de qui était le *Dieu ressuscité*, de La Hire[1].

Le dix-septième, il a travaillé à son buste.

Le dix-huitième, il y a aussi travaillé, et le soir il a été voir Mme la maréchale d'Aumont[2] qui était venue le voir le jour précédent, et l'avait prié de

1. Le tableau du Guide pour lequel Bernin professait une si excessive admiration est l'*Annonciation*, qui est aujourd'hui au musée du Louvre.

Le tableau de Le Brun, représentant *Jésus-Christ dans le désert servi par les anges*, est actuellement au musée du Louvre, ainsi que celui de La Hire : l'*Apparition de Jésus aux trois Maries*.

Quant au tableau de Stella *(Jésus et la Samaritaine)*, nous ne savons ce qu'il est devenu.

2. Catherine Scaron de Vaures, femme d'Antoine, duc d'Aumont, maréchal de France, morte le 20 novembre 1691.

L'hôtel d'Aumont, situé dans le quartier Saint-Paul (rue de Joui), avait été bâti sur les dessins de François Mansard.

lui vouloir donner son avis sur un escalier qu'elle voulait faire faire. Elle m'avait prié de l'avertir quand il irait chez elle, ce que j'ai fait au matin. M. le maréchal, qui arrivait de Saint-Germain, s'y est aussi trouvé. Ils sont venus recevoir le Cavalier à l'entrée de l'escalier et l'ont mené promener dans leur jardin qui est assez beau. Il a considéré la beauté des fleurs et des œillets particulièrement, dont il y en avait des plus beaux. Au sujet des ornements de sa maison, M. le maréchal a dit que c'était sa femme qui les désirait, que pour lui il n'était pas accoutumé à ces délicatesses. Le Cavalier lui a dit qu'à la guerre l'on se contente d'une tente, mais que César, Pompée, Lucullus et les autres grands capitaines, quand ils en étaient revenus, prenaient plaisir d'embellir leurs maisons et leurs jardins. Ils l'ont après mené voir les appartements. Il y a une chambre où il y a des stucs et un plafond de la *Déification d'Énée*[1], qu'ils lui ont dit être du Brun. Ayant considéré ce plafond, il a dit :

HOTEL DU DUC D'AUMONT, D'APRÈS SILVESTRE.

*Il tutto è bello ; questi ornamenti sono belli e la camera è proporzionata*[2]. Il a été après au lieu où l'on veut faire l'escalier, et l'on lui en a montré le dessin. Après l'avoir regardé et la place, il a dit qu'il y penserait chez lui, et ferait ce qu'il désirerait pour lui-même. Il y avait une grande collation préparée, mais il n'a point voulu manger.

Le dix-neuvième, le Cavalier a été à Saint-Germain. Par les chemins, discourant avec l'abbé Butti et moi, il nous a dit la peine où il était touchant les matières[3] du bâtiment du Louvre, qu'on lui en parlait diversement ; que c'était une discussion qu'il ne pouvait pas faire ; qu'il avait entretenu à Rome et à Paris des stucateurs qui lui disaient que l'on pouvait faire ces voûtes et les ornements avec du mortier, comme l'on les fait à Rome, et non pas de

1. L'*Apothéose de Romulus*, suivant Hurtaut.
2. « Le tout est beau ; les ornements sont beaux et la chambre est dans de bonnes proportions. »
3. *Matières*, matériaux.

plâtre, mais que pas un d'ici n'en voulait entendre parler, peur de prendre la peine de faire de nouvelles épreuves ou de sortir de la pratique et de l'usage. Il nous a dit qu'on en a parlé à quelques-uns qui disent que cela coûterait trop de cette sorte; qu'en leur répondant que c'était pour personnes qui ne regardaient pas à la dépense, ils disaient après que cela serait trop long; leur répondant encore qu'on n'avait pas hâte, ils disaient enfin que cela ne se pouvait pas; que cette considération lui faisait souhaiter que ceux qu'il avait mandés à Rome vinssent bientôt, étant question de faire de certaines expériences qu'il ne pouvait pas faire lui-même, étant de choses si basses que cela était hors de sa profession, et que s'il voulait s'y appliquer, ce serait comme si le roi donnait audience à une misérable veuve sur une affaire de quatre baïoques[1], et perdrait à cela le temps qu'il doit donner aux affaires importantes de son conseil d'État et autres.

Il a répété ces choses en substance à M. Colbert quand nous avons été arrivés; et, après lui avoir montré le dessin de la façade du côté de la rivière, M. Colbert a dit au sujet des ouvriers mandés à Rome, qu'il avait écrit qu'on les eût à quelque prix que ce fût. Le Cavalier a répété qu'il en avait besoin pour les expériences dont il avait parlé, et a ajouté que si l'on pouvait faire de la brique plus légère, et qu'il se trouvât de la terre propre à cet effet, cela servirait à faire les voûtes des seconds étages avec épargne et plus de beauté. L'on parla de la pouzzolane, et si c'était ce que l'on appelle *terrasse de Hollande*. Je dis que je l'avais ouï-dire et que les Hollandais qui trafiquaient dans le Levant, au retour lestaient leurs vaisseaux de pouzzolane qu'ils vendaient après sous le nom de *terrasse de Hollande*. L'on discourut si avec de la brique ou pierre de meulière, qui est comme spongieuse, l'on pourrait ici faire des voûtes; si notre chaux était assez bonne pour cela. L'on dit au sujet de la brique qu'elle pourrait être faite de la terre dont se font les pots, lesquels sont légers; qu'il fallait examiner ces sortes de terres, et pour en faire les expériences avoir quelques gens intelligents. Le Cavalier dit qu'il ne pouvait se fier qu'à ceux qu'il avait mandés; qu'à l'égard des salons, il serait besoin d'avoir du sapin. Je dis qu'il y en avait en Auvergne. M. Colbert répondit qu'il y en avait peu. Le Cavalier parla de la Toscane où il y en a quantité. Il ajouta qu'à l'égard de la longueur des poutres, elles pouvaient être faites de trois pièces, qu'elles seraient plus fortes. L'on est demeuré d'accord que le sapin est beaucoup meilleur que le chêne qui écrase les murs par sa pesanteur.

M. Colbert m'a dit, cet entretien fini, de mener le Cavalier chez le Roi et qu'il s'y en irait aussitôt, et de fait, il est venu incontinent après, et étant entré dans le cabinet de S. M., sur ce que le Cavalier aurait demandé une demi-heure du temps du Roi pour dessiner son portrait autrement que les autres fois, que S. M. n'était pas obligée de demeurer arrêtée, mais parlait et agissait sans se donner de sujétion! M. Colbert est ressorti et lui a dit que le Roi ne pouvait pas à présent lui donner ce temps, ayant à tenir, ce même matin, deux conseils; mais qu'à l'issue de son dîner, S. M. lui donnerait une heure entière. Après, il m'a dit de mener le Cavalier dîner, afin qu'il fût en état de travailler quand le Roi sortirait de table.

1. *Bajocco*, monnaie valant deux liards.

S. M. ayant achevé de dîner, m'étant présenté à elle, elle m'a demandé si le Cavalier était réveillé. Je lui ai dit qu'il était dans l'antichambre, de sorte que le Roi, entré dans sa chambre, l'a fait appeler. Le Cavalier, d'abord qu'il a été entré, a présenté à S. M. son dessin de la façade du côté de la rivière, et le Roi, l'ayant bien considéré et se l'étant fait expliquer, l'a montré ensuite à M. de Saint-Aignan[1] qui était là présent, et à quelques autres. S. M. après a voulu le considérer avec la façade du devant du Louvre, et m'a commandé de les tenir de sorte qu'on les pût voir ensemble et l'effet de l'angle de ces deux nouvelles façades. Les ayant regardées quelque temps, S. M. s'est mise après dans la situation qu'elle a cru que pouvait désirer le Cavalier pour lui donner moyen de travailler à son dessin, se tenant debout quelque temps, durant quoi il a considéré le Roi avec attention, puis a désiré que S. M. se soit assise, et comme il commençait à prendre le crayon, l'Angeli[2] est venu

FAÇADE DU LOUVRE.
(D'après le projet du Bernin.)

dire tout bas un mot au Roi, puis s'en est allé. Aussitôt après, la Reine est venue, laquelle s'est assise aussi, et a demeuré là toujours pendant que le Cavalier a dessiné auprès du Roi, à genoux sur des carreaux. MM. de Nouailles et de Beringhen[3] étant entrés après, et M^me de Montausier[4], le Roi m'a commandé de leur montrer les dessins[5].

Le vingtième, le Cavalier a travaillé à son buste, et sur les sept heures du soir, M. le maréchal d'Aumont l'est venu voir. Le Cavalier lui a dit qu'il avait fait un dessin pour son escalier, comme il le voudrait pour lui-même; que celui qu'on lui a montré a des défauts, à son jugement; qu'il aurait bien désiré ne mettre point la main à l'ouvrage d'un autre, mais que M^me la

1. François de Beauvillier, premier duc de Saint-Aignan, premier gentilhomme de a chambre, mort le 17 février 1679.
2. Fou en titre du Roi; il avait d'abord appartenu au prince de Condé.
3. Anne, comte puis premier duc de Noailles, mort le 15 février 1678. — Henri de Beringhen, premier écuyer de la petite écurie, mort en 1692.
4. Julie d'Angennes, mariée à Charles de Sainte-Maure, marquis, puis duc de Montausier,
5. Tout ceci est raconté dans une lettre de Chantelou à Colbert publiée par Jal, dans son *Dictionnaire*, p. 358, col. 2, n° 3.

maréchale l'ayant voulu, il n'avait osé le refuser ; qu'il faudra faire un modèle afin de voir quel effet aura son dessin ; que les marches auraient plus de longueur que dans l'autre, où il n'y avait nulle proportion de la largeur avec la hauteur et de la largeur des marches du bas à celles du haut ; outre cela, qu'il ne finissait pas dans le milieu du palier, [ce] qui était un grand défaut. Ensuite il a montré à M. le maréchal d'Aumont ses dessins du Louvre, et lui a dit que les galeries qui seront autour de la cour auront quarante palmes de large, et que trois carrosses de front y pourront passer. Discourant, après, de l'effet qu'aura cet ouvrage quand il sera achevé, à le considérer particulièrement du côté du Pont-Neuf, où l'on le verrait par un angle, qui est la vue la plus avantageuse, il a dit qu'il croyait qu'il aurait tant de grandeur que Paris en paraîtrait petit. M. le maréchal d'Aumont sorti, il fut à Sainte-Marguerite, hors la porte Saint-Antoine. Sortant de la porte, je lui fis considérer les deux bastions qui la couvrent. Il les trouva fort beaux ; mais regardant après la porte : *Pare Che sia la porta d'un studiolo*[1].

Le vingt et unième, il a travaillé tout le jour au buste du Roi.

Le vingt-deuxième, M. le marquis de Bellefonds a envoyé le matin chez le Cavalier savoir si j'y étais et dire qu'il allait venir. Il est venu dans la salle où est le buste. Le considérant, il a dit qu'il eût désiré qu'il y eût fait des cheveux sur le front. Je lui ai dit que le front était une des parties principales de la tête et servait le plus à la physionomie de l'homme, il était bien qu'on le vît, et que le Roi ayant le front fort beau, il ne fallait pas tout le couvrir, outre qu'il ne porterait pas toujours les cheveux de la sorte qu'il fait à présent. Il a répondu que, quand le Roi n'en aurait plus la quantité qu'il a à présent, S. M. porterait la perruque. Le Cavalier a pris la parole et a dit que les sculpteurs n'avaient pas l'avantage qu'ont les peintres qui, par les différentes couleurs, font voir les choses à travers les unes des autres, et peuvent couvrir un front de cheveux, sans qu'ils empêchent que l'on ne le voie, ce que les sculpteurs ne pourraient faire ; qu'il fallait obéir à la nécessité de chaque art. M. le Nonce et l'abbé Butti étant survenus, j'ai été chez M. Colbert que j'avais su être arrivé de Saint-Germain. J'y ai attendu une heure avec diverses personnes, entre autres MM. Le Brun et Le Vau. Descendant de la bibliothèque, M. Colbert s'est avancé vers moi, et m'a demandé si j'avais quelque chose à lui dire. Je lui ai répondu que non. Alors il m'a dit qu'il allait incontinent chez le Cavalier où je suis retourné, et l'ai trouvé dînant, et lui ai dit ce que je venais d'apprendre de M. Colbert. Il l'a attendu, sans se reposer à son ordinaire ; mais il n'y est point venu.

Sur les quatre heures, nous avons été chez M. Mignard qui a montré au Cavalier divers ouvrages de lui et, entre autres, un dessin où il a peint le dessin qu'il avait fait pour l'autel du Val-de-Grâce. Il l'a considéré longtemps, et avec très-grande attention, sans dire une seule parole, et puis il a dit qu'il y avait de la différence de ce dessin à celui que l'on exécute, comme d'une

---

1. « Il semble que ce soit la porte d'un cabinet (à tiroirs). »

torche au soleil ; qu'il ne s'étonnait pas qu'une torche de quatre livres fût préfé-
rée à une de cinq ; mais qu'on préférât sa lumière à celle du soleil même, que
cela était être pis qu'aveugle, et était incompréhensible. Il a conté sur ce sujet
qu'étant encore fort jeune, M. de Béthune [1] l'avait longtemps sollicité de venir
en France et lui avait offert, pour le persuader, de grands avantages et pen-
sions de la part du Roi ; qu'il avait balancé et était comme résolu de venir,
sans qu'Urbain VIII, qui n'était encore que cardinal Barbarin, l'avait depuis
dissuadé et lui avait dit qu'il connaissait la cour de France ; que les choses s'y
entreprenaient avec chaleur, mais que cette chaleur ne durait que comme
faisait un feu de paille ; qu'après avoir été caressé et estimé un an ou deux,
après on ne le regarderait pas ; qu'outre cela sortant de Rome, il sortirait de
son école et s'en irait dans un lieu où il ne connaîtrait personne et où personne
ne connaîtrait ses ouvrages ; que celui qui y avait le plus d'intrigue et de
cabale était toujours le plus habile, quoiqu'il fût sans capacité et sans talent ;
qu'il voyait la preuve de ce que le pape lui dit alors. Je lui ai reparti à cela que
les choses sont bien changées depuis, et que le Roi qui était ferme et con-
stant en toutes choses donne cette qualité au gouvernement et à ses sujets ; que
l'injustice et l'ignorance prévalaient souvent à Rome aussi bien qu'ailleurs ;
que l'on en avait eu une preuve au traitement que reçut Annibal Carrache pour
récompense de son ouvrage de la galerie de Farnèse, qui est sans doute le plus
beau qui soit à Rome après ceux de Raphaël, et qui, dans le temps qu'elle fut
peinte, ne pouvait pas valoir moins de vingt mille écus, et dont il n'eut néanmoins pour tout payement que cinq cents écus d'or, sans parler de l'injure qui
lui fut faite, préférant à lui, qui a été incomparable, des barbouilleurs, quand
il fut question de peindre la salle à qui Clément VIII a donné son nom. L'abbé
Butti a dit qu'il pensa devenir fou du traitement qu'il avait reçu au sujet de
cette galerie ; que le cardinal Farnèse [2] lui ayant une fois mandé qu'il allait
chez lui le voir, il répondit à cette ambassade qu'il viendrait quand il
voudrait ; que la porte de devant serait ouverte, mais qu'il sortirait par celle
de derrière, et au même temps qu'il le verrait arriver. Le Cavalier reprit et dit
que de ce temps-ci, il a vu à Rome un homme qu'il n'a pas nommé [3], à qui le
public a toujours rendu la justice qui était due à son savoir, quelque chose
qu'on ait pu dire et faire contre lui ; ce qui fait voir que si le particulier est
injuste à Rome, enfin [4] le public ne l'est pas.

Parlant après de l'architecture au sujet de cet autel, le Cavalier a dit que
l'une des considérations que l'on y devait avoir était celle des lieux où les
ouvrages étaient posés, pour ce que les membres des corniches diminuent
beaucoup au grand air, ce qui n'arrive pas à la lumière particulière, et qu'il
faut, outre cela, avoir un grand égard à ce qu'on appelle *gli contrapposti* [5]. Il
a raconté encore à M. Mignard ce qu'avait écrit Laurent de Médicis à Michel-
Ange et sa réponse [6] au sujet de la librairie de Florence : *Il Vasari e l'Ammanati sono tutti duoi valent'uomini, e miei amici tutti duoi ; ma in egual*

1. Philippe, comte de Béthune, qui fut ambassadeur à Rome en 1601 et en 1624.
2. Odoart Farnèse, cardinal en 1591, mort le 21 février 1626 à 61 ans.
3. Cet homme que Bernin ne veut pas nommer, c'est évidemment lui-même.
4. En fin de compte. — 5. « Les contrastes. »
6. La réponse de Michel-Ange. Chantelou a déjà rapporté cette anecdote à la date du 12.

*sapere, bisogna scegliere per l'architettura il scultore*[1]. Il a dit que M. le Légat racontant ce qu'il avait vu en France, louait les tapisseries, la richesse des ornements, les belles troupes, mais non pas l'architecture.

Le vingt-troisième, le Cavalier a travaillé à son buste toute la journée. Sur les cinq heures et demie du soir, l'on est venu dire que le frère de M. Colbert était à l'hôtel de Frontenac et demandait à le voir. Il travaillait encore alors dans la salle où est son buste. Cela lui a extrêmement déplu, et m'a dit que l'on lui fît ses excuses sur ce qu'il était déshabillé; que, s'il voulait un peu attendre, il l'irait trouver. Après, il s'est tourné vers moi, et m'a prié de l'aller entretenir, me témoignant que cela lui était d'une étrange fatigue, attaché son ouvrage, comme il était. J'y ai été, et j'ai trouvé que c'était M. de Ménars, frère de M. Colbert[2], et comme je sais qu'il le connaît fort du temps qu'il était à Rome[3], je lui ai mandé qu'il ne s'incommoderait point, que je l'entretiendrais et lui persuaderais même de revenir. A quelque temps de là, il m'a envoyé prier de le faire entrer dans la galerie et de lui faire voir les dessins, pendant quoi le Cavalier est venu, qui lui a fait tout le bon accueil imaginable, et se sont entretenus de Rome et des souhaits que M. de Ménars faisait lors de le pouvoir voir en France.

L'on a été aux Quinze-Vingts dans le carrosse de M. de Ménars, et le carrosse du Roi est demeuré pour les seigneurs Paule et Mathie. De là, l'on a été aux Feuillants[4], et, après, le long de la rivière. Le Cavalier a conté de quelle sorte le Roi a reçu son premier dessin et la satisfaction qu'il en avait témoignée et des autres après, et les paroles qu'il lui avait dites. Je dis aussi ce que j'en avais appris d'ailleurs. Le Cavalier a ajouté qu'il avait encore une meilleure preuve que tout cela de ce que ses dessins avaient extrêmement plu à S. M. M. de Ménars a demandé aussitôt quelle elle était. Moi qui savais qu'il allait dire que S. M. les avait voulu faire voir à M^lle de la Vallière, pour empêcher qu'il ne la nommât, j'ai dit que c'était qu'il les avait montrés avec une grande démonstration de joie à la Reine-Mère, à la Reine, à M. le Prince, et enfin à toutes les personnes de remarque.

Il a dit encore que le Roi lui ayant demandé ce qu'il lui semblait du palais des Tuileries, il avait répondu : *Che li pareva una grande picciola cosa*[5], et a ajouté que c'était comme un grand escadron de petits enfants. Après, s'adressant à M. de Ménars, il lui a fait une petite exhortation et lui a dit qu'il était

1. « Le Vasari et l'Ammanati sont tous deux des hommes habiles, et tous deux mes amis. Mais, à égal savoir, il faut, pour l'architecture, préférer le sculpteur. »

2. C'est-à-dire beau-frère. Jean-Jacques Charon, seigneur de Ménars, président à mortier au parlement de Paris, mort le 16 mars 1718, dans sa soixante-quinzième année, était le frère de Marie Charon que Colbert avait épousée en 1648.

3. En 1664. Le 19 août de cette année, Ménars écrivait à Colbert. « Je vois souvent le chevalier Bernin. Je fais mon possible pour le faire venir à Paris, m'imaginant que vous le souhaiteriez pour la satisfaction de S. M. Après l'avoir bien prié, flatté et pris de toutes les manières, il m'a promis que, quand il aurait achevé un ouvrage qu'il fait à Saint-Pierre, il viendrait assurément. Je crois, monsieur, que vous trouverez bon que j'achève cette petite négociation, et que je vous informe de ce qui se passera à Rome pendant le séjour que j'y ferai. » Depping, *Corresp. administr. sous Louis XIV*, t. IV, p. 545.

4. Rue Saint-Honoré. — 5. « Que cela lui paraissait une grande petite chose. »

jeune et bien fait, que dans cet âge il fallait prendre garde soigneusement de
ne se pas abandonner aux plaisirs; que Dieu lui avait fait la grâce à lui, que
quoiqu'il y eût un grand penchant dans sa jeunesse et qu'il fût d'un tempérament de feu, il ne s'y était pas laissé emporter, et qu'il s'en était sauvé,
comme un homme qui a des calebasses, qui ne sachant pas nager, et allant
quelquefois au fond de l'eau, revient pourtant dessus tout aussitôt; l'a convié

CHARLES PERRAULT, D'APRÈS UNE GRAVURE D'EDELINCK.

de lire, pour cet effet, les prédications du P. Oliva, dans lesquelles il verrait
de belles choses qui le porteraient à la vertu, et l'entretiendraient dans la
langue [1]; lui a répété ensuite ce que ce père lui dit au sujet de son voyage : *Se
un Angelo venisse a dirmi che voi dovreste morir in quel viaggio, io direi non
dimeno : Andatevi* [2]; qu'il avait dit cela au Roi qui commanda à M. de Lionne

1. Dans la langue italienne. — L'ouvrage du P. Oliva dont parle Bernin est intitulé : *Pre-
diche dette nel palazzo apostolico, da Gio. Paolo Oliva, della comp. di Gesù*, parte prima e
seconda. In Venezia, Nic. Pezzana, 1664, in-4°.

2. « Si un ange venait me dire que vous mourrez dans ce voyage, je n'en dirais pas
moins : Partez. »

d'écrire au P. Oliva de sa part pour l'en remercier ; qu'il en attendait la réponse dimanche prochain. Il a dit, après, que ces jours derniers il avait écrit au cardinal Chigi, au cardinal d'Este [1] et à un autre, ce qu'il n'avait point encore fait depuis qu'il était en France, et au P. Oliva aussi, et à celui-ci qu'il avait commencé sa lettre par lui dire qu'il avait grand'peine de lui écrire, et la raison parce qu'il était le P. Oliva. M. de Ménars l'a prié de passer par Ménars en s'en retournant, qu'il ne se détournerait guères. Il lui a dit, après, qu'il avait apporté d'Italie un tableau de l'Albane, lequel se trouvait fort beau. Le Cavalier a reparti qu'il l'était donc ; et sur cela s'est mis à dire qu'il doutait qu'il y eût personne en France, aussi intelligent en peinture et en architecture que moi, ni d'aussi bon goût ; qu'il avait connu combien je m'y connaissais sur chaque chose que je lui disais, à mesure que je le voyais travailler. M. de Ménars lui a reparti que le Roi le savait bien, et que c'était la raison pour laquelle il m'avait choisi pour lui faire compagnie. Il a, sur cela, demandé au Cavalier s'il avait vu mes tableaux. J'ai dit que non. Il s'en est si tôt étonné qu'il ne le pouvait pas croire. Il a exalté mes *Sept Sacrements* [2]. J'ai pris la parole et dit que j'avais un tableau de Raphaël [3] et quelques copies d'après lui. Le Cavalier a dit qu'il y avait beaucoup de tableaux qu'on voulait faire passer pour être de Raphaël, qui n'en étaient pas ; qu'il était mort jeune et avait presque toujours travaillé à fresque. Je n'ai point insisté, au contraire. L'on a parlé après de ses ouvrages, du *David* [4], de la *Proserpine* [5] et de la *Daphné*. M. de Ménars a rapporté l'épigramme d'Urbain VIII [6], a loué les ouvrages du Cavalier au delà de ceux des antiques. A cela il a reparti avec modestie qu'il devait toute sa réputation à son étoile qui le faisait estimer de son vivant ; que, mort, cet ascendant n'agirait plus, et qu'ainsi sa réputation déchoirait ou tomberait tout à coup.

Continuant, il a dit que les soirées étaient ici mélancoliques ; qu'à Rome, après avoir travaillé tout le jour, sa femme et ses enfants [7] le divertissaient le soir. J'ai dit à cela qu'il fallait les faire venir. Cela ne se peut, m'a-t-il dit, et qu'il fallait qu'il retournât ; qu'il n'avait congé que pour six mois ; qu'il avait certains enfants qu'il ne pourrait faire venir : *la chaise de saint Pierre*, et l'ouvrage de la place ; que personne n'osait lui en écrire, et que lorsqu'il y pensait les larmes lui en venaient aux yeux ; qu'il avait de l'amour pour ses ouvrages ; que pourtant ce n'étaient pas choses qui le satisfissent entièrement, n'étant pas content de ses productions. Je dis à cela que, comme l'idée est une chose qui vient du ciel, quand elle passe après dans la matière, elle tient

---

1. Renaud d'Este, cardinal (1641), évêque de Modène (1651), puis de Montpellier (165.-1655), protecteur des affaires de la couronne de France à Rome, abbé de Cluny, mort le 30 septembre 1673 à cinquante-cinq ans.

2. On peut consulter sur cette suite de tableaux faits à Rome par Poussin pour M. de Chantelou, les lettres du Poussin et le travail déjà cité de M. Chardon. Ils ont été gravés par Pesne.

3. *La vision d'Ézéchiel.* Ce tableau gravé par Fr. de Poilly se trouve actuellement en Angleterre chez sir Thomas Baring. — 4. Statue de marbre à la villa Borghèse. — 5. Groupe en marbre à la villa Ludovisi. — 6. Voyez-la plus haut à la date du 12 juin.

7. Voici ce que dit Baldinucci de la femme et du mariage de Bernin : « Correva l'anno 1639, quando egli de' gran partiti, che gli furono offerti, elesse quello di. ., figliuola di Paolo Tezio, segretario della congregazione della Santiss. Nonziata, uomo di molto valore, e bontà, con la quale visse poi 33 anni, e ne riportò numerosa figliuolanza. » (Baldinucci, p. 15?)

du corps qui est imparfait, de sorte qu'elle dégoûte celui même qui en était amoureux auparavant comme d'une chose divine,

Au sujet des maisons de France, j'ai dit qu'il n'en avait vu aucune ; qu'il n'était pas venu pour voir, mais pour travailler. Il a répondu qu'il avait ouï dire qu'il s'y était fait de grandes dépenses ; que ce n'était pas cela qui faisait les belles maisons, mais bien cela, montrant le front.

Le vingt-quatrième, il a travaillé à son buste et m'a dit l'après-dînée, qu'il avait dit à M. Perrault de mander à M. Colbert qu'il ne trouvât pas à dire qu'étant venu à Paris, comme il a fait, il ne lui eût pas fait l'honneur de le voir, mais qu'il n'eût daigné venir voir le Roi. Le soir, il n'est point sorti, ayant six dépêches à faire. M. le cardinal Antoine l'est venu voir, à qui il a fait voir ses dessins.

Le vingt-cinquième, j'ai donné ordre qu'on amenât le carrosse du Roi, à huit heures, pour aller chez Jabak voir ses dessins, M. Mignard s'étant chargé de l'avertir. Mais à huit heures un quart, il a envoyé un billet par lequel il a mandé que Jabak était allé à la campagne. Le Cavalier est demeuré un peu étonné. Je lui ai dit que Mignard avait tort d'avoir attendu si tard à lui envoyer cet avis. Il a répondu : *No è suo diffetto, è della nazione ; non c'è qui punctualità*[1]. J'ai reparti que tous n'étaient pas de même. Un peu avant la réception de ce billet, nous avions discouru de ces dessins, et je lui avais dit que c'étaient choses estimables, mais que moi qui aimais le dessin, je n'avais point voulu m'embarquer dans cette curiosité, à cause de la facilité qu'il y a d'être trompé. Il m'a répondu que l'on l'était aussi en peinture. J'en suis demeuré d'accord, mais j'ai dit que l'on l'était moins. Il m'a allégué qu'à Urbin il y avait un tableau de Raphaël, dans un monastère, que les religieuses avaient été sollicitées diverses fois de vendre ; qu'elles ne l'avaient jamais voulu ; qu'enfin quelqu'un ayant fait une plus ardente sollicitation, il l'avait tiré de leurs mains ; lequel tableau étant depuis porté à Rome, il s'était trouvé qu'il était moins que médiocre, de qui peut-il être[2], et qu'il ne fallait pas regarder au nom, mais à l'ouvrage. Je lui ai dit, au respect[3] du mien, que c'avait été un nommé du Laurier[4], Français, élève du Guide, qui m'en avait donné l'avis ; qu'il avait dit que le temps était favorable pour l'acheter ; que le cardinal Antoine étant à Bologne, et que, comme il commandait l'armée[5] contre le duc de Parme et autres princes ligués, l'on craignait qu'il ne voulût avoir ce tableau pour une pièce de pain ; que c'était un tableau connu et que le Guide ne voyait jamais qu'à genoux. Le Cavalier a dit qu'en cela, plus qu'en toute autre chose, il s'assurerait de sa beauté, et comme il avait destiné la matinée à voir ces dessins de Jabak et que les mesures furent rompues, il a demandé à venir chez moi[6]. Il était huit heures et demie. Son fils et Mathie étaient avec lui.

Il est entré d'abord dans l'antichambre où il a considéré un buste qui a

---

1. « Ce n'est pas son défaut ; c'est celui de la nation. Il n'y a pas ici d'exactitude. »

2. C'est-à-dire : N'importe de qui il fût. — 3. *Au respect*, à l'égard.

4. Je n'ai rien pu trouver sur ce personnage qui ne figure pas dans Nagler.

5. L'armée papale. — 6. Chantelou demeurait rue Saint-Thomas-du-Louvre.

été fait de moi à Rome[1]. Il a jeté les yeux sur une copie après[2] le Dominiquin où il a été donné quelque coup dans la tête d'une jeune fille, ce qui a crevé la toile. Il a dit en riant, voyant cela : *E statavi toccata troppo fortamente*[3]. Il a un peu considéré les tableaux du Maire[4], et a dit que les architectures en étaient bien. Ayant ensuite passé dans la petite salle où sont les copies de Raphaël, il les a toutes examinées les unes après les autres ; je lui ai fait regarder celle copiée par Mignard, puis la *Vierge au chat*[5], copiée par Chique[6], Napolitain. [Il a dit :] « C'est de ces sortes de copies que je fais du cas. » Il a encore considéré la *Vierge de pitié* d'Annibal Carrache, et m'a demandé qui l'avait copiée. Je lui ai dit que c'était un nommé Le Maire. Il s'est attaché après au portrait de Léon X[7] qu'il a considéré très-longtemps, et puis a dit que Raphaël avait peint ce portrait à la manière du Titien ; en a admiré la vérité, la grandeur de manière et la beauté, le velours, le damas, et a dit : « C'est la plus grande et dernière manière de Raphaël, et plus grande même que celle de cette Vierge », montrant la copie de Mignard. Il a considéré fort longtemps celle du Poussin sans demander de qui, et tous l'ont louée beaucoup de sa beauté et de sa grandeur. De là il a été dans la petite chambre et a considéré, avant que d'y entrer, le portrait de M. Poussin[8], et bien longtemps ; et après a demandé de qui il était. Je lui ai demandé à lui s'il connaissait le visage. Il a dit que c'était le sig[r] Nicolo Pussino. Alors j'ai dit que son portrait était de sa main ; qu'il n'était pas habitué d'en faire. Il a dit qu'il croyait que ce fût l'unique qu'il eût fait. Ils l'ont tous admiré et, après, sont passés dans la petite chambre. Je lui ai dit qu'il y avait là quelques copies dont les originaux étaient à Richelieu[9]. Il a considéré la première *Bacchanale* où sont ces masques jetés par terre, un bon quart d'heure tout au moins. Il en a trouvé la composition admirable. Après, il a dit : *Veramente quel' uomo è stato un grande istoriatore e grande favoleggiatore*[10]. Il a regardé, après, et très-longtemps cet *Hercule qui porte Déjanire,* puis a dit : *Questo è bello;* s'est remis à le considérer de nouveau, puis ajouté : *Ha fatto l'Ercole molto svelto e quei putti ancora che portano la clave e la pelle*[11]. Pour la bacchanale du *Triomphe de Bacchus,* il a dit qu'il ne l'eût pas prise pour être du Poussin. De

---

1. On ne sait ce qu'est devenu ce buste, et l'on ne connaît aucun portrait de Chantelou.

2. *Après,* d'après. — 3. « Elle a été touchée là trop fort. »

4. Il y eut au XVIIe siècle trois peintres du nom de Lemaire : 1° Pierre, élève de Claude Vignon, qui se lia avec Poussin à Rome où il fit un grand nombre de copies et de dessins d'après les maîtres ; 2° Jean, aussi élève de Vignon et ami du Poussin, mort en 1659. Il était célèbre par son habileté à peindre les perspectives ; 3° François, mort en 1688.

5. De Jules Romain, au musée des Études, à Naples. — 6. Ciccio.

7. L'original est au palais Pitti, à Florence.

8. Ce portrait, actuellement au musée du Louvre, fut fait à Rome pour Chantelou en 1650. Il en est souvent parlé dans les lettres de Poussin qui, le 3 juillet 1650, écrivait à son ami ; « La place que vous voulez donner à mon portrait dans votre maison ajoute encore beaucoup à mes obligations. Il y sera aussi dignement comme fut celui de Virgile dans le musée d'Auguste, et pour ma part j'en serai aussi glorieux que s'il était chez les ducs de Toscane avec ceux de Léonard de Vinci, de Michel-Ange et de Raphaël. » *Lettres de Poussin,* 1824, in-8, p. 314. — 9. Au château de Richelieu.

10. « Vraiment cet homme est un grand peintre d'histoire et un grand peintre de mythologie. »

11. « Il a fait l'Hercule très-svelte, ainsi que ces jeunes garçons qui portent la massue et la peau (de lion). »

la troisième qu'il examina encore très-longtemps, il en loua les terrasses, les arbres et toute la composition, répétant encore : *O il grande favoleggiatore!*

Il est passé après dans la salle où sont les *Sept Sacrements*, où il n'y avait

LE POUSSIN PAR LUI MÊME; FAC-SIMILE D'UNE GRAVURE DE PESNE.

de tableau découvert que la *Confirmation*. Il l'a regardé avec grande attache et a dit après : *Ha imitato il colorito di Rafaelle in quel quadro; è un bel istoriare. Che divozione! Che silenzio! Che bellezza ha quella putta*[1]*!* Son fils et

1. « Il a imité dans ce tableau le coloris de Raphaël. C'est une belle peinture d'histoire. Quelle dévotion ! Quel silence ! Quelle beauté a cette jeune fille ! »

Mathie ont admiré le jeune lévite, puis cette femme vêtue de jaune, puis toutes les figures les unes après les autres. J'ai fait découvrir après le *Mariage*, qu'il a considéré comme il a fait le premier, sans rien dire, rangeant le rideau qui couvrait une partie d'une figure qui est derrière une colonne, puis il a dit : « C'est saint Joseph et la Vierge. Le prêtre, a-t-il ajouté, n'est pas vêtu comme un prêtre. » Je lui ai répondu que c'était avant l'établissement de notre religion. Il a reparti qu'il y avait néanmoins de grands prêtres dans le judaïsme. Ils en ont admiré la grandeur et la majesté, ont considéré la totalité avec grande attention ; puis venant au particulier ont admiré la noblesse et l'attention de ces filles et femmes qu'il a introduites à la cérémonie, et, entre les autres, celle qui est à moitié d'une colonne. Ils ont vu, après, la *Pénitence* qu'ils ont aussi regardée très-longtemps et admirée. Cependant j'ai fait descendre l'*Extrême-Onction*, et l'ai fait mettre près de la lumière, afin que le Cavalier la pût mieux voir. Il l'a [regardée] debout quelque temps, puis il s'est mis à genoux pour la mieux voir, changeant de fois à autre de lunettes et montrant son étonnement sans rien dire. A la fin il s'est relevé et a dit que cela faisait le même [effet] qu'une belle prédication qu'on écoute avec attention fort grande et dont on sort après sans rien dire, mais que l'effet s'en ressent au dedans.

J'ai fait apporter, après, le *Baptême* aussi auprès de la fenêtre, et j'ai dit au Cavalier que c'était une aube du jour. Il l'a considéré quelque temps assis, puis s'est remis à genoux, a changé de place de temps en temps pour le mieux voir, tantôt à un bout, tantôt à l'autre, puis il a dit : « Celui-ci ne me plaît pas moins que les autres » ; a demandé si je les avais tous sept. Je lui ai dit qu'oui. Il ne s'est point lassé de regarder une heure durant. Après, s'étant levé, il a dit : *Voi m'avete dato oggi un grandissimo disgusto, mostrandomi la virtù d'un uomo che mi fa conoscere che non so niente*[1]. Je lui ai répondu qu'il devait être satisfait d'être arrivé au comble de la perfection de son art, et que ses ouvrages allassent de pair avec ceux des antiques. Je lui ai apporté, après, le petit tableau de Raphaël, qu'il a considéré fort longtemps, se retournant de fois à autre vers l'*Extrême-Onction*. Puis il a dit : *Io stimo questi quadri come se fussero di qual si voglia pittore che sia stato al mondo*[2]. Voyant qu'il demandait sur quoi était peint le tableau de Raphaël, je l'ai tiré de sa boîte pour lui montrer que c'était sur une table de bois avec des traverses. Je lui ai fait remarquer avec combien de force il est peint. Il a dit que cela est d'autant plus extraordinaire que ce tableau est fini. Il a vu, après, les deux autres *Sacrements* et les a considérés avec pareille attention que les précédents. Il y a dans l'*Ordre* une espèce de tour. La montrant il a dit en riant qu'elle me plaisait beaucoup, ressemblant aux toits à la française. Pour la *Cène*, elle a plu beaucoup au Cavalier, et il en a fait remarquer aux seigneurs Paul et Mathie la beauté des têtes, toutes les unes après les autres, et l'harmonie de la lumière[3]. Il reprenait tantôt l'un, tantôt l'autre ; puis il a dit : « Si j'avais à

---

1. « Vous m'avez causé aujourd'hui un grand déplaisir en me montrant la valeur d'un homme qui me fait connaître que je ne suis rien. »

2. « J'estime ces tableaux autant que s'ils étaient de n'importe quel peintre du monde. »

3. La suite des *Sept Sacrements* est aujourd'hui en Angleterre chez lord Ellesmere ; les esquisses à la sépia ont été données au Louvre par M. His de la Salle.

choisir un de ces tableaux je serais fort empêché », et montrait celui de Raphaël avec les autres : « Je ne saurais, a-t-il dit, lequel choisir. J'ai toujours estimé le seigneur Poussin et je me souviens que le Guide[1] me voulait mal de la façon dont je parlai de son tableau du *Martyre de saint Érasme* qui est dans Saint-Pierre, en ayant à son gré trop exagéré la beauté à Urbain VIII, à qui je dis : *Se io fossi pittore, quel quadro mi daria gran mortificazione*[2]. C'est un grand génie, et avec cela il a fait sa principale étude sur l'antique. » Se tournant après vers moi, il m'a dit : *V. sig*[a] *deve creder che ha una gioia in questi quadri, che per nissun rispetto mai deve mandar via*[3].

L'après-dînée, il a été avec le seigneur Mathie au bâtiment des Tuileries, afin de voir de certaines largeurs de salles, et les poutres dont on se sert ici pour les planchers. Il m'a dit au retour qu'il y en avait vu de sapin. Je lui ai dit que ç'avait été défunt M. de Noyers qui en avait fait venir d'Auvergne. « Il y en a donc en France », m'a-t-il reparti. Entrant chez lui, il a trouvé M. de Rive, oncle de M. de Lionne, et quelques autres que l'abbé Butti avait amenés. L'abbé leur a fait voir les dessins du Louvre. Le soir, on est allé à la promenade. Il a dit, discourant de diverses choses, aux couvertures qu'il venait de voir qu'il y avait des forêts entières de bois; que c'étaient de fort vilaines choses qui coûtaient néanmoins infiniment; puis, changeant tout à coup de propos : *Non mi posso levar del pensamento questi suoi quadri*, m'a-t-il dit[4].

Vigarani[5], reprenant le discours des dépenses, a dit qu'à la salle du palais Cardinal, il y a deux poutres de chêne pourries et rompues, qu'il a su qu'elles se sont gâtées par les trous qui sont au milieu dans lesquels il tombait de l'eau. Le Cavalier a pris la parole et a dit qu'il s'étonnait qu'en France l'on ne fît pas, pour éviter l'humidité, les logements des maîtres en haut, où l'on avait plus de soleil durant l'hiver qui est fort long, et qu'on ne se servît pas plus communément qu'on ne fait de logements doubles : *M'hanno dato avviso fin d'Italia, che avvertissi al clima, e per il freddo fan qui le stanze nude; non si deve mai dire : non si può far più, nè biasimare l'opera d'altri*[6]. L'on a arrêté, revenant au logis, chez Mme de Bourlamachi, l'abbé Butti ayant dit au Cavalier que cette dame avait grand [désir de le voir]. Arrivé au logis, à moi il m'a dit que s'il faisait beau le lendemain, l'on pouvait aller à Saint-Cloud; de quoi j'ai donné avis à M. de Boisfranc[7], lequel m'en avait prié.

Le vingt-sixième de juillet, j'ai su chez le Cavalier qu'il était dans le cloître

---

1. Guido Reni ne pouvait pardonner à Poussin d'avoir combattu avec succès à Rome l'engouement dont il était l'objet de la part des jeunes artistes italiens et étrangers. (Voy. la notice de Castellan, en tête de l'œuvre de Poussin, 1809, in-4°, t. I, p. 23.)

2. « Si j'étais peintre, ce tableau me donnerait une grande mortification. »

3. « Vous devez croire que vous possédez dans ces tableaux un joyau dont vous ne devez vous séparer pour aucune considération. »

4. « Je ne puis ôter vos tableaux de ma pensée. »

5. Ch. Vigarani, gentilhomme modénois, architecte, intendant des machines et plaisirs du roi.

6. Cette phrase, qui est peut-être incomplètement donnée dans le manuscrit, me semble assez peu claire. En voici toutefois la traduction littérale : « On m'a averti d'Italie même que je fisse attention au climat, et qu'on fait ici malgré le froid les pièces nues. On ne doit amais dire : on ne peut pas faire plus, ni blâmer l'œuvre d'autrui. »

7. J. Seiglière, Sr de Boisfranc, trésorier général des finances de Monsieur.

de Saint-Germain[1], pour considérer les environs de la façade du Louvre, le rez-de-chaussée et les pentes. Je m'y en suis allé et l'ai trouvé vers la façade que Levau avait commencée, d'où il est ensuite venu dans la cour du Louvre pour en examiner le rez-de-chaussée et le plan du premier étage. Vigarani, s'étant trouvé là, l'a mené avec les seigneurs Paul, Mathie et moi vers la grande salle des comédies, où étant il a considéré la disposition de la salle, puis s'étant assis au-devant du lieu où se mettent les Reines, il a discouru de la structure de cette salle et de la difficulté qu'on a d'entendre les récits de vers et de musique dans un si grand lieu disposé comme il est. Il a rapporté, après, quelques endroits des comédies qu'il a fait représenter, entre autres de celle où il fit voir un auditoire au delà du théâtre, comme s'il y eût eu deux représentations; a raconté la contestation qu'il feignait être entre son frère et lui de ce qu'il y avait deux théâtres au lieu d'un, et la réponse qu'autrement tous n'auraient pu voir, ni entendre la comédie; qu'ils s'accordèrent ensemble qu'ils feraient chacun leur représentation à part; que l'une n'était qu'une feinte; que pendant que lui représentait sa comédie, l'on entendait des feints éclats de rire que faisaient ceux de l'autre côté, comme s'ils eussent vu et entendu quelque chose de fort plaisant; que tout était accommodé de sorte et que l'art y était tellement caché qu'on croyait que ce fût une vérité; qu'enfin son frère étant venu sur son théâtre comme tout échauffé et feignant s'essuyer la sueur du visage, le Cavalier lui demanda s'il avait fini sa pièce; qu'ayant répondu qu'oui, il lui dit après avoir fait le pensif : « Pourriez-vous au moins nous faire voir quelque *parte* de cette honorable compagnie qui riait si haut et que vous avez si bien divertie? » que son frère avait reparti qu'oui et qu'il n'y avait qu'à ouvrir une fenêtre qu'il lui montra; laquelle étant ouverte, l'on vit un grand clair de lune, la représentation de la place de devant Saint-Pierre, une quantité de cavaliers, les uns à cheval, les autres en carrosse et à pied, lesquels passaient et se retournaient[2] par cette place, plusieurs flambeaux dont les uns paraissaient gros, les autres moyens, d'autres plus petits et enfin quelques-uns menus comme un filet, accommodés à la diminution que la perspective fait dans le vrai, et qu'il avait aussi par art fait diminuer les lumières de grosseur et par affaiblissement de clarté; a dit que cette représentation avait trompé tout le monde, et a ajouté qu'aux perspectives des chandelles il ne fallait pas que le lieu eût au plus que vingt-quatre pieds de profondeur; que cet espace suffisait pour faire voir des éloignements infinis, en ménageant bien les lumières; qu'il fallait éviter de faire de ces représentations qui veulent n'être vues que d'un seul point.

Sur cela, il a rapporté un exemple notable d'Annibal Carrache et d'Augustin, lesquels ayant entrepris de peindre la galerie de Farnèse, Annibal se chargea de travailler à la composition des histoires, et laissa à son frère Augustin le soin des compartiments et ornements de la voûte; que celui-ci en fit un dessin d'une belle entente et magnifique, où tout concourait régulièrement à un point de vue qu'il avait même tout tracé sur le lieu. Après quoi, il avait convié Annibal de voir son ouvrage, et que celui-ci qui avait *un cervellone*

1. Saint-Germain-l'Auxerrois.
2. S'en retournaient.

*grande* [1], a-t-il dit, y étant allé et s'étant mis au lieu où son frère le plaça, il connut d'abord que l'ouvrage était fait pour être vu de ce seul point. L'ayant considéré, il lui dit qu'il était beau extrêmement, mais que, pour en avoir le plaisir d'en jouir, il fallait qu'il fît faire un corridor qui conduisît droit à ce lieu-là, où serait une belle chaise couverte, de dedans laquelle l'on verrait commodément cette belle distribution qui, de tous les autres endroits, ne pourrait contenter les yeux ni l'esprit, et n'aurait qu'un mauvais effet; ce qu'Augustin Carrache ayant entendu, et vu que son frère se moquait de lui, il se dépita et lui dit de faire donc l'ouvrage à sa fantaisie, ce qu'Annibal exécuta de la sorte que l'on le voit, le composant de compartiments à la voûte, de termes et autres ornements qu'on peut voir de quelque place où l'on se mette; et sur cela, il s'est mis à exalter le grand génie d'Annibal et cette galerie de Farnèse.

Il a rapporté, après, un autre exemple de Daniel de Volterre [2] qui, un jour, montra un dessin à Michel-Ange voulant avoir son avis sur une difficulté qu'il y trouvait; que Michel-Ange lui demanda ce qu'il pensait faire pour remédier à cette difficulté, et que Daniel lui répondit : diminuer un peu le mur en cet endroit, le grossir un peu dans cet autre, faire une fenêtre qui ait un jour un peu emprunté; que sur cela Michel-Ange lui repartit : *Ha! per levar tutti questi tantini, bisogna un tantone, e per questo far come quel che ha un fosso da passare più largo che non converria per poter saltar da l'altra banda, che bisognarebbe alcuni palmi di larghezza di manco; allora deve allontanarsi per potér far il salto* [3]. Et à cela le Cavalier ajouta : *Bisogna per questo fondo di saper; non lo può far quello che ha la podagra alle gambe* [4].

En revenant, il a dit qu'il valait mieux accommoder les représentations à une grandeur qu'elles puissent réussir avec la promptitude et la vivacité qu'il faut pour les faire trouver belles, que de les faire bien plus grandes et qu'elles soient lentes et froides. Le seigneur Mathie a dit que cette lenteur ne vient pas de la grandeur de la machine, mais du manque de savoir; qu'il n'y a qu'à multiplier la force aux machines qui doivent réussir en grand comme en petit. Le Cavalier a repris et dit : que le secret est de ne faire que les représentations qui peuvent tromper; que quand le prince propose, il faut que l'ingénieur sache choisir ce qui peut mieux réussir; que c'est en cela que consiste l'excellence, mais que les Lombards n'y arrivaient pas; qu'à Modène ils font des machines que, pour mouvoir, il faut quinze ou vingt chevaux; qu'on dit, pour raison, que cela ne saurait se faire mieux; que le fin est de fuir de représenter les choses qui ne sauraient l'être dans la dernière perfection. Il a ajouté que les machines de ses comédies à lui n'avaient coûté que trois baioques et avaient bien réussi, ce qu'il croyait que n'avaient pas fait celles-ci qui étaient d'une dépense infinie.

---

1. « Une très-grande intelligence. »

2. Daniele Ricciarelli, dit Daniele da Volterre, né à Volterre en 1509, mort le 4 avril 1566.

3. « Ah ! Pour remédier à ces toutes petites choses, il en faut une grosse, et pour cela faire comme celui qui a à passer un fossé plus large de quelques palmes qu'il ne faudrait pour pouvoir sauter de l'autre côté ; il doit alors s'éloigner pour pouvoir faire le saut. »

4. « Il est besoin pour cela de savoir sauter, et ne le peut faire celui qui a la goutte aux jambes. »

L'après-dînée, il a été à Saint-Cloud[1], dont il a trouvé la situation extrêmement belle à cause de la vue et des eaux. Il a trouvé qu'on pourrait faire
une cascade rustique au carré où est le grand jet d'eau, laquelle parmi des
choses si ajustées serait d'une grande beauté.

Le vingt-sept, il a travaillé à son buste tout le matin, et pour la draperie
m'a demandé quelque morceau d'armoisin[2]. J'ai envoyé quérir une toilette[3]
qu'il a trouvée bonne pour cela. Le soir, M. le Nonce est venu, et les abbés
Bentivoglio[4] et Butti. M. le Nonce a lu une lettre que le cardinal Pallavicini[5]
lui a écrite de la joie qu'il a reçue au récit que lui [a fait] monsignor Bernini[6], de l'accueil que le Cavalier a reçu en France. Ils ont discouru de la
faute qui se trouve au Louvre de ce qu'il n'est pas à angle droit, et que les
portes ne se fassent pas tout à fait vis-à-vis l'une de l'autre. Comme la conversation ne finissait point, le Cavalier m'a témoigné que M. le Nonce l'in-
commodait, lui prenant le temps de la promenade et de dire son office.

Le vingt-huit, au matin, j'ai trouvé le Cavalier travaillant au bas-relief du
petit Christ, et aussitôt est arrivé M. le marquis de Bellefonds qui a considéré
le buste et l'a trouvé fort avancé. Le Cavalier l'a prié de dire au Roi que, dans
huit jours, il irait à Saint-Germain. M. de Bellefonds lui a demandé s'il avait
pris les alignements du Louvre. Il lui a répondu qu'il avait déjà commencé et
qu'il ne trouvait pas qu'il fût à l'équerre. Je lui ai reparti que le Roi le savait
bien. M. de la Garde[7] était avec lui. Ils se sont mis ensemble à considérer le
buste. M. de la Garde l'a trouvé bien ressemblant. Je lui ai dit que l'importance était qu'il ressemblât dans le noble et dans le grand. Ils s'en sont allés,
le Cavalier répétant à M. de Bellefonds qu'il irait tout le plus tôt qu'il pourrait. Quand ils ont été partis, il m'a demandé qui était ce gentilhomme (je lui
ai dit que c'était l'enseigne des gardes du corps de la Reine-Mère), et ce qu'il
lui avait semblé du buste. Je lui ai dit qu'ils l'avaient trouvé bien ressemblant,
lui ai répété ce que je leur avais dit de la ressemblance dans le noble et dans
le grand, pour ce que nous avions Varin à Paris qui pour la ressemblance la
donnait à ses portraits; que l'importance était d'y mêler la noblesse et la
grandeur. « C'est cela, m'a-t-il dit. Il n'y a que vous qui note ces choses, et
qui puisse les faire remarquer. »
Je lui ai dit que la Reine-Mère se portait mal, qu'elle avait une fièvre con-

1. Saint-Cloud appartenait à Philippe d'Orléans, frère du Roi.
2. *Armoisin*, espèce de taffetas léger et peu lustré.
3. Suivant le Dictionnaire de Trévoux, on donnait le nom de toilette « à des linges, des
tapis de soie ou d'autres étoffes qu'on étendait sur la table pour se déshabiller le soir et s'habiller le matin ».
4. Jean Bentivoglio, abbé commendataire de Saint-Valery-sur-Somme, mort le 2 mai 1694.
5. Sforza Pallavicini, jésuite, cardinal (1657), né à Rome le 20 novembre 1607, mort le
5 juin 1667.
6. Pier Filippo, fils aîné de Bernin. « Allessandro VII, dit Baldinucci, l'aveva onorato
della prelatura, con impieghi onorevoli, e di un canonicato di S. Maria Maggiore con varie
ecclesiastiche rendite » (p. 54). — On verra plus loin, à la date du 7 septembre, les rêves que
le Cavalier faisait sur lui.
7. Dans l'*État de la France* de 1661, il est désigné sous le titre de baron de la Garde,
lieutenant des gardes de la Reine.

tinue; que M. le commandeur de Souvré me l'avait dit; que c'était celui qui lui voulait donner à dîner et demandait son avis sur ce qu'il désire faire faire au Temple. Il m'a répondu qu'il ne voulait plus aller nulle part; que l'on lui demandait son avis pour lui faire le déplaisir de ne pas le suivre, par exemple l'autel du Val-de-Grâce et l'escalier de l'hôtel d'Aumont; qu'il était comme assuré qu'il ne s'exécuterait pas. Je lui ai dit qu'il n'en était pas de même de M. le commandeur. Il a reparti qu'il ne savait pas assurément si cet escalier s'exécuterait ou non, mais qu'il se doutait que la cabale des architectes en empêcherait. Je lui ai dit, au respect de l'autel du Val-de-Grâce, que c'était la mauvaise santé de la Reine et le peu d'espérance qu'elle lui laisse de jamais voir fini un ouvrage de si longue haleine qui empêchait qu'on ne l'entreprît. Je l'ai, après cela, accompagné chez lui où il est retourné. Là, je lui ai dit que mon frère de Chambray viendrait le voir l'après-dinée, qu'il n'y était pas venu plus tôt pour des respects et des mesures que j'étais bien aise de garder. Le soir, mon frère a été le voir pour la première fois. Il lui a fait grand accueil et en riant lui a dit qu'il avait envie d'acheter de ses livres [1] au même prix que son fils et le seigneur Mathie avaient fait : c'est qu'il les leur avait donnés deux ou trois jours auparavant, lorsqu'ils furent chez moi. Il a prié mon frère de voir ses dessins et, que comme il est encore plus intelligent que moi, de lui en dire son avis et d'excuser son peu de talent. Il m'a prié moi de les lui montrer et expliquer, et s'en est allé. Après, en attendant que le carrosse soit venu pour la promenade, il m'a entretenu de la peine où il est pour rectifier l'entrée du Louvre, et faire que la fausse équerre qui se trouve ne paraisse point. Il m'a dit que l'on y pouvait remédier de plusieurs manières, même par la perspective, mais que le meilleur pour les ouvriers qui souvent n'ont guère d'intelligence, est de ne leur donner que des lignes droites à exécuter; qu'il faut bien chercher et travailler pour remédier aux fautes, et que quoiqu'il n'y ait qu'une palme et dix onces [2] *sotto squadra* [3], cela causait un travail extrême pour le cacher; que cette faute allait croissant dans l'infini à mesure que la distance croissait; que je voyais la peine que cela donnait, et combien il fallait barbouiller de papier pour cela, mais qu'il n'y avait que moi qui connût cette peine-là.

Nous avons ensuite monté en carrosse, et sommes allés aux Théatins où il y avait indulgences plénières, après aux Carmes déchaussés [4] où il y a une figure de marbre de son dessin. Il a dit aux pères qu'en France l'on ne se souciait guère des belles choses; que quand on avait un beau tableau comme aux Carmélites [5] on le cachait; que cette figure perdait de sa belle vue [6] par la

---

1. Roland Fréart, sieur de Chambray, a publié, entre autres : *Parallèle de l'architecture antique et de la moderne*, 1650, in-folio; *Idée de la perfection de la peinture*, 1662, in-4; *Perspective d'Euclide*, 1663.

2. *Oncia*, mesure représentant environ trois quarts de pouce.

3. Sous l'équerre.

4. Rue de Vaugirard. La figure de marbre dont parle Chantelou était une statue de la Vierge exécutée à Rome par Antonio Raggi, dit le Lombard, d'après un dessin de Bernin. Le cardinal Antoine Barberin, à qui elle avait coûté dix mille livres, en avait fait cadeau aux Carmes.

5. Voyez plus haut à la date du 16 juillet.

6. *Vue*, aspect.

clôture de la chapelle où elle était, et du drap mortuaire qui était devant;
que ces draps devaient être mis dans les frises, et même par plusieurs rangs,
mais qu'on n'avait pas cette intelligence; et au regard de la coupe de l'église,
il a dit que les fenêtres en étaient posées trop haut et étaient trop petites.
Nous en revenant, il m'a dit qu'il avait fait travailler à niveler les environs
du Louvre du côté de Saint-Germain, afin de prendre ses mesures et son
assiette par avance pour la grande place. Je lui ai reparti que l'assiette
du Louvre me semblait plus haute que tout ce qui était autour. Il en est
demeuré d'accord et que, comme le premier appartement est bas, il pourrait,
pour lui donner quelque exhaussement, baisser la cour d'une palme et
demie.

Le vingt-neuvième, je l'ai trouvé travaillant à son buste, et j'ai trouvé
qu'il y avait ajouté un flocon de cheveux en un endroit où le front était découvert. Je lui ai remarqué cette nouveauté, et lui ai dit que c'était sans
doute par complaisance au[1] sentiment de M. de Bellefonds et sur ce qu'il
avait dit, que le Roi n'avait jamais le front découvert. Je lui ai ajouté que
cela me semblait bien et laissait voir la forme du front qui est cavé au milieu.
Il m'a confessé qu'il était vrai. Je lui ai après fait apporter mon buste de Pto-
lémée ou Éphestion, comme d'aucuns tiennent. Il l'a considéré exactement et,
admirant la beauté de cet ouvrage grec, m'a fait remarquer que le Roi a le
front pareil à celui-là, a dit que c'étaient les beaux fronts, l'a regardé longtemps de tous les côtés, et l'a fait observer à son fils. Après, je suis allé avec
mon frère attendre M. Colbert, lequel est venu au bâtiment des Tuileries.
Ayant considéré l'ouvrage qui s'y fait, il a tourné vers la grande galerie, et
en y allant l'on lui a fait voir des ornements de frontons, dans l'un desquels
est la devise du Roi. M. Le Brun, qui était là, a trouvé que le soleil était trop
grand et en forme de ciboire, au lieu de faire une tête d'Apollon avec des cheveux entourés de rayons. M. Colbert m'a demandé si le Cavalier avait vu mes
tableaux, et ce qu'il en avait dit. Je lui ai répondu qu'il les avait vus et loués
avec exagération, les estimant autant, a-t-il dit, que ceux de quelque peintre
qui ait été. Il a reparti qu'il en était bien aise; qu'au moins avait-il loué
quelque chose en France; « car j'avais ouï dire, a-t-il ajouté, qu'il ne louait pas
M. Poussin, ni M. Poussin les ouvrages du Cavalier ». Je lui ai rapporté le discours qu'il nous a fait touchant le tableau de *Saint Érasme*, de Saint-Pierre.

M. Colbert, après, étant allé chez le Cavalier, et ayant su qu'il se mettait à
table, plus tôt[2] à la vérité qu'à l'ordinaire (M. de Créquy et M. de Lionne
l'ayant tenu tour à tour beaucoup de temps), il est allé dans la salle où est
le buste qu'il a considéré longtemps, et l'ouvrage du fils. L'abbé Butti l'y
a accompagné, et le seigneur Paul y est aussi venu tout aussitôt; et[3] y ayant
été longtemps à regarder, il est ressorti, et au vestibule a trouvé le Cavalier
qui venait. Ils sont rentrés ensemble dans la salle. M. Colbert lui a témoigné
être étonné combien l'ouvrage était avancé, et qu'il le trouvait si ressemblant

    1. *Au*, pour le.
    2. C'est-à-dire : M. Colbert étant allé plus tôt qu'à l'ordinaire chez le Cavalier... que M. de
Créquy et M. de Lionne avaient tenu...
    3. Et Colbert y ayant été...

qu'il ne jugeait pas qu'il fût besoin qu'il travaillât à Saint-Germain. Le Cavalier a reparti qu'il y avait toujours à faire à qui voulait faire bien; que jusqu'ici il avait presque toujours travaillé d'imagination, et qu'il n'avait regardé
que rarement les dessins qu'il a; qu'il ne regardait principalement que là
dedans, montrant son front, où il a dit qu'était l'idée de Sa Majesté; que
autrement il n'aurait fait qu'une copie au lieu d'un original, mais que cela lui

PORTRAIT D'URBAIN VIII.

(D'après la gravure de M. van Lochom.)

donnait une peine extrême et que le Roi, lui demandant son portrait, ne pouvait pas lui commander rien de plus pénible; qu'il tâcherait que ce fût le
moins mauvais de tous ceux qu'il aura faits; que, dans ces sortes de portraits,
il faut, outre la ressemblance, y mettre ce qui doit être dans des têtes de héros;
qu'avec cela il travaille à prendre les alignements du Louvre, où il se trouve
de la fausse équerre qu'il faut corriger; que c'est chose assez pénible, mais
qu'elle l'est moins quand d'abord l'on l'a remarquée, d'autant qu'un petit
défaut à un bout deviendrait à l'autre très-grand, si l'on n'y donnait remède.

Il lui a dit, comme il avait fait à moi, qu'il avait fait niveler les environs de Saint-Germain.

Le trentième, sur les six heures du matin, je suis allé chez M. Colbert, où j'ai demeuré jusques à neuf. En attendant qu'il descendît, je me suis entretenu avec M. Dubois[1] et le sieur Olivier, huissier de la chaîne, qui nous a dit avoir appris de M. Coiffier le jour précédent, que l'on ne voulait pas avancer le Louvre si près de l'église de Saint-Germain, que l'on le laisserait comme il était, et qu'on en allait bâtir un tout nouveau. Je n'ai rien dit à cela, mais ajoutant que c'était M. le cavalier Bernin qui en faisait le dessin, j'ai pris la parole et dit que c'étaient des contes, qu'il n'en avait pas entendu parler. Un peu après, M. de la Motte, intendant des bâtiments, qui était aussi là présent, m'a tiré à part et m'a dit que Levau avait fait un nouveau dessin pour faire le Louvre en la place de la cour des cuisines, qu'il y avait trois jardins, et que le Louvre d'à-présent ne servirait que de basse-cour et à loger les grands seigneurs. Pendant cet entretien, M. Colbert est descendu, a monté dans son carrosse et m'a fait monter auprès de lui ; il a dit à Levau qui était là d'y monter aussi et à MM. Desmarets[2] et Perrault. Il s'est toujours tenu découvert pendant le chemin, et a demeuré un très-long temps sans parler, ayant le visage chagrin ; puis m'a-t-il dit : « Je ne sais si M. le cavalier Bernin a bien pris ses mesures pour la place du Louvre. Elle doit être de grandeur suffisante à y pouvoir faire l'exercice. » Je ne lui ai rien répondu. A quelque temps de là il a ajouté : « Nous aurons de l'embarras pour les maisons qu'il faut avoir pour les fondations, et l'on ne peut les avoir que par les formes. » Pendant ce discours, il est arrivé à l'hôtel de Frontenac, où on lui a dit que le Cavalier était à la salle. Il y est allé et, entrant, l'a abordé avec un visage riant. Il a considéré longtemps le buste. Le Cavalier, qui travaillait aux cheveux, a pris la parole et a dit que les antiques les faisaient de sorte qu'ils paraissaient avoir de la légèreté, qu'il tâchait de les imiter, mais qu'il n'y réussissait pas. Après, M. Colbert m'a dit de faire entendre au Cavalier qu'il était en peine de deux choses : l'une pour la place de devant le Louvre, qui devait être assez grande pour contenir tout le régiment des gardes, les chevau-légers et gendarmes, et servir quelquefois pour y mettre des troupes en bataille et faire l'exercice ; l'autre, de voir les alignements des fondations, afin de savoir bien précisément quelles maisons il faudra abattre ; qu'il savait qu'on ne pourra garder le Cavalier au plus que le mois d'octobre ; qu'il fallait du temps pour déloger ceux qui les occupent ; qu'on ne mettait pas le monde sur le pavé de jour à autre, qu'il ne savait comme l'on en usait à Rome, mais que ce n'était pas l'usage de France ; qu'outre cela, s'il fallait abattre le reste du Petit-Bourbon, les meubles du Roi y étaient, qu'on n'avait pas de lieu à les mettre ; qu'il connaissait à la vérité que cela était de son fait et qu'il aurait dû y penser, mais que de jour à autre il s'était attendu de voir les piquets plantés. J'ai donné à entendre au Cavalier partie de ces choses, et il a entendu le reste lui-même et a répondu au sujet des

---

1. Dans l'*État de la France*, de 1661, je trouve deux personnages du nom de Dubois : l'un valet de chambre du Roi, et l'autre huissier de la Chambre.

2. Jean Desmarets, qui avait épousé Marie, sœur de Colbert.

fondations qu'il n'avait pas pu les faire plus tôt; que le signor Mathie avait travaillé sans relâche; que, prenant les alignements du Louvre, il s'était trouvé de la fausse équerre; qu'il avait fallu travailler à remédier à ce défaut qui, quoiqu'il ne fût que d'une palme et demie, il produisait un défaut notable à l'enfilade des portes; que celle qui était faite était à l'équerre, mais que comme la ligne du côté de la rivière faisait un angle obtus, au lieu d'un droit, la porte nouvelle qui était fondée étant posée au milieu de la façade de devant, son milieu ne se rencontrait pas vis-à-vis du milieu de l'autre porte; sur cela, il en a fait sur le pavé une démonstration avec du charbon et a répété que c'eût été un étrange inconvénient à un grand palais de grandissime dépense, comme est le Louvre; qu'il avait fallu travailler à remédier à cela afin que ce même défaut ne régnât pas encore partout, et aux escaliers qu'il met dans les angles de la cour; que ce lui avait été une grosse pierre sur l'estomac; que pour se l'ôter il avait sué jusques au sang, mais que Dieu venait de l'en délivrer, ayant ajusté toutes choses, de sorte que rien ne l'arrêterait désormais. Il n'a point parlé sur le sujet des maisons, qu'il est nécessaire d'acheter, mais a dit et fait voir par démonstration le lieu où serait la porte, et qu'on la pourrait fonder avec certitude d'alignements de *lignes royales,* qu'il n'a pas expliquées; ce sont celles à angle droit, sans doute. M. Colbert a dit que ce qui lui donnait de l'impatience était la saison la plus propre de l'année pour la fondation, à cause des basses eaux; que si l'on la perdait, l'on ne pourrait, à cause du voisinage de la rivière, travailler qu'au mois de juin de l'année qui vient, ce qui est fâcheux. A cela, M. Colbert, de bonne foi, a encore répété qu'il aurait pu penser à l'achat des maisons qu'il faut abattre, mais qu'il ne s'en était pas avisé. Le Cavalier a repris la parole et dit : que ce travail imprévu, où il avait eu à rectifier ce qui était fait, l'avait empêché de pouvoir aller si tôt à Saint-Germain qu'il eût désiré; qu'il a besoin à présent de voir le Roi pour le particulier du visage de Sa Majesté, n'ayant jusques ici travaillé qu'au général; durant quoi il n'a même presque pas regardé ses dessins, qu'aussi ne les avait-il faits que pour s'imprimer plus particulièrement l'image du Roi dans l'esprit et faire qu'elle y demeurât *insuppata et rinvenuta*[1], pour se servir de ses propres termes; qu'autrement, s'il avait travaillé d'après ses dessins, au lieu d'un original il ne ferait qu'une copie; que même, s'il lui fallait copier le buste lorsqu'il l'aura achevé, il ne lui serait pas possible de le faire tout semblable; que la noblesse de l'idée n'y serait plus à cause de la servitude de l'imitation; que c'est une pensée qu'il avait dite un jour au P. Oliva, qui la nota et s'en est servi dans ses sermons; ce qu'il lui a dit depuis.

Il a conté, après, que M. et Mme de Lionne[2] l'étaient venus voir, que Mme de Lionne avait un esprit de feu, qu'en Italie on ne voit point de femme

---

1. Littéralement : « Trempée et imprégnée. »

2.                          L'aimable et douce Lyonne,

comme, sept ans auparavant, Loret l'appelait dans sa *Musè historique* (14 avril 1657), était Paule Payen, femme du célèbre homme d'État, Hugues de Lionne, qu'elle déshonora par les désordres de sa vie. En 1671, elle fut l'héroïne d'une aventure tellement scandaleuse que le Roi l'exila à Angers, le 27 juin. Son malheureux époux mourut de chagrin le 1er septembre suivant.

qui ait cette intelligence; qu'en regardant le buste du Roi, elle lui disait sans cesse : « N'y touchez plus, il est si bien ; j'ai peur que vous ne le gâtiez » ; qu'il lui avait fait voir les dessins du Louvre, qu'elle les regardait avec marque de grande intelligence, cherchant sur le plan l'éclaircissement de ce dont elle doutait dans les façades; et puis au sujet du Roi et de la grande connaissance qu'il a, il a dit que son esprit était de ce qu'il appelle lui *di buon metallo*, a expliqué la métaphore, puis a ajouté qu'il ne lui avait jamais rien ouï-dire que de parfaitement juste au sujet dont il se parlait; qu'il avait le goût exquis dans toutes les choses, ce qu'il connut dès lors qu'il lui fit voir sa première façade dans laquelle Sa Majesté fit choix du plus beau des deux rochers, qu'il avait mis pour servir d'embassement au Louvre, tout de même qu'eût pu faire un des plus intelligents et consommés dans le dessin; ce qui marquait une intelligence au delà de celle que la nature peut donner, et ce qui se pouvait être dans les autres matières, comme les affaires d'État.

M. Colbert a dit que tous les jours ces messieurs du Conseil et lui étaient dans l'étonnement de ce qu'ils lui entendaient dire. L'entretien fini, il sortit et monta dans son carrosse. Le soir, à la promenade, je dis au Cavalier que j'avais bien vu, à ce qu'avait dit M. Colbert, qu'il était en impatience qu'on travaillât aux fondations et que, pour cela, l'on prit les alignements pour voir quelles maisons il faudrait acheter, d'autant qu'il fallait des formalités pour cela. Il m'a répondu que je savais bien qu'on n'a point perdu de temps; qu'il s'en fallait trois jours qu'il y eût deux mois qu'il était à Paris; qu'il lui avait fallu premièrement régler son plan, qu'il avait fait ensuite quatre différentes élévations, qu'il avait travaillé aux dedans afin de mettre l'ouvrage en état d'être exécuté, ce qui était un ouvrage de six mois; qu'après, pour ne pas faillir dans l'exécution, il avait fait prendre les alignements de ce qui est fait, où il s'était trouvé de la fausse équerre; qu'il avait travaillé pour y remédier et l'avait fait heureusement; qu'il avait, outre cela, travaillé au portrait du Roi, qui était pour lui un ouvrage pénible, à cause qu'il fallait que son esprit fût toujours dans une contention extrême; qu'à l'égard des maisons à abattre, cela n'était point de son fait, qu'il n'en aurait jamais parlé; qu'il suffisait qu'il s'appliquât à la partie qui concernait l'invention, les autres choses n'étant pas de sa sphère et pouvant nuire à cette partie, s'il y donnait de l'application ; qu'à Rome, il y avait un prélat qui était chargé des bâtiments, c'est-à-dire de pourvoir aux choses nécessaires pour l'exécution; qu'il ne pouvait ni ne devait faire de ces sortes de diligences; que l'on aurait pu, depuis que ses dessins sont finis, avoir fait celles qui concernent ces maisons; qu'il ne lui eût pas même été bien séant d'en parler; qu'on aurait pu faire abattre ce qui avait été commencé de la première façade pour débarrasser le lieu et se pouvoir servir de pierres qui y sont, mais qu'il ne devait pas le dire. Je lui repartis à cela que, s'il savait de combien de grandes choses le Roi se reposait sur M. Colbert et le terrible accablement où il était pour cela, qu'il s'étonnerait comment il pouvait, avec une apparence de si grand loisir, donner à celles-ci le temps qu'il faisait. Il m'a reparti qu'il savait bien ses grandes affaires, qu'il était difficile d'y pourvoir tout en même temps, qu'il compâtissait à la peine qu'il avait, mais qu'on ne devait pas lui imputer à blâme ce qui n'était pas de son fait. Il m'a dit, après cela, qu'il aurait fallu parler au signor Mathie, qui devait avoir soin de l'exécution de ses dessins, qu'il disait qu'il ne voulait pas demeurer en France, qu'on aurait dû voir avec lui que c'étaient des premières choses auxquelles l'on devait pourvoir. Je lui ai répondu : qu'il fallait bien que le signor Mathie demeurât, que c'était son

Jean Baptiste Colbert
Secrétaire et Ministre d'État

D'après la gravure de Jac. Lubin.

intérêt, de lui, M. le Cavalier, pour ce que ses dessins autrement n'auraient pas l'exécution qui est nécessaire pour le satisfaire lui-même; qu'on le traiterait de sorte qu'il aurait sujet d'être content.

Le dernier juillet, j'ai écrit à M. Colbert ce que le Cavalier m'avait dit le soir précédent; je l'ai trouvé le matin travaillant à son buste, et le signor

Mathie aux alignements. Le soir, la promenade fut assez courte; il a voulu aller sur le Pont-Rouge[1], et y a fait arrêter le carrosse un bon quart d'heure, regardant d'un côté et d'autre du pont, puis m'a dit: « C'est là un bel aspect, je suis fort ami des eaux; elles font [du bien] à mon tempérament. » Après nous nous en sommes revenus.

Le premier août j'ai été chez le Cavalier et lui ai demandé l'heure que M. le commandeur de Souvré (à qui il avait promis d'aller voir une place au Temple où il veut faire bâtir) viendrait le prendre; il m'a dit à neuf heures. Sur les cinq heures du soir, y étant retourné, j'y ai trouvé M. Perrault, à qui le Cavalier avait donné un billet pour M. Colbert, disant que les alignements étaient pris et que l'on ferait voir à celui qu'il ordonnerait les maisons qu'il faut abattre pour la fondation. M. Perrault a dit qu'il suffisait qu'il les vît, de sorte que le Cavalier m'a prié d'aller au signor Mathie afin qu'il les lui fît voir. Nous les avons vues ensemble et trouvé que la première maison de M. du Buisson[2] en est, le reste de l'hôtel de Bourbon, où est le garde-meuble du Roi, la partie de l'hôtel de Longueville qu'occupe Levau, partie de l'hôtel de Provence et de celui d'Aumont. Après je suis retourné à la salle où j'ai trouvé le Cavalier travaillant au cheveux de son buste; il m'a dit que c'était chose difficile. J'ai reparti qu'elle le serait à un autre qu'à lui et qu'on commençait à y voir cette légèreté, qu'il disait que les antiques y faisaient paraître. Il est ensuite allé donner quelques coups au bas-relief du signor Paule, et l'étant allé voir travailler, il m'a dit qu'il tâcherait de faire voir que le voile que le petit Christ tient devant soi est un de ceux qui servaient à la Vierge; m'a demandé mon sentiment de la pensée qu'il a eue de faire méditer Notre-Seigneur sur ce clou qu'il a trouvé avec les outils de S. Joseph. Je lui ai dit qu'elle était belle et dévote. Le soir, nous avons été aux Feuillants, puis après, à la promenade; quand nous avons été vers le Cours, il m'a demandé d'aller sur le Pont-Rouge, comme le soir précédent; il y a demeuré un bon quart d'heure, puis nous nous en sommes revenus par le Pont-Neuf, par les rues. Il m'a demandé qui était M. le commandeur de Souvré. Je lui ai dit que c'était un des principaux de la Cour, qui avait les grandes entrées auprès du Roi et grande suite par la bonne table qu'il tenait; que le Roi même s'était reposé sur lui de traiter M. le Légat, quand il fut à Versailles; que j'avais été bien aise qu'il eût accordé d'aller dîner chez lui; qu'il était bon d'obliger ceux qui étaient auprès du Roi, outre que celui-ci était ami et allié des ministres. Il m'a dit qu'il avait peine à manger hors de chez soi, peur de manger trop et s'en trouver mal, et à cause encore du grand temps qu'il fallait être à table dans un repas étudié.

Le deuxième août, je n'ai pas trouvé le Cavalier chez lui; j'y ai rencontré l'abbé Butti, avec qui j'ai été à la messe aux PP. de l'Oratoire. A l'issue, j'ai envoyé quérir mon frère, que M. le commandeur de Souvré avait aussi prié de dîner et de venir au Temple. Nous avons trouvé le Cava-

---

1. Pont en bois qui mettait en communication la Cité avec l'île Notre-Dame.
2. Probablement le maître d'hôtel de la Reine.

lier, avec qui nous commencions de nous entretenir, quand M. le commandeur est arrivé; mais comme il n'avait pas entendu la messe il y est allé, et au retour l'on s'en est allé au Temple après avoir vu les dessins du Louvre. M. le commandeur a fait entrer M. le Cavalier dans son carrosse, l'abbé Butti et moi. Par les chemins, il s'est parlé de diverses choses, particulièrement de ces dessins. Le Cavalier a donné de grandes louanges à l'esprit du Roi, dont il a dit que la qualité était telle qu'il connaissait le beau naturellement, qu'il en avait eu une preuve dès le premier dessin qu'il avait fait voir à Sa Majesté; que personne ne s'y entendait mieux qu'elle. M. le commandeur a ajouté que c'était une merveille, considérant comme le Roi avait été élevé, le cardinal le tenant bas et sans instruction et étude. L'abbé Butti a pris la parole et dit : que ç'aurait été un grand bien pour lui et pour ses peuples s'il eût étudié; qu'il se fait des choses qui ne se feraient sans doute pas, parce que le Roi connaîtrait de quelle conséquence elles sont dans la bonne administration. Le Cavalier a répété ce qu'il a dit en plusieurs rencontres : que c'était la réputation du Roi qui l'avait fait résoudre à venir en France, plutôt que le commandement du Pape et l'honneur d'être appelé par un roi de France; mais que cette réputation du Roi est fort au-dessous de ce qu'il a trouvé en effet. Le commandeur reparlant après du Louvre, le Cavalier a dit que ce serait le plus grand bâtiment du monde pour la place et pour la dépense; que pour la noblesse du dessin il n'en parlait pas. J'ai assuré, moi, que rien n'était mieux pensé, ni plus heureusement rencontré que ce qu'il avait trouvé pour le Louvre, mais qu'avec cela il faudrait avoir le bonheur de le retenir ici. Il a dit que c'était chose impossible, mais que s'il avait eu à y demeurer, il aurait demandé au Roi de n'avoir à traiter de ses bâtiments qu'avec Sa Majesté même. Sur cela, l'abbé Butti, auprès de qui j'étais, m'a poussé par diverses fois. Le Cavalier a poursuivi, et dit que c'était que personne n'entendait ces choses-là si bien que le Roi.

Arrivés au Temple, l'on a été au jardin, qui est le lieu où M. le commandeur voudrait bâtir, où l'on a dit que l'on apportât le plan. Le Cavalier a reparti qu'il ne voulait point le voir, puisqu'il était sur le lieu même, crainte que les pensées des autres ne nuisissent aux siennes. L'on l'a néanmoins apporté. Il a vu qu'il avait été fait sans avoir égard à la fausse équerre de la place du côté de la rue, et a dit à M. le commandeur de lui faire faire un plan seulement de la place entière. L'on a été ensuite dans l'église et dans quelques maisons particulières, puis l'on a remonté en carrosse. M. le commandeur en revenant m'a demandé si le Cavalier avait vu Maisons[1]; je lui ai dit qu'il irait le voir pendant qu'il serait à Saint-Germain. Il s'est offert de lui donner à dîner ce jour-là et d'être de la partie. L'on est allé du Temple chez M. Renard[2]. Le Cavalier a trouvé sa terrasse fort belle, et a dit que c'était la plus

---

1. Le château de Maisons (Seine-et-Oise), bâti par Jules Mansart pour le président René de Longueil, en faveur de qui la terre et seigneurie de Maisons avait été érigée en marquisat par lettres d'octobre 1658.

2. Louis Renard, sieur de Saint-Malo, après avoir été valet de chambre du commandeur de Souvré, était devenu arquebusier de Louis XIII, et garde du cabinet de ses armes. En 1630, il obtint du Roi la concession d'un vaste terrain servant de garenne et qui, par une de ses extrémités aboutissant à la porte de la Conférence, fut plus tard enclos dans le jardin des Tuileries. Cette concession lui fut faite à la condition, entre autres, de défricher le terrain et

belle situation qui fût à Paris. Il a vu ensuite le logis qu'il a trouvé galamment orné, a considéré longtemps et avec plaisir le tableau d'*Icare,* de Jules Romain[1], mais il a dit que, pour le bien voir, il eût fallu le mettre au haut de l'escalier; qu'il était trop près de l'œil. Il a regardé aussi avec attention les copies d'après les loges de Raphaël. Durant le dîner, il lui est venu un *concetto,* « cela, a-t-il dit, au sujet du Louvre ». Il a prié M. le commandeur de le dire au Roi : « C'est que Sa Majesté ayant voulu conserver le Louvre l'avait détruit. » Comme l'on n'a rien répondu, il m'a demandé si j'entendais sa pensée; j'ai répondu qu'oui, que c'était qu'il lui donnait un habit, qui empêcherait qu'on ne vît plus rien de sa forme ancienne. M. le commandeur l'a assuré que dès ce soir même il dirait cela au Roi. Après dîner, le Cavalier a été à Meudon, où l'on a trouvé M. le Nonce; il lui a fait remarquer que de dessus cette hauteur, où l'on était, l'on ne voyait à Paris qu'un amas de cheminées, et que cela paraissait comme un peigne à carder. Il a ajouté que Rome a bien une autre apparence, qu'on y voit Saint-Pierre en un endroit, le Campidoglio[2] en un autre, Farnèse ailleurs, Monticaval[3], le palais de Saint-Marc, le Colisée, la Chancellerie, le palais des Colonne, et nombre d'autres semés çà et là qui avaient de la grandeur et une apparence fort magnifique et superbe. Je repartis que ces palais étaient grands à la vérité pour ce qu'ils avaient de grands espaces qui leur servaient comme de champs, qu'il n'en était pas de même à Paris, où les maisons étant, quelque belles qu'elles fussent, pressées les unes des autres, ne se peuvent pas bien distinguer; que les espaces y étaient chers et les places petites, ce qui faisait que bon nombre des bâtiments s'entr'offusquaient les uns les autres, et de loin n'étaient d'aucune apparence. En voyant l'escalier du château, il a dit qu'on n'en voudrait pas un pareil dans une hôtellerie d'Italie, et puis en riant s'est mis à dire que la couverture du dôme me plaisait sans doute beaucoup. Nous en revenant, il a fait arrêter le carrosse devant la terrasse des Capucins de Meudon, y ayant aperçu M. le cardinal Antoine. S. E. lui a dit qu'elle avait su qu'il avait été à Saint-Cloud. Il lui a répondu qu'il avait trouvé la situation, le jardin et les eaux fort belles. S. E. lui ayant demandé ce qu'il lui avait semblé de la cascade, et si elle ne lui avait point paru trop belle, il lui a dit que c'en était le défaut; qu'il faut cacher l'art davantage et chercher de donner aux choses une apparence plus naturelle, mais qu'en France généralement en tout on fait le contraire. Le

de le garnir de plantes et de fleurs rares. « Dès que Louis XIII lui eut donné ce terrain, dit Hurtaut (*Dictionnaire de Paris,* art. Palais, t. III, p. 727), il y fit un jardin extrêmement propre qui, par sa situation et par l'honnêteté du maître, devint le rendez-vous ordinaire des seigneurs de la cour et de tout ce qu'il y avait de galant dans ce temps-là... et l'on devinera aisément l'usage que l'on faisait de son jardin et qui lui donnait tant de réputation. » « Renard, ajoute-t-il, avait de l'esprit, était souple, obligeant et se connaissait fort bien en meubles et surtout en tapisseries; il en faisait apporter chez lui des plus belles et en vendait aux personnes de qualité, même au cardinal Mazarin. »

1. Je n'ai pu rien découvrir sur la provenance et la destinée de ce tableau dont il n'est parlé ni dans Nagler ni dans la biographie de Jules Romain par Carlo d'Arco. Tout ce que je puis dire c'est que dans une chambre du palais du Té, à Mantoue, l'artiste avait peint une *Chute d'Icare.* De cette fresque, aujourd'hui détruite, Vasari possédait un dessin que Louis XIV acheta à Jabach, et qui figure actuellement dans la collection du Louvre sous le n° 3499 de la série des *très-grands dessins.*

2. Le Capitole. — 3. Monte-Cavallo.

Cavalier arrivé à l'hôtel de Frontenac nous a priés, mon frère et moi, de lui trouver quelqu'un intelligent en lunettes et qui connût quand les verres en sont taillés régulièrement. Il nous a dit qu'à Rome, après avoir mis à part les unettes qui conviennent à son âge, un certain seigneur Stefano lui choisit celles qui sont bien taillées et font voir les objets justes et sans altérations, ce qui n'est pas si nécessaire pour ceux qui ne demandent des lunettes que pour lire.

Le troisième, je l'ai trouvé travaillant à son buste et le signor Mathie à prendre l'alignement de la porte principale du Louvre. Le Cavalier m'a dit qu'il avait fait faire une belle opération pour cela, et qu'il a trouvé que l'alignement, qui a été pris à la façade commencée, ne cadrait pas, ce qui le mettait en peine ayant peur de s'être trompé lui-même ; qu'il eût souhaité que j'y eusse été, mais qu'il a été du grand matin sur le lieu à cause de la foule qui s'y trouve d'ordinaire ; qu'il en avait fait une preuve qui lui avait réussi, mais qu'il ne s'en tiendrait pas à cela et y retravaillerait encore. Le soir, il m'a demandé si je trouvais que son travail de la journée parût à son buste, je lui ai dit qu'oui. Il a poursuivi et dit qu'il espérait, me montrant une draperie qu'il donne à son ouvrage, qu'elle paraîtrait comme un voile très-léger. Pendant cela, M. le Nonce est arrivé qui nous a apporté une mauvaise nouvelle, et fausse, que la Reine-Mère était morte sur les onze heures du matin[1]. L'abbé Butti, étant arrivé en même temps, a dit au Cavalier qu'il faudrait qu'il s'habillât de deuil. M. le Nonce sorti, nous sommes allés aux Feuillants et de là à l'hôtel de Frontenac.

Le quatrième, j'ai trouvé le Cavalier dans la tristesse que lui avait donnée cette fausse nouvelle de la mort de la Reine. Il travaillait au buste du Roi. Il m'a demandé ce qu'il me semblait de la draperie. Je lui ai dit que je trouvais qu'elle faisait bien. Il m'a reparti qu'elle lui donnait de la peine à cause du défaut de son marbre qu'il appelle *marmo cotto*[2], qui l'oblige de faire la plus grande partie de l'ouvrage avec le trépan, peur que, travaillant toujours avec le ciseau, le marbre ne vînt à éclater. Je suis ensuite allé voir si le signor Mathie travaillait aux alignements. Je l'ai trouvé dessinant dans la galerie. Il m'a dit qu'il avait fait toutes les opérations pour la rencontre des portes. Lui ayant demandé s'il n'y travaillerait point davantage, il m'a dit que non ; qu'il avait fait toutes les diligences et les preuves par diverses fois, qu'il n'y avait point trouvé de manque ; qu'il avait eu de grandes difficultés à cause des maisons et du Jeu de paume qui l'empêchaient de voir, et des autres embarras qui sont dans l'espace de ces alignements ; qu'il ne s'était pas contenté d'opposer les règles les unes aux autres, en quoi il peut y avoir quelque forlignure[3], mais qu'il avait fait une preuve en mettant deux règles l'une auprès de l'autre et conservant un trait d'air subtil entre les deux, qui est, a-t-il dit, le moyen le plus infaillible de tous ; et, en prenant les distances fort éloignées d'un côté et d'autre de l'endroit où doivent être assises les portes, qu'il avait trouvé environ une palme et demie d'irrégularité. Il m'a montré par où pas-

---

1. Anne d'Autriche ne mourut que cinq mois plus tard, le 20 janvier 1666.
2. Marbre cuit, c'est-à-dire friable. — 3. *Forlignure,* manquement, faute.

sera la fondation de la façade et qu'elle occupe une des maisons de M. du Buisson, partie de ce qui reste de l'hôtel de Longueville, partie de l'hôtel d'Aumont et de l'hôtel de Provence ; pour la place de devant le Louvre, qu'elle aura de profondeur 34 toises et demie, et de largeur 87 toises qui, multipliées l'une par l'autre, donneraient à la place 3,000 toises de superficie. Durant cet entretien, M. Perrault est venu qui nous a dit qu'il est arrivé du marbre de Gênes, afin que j'en avertisse le Cavalier. J'ai été de là le lui dire.

Le même jour, M. Le Nôtre[1] est venu me voir et m'a dit que Levau avait été porter au Roi un dessin qui est celui duquel l'on avait parlé, où il laisse le Louvre d'à-présent pour servir seulement d'avant-cour, et fait le bâtimen au droit de la rue Saint-Thomas-du-Louvre, et m'a dit, qu'à lui, il lui avai paru assez beau.

Le soir, l'abbé Butti est venu et M. de Ménars aussi. L'abbé m'a dit qu'il savait de bonne part que c'était Le Brun qui avait empêché Jabach de faire voir ses dessins au Cavalier, crainte qu'il ne remarquât les choses qu'il avait dérobées dedans et mises dans ses ouvrages ; que, pour cela même, il ne voulait pas que le Cavalier allât aux Gobelins ; que des peintres italiens l'avaient assuré que ce qu'il faisait de bon était tout tiré des dessins de Jabach ; qu'il fallait, sans en rien dire, les faire voir au Cavalier. M. de Ménars s'est chargé d'avertir Jabach pour dimanche prochain. M. le Nonce est venu à qui j'ai dit que heureusement sa mauvaise nouvelle[2] était fausse. Il m'a reparti que ç'avait été l'ambassadeur de Venise qui la lui avait donnée par un page exprès. Il est sorti aussitôt et le Cavalier est allé chez lui où il a trouvé M. Le Nôtre qui l'y attendait. Après l'avoir salué, il lui a demandé excuse s'il ne l'entretenait pas, étant extraordinairement fatigué. Il en a dit autant au sieur Blondeau, qui lui était venu apporter des lunettes. Nous avons ensuite été dans le carrosse de M. de Ménars aux Grands Jacobins[3] et puis voir les marbres nouvellement arrivés, lesquels le Cavalier a tâtés et en a trouvé deux blocs de marbre statuaire.

Le cinquième, j'ai été le matin voir le Cavalier et l'ai trouvé travaillant ; de là, j'ai été aux Tuileries, où M. Colbert est arrivé vers les onze heures et demie. Il a visité le quai. Il m'a demandé d'abord ce que faisait le Cavalier. Je lui ai dit qu'il travaillait au buste du Roi. Il a visité tous les bâtiments et s'en est venu par la grande galerie et par celle du Brun[4], qui y était. Je lui ai demandé quand son tableau serait fini. Il m'a dit qu'il ne savait. Je lui ai dit que le Cavalier eût été aux Gobelins s'il l'eût été, mais que M. du Metz m'avait dit qu'il fallait attendre à l'y mener que cet ouvrage fût fini. Étant dans l'appartement de la Reine-Mère qu'a peint Romanelli[5], M. Colbert m'a

---

1. André Le Nôtre, le célèbre dessinateur de jardins, né en 1613, mort le 15 septembre 1700. Dans la liste des collectionneurs parisiens que, sous le titre de *Curieux de Paris en 1673*, J. Spon a donnée à la fin de ses *Recherches des Antiquités de Lyon* (1675, in-12, p. 212 et suiv.), on trouve le nom de Le Nôtre avec cette mention : *Tableaux modernes, bronzes, estampes et vernis de Chine fort rares.*

2. Celle de la mort de la Reine-Mère. — 3. Rue Saint-Jacques.

4. C'est-à-dire de Le Brun. Au XVIIe siècle, on avait l'habitude de décliner l'article masculin qui formait la première syllabe d'un nom propre.

5. Giovanni-Francesco Romanelli, né en 1617 à Viterbe, où il mourut en 1663. Les pièces

demandé si le Cavalier l'avait vu et ce qu'il avait dit de ces peintures. Je lui ai répondu qu'il n'en avait rien dit de particulier, ne disant rien de tout ce qu'il voyait. « C'est en user bien prudemment, a-t-il répondu, mais l'on le fait néanmoins beaucoup parler, même des ouvrages de M. Poussin. » J'ai reparti qu'à la vérité il en parlait aux rencontres, mais toujours avec une estime extraordinaire. Il a ajouté qu'on disait qu'il n'avait presque pas regardé le tableau du Noviciat[1]. Je lui ai dit que si, et qu'à l'égard de celui de Saint-Germain[2] il m'avait dit que ce n'était pas un des plus beaux ouvrages du signor Poussin. Lui, M. Le Brun, m'a dit que M. Colbert lui avait demandé ce qu'il lui en semblait, et qu'il le lui avait beaucoup loué comme l'ouvrage le méritait. Il m'a prié de l'avertir quand le Cavalier irait aux Gobelins. De là

LES JARDINS DE RENARD D'APRÈS SILVESTRE.

M. Colbert est entré dans la salle et a trouvé, avant que d'y entrer, M. l'abbé Butti qui lui a dit que le Cavalier dormait. Il est néanmoins venu tout aussitôt. Considérant le buste, le Cavalier lui a dit qu'il avait dessein de faire que cette draperie parût comme si elle était de gros taffetas, qu'il ne savait s'il y réussirait. Mais en tout cas, *al diffetto dell' intelligenza*, a-t-il dit, *supplira la diligenza*[3]. Il a dit, après, qu'il avait fait marquer les alignements; qu'il croyait qu'ils étaient bien pris pour remédier au défaut qui était aux portes,

décorées par lui au Louvre formèrent plus tard les salles dites des *Saisons*, de la *Paix*, des *Romains* et du *Centaure*. Voy. la *Description des antiques du musée du Louvre*, par le comte de Clarac.

1. Du Noviciat des Jésuites. Voy. plus haut à la date du 12 juin.
2. La *Cène*, qui était dans la chapelle du château de Saint-Germain.
3. « Au défaut de l'intelligence suppléera la diligence. »

que peut-être est-ce lui qui a failli; qu'il eût souhaité se rencontrer avec ceux qui ont été pris auparavant, que ce lui eût été un plus grand repos d'esprit; que pour s'assurer davantage il a fait les contre-épreuves. M. Colbert a vu après l'ouvrage du signor Paul, lequel il a trouvé fort beau. Le Cavalier a dit que c'était la pensée qui s'en pouvait dire telle.

M. Colbert lui a demandé l'âge de son fils. Il a dit qu'il avait dix-huit ans. M. Colbert a poursuivi et lui a demandé s'il n'avait point peur qu'il ne se fît plus habile homme que lui. J'ai pris la parole et ai allégué ce que le Cavalier m'avait rapporté dès les premiers jours qu'il fut arrivé[1], au sujet d'une pareille demande faite par le cardinal Barbarin, avant qu'il fût Urbain VIII, au signor Bernin son père : *Sappia vostra Eccellenza che in quel gioco chi perde vince.* Puis le Cavalier a dit qu'à dix-huit ans il avait fait la *Daphné*, qu'à huit ans même il avait fait un chef de Saint-Jean qui fut présenté à Paul V par son maître de chambre; que Sa Sainteté ne voulait pas croire qu'il l'eût fait, et lui demanda s'il pourrait dessiner une tête en sa présence; qu'ayant répondu qu'oui, Sa Sainteté lui avait fait apporter une plume et du papier et que, prêt à commencer, il lui demanda quelle tête Sa Sainteté voulait qu'il dessinât; qu'à cela elle avait connu que c'était lui qui avait fait un chef de Saint-Jean, pensant auparavant qu'il allait dessiner quelque tête de manière; que le Pape lui demanda une tête de Saint-Paul qu'il dessina en sa présence[2].

J'ai dit, après, à M. Colbert que le Cavalier avait visité ces marbres depuis peu arrivés, et en avait trouvé quelques blocs qui lui semblaient assez bons. Il a répondu que c'étaient les premiers venus par son ordre. L'on est allé ensuite voir les alignements et le Cavalier a montré jusqu'où irait le fossé, M. Colbert donnant toujours à connaître qu'il avait peur qu'il restât trop peu d'espace pour la place devant le Louvre, quoique le signor Mathie ait dit qu'ils en trouvaient trois ou quatre toises de plus qu'il n'était marqué sur le plan qui avait été envoyé à Rome. L'on s'est fort étendu sur ce sujet, et enfin M. Colbert a dit que le Roi voulait voir cela lui-même et viendrait exprès à Paris. Pendant ce discours, un valet de pied est venu apporter une lettre du Roi à M. Colbert qui était, à ce que j'ai jugé, écrite de la propre main de Sa Majesté. L'ayant lue, il a dit au valet de pied qu'il n'y avait point de réponse, qu'il exécuterait ce que le Roi lui demandait, puis il a dit que la Cour reviendrait bientôt et a prié le Cavalier de faire un dessin de la place qui serait au devant du Louvre, afin de voir si elle pourrait contenir la quantité de carrosses qui s'y trouvent d'ordinaire, cela lui donnant de la peine; puis s'en est allé.

Le Cavalier a travaillé jusques à sept heures. Étant venu à son logis, il s'est trouvé si fatigué qu'il n'a point voulu monter en carrosse et est allé au

---

1. Voyez plus haut à la date du 6 juin.

2. Voici comme le fait est raconté par Baldinucci (p. 4-5). « La prima opera che uscisse dal suo scarpello in Roma fu una testa di marmo situata nella chiesa di S. Potenziana; avendo egli allora il decimo anno di sua età appena compito. Per la qual cosa maravigliosamente commosso Paolo Quinto dal chiaro grido di cotanta virtù, ebbe vaghezza di vedere il giovanetto; e fattoselo condurre davanti, gli domandò, come per ischerzo, se avesse saputo fargli colla penna una testa; e rispondendogli Gio. Lorenzo : Che testa voleva? soggiunse il pontifice : *se così è, le sa far tutte;* e ordinatogli che facesse un S. Paolo. Gli diè perfezione in mez'ora con franchezza di tratto libero, e con sommo diletto e maraviglia del Papa. »

salut aux PP. de l'Oratoire. Au retour, il a trouvé chez lui M. de Bellefonds qui lui a dit qu'il n'aurait que faire de faire porter son buste à Saint-Germain, et que la Cour serait ici dans huit jours. Il lui a demandé s'il n'y voulait rien mander et s'en est allé. M. de Bartillat était aussi là qui a conté quelques particularités de la fermeté de la Reine[1] quand M. l'abbé de Montaigu[2] lui annonça, le troisième, qu'il fallait qu'elle se résolût à mourir.

Il m'a dit après, à moi, que M. Levau lui avait montré son nouveau dessin et qu'il s'encensait lui-même, disant que c'était la plus belle chose du monde; que M. de Colbert lui avait fait remarquer à lui, M. de Bartillat, que le Cavalier, qui est le premier homme du temps, ne parlait de ses ouvrages qui sont merveilleux qu'avec une extrême modestie, et que lui, M. Levau, se louait lui-même effrontément, qui était une preuve de ce que l'un et l'autre valaient.

Le sixième août au matin, j'ai été chez M. Colbert que j'ai trouvé s'en allant à Vincennes pour faire préparer le logis pour la Cour. De là je suis venu chez le Cavalier que j'ai trouvé travaillant. Je suis ensuite allé chez M. l'abbé Bruneau[3] ayant su que M. Colbert devait venir au Louvre; et, de fait, il y est venu ayant Levau avec lui. Il a visité l'appartement nouveau de la Reine-Mère. Il m'a dit qu'il faudrait déménager le Cavalier, mais qu'on le logerait dans le palais Mazarin[4]. Il est ensuite venu voir le Cavalier et a pris, entrant dans la salle, un visage ouvert et riant. Il lui a dit à l'abord qu'il était difficile de s'empêcher de lui rendre visite et au Roi aussi en même temps. Il lui a demandé s'il avait travaillé à cette place. Il a répondu que le signor Mathie y pensait et que tout était nombré et réglé. Il est, après, allé voir l'ouvrage du signor Paul, puis a pris congé les appelant lui et le signor Mathie par leur nom. Quand il a été sorti, l'ayant suivi, il m'a dit qu'il avait oublié de dire au Cavalier qu'il faudrait le déloger et est rentré pour cela.

La difficulté a été pour le buste, savoir s'il serait porté ou non au palais Mazarin; qu'il y avait plus loin pour y venir travailler au Louvre, y restant, qu'aussi la commodité du Roi s'y trouvait. Le Cavalier a dit qu'il serait bien aise de ne pas changer de lumière. M. Colbert a reparti qu'il saurait la volonté de Sa Majesté et a dit adieu.

Sur les deux heures, M. Boutard[5] m'est venu voir et m'a dit qu'il y avait du refroidissement pour les dessins du Cavalier, qu'il le savait de bon lieu; que de la sorte qu'allaient les choses, l'on achèverait le Louvre comme il était commencé; que l'humeur du Roi, où la mélancolie domine, se touchait d'abord de la nouveauté, et puis qu'en lui proposant pour l'occuper d'autres nouveautés, l'on les lui faisait agréer et changer ainsi insensiblement ce qu'il avait résolu auparavant. Je lui ai reparti que j'avais toujours remarqué le

---

1. La Reine-Mère.

2. Gautier de Montaigu, « mylord d'Angleterre », comme l'appelle la *Gazette de France,* abbé de Saint-Martin et de Nanteuil, grand aumônier de la Reine-Mère. Il mourut en 1677 à l'hôpital des Incurables, où il s'était retiré depuis plusieurs années.

3. L'abbé Bruneau, d'abord bibliothécaire du duc d'Orléans, fut nommé en 1664 intendant du cabinet des médailles et antiques du Roi, et périt assassiné dans le Louvre par un voleur, au mois de novembre 1666.

4. Aujourd'hui la Bibliothèque nationale.

5. Dans l'*État de France* de 1665, t. II, p. 263, je trouve un Boutard, auditeur des Comptes.

contraire de cela dans l'humeur du Roi, et ne pouvais croire qu'on refusât de profiter du travail, de l'expérience et du génie du Cavalier, après la dépense qui s'était faite et se continuait encore, pour continuer à faire des fautes; que M. Colbert était trop habile pour cela. Nous fûmes ensuite chez le Cavalier qui m'a dit que Beaupin lui avait dit qu'il amènerait l'intendant de M. de Mazarin[1] pour voir avec lui le logement qui lui était destiné.

L'abbé Butti est venu en même temps avec M. de Bellinzani[2]; puis sont arrivés deux stucateurs italiens qui ont salué le Cavalier et lui ont dit qu'ils venaient de Vienne. Après, l'on a été au palais Mazarin où il a vu son appartement, qui est celui qu'occupe M. de Mazarin lui-même quand il est ici. Il a visité ensuite un lieu propre pour mettre le buste et a dit qu'il avait considéré que, s'il demeurait au Louvre, il aurait mille peines pour empêcher qu'on n'entrât dans la salle où il travaille, ce qui lui serait d'une trop grande distraction. Il a vu ensuite l'appartement d'en haut et les tableaux qui y sont restés, s'est arrêté à en considérer un de Paul Véronèse. Il a dit que le cardinal...[3] en avait l'original, que celui-ci n'était qu'une copie; que les tableaux de Paul Véronèse étaient estimés par le coloris, mais qu'il n'y avait aucun décore[4] ni costume dans les ouvrages des peintres qui avaient travaillé hors de Rome; que cela se connaissait dans ce tableau qui est une *Nativité,* la Vierge étant sans noblesse et les pasteurs sans décence. Il y a peu d'antiques où il s'est arrêté. La *Poppea* était là que l'on dit que le Roi prenait[5]. M. de Bellinzani se chargea d'écrire à M. Colbert au sujet de faire venir le buste au palais Mazarin.

Le septième, j'ai trouvé le Cavalier avec une défluxion sur la langue qui lui est venue, m'a-t-il dit, de ce qu'une de ses dents se rompit hier, et qu'il en perdit un morceau. Il ne laissait pas de travailler à son buste. Il m'a demandé comment l'on appelait le lieu où se retirent les soldats. Je lui ai dit qu'il s'appelait corps de garde. J'ai trouvé le signor Mathie travaillant au dessin de la place de devant le Louvre. Il m'a fait voir que du Louvre il y a 300 palmes, et qu'on peut tirer une grande rue vis à vis la porte du Louvre qui aura 100 palmes de large qui sont plus de 11 toises. Le soir, le Cavalier n'a été qu'aux PP. de l'Oratoire, puis s'en est venu faire ses dépêches pour Rome.

Le huitième, j'ai trouvé le Cavalier travaillant au buste et le signor Mathie dessinant la place du devant du Louvre, qu'il forme oblongue, tirant une rue droit au flanc de l'église Saint-Germain, laquelle, à l'embouchure vers le Louvre, aura 11 toises et demi. J'ai vu ensuite, en m'en revenant, M. de Bar-

1. Armand-Charles de La Porte, duc de La Meilleraye, devenu duc de Mazarin par son mariage avec Hortense Mancini, nièce du cardinal.

2. Suivant le *Dictionnaire des bienfaits du Roi,* Bellinzani était employé par Colbert « dans les affaires de commerce ». En effet, on le trouve en 1670 inspecteur général des manufactures, et en 1671 directeur de la chambre des assurances à Paris. Voy. *Correspondance de Colbert,* t. II, p. 560 et 640.

3. Le nom est resté en blanc dans le manuscrit.

4. *Décore,* convenance, bienséance, dignité; c'est le mot italien *decoro* que Chantelou a francisé.

5. Le Louvre ne possède ni buste ni statue de Poppée, ou du moins qui porte aujourd'hui ce nom; mais on sait combien d'attributions on a dû changer depuis le XVIe siècle.

tillat, qui m'a dit que M. Colbert avait accordé à M. du Buisson jusques au mois d'octobre pour déménager, quoiqu'il ait eu commandement de déloger dans trois jours et qu'il y ait eu ordre d'abattre le Jeu de paume du Louvre ; qu'à l'égard du dessin de Levau, il l'a vu ; qu'il laisse le Louvre pour avant-cour, puis en fait un autre en portion de cercle, où par des terrasses l'on pourra aller au logement du Roi en carrosse, à côté duquel logement, aux deux flancs, il y aura deux jardins et un autre vis à vis qui serviraient aussi au palais des Tuileries. Ce même jour, M. le commandeur de Souvré m'a envoyé le plan de la place du Temple où il veut faire bâtir, lequel je donnai le soir au Cavalier.

Le dimanche neuvième, j'ai été au palais Mazarin où le Cavalier a couché. Il n'était pas encore levé à cause de sa fluxion. Lefebvre de Venise[1] y est venu qui m'a conté plusieurs artifices dont il dit que Le Brun se sert pour se donner du crédit et l'ôter aux autres, et qu'il établit une espèce de tyrannie dans la peinture au moyen de la confiance que M. Colbert a en lui qui, au lieu de produire d'habiles gens par l'établissement de l'Académie, ne fera que des ignorants, n'y ayant aucune autre académie qui tienne l'Académie royale en émulation. Il m'a dit que le Cavalier lui avait promis qu'il irait voir les tableaux qu'il a ; et de fait quand il a été levé, nous nous y en sommes allés et avons vu, dans une maison près des Jésuites de la rue Saint-Antoine, un grand tableau de Paul Véronèse où sont représentés les enfants de Zébédée, que leur mère présente à Notre-Seigneur. Le Cavalier a regardé ce tableau fort longtemps de près, puis de loin ; après il s'est rapproché, et enfin a dit : « Voilà un beau tableau, mais il a été fait en huit jours au plus. » Il a regardé l'autre qui est encore de Paul Véronèse, où est peint un Adonis allant à la chasse et une Vénus qui tâche de le retenir. Il a considéré celui-ci encore très-longtemps ; et Lefebvre lui ayant demandé ce qu'il lui en semblait, il a dit : « Les Lombards ont été grands peintres, mais il n'ont pas été bons dessinateurs, car, voyez cette femme (montrant la mère des deux apôtres), la partie d'en haut est tournée d'un côté et celle d'en bas d'un autre, et de telle sorte que la nature ne peut faire cette contorsion. » Disant cela, il s'est voulu mettre dans la même posture, et n'a jamais pu s'y tenir. Il a montré, après, des mains et des bras mal dessinés. « Ce n'est pas, a-t-il dit, qu'on ne voie quelques tableaux de Paul Véronèse et bien peints et bien dessinés, mais ils sont en petit nombre. La reine de Suède[2] en a quelques-uns de ceux-là. Elle aime fort cette manière, et elle pourrait acheter ceux-ci. » Considérant encore ce grand tableau, j'ai dit au Cavalier que le Christ était posé de manière qu'il semble tomber. Il m'a soudain répondu en riant : « Voilà aussi un apôtre qui le soutient », lequel en effet est comme en acte de cela. En retournant à l'autre tableau, il a montré le bras d'Adonis et a dit à Lefebvre :

---

1. Roland Lefebvre, peintre de portraits et dessinateur, né en Anjou, mort en Angleterre en 1677. On lui donnait le surnom de *Venise* parce qu'il avait longtemps habité cette ville et pour le distinguer de deux autres peintres, ses contemporains, Claude et Valentin Lefebvre ou Lefèvre. Ce dernier, né à Bruxelles en 1642, a aussi habité longtemps Venise, où il est mort vers 1700 ; il a gravé diverses compositions de Véronèse.

2. La reine Christine.

« Vous êtes peintre ; voyez que la tête est plus grande que ce bras. » Il en est demeuré d'accord. Du Cupidon qui retient un chien il l'a trouvé peint à merveille, et le dos de la Vénus aussi. Il a demandé, après, à Lefebvre ce qu'il estimait ces tableaux. Il a dit le grand 500 pistoles, et l'autre 300. Il lui a reparti : « Je ne veux pas les mépriser, mais si je pouvais vous faire donner par la reine de Suède 1,000 écus du grand et 150 pistoles du petit, je les tiendrais bien payés »; qu'encore ce qu'il veut faire est de ne point parler de la beauté et dire seulement que ce sont originaux de Faul Véronèse.

Ensuite il a conté, au sujet des peintres lombards, que Paul III faisant bâtir Farnèse mena une fois Michel-Ange voir une Vénus que le Titien, qui était venu à Rome, avait peinte ; qu'après qu'il l'eût bien considérée, le Pape lui demanda ce qu'il lui en semblait ; qu'il répondit au Pape : « Dieu a bien fait ce qu'il a fait, parce que si ces peintres-là savaient dessiner (parlant du Titien) ce seraient des anges et non pas des hommes. » De là Lefebvre nous a menés dans la maison où il travaille, et a fait voir au Cavalier une *Madeleine*[1] à demi-corps du Guido. Après qu'il l'eût regardée longtemps : *Questo quadro non è bello*, et ayant demeuré là un temps a ajouté : *È bellisimo; io vorrei non l'haver visto; sono quadri di paradiso*[2].

Nous sommes, au sortir de là, allés aux PP. de l'Oratoire. Le soir, sur les quatre heures, étant allé pour le voir, j'ai su que M. le Nonce l'était venu prendre et l'avait mené à Berny[3]. Sur les huit heures, y étant retourné, je l'ai trouvé de retour et fort incommodé de sa fluxion. Je lui ai offert de lui faire venir un médecin ; il a dit que ce serait pour le lendemain au cas que son mal continuât.

J'avais vu M. Boutart qui m'avait dit que M. de Liancourt[4] avait su de l'abbé de Bourzé[5] et de Carcavi[6] que le Roi était refroidi du dessin du Cavalier ; que Mansart le trouvait beau et approuvait la pensée qu'avait eue le Cavalier pour l'autel du Val-de-Grâce de le faire au-devant de la grille et le petit au fond ; a dit encore que, pour le Louvre, le Cavalier et Mansart eussent pu s'accommoder ; le Cavalier pour le grand, les pensées nobles, et M. Mansart pour l'économie du dedans.

Le dixième, jour de saint Laurent, il m'a dit qu'il était le jour de sa fête, qu'il se nommait Jean Laurent ; que son père ayant eu six filles sans garçon, lui venu au monde, il désira qu'il eût les noms de ses père et grand-père tout ensemble. Je lui ai dit, en riant, qu'il y avait déjà quelques jours qu'il solennisait sa fête par ce mal de dents qui lui était venu et l'aurait fait recourir à son patron[7]. Pendant ce discours, M. Perrault lui a envoyé dire

---

1. Le Guide a fait un assez grand nombre de *Madeleine*. Il y en a deux au Musée du Louvre. L'une d'elles est peut-être celle dont il est question ici.

2. « Ce tableau n'est pas beau, mais très-beau. Je voudrais ne pas l'avoir vu. Ce sont tableaux de paradis. »

3. La terre de Berny près d'Antony appartenait alors à M. de Lionne.

4. Probablement Roger du Plessis, marquis de Liancourt, duc de la Roche-Guyon, chevalier des ordres du Roi, mort en 1674 à soixante-quinze ans.

5. Amable de Bourzeis, abbé de Saint-Martin de Corer, membre de l'Académie française, mort le 2 août 1672 à soixante-six ans.

6. Pierre de Carcavi, géomètre, membre de l'Académie des sciences, mort en 1684. D'abord bibliothécaire de Colbert, il devint en 1663 garde de la bibliothèque du Roi.

7. Saint Laurent était invoqué contre le mal de dents.

que le Roi trouvait bon qu'il travaillât au palais Mazarin et qu'il y fît porter son buste ; ce que l'on ferait quand il voudrait ou à l'heure même, ou le
soir. Le Cavalier a dit qu'il était fête, que si l'on avait demandé la permission de travailler, qu'on pourrait le faire porter, mais qu'il ne voulait pas se
charger du péché, au cas qu'on n'eût pas cette permission. M. le comte de
Ménars m'a en même temps envoyé demander si le Cavalier voulait aller voir
les dessins de Jabach. J'ai dit qu'il avait remis à une autre fois à cause de sa
fluxion. Le Cavalier m'a demandé qui avait fait cette partie ; j'ai reparti que
c'était l'abbé Butti qui m'avait dit que Jabach n'avait pas voulu la première

CHATEAU DE MEUDON, D'APRÈS SILVESTRE.

fois faire voir ses dessins, à la prière de Le Brun, peur qu'on y vît les
inventions et figures qu'il en tire pour employer dans ses ouvrages. Le Cavalier a dit qu'il n'aurait jamais eu un semblable soupçon. « Ni moi non plus, »
ai-je reparti.

Nous sommes allés ensuite aux PP. de l'Oratoire, où il a fait son bon
jour [1]. A la sortie de l'église, il a demandé à passer par la halle pour y voir
les fruits ; qu'on l'avait assuré qu'il n'y a point de jardin plus beau. J'ai répondu que, pour les voir, il eût fallu les voir plus matin. Nous sommes passés
par là en allant à Saint-Laurent. Au retour de cette dévotion, quand nous
avons été devant Saint-Merry, j'ai proposé au Cavalier de voir quelques
tableaux qui étaient là chez un marchand, sans dire de qui, et nous sommes

1. C'est-à-dire où il a communié.

montés chez le sieur Sérisier[1] que j'ai prié de me faire voir le tableau de la *Reine Esther*[2]. Ayant levé le rideau qui le couvrait, le signor Paul a dit d'abord : « Il est du signor Poussin. » Son père l'a regardé longtemps sans rien dire, et avec très-grande attention, puis a dit : « Voilà un très-beau tableau, et peint de la manière de Raphaël. » Il lui a montré, après, sa *Vierge* à mi-corps qu'il a regardée aussi assez longtemps, et a dit qu'il ne fallait pas voir celui-là après l'autre. Il a vu ensuite le portrait de M. Poussin peint de sa main[3]. Il a d'abord remarqué qu'il ne ressemblait pas tant que celui que j'ai. Sur cela, j'ai demandé un autre tableau ; car l'on ne les voyait que les uns après les autres. Il a fait signe de laisser encore ce portrait, et l'a regardé avec une attention très-grande ; à quelque temps, disant une seconde fois de l'ôter, il a demandé de le lui laisser encore. Après, le sieur Sérisier a montré les trois petits paysages aussi de M. Poussin. Il les a trouvés beaux ; puis voyant la *Vierge* à dix figures, j'ai dit que tout me plaisait dans ce tableau, hors la tête de la Vierge. Il a demandé de qui il était, demande qui m'a surpris : j'ai dit : « du Poussin », il a répondu qu'il ne l'eût pas cru ; que ce n'était pas lui sans doute qui avait fait ces enfants. Il a vu, après, le grand paysage de la *Mort de Phocion*, et l'a trouvé beau ; de l'autre, où l'on ramasse ses cendres[4], après l'avoir considéré longtemps, il a dit : *Il signor Poussin è un pittore che lavora di là*[5], montrant le front. Je lui ai dit que ses ouvrages étaient de la tête, ayant toujours eu de mauvaises mains. Il a vu, après, la *Vierge en Égypte*[6], que j'ai dit être de ses dernières productions. Après l'avoir regardée : « Il faudrait cesser de travailler, a-t-il dit, dans un certain âge ; car tous les hommes vont déclinant. » J'ai reparti que ceux qui étaient accoutumés à travailler avaient peine à demeurer sans rien faire, et travaillaient peut-être seulement pour se divertir. Il en est demeuré d'accord, mais a ajouté que leurs ouvrages assez souvent nuisaient à leur réputation.

Retourné au logis, M. le maréchal de Gramont a été le voir. Je l'ai su du Cavalier, le soir chez lui, y étant allé avec mon frère, qui lui a donné son *Parallèle de l'architecture*. Il ne voulait pas le recevoir, disant qu'il suffisait qu'il y en eût dans sa maison ; que mon frère l'avait déjà donné aux signori Paul et Mathie. Lui ayant dit que c'était un honneur que mon frère s'attendait qu'il lui ferait, il l'a reçu et témoigné qu'il nous était obligé infiniment.

Nous avons été après aux Carmes déchaussés, et de là chez l'abbé Butti, qu'on lui avait dit être malade. Nous vîmes ses tableaux, parmi lesquels sont

---

1. Ce Cérisier ou Sérisier, marchand de tableaux, était un ami de Poussin, qui en parle dans ses lettres, et comme on le voit, il possédait de lui un assez grand nombre de toiles dispersées aujourd'hui, pour la plupart, dans les musées et les collections de l'étranger.

2. Aujourd'hui à la galerie de l'Ermitage, à Saint-Pétersbourg.

3. On sait, d'après ses lettres, que Poussin avait peint deux portraits de lui, presqu'en même temps et qu'il avait envoyé le meilleur à Chantelou. L'autre, dont il est question ici, a été gravé par Pesne avec une dédicace à Cérisier. La planche fait partie de la Chalcographie du Louvre.

4. Ces deux paysages ont été gravés par Et. Baudet en 1684, et les planches font partie de la Chalcographie du Louvre.

5. « M. Poussin est un peintre qui travaille de là. »

6. Il y a un *Repos en Égypte* à l'Académie des Beaux-Arts, à Venise.

deux dessins du Cavalier avec de belles bordures. L'un, d'une tête faite à la plume, et l'autre, d'un moine priant. Revenu chez moi, j'ai su de M^me de Chantelou, qui arrivait de chez M. Renard, qu'il lui avait dit qu'il y avait une grande cabale des architectes contre le Cavalier, et qu'en une grande compagnie de ceux de cette profession, il ne s'était trouvé que le jeune Anguier [1] qui eût été de son parti.

Le onzième, le Cavalier a travaillé à son buste tout le matin, le signor Paul au petit Christ et Mathie à un dessin en petit du plan du Louvre pour le cardinal légat, qui l'avait demandé au Cavalier par une lettre de sa propre main, m'a-t-il dit. L'après-dînée, étant retourné, j'ai trouvé le Roi et le Cavalier travaillant d'après Sa Majesté avec grande activité. M. le Prince y était, MM. de Gêvres, de Noailles et de Charost [2], M. Colbert et M. de Belle-

MAISON DU GRAND PRIEUR AU TEMPLE, D'APRÈS SILVESTRE.

fonds ; le maréchal de Gramont est venu après. Le Roi lui a dit qu'il avait été sur le point avec Monsieur d'aller dîner chez lui, ayant trouvé que la Reine avait dîné. Le maréchal a reparti que Sa Majesté n'aurait pas fait grande chère, mais qu'il lui eût donné de bon cœur ce qu'il avait. J'ai trouvé le Roi d'abord appuyé sur le dossier d'un fauteuil. Ayant été quelque temps en cette action, le Cavalier a pris ce fauteuil et l'a porté de l'autre côté du buste, et a dit à Sa Majesté que c'était pour la voir de l'autre côté du visage. Le Roi s'est mis comme le Cavalier a désiré, a demeuré là encore quelque temps, puis a dit qu'il fallait qu'il s'en allât, qu'il reviendrait toutes les fois que le Cavalier

1. Les Anguier étaient trois frères, dont deux seulement, les sculpteurs, sont devenus célèbres : François mort en 1669 et Michel-André mort en 1686. Le troisième, Guillaume, mort en 1708, était peintre. C'est probablement celui-ci que Chantelou désigne sous le nom de « jeune Anguier ».

2. Le prince de Condé. — René Potier, duc de Gêvres, capitaine des gardes du corps du Roi, mort en 1670. — Anne, premier duc de Noailles, mort en 1678. — Louis de Béthune, comte, puis duc de Charost, mort en 1681.

dirait, lequel a répondu à Sa Majesté qu'il demeurait toujours là, que toutes les fois qu'Elle aurait du temps à donner, Elle pourrait revenir. Comme le Roi partait, le Cavalier l'a prié de venir voir le plan et la place qui sera au-devant du Louvre ; il a expliqué à Sa Majesté la profondeur, la largeur et celle de la rue, qui aurait à l'embouchure onze toises et huit à l'autre bout.

Le Roi sorti, M. Colbert a resté encore un peu, puis s'en est allé. Le Cavalier m'a dit qu'il était venu un peu avant le Roi, et qu'il lui avait fait voir la disposition de cette place. Il a travaillé encore quelque temps au visage du Roi, sur la mémoire fraîche qu'il en avait, puis le carrosse du Roi étant venu, nous sommes allés aux Carmes déchaussés où, après avoir prié Dieu, quelques-uns de ces bons Pères m'ont dit qu'il y avait beaucoup de gens à qui il semblait que le petit Christ de la Vierge que je regardais était aveugle, ne lui voyant aucune couleur aux yeux. Je leur ait dit qu'il n'en paraissait non plus à ses cheveux, ni à ceux de la Vierge, ni aucun rouge à leurs lèvres ; ils m'ont prié de faire auprès du Cavalier qu'il donnât un jour un moment pour faire tourner cette Vierge, ainsi qu'il avait dit qu'elle devait être. Lui en ayant parlé, il a dit qu'il marquerait au premier jour avec du crayon, comme il la faudrait mettre, et que cela se pourrait faire après sans qu'il y fût.

L'on a été de là chez l'abbé Butti, qui savait déjà que le Roi avait été chez le Cavalier, et l'a félicité de la satisfaction que Sa Majesté a témoignée de son ouvrage. Le Cavalier a dit que M. le Prince s'était écrié : « Ah ! quelle majesté ! » voyant le buste ; qu'il a dit diverses choses, cette fois-ci et les autres qu'il a vu Son Altesse, qui faisaient connaître qu'il avait un esprit extraordinaire. Il a un peu parlé du plan de cette place, que le Roi a vu. L'abbé a demandé combien elle a de toises ; j'ai dit 35, et plus de 80 de large. Le Cavalier a pris la parole et a dit qu'elle a 40 ou 50 palmes de plus qu'il n'en serait besoin pour voir la façade en toute perfection ; qu'à l'égard des carrosses, il y avait cinq cours où il en pouvait entrer tant qu'on voudrait. J'ai reparti que cela était limité à une certaine quantité de gens, et que les carrosses des autres personnes n'y entraient pas [1]. Il a repris et dit qu'on pouvait en accroître le nombre : j'ai reparti que cela ne se faisait pas de la sorte. Enfin, il a dit que dans la place tous les carrosses de Paris y pourraient presque tenir ; qu'au reste, quand il avait été question de travailler au dessin du Louvre, M. Colbert lui avait dit, que le Roi lui abandonnait toutes choses, même l'église de Saint-Germain ; que néanmoins si l'on pouvait la conserver, que Sa Majesté en serait bien aise ; qu'il avait donc fait son plan, lequel par bonheur avait plu à Sa Majesté ; que Dieu en cela l'avait aidé de sorte qu'il ne considérait pas cet ouvrage comme de lui et de son génie et de son expérience, mais comme l'ouvrage de Dieu, qui s'est voulu servir d'un néant, comme il est. L'abbé a reparti en riant qu'il semblait que le Cavalier voulût persuader que Dieu mettait des lunettes aux yeux des gens, pour les tromper et faire apparaître ses ouvrages d'une autre sorte qu'ils ne sont. J'ai dit qu'une marque assurée de la beauté de ses dessins était que Mansart lui-même avait dit, à ce que j'avais appris, qu'on ne pouvait pas mieux rencontrer qu'avait fait le

1. On peut voir dans l'*État de la France* (1749, t. II, p. 93-98) l'*État de ceux à qui le Roi ait l'honneur de les laisser entrer en carrosse au château où loge Sa Majesté.*

Cavalier, et que la pensée des deux petites cours à côté du vestibule lui avait extraordinairement plu, et qu'elles étaient d'une extrêmement grande commodité pour le Louvre, afin que les offices de la bouche et du gobelet ne se trouvassent pas dans la principale cour. L'abbé a dit que le cavalier Rinaldi[1] avait encore envoyé un plan nouveau. J'ai reparti que, s'il n'a pas mieux réussi que dans le premier, ce sera bien peu de chose, moi ayant vu et examiné le premier, où il couvrait la façade principale du Louvre d'une couronne de 12 ou 15 toises de diamètre. Le Cavalier n'a rien dit, et tôt après est revenu à l'hôtel Mazarin. J'oubliais à marquer que, l'après-dînée, je fus chez M. de Langlée[2], où Mme sa femme m'a dit, entre autres choses, qu'il y avait du refroidissement pour les dessins du Louvre.

CHATEAU DE BERNY, D'APRÈS SILVESTRE.

Le douzième, j'ai trouvé le Cavalier travaillant à son buste, M. le Nonce est venu le voir. Il y est demeuré une demi-heure. Le signor Mathie travaillait au dessin d'un théâtre, pour construire dans le milieu de l'espace qui sera entre le palais des Tuileries et la façade de la cour des cuisines ; lequel théâtre aura deux faces : l'une qui regardera le Louvre et l'autre le palais des Tuileries. Il le fait dans une forme de portion de cercle concave de chaque côté, hormis le milieu qui en est d'une moitié de cercle en convexe de part et d'autre. Il y aura divers degrés d'un côté et d'autre, et au lieu où ils finissent un grand ordre de colonnes. Le signor Mathie m'a dit que ce serait pour des spectacles de tournois, courses ou ballets à cheval qui pourraient se faire tantôt du côté qui regarde les Tuileries, tantôt de celui du Louvre.

1. Nous en avons déjà parlé dans l'introduction.
2. Charles de Rogre, seigneur de l'Anglée, baron de Champigneulles, chevalier de l'ordre de Saint-Michel (1665), maréchal des logis des camps et armées du Roi.

**Sur** les cinq heures du soir, M. Le Tellier[1] et M. de Lionne sont venus voir
le Cavalier; ils se sont mis d'abord à louer la beauté de son ouvrage. Le Cavalier
leur a dit que le Roi l'était venu voir à son arrivée de Saint-Germain, et avait
témoigné d'en être satisfait. M. de Lionne a demandé ce que c'était que le
noir qu'il voyait marqué aux yeux. Le Cavalier lui a dit que quand l'ouvrage
serait fini, il donnerait en la place de ce noir quelques coups, dont l'ombre
représenterait la prunelle de l'œil marqué par ce noir. Ces messieurs les ministres lui ont dit que M. Colbert venait d'assurer le Roi devant eux, qu'il
était toujours à l'ouvrage pour toutes les fois que Sa Majesté voudrait aller.
Il leur a répondu que Sa Majesté avait eu la bonté de lui dire à lui en sortant
qu'Elle reviendrait quand il voudrait, et qu'il lui avait fait cette réponse
qu'il ne bougeait du travail et qu'il est prêt, tel temps qu'Elle aurait agréable;
qu'à l'égard du visage, il fallait que ce fût le Roi et lui qui l'achevassent;
qu'il l'avait mis en l'état qu'ils le voyaient de mémoire, et sur l'image qu'il
en avait formée et imprimée dans son imagination, dessinant dans le Conseil
comme ils l'avaient vu, et le Roi agissant et parlant à son ordinaire sans
demeurer dans une place et s'assujettir à rien; qu'autrement, s'il se fût donné
de la contrainte ou eût été assis, il n'aurait pu le représenter si vif; qu'il ne
s'était pas même servi depuis de ses dessins, afin de ne pas faire une copie
de son propre ouvrage au lieu d'un original; qu'il ne les avait faits à diverses
fois que *per insupparsi et imbeversi dell' imagine del Re*[2], ce sont ses propres
mots. Il a répété la difficulté qu'il y a à faire un portrait de marbre, qui est
au long en un ou deux endroits de ce mémoire et que pour cela je ne répète
pas. Il a dit que Michel-Ange n'en avait jamais voulu faire.

M. de Lionne a parlé des portraits de bronze. Le Cavalier a dit que c'était
encore une matière moins propre que n'est le marbre, parce que le bronze noir-
cit; que si l'on le dore, le lustre de l'or fait des réflexions[3] et empêche que l'on
ne voie le beau et le délicat du portrait; qu'au contraire, le marbre, neuf ou dix
ans après avoir été travaillé, acquiert je ne sais quelle douceur et devient enfin
couleur de chair. Il a dit ensuite à ces Messieurs la peine où il était toutes les
fois qu'il était obligé de faire un portrait; qu'il y avait déjà du temps qu'il
avait résolu dans son esprit de n'en plus faire, mais que le Roi lui ayant fait
l'honneur de lui demander le sien, il n'avait pas pu refuser un si grand prince,
et pour la personne duquel il a un amour et une estime singulière, et d'autant plus grande qu'il l'avait trouvé l'homme de son royaume le plus éclairé
dans ces sciences, que lui, le Cavalier, professait; que Sa Majesté avait remarqué dans ses dessins des choses que les plus intelligents de l'art n'auraient
pas si bien connues que Sa Majesté; qu'à Rome, il y avait bien deux cents
personnes qui se mêlaient d'architecture; qu'il avançait hardiment que, dans
ce grand nombre, il y en avait peu qui eussent connu, de la sorte qu'avait
fait le Roi, ce qui était le beau de ses dessins, si tant est qu'il y avait du
beau; qu'il ne lui avait jamais rien entendu dire que de juste et parfaitement

---

1. Le ministre d'État, Michel Le Tellier, le père de Louvois.

2. « Pour s'imprégner et s'imbiber de l'image du Roi. » Bernin avait précédemment déjà
dit la même chose.

3. *Réflexions*, reflets. Le mot *reflet* ne figure pas encore dans la première édition du
Dictionnaire de l'Académie française (1694).

accommodé au sujet dont il parlait. Ces messieurs l'ont assuré qu'il était de même en toute matière et qu'ils étaient émerveillés des lumières qu'il avait en chaque chose; M. Le Tellier et M. de Lionne renchérissant en cela l'un sur l'autre.

Le Cavalier, après, a dit que M. le Prince lui avait paru aussi un homme d'un esprit extraordinaire à toutes les fois qu'il l'avait entendu parler, qu'il avait une extrême vivacité; qu'il ne disait rien de son courage et de sa grande expérience dans la guerre, mais qu'il avait une conception la plus prompte, *e la più chiara e lucida* [1] (pour dire ses mots propres), que l'on puisse voir. Il finit après, répétant encore : « Il faut que le Roi et moi finissions ceci (montrant son buste); si le désir travaillait et le pouvait achever, il serait déjà fini, et j'ose dire avec perfection. » Cela dit, ces messieurs s'en allèrent, et lui ne sortit pas de sa place [2].

Le soir, nous fûmes aux Feuillants; mon frère nous ayant rencontrés y vint aussi. Le Cavalier lui dit en riant que l'on ne le voyait point, et, par ironie, qu'il était incessamment à faire sa cour de tous les côtés, et qu'il ne s'en pouvait soûler. Nous avons été ensuite nous promener le long de l'eau; puis retourné au logis, en prenant congé de lui, il lui a dit qu'il fallait un peu venir à l'Académie, nous a fait excuse, s'il ne nous avait pas entretenus, mais que le travail lui avait épuisé les esprits.

Le treizième, nous sommes allés, mon frère et moi, chez le Cavalier. D'abord qu'il nous a aperçus, il a dit à mon frère qu'il savait qu'il avait peine à se défendre des médisances que je faisais de lui à toute heure en toute occasion, et que c'était à ce frère à qui il fallait demander des nouvelles du Roi et de la Cour. Nous avons ensuite regardé son ouvrage et vu que la draperie de son buste était beaucoup avancée. Nous avons vu aussi l'ouvrage du signor Paul, et avons trouvé le signor Mathie travaillant à cet amphithéâtre. L'abbé Butti est arrivé en ce même temps, et d'abord que le Cavalier l'a vu, sans lui faire compliment ni lui donner le bonjour, il s'est retiré; et comme s'il avait été effrayé de le voir, s'est mis à conter un morceau d'une de ses comédies. « Coïelle [3], ç'a-t-il dit, valet de Cintio, étant allé un jour avec son maître voir une fille dont ce maître était éperdument amoureux, il la trouva ce jour-là d'une si bizarre humeur, qu'elle fit au pauvre Cintio une vigoureuse défense de s'approcher d'elle, et lui témoigna au reste tant de mépris et de dédain, qu'il en tomba tout de son haut en pâmoison; ce que voyant Coïelle, affligé qu'il était, il fut pour le secourir, mais il le trouva sans pouls ni mouvement, ce qui lui fit penser qu'il était mort, et que s'il était trouvé auprès du corps, quand justice viendrait, il en serait mis en peine. Il prit donc le parti de se sauver. A quelque temps de là, ayant vu dans quelque lieu Cintio, il se mit à le considérer de loin, afin de juger si c'était lui ou son fantôme, n'osant pour cela s'en approcher, et, quoique Cintio l'appelât par diverses fois,

---

1. « Et la plus claire et la plus lucide. »

2. C'est-à-dire : Ne les reconduisit pas.

3. Il y a plus bas *Coïelle* dans le manuscrit. — *Covielle* est un nom de valet dans le *Bourgeois gentilhomme* et Molière a dû l'emprunter à la comédie italienne.

il ne voulut jamais s'avancer plus près, et dit toujours qu'il savait bien qu'il était mort, et qu'il ne voulait point de commerce avec les esprits. » Il a, après, appliqué cela à l'abbé qu'il avait vu malade dans son lit le jour précédent. Il lui a dit ensuite que M. Colbert l'avait prié de penser à quelque chose qui pû remplir le grand vide qui sera entre les deux palais du Louvre et des Tuileries, et qui pût servir à des fêtes et tournois, et qu'il avait jugé à propos de faire comme une espèce d'amphithéâtre à l'imitation du Colisée et du théâtre de Marcellus ; lequel étant double aurait une de ses faces vers le Louvre, et l'autre vers le palais des Tuileries, dans chacune desquelles il y aurait à y placer jusques à dix mille personnes de la noblesse ; qu'il y aurait, outre cela, dans le milieu un appartement pour quelque grand prince étranger, quand il en arrive en France, lequel, étant composé de neuf ou dix pièces, y pourrait être magnifiquement logé ; que cet amphithéâtre serait de grande apparence et ornement, les colonnes en étant de cent palmes de hauteur, qui sont environ 66 pieds et tout l'ouvrage 70 toises de façade, celle du Louvre n'en ayant que 68 ; qu'avant cela, il lui était venu dans la pensée de faire dans cet espace deux colonnes comme la Trajane et l'Antonine et, entre les deux, un piédestal où serait la statue du Roi à cheval avec le mot de *non plus ultra*, allusion à celle d'Hercule ; et encore au sujet du palais des Tuileries, mon frère a dit que l'exécution de cet amphithéâtre détruirait le palais des Tuileries le faisant paraître encore bien plus bas qu'il n'est, « mais il aura de la convenance avec le Louvre », a répondu le Cavalier. L'abbé a reparti que le palais des Tuileries, bas comme il est, serait le palais du jardin. M. le Nonce survenant a interrompu ce discours. Il s'est écrié en arrivant : *Siete un gran furbo*, et a ajouté se tournant vers nous, et en riant : *Non fa altro che furberie*[1]. Le Cavalier a conté à M. le Nonce quelque chose de l'entretien où l'on était, et puis il s'en est allé et nous aussi.

L'après-dînée, moi étant retourné, j'ai su du Cavalier que le Roi était venu sur le midi, lorsque le Cavalier allait se reposer, qu'il a travaillé d'après Sa Majesté environ de trois quarts d'heure, que M. Colbert y était, et trente ou quarante personnes. L'abbé Butti, qui y avait dîné, y était aussi. Dans ce temps même l'envoyé du marquis de Brandebourg[2] est venu voir le buste, conduit par M. de Lessin[3], M. de Montmarsan[4], le frère de M. Colbert et M. de Vergne, tous lesquels ont aussi vu les dessins. Le Cavalier, ayant su qui ils étaient, les a salués avec grande solennité. MM. d'Armagnac et chevalier de Lorraine[5] sont arrivés après. Le Cavalier m'ayant demandé qui était celui qui était venu avec l'envoyé du marquis de Brandebourg, et lui ayant dit que c'était un parent de M. de Lionne, il l'a prié de vouloir faire ses baise-mains à M^me de Lionne, et lui a dit qu'il connaissait deux femmes bien intelligentes dans les arts qu'il professait : La reine de Suède et M^me de Lionne ; et mon-

---

1. « Vous êtes un grand coquin. — Il ne fait que des coquineries. »

2. Le baron Christophe-Gaspard de Blumenthal.

3. Charles de Lionne de Lesseins, abbé de Saint-Calais, mort en 1701 à soixante-dix-neuf ans.

4. Charles de Lorraine, comte de Marsan, mort en 1708.

5. Louis de Lorraine, comte d'Armagnac depuis la mort de son père arrivée le 25 juillet précédent, et Philippe, son frère, dit le *Chevalier de Lorraine*.

trant son buste, a dit : « La reine de Suède, touchant les finesses de cet art, en sait autant que ceux du métier. » Ils ont vu aussi l'ouvrage du signor Paul et puis ils s'en sont allés.

Le soir, nous avons ramené l'abbé Butti chez lui, et de là nous sommes allés aux Carmes. Le Cavalier qui n'avait pas reposé l'après-dînée et pour cela était plus fatigué qu'à l'ordinaire, s'est retiré de meilleure heure en sa maison. Je lui ai dit, le quittant, que j'avertirais M. Colbert de supplier le Roi de prendre dorénavant une heure moins incommode. Le Cavalier m'a dit que l'abbé l'avait dit au Roi même.

Le quatorzième, étant allé le matin chez le Cavalier, le signor Paul m'a

VUE DU CHATEAU DE MADRID.

(D'après Silvestre.)

dit que le Roi viendrait à midi et demi, ce qui m'a obligé de demeurer là à dîner. Le Cavalier m'a demandé les lunettes que Blondeau lui a promises. L'ayant mandé, il est venu et les lui a apportées. Le Cavalier s'est résolu de remettre à dîner après la venue du Roi ; il a seulement pris un bouillon et s'est allé reposer. Durant cela M<sup>me</sup> de la Baume[1] est venue, et nous a dit qu'elle avait à parler au Roi de quelque affaire, et qu'elle prendrait cette occasion. Elle est demeurée dans la salle à s'entretenir avec les signori Paul et Jules[2] qui ont promis de lui faire son portrait. Cependant le Cavalier est revenu, lequel l'ayant trouvée, lui a fait de grandes civilités. Elle m'a dit qu'elle avait une belle invention de trouver la ressemblance du Roi dans son buste, qui est de fermer les yeux quelque temps, et puis les rouvrir, que quand elle

1. Catherine de Bonne, comtesse de Tallart, marquise de la Baume.
2. Jules (Giulio) était un Italien amené par Bernin et qui travaillait sous lui.

fait cela, elle trouve que le portrait ressemble beaucoup, d'abord qu'elle rouvre les yeux. Le Cavalier a dit que l'invention était bonne; qu'il y avait deux choses qui servaient à celui qui travaillait, pour bien juger de son ouvrage : l'une de demeurer quelque temps sans le voir, l'autre, quand on n'en a pas le loisir, c'est de regarder son ouvrage avec des lunettes qui changent l'objet de couleur en le faisant plus grand, ou plus petit, afin de le déguiser en quelque manière aux yeux de celui qui l'a fait et tâcher de faire qu'il lui paraisse comme si c'était l'ouvrage d'un autre, ôtant par ce moyen l'illusion que nous cause l'amour-propre. Dans cet entretien M. de Turenne[1] est venu, et incontinent après, le Roi, qu'il n'était encore que midi. D'abord que Sa Majesté est entrée, Mᵐᵉ de la Baume s'est présentée dans l'antichambre, et lui a parlé longtemps, le Roi l'écoutant avec une grande attention et souriant de fois à autre. Le Cavalier, qui voyait que le temps qui lui était destiné se passait, s'est montré deux ou trois fois à Sa Majesté témoignant désirer que cette audience fût plus courte, mais cela n'y a rien fait, et Mᵐᵉ de la Baume a entretenu le Roi près d'une demi-heure, ce qui a fait juger que la matière n'en était pas désagréable à Sa Majesté. Après, Elle est entrée dans la salle, et le Cavalier a commencé à travailler regardant le Roi de différents aspects, quelquefois de bas en haut, de côté, de près et de loin; de quoi quelques-uns des jeunes seigneurs qui étaient là présents, et à qui ce travail était nouveau, voyant le Cavalier regarder de tant de diverses manières et avec tant d'action, avaient grande envie de rire; le Roi même a eu peine à s'en empêcher, mais s'est néanmoins retenu et les autres aussi; de sorte que le Cavalier ne s'en est pas aperçu. Il a travaillé à la joue droite, à la bouche et à l'œil droit et au menton. Avant que Sa Majesté s'en soit allée, Elle a vu le dessin de cet amphithéâtre que fait le signor Mathie, puis Elle a dit que le lendemain qu'il est fête, et le dimanche d'après Elle ne viendrait pas, ni le lundi même, pour ce qu'Elle prendrait un remède, mais qu'après Elle viendrait régulièrement tous les jours. Durant cela, M. de Noailles, auprès de qui j'étais, m'a demandé « si le Cavalier avait vu Versailles ». J'ai dit que non, que je n'avais pas osé proposer de l'y mener, ne sachant si le Roi l'aurait agréable. Il m'a dit que Sa Majesté en serait bien aise, mais qu'il ne fallait pas que cela vînt d'Elle. Je dis que j'en ferais la proposition, et de fait, je fus, le Roi sorti, chez M. le commandeur de Souvré, et lui dis la chose, à cause qu'il s'était offert de donner à dîner au Cavalier quand je voudrais aller à Maisons, et que l'on pouvait voir l'un et l'autre lieu en un même jour. M. le commandeur m'a dit qu'il avait proposé de donner à dîner, lorsque la Cour était à Saint-Germain, mais que ses officiers étaient maintenant ici, et que ce lui serait un grand embarras de les envoyer là. Il m'a dit qu'il en parlerait à M. de Longueil[2] ou à M. de Maisons et me ferait savoir leur réponse. Ce soir, le Cavalier n'est point sorti, et a fait ses dépêches pour Rome.

Le quinzième, le Cavalier a été faire ses dévotions aux PP. de l'Oratoire, et de là est allé à Notre-Dame. Nous sommes venus après chez M. le Nonce,

---

1. Le maréchal de Turenne.
2. Jean de Longueil, frère de René de Longueil, marquis de Maisons.

qui l'a mené aux **Carmélites** de la rue Chapon, où il a dit la messe, et l'a
ramené au palais Mazarin, où il est entré pour voir le buste, qu'il a trouvé
fort changé. Le Cavalier a dit qu'il a observé ces deux jours le visage du Roi
avec grande exactitude, et avait trouvé qu'il a la moitié de la bouche d'une
façon et l'autre d'une autre, un œil différent aussi de l'autre, et même les
joues différentes; ce qui aiderait à la ressemblance[1]; que la beauté du Roi
était une beauté mêlée, qui ne consistait pas en certaines délicatesses de teint
comme fait celle de beaucoup d'autres, que la tête du Roi avait de celle
d'Alexandre, particulièrement le front et l'air du visage; puis il a dit que son
marbre réussissait mieux qu'il n'avait espéré; qu'à la vérité, il apportait
grande diligence à le manier, et que pour cela il lui fallait plus de temps. En
le quittant, il m'a prié que le carrosse à six chevaux fût prêt pour les quatre
heures du soir. A cette heure-là nous sommes allés avec M. le Nonce aux
Bons-Hommes[2] où, après avoir prié Dieu, l'on s'est promené dans les allées
hautes du jardin; puis l'on est allé à Madrid[3]. D'abord qu'il a eu vu des terrasses qui sont au château il a dit au signor Mathie de monter en haut et de
les voir, et lui-même est monté au premier étage, où il a remarqué que la
pluie, qui était tombée dessus, les avait ruinées, ce qui se connaissait au
plancher; ayant considéré le bâtiment, il m'a dit qu'en France l'on faisait
bien de folles dépenses en bâtiments; j'ai dit que Madrid avait été construit
dans le temps que l'architecture ne faisait que de renaître, et de plus n'était
qu'une imitation d'un palais d'Espagne, où l'on aime plus les ouvrages doux
et polis que ceux qui sont d'un mode grand et majestueux. Je lui ai dit que
dans cette situation l'on eût pu faire quelque chose de beau, toutes les eaux
de Saint-Cloud y pouvant être conduites, et m'a répondu que la situation est
basse, et par conséquent mal agréable, qu'il n'avait jusques ici rien vu qui
lui plût davantage que Saint-Cloud.

En revenant, on a conté dans le carrosse quelques historiettes : l'une de
Paul III qui refusa à plusieurs cardinaux la vie d'un homme qui avait commis
un grand crime; ce criminel ayant deux sœurs extrêmement belles, ces mêmes
cardinaux leur conseillèrent de se trouver dans les jardins de Farnèse un
jour que le Pape y devait aller; et de fait s'y étant trouvées et s'étant, au
bout d'une allée, jetées aux pieds du Pape, quand il les eut vues et entendues,
il leur accorda la grâce qu'elles demandaient pour leur frère et qu'il avait
jusques alors toujours refusée à des personnes si considérables. Comme l'on
en demandait la raison à Paul III : *Quando negai, il giudicio in quel tempo era
là,* montrant son front, *ma poi ha calato*[4].

---

1. Je crois qu'on chercherait vainement ailleurs ces petites particularités sur les défauts
du visage de Louis XIV, défauts dont, à ce qu'il me semble, on ne retrouve guère de trace sur
les portraits contemporains.

Voyez plus loin, à la date du 3 septembre, les paroles qu'à tort ou à raison l'on attribuait
à Bernin sur la beauté de son buste et l'imperfection de son modèle.

2. Au couvent des **Minimes** (vulgairement appelé Bons-hommes) de Chaillot, qui donna
plus tard son nom à la barrière des Bons-Hommes.

3. Le château de Madrid bâti par François Ier au retour de sa captivité en Espagne. Il
était, du côté de Paris, en avant du bois de Boulogne.

4. « Quand j'ai refusé, le jugement alors était là, mais ensuite il est descendu. »

L'on informait un jour, a dit l'abbé Ciri ¹ qui était là, Clément VIII du crime d'un moine qui avait engrossé une religieuse, et celui qui en faisait le rapport l'accompagnait de raisons, pour marquer l'énormité du péché, et que c'est chose non-seulement étonnante, mais prodigieuse. Le Pape, ennuyé d'une si grande exagération, dit qu'il serait bien plus étonné si la religieuse avait engrossé le moine.

J'ai su, retourné chez moi, que M. le commandeur de Souvré y était venu, et incontinent après le signor Mathie est venu m'apporter un billet qu'il m'avait envoyé chez le Cavalier, pensant que j'y fusse encore, par lequel M. le commandeur me donnait avis que M. le président de Maisons attendrait le Cavalier et sa compagnie, le lendemain à dîner à Maisons. Je suis retourné aussitôt chez le Cavalier pour lui donner cet avis, mais il m'a dit que M. Colbert venait de sortir et avait demandé les dessins, et dit qu'il viendrait travailler avec lui le lendemain ; ce qui m'a obligé d'écrire à M. le commandeur et le prier de faire que la partie se remit à un autre jour.

Le seizième, au matin, j'ai trouvé le Cavalier maniant de la terre. Il m'a dit qu'il avait un grand désir de travailler à son buste, et m'a demandé de qui il en fallait avoir la permission ². J'ai dit du curé ; que s'il voulait, j'irais la demander, et de fait je suis allé trouver le curé de Saint-Germain, qui l'a donnée, cela ne causant aucun scandale, et étant pour le Roi. Je suis revenu le lui dire, de sorte qu'il a travaillé. En discourant et parlant, il m'a dit qu'il croyait mon frère si bon et si saint que, s'il mourait en France, il le prierait de l'assister dans cette extrémité.

Un peu avant qu'il allât dîner, il a reçu ses lettres de Rome. Après les avoir lues, il m'a dit qu'un sien ami ³, qui a un très bel esprit, avait donné à son fils, le prélat, ces vers :

*Si consiglia il signor cavaliere Bernino a non far il ritratto del gran Luigi decimo quarto* ⁴ :

> A più d'un regio heroe
> La tua virtù infinita
> É ver ch'ha dato in marmi doppia vita ;
> Non tentar ciò in Parigi,
> Ch'il ciel ha dato al mondo un sol Luigi ⁵.

Il m'a dit qu'il serait bien aise que j'en prisse la copie et que je fisse en sorte que le Roi les vît ou par le moyen de M. Colbert, de M. de Bellefonds ou d'autre. Je lui ai promis d'y penser.

1. L'historien Vittorio Siri mort en 1685.
2. Le 16 août était la fête de Saint-Roch.
3. L'abbé Filippi, comme il est dit plus bas, à la date du 22 août.
4. Ce titre en simple prose est transcrit comme de la poésie dans le manuscrit où on en a fait trois vers.
5. « On conseille à M. le cavalier Bernin de ne pas faire le portrait du grand Louis XIV. Il est vrai que ton talent infini a donné en marbre double vie à plus d'un héros royal. Ne tente pas cela à Paris, car le ciel n'a donné qu'un Louis au monde. »

Le soir, sur les six heures, nous sommes allés à Vincennes. A l'arrivée, en attendant que l'on trouvât le concierge, il a été à l'église. Après sa prière, il s'est mis à considérer la cour et le bâtiment. Je lui ai dit que ç'avait été M. le cardinal Mazarin qui l'avait fait faire, qu'il était gouverneur du château. Entrant dedans, quand il a vu le degré si bas, il a haussé les bras d'étonnement et n'a rien dit. Il a monté dans l'appartement du Roi, et après l'avoir considéré, passant dans celui de la Reine il a dit : « Voilà une belle suite d'appartements, le Roi n'est pas si bien logé au Louvre. » Il a demandé de qui étaient les peintures. Je lui dis que les premières étaient d'un nommé de Sève[1] les autres de Bourson[2], et celles de l'appartement de monseigneur le Dauphin, de feu Dorigny[3]. Il les a considérées et dit que tout était bon ; de celles du cabinet, il a répété que cela était bon, et qu'il semblait que le peintre eût cherché à imiter le signor Poussin. Il a passé de là dans l'appartement de la

ÉGLISE DES BONSHOMMES, A CHAILLOT.

(D'après Silvestre.)

Reine-Mère, où il a trouvé la menuiserie belle et la dorure aussi, et a dit qu'elle avait apparence de bronze doré ; il y a même touché dans le doute que c'en fût. Comme le jour baissait, il n'a pas considéré les peintures de cet appartement, ni de celui de Monsieur. Nous sommes remontés en carrosse, et, en revenant, il m'a dit qu'il serait bien aise d'y retourner une seconde fois et de voir aussi le bois.

J'oubliais à dire qu'avant que de partir Mme de la Baume, menée par Benserade, était venue dans la salle. Comme il considérait le buste, je lui dis que c'était une matière pour exercer son génie, qu'autrefois la *Didon* d'un

1. Il y a eu deux peintres du nom de Sève ; ils étaient frères et membres de l'Académie. L'aîné, Gilbert, né en 1616, mourut en 1698 ; le second, Pierre, mort en 1695, était né en 1623.

2. Francesco Borzoni ou Borzone, peintre de paysages et de marines, né en 1625, mort à Gênes, sa patrie, le 5 juin 1679.

3. Michel Dorigny, peintre et graveur, gendre et élève de Simon Vouet, membre de l'Académie (1663), né à Saint-Quentin en 1617, mort à Paris le 22 février 1665.

sculpteur nommé Cochet[1] en avait servi à tous les beaux esprits du temps, qui l'avaient louée à l'envi les uns des autres et que, sur un ouvrage moins que médiocre, ils avaient trouvé et dit de jolies choses dont l'on voyait un volume entier. Il ne parla point au Cavalier parce qu'il ne parle pas la langue italienne.

Le dix-septième, il a travaillé à son buste. M. le cardinal Antoine est venu le voir, et M. le Nonce. Le Roi devait aussi venir, mais à midi et demi Sa Majesté a mandé qu'Elle ne viendrait pas. Il y a eu de grandes conférences entre le cardinal et le Nonce et l'abbé Butti. L'on a dit là que Haliot[2], médecin de Bar, avait commencé à traiter la Reine-Mère de son cancer, et qu'il a demandé un ordre par écrit du Roi pour lui commander de la traiter. M. de Coutances[3], les comte de Gramont[4], chevalier de Nogent[5] et M. Sanguin sont venus.

L'après-dînée y étant retourné, j'y ai trouvé l'ambassadeur de Venise et M. le Nonce. L'ambassadeur a fort loué le buste, et a dit que le Roi était comme en action de donner quelque commandement dans son armée à M. le Prince, à M. le comte d'Harcourt ou à M. de Turenne; qu'encore que ce buste fût sans membres, il semblait néanmoins avoir du mouvement. Le Cavalier a conté qu'un des premiers portraits qu'il ait faits était le portrait d'un prélat espagnol nommé Montoya[6]; qu'Urbain VIII, n'étant encore que cardinal, l'étant venu voir avec divers prélats, ils le trouvèrent tous merveilleusement ressemblant et se mirent à louer cette ressemblance à l'envi les uns des autres, disant sur ce sujet chacun une pensée différente; qu'il y en eut un qui dit : *Mi pare monsignor Montoya petrificato*[7]; qu'il se souvient que le cardinal Barbarin dit fort galamment : *Mi pare che monsignor Montoya rassomiglia al suo ritratto*[8]. Il a conté après que cet Espagnol le paya fort bien, mais qu'il laissa son portrait fort longtemps chez lui, sans l'envoyer quérir; de quoi s'étonnant et en parlant à quelques-uns, ils lui dirent que comme beaucoup de cardinaux et prélats voyaient ce portrait dans son atelier, cela faisait honneur à monsignor Montoya, et que ces mêmes cardinaux, ambassadeurs et prélats le rencontrant dans les rues faisaient arrêter leur carrosse pour lui

1. Claude Cochet, sculpteur ordinaire du Roi (Louis XIII). Dans la seule année 1630, il exécuta (Voy. Jal, art. Cochet) pour onze mille livres de travaux au palais du Luxembourg où, suivant Sauval (t. III, p. 8) « il a fait les excellents stucs de la galerie gauche ».

2. Pierre Aliot ou Alliot, médecin du Roi. On peut voir sur la maladie d'Anne d'Autriche (un cancer au sein) et sur les barbares traitements qu'on lui fit subir, les derniers chapitres des *Mémoires* de Mme de Motteville.

3. Eustache Le Clerc de Lesseville, évêque de Coutances de 1658 au 3 décembre 1665.

4. Philibert, comte de Gramont, frère cadet du maréchal et sous le nom duquel son beau-frère Hamilton a écrit ses charmants Mémoires.

5. Louis Bautru, chevalier puis marquis de Nogent.

6. « Jacopo Foys Montoia, (dit, p. 3, Baldinucci qui mentionne aussi l'anecdote racontée par Bernin), deliberò di ornare col proprio ritratto da scolpirsi nel marmo il luogo di sua sepoltura nella chiesa di S. Jacopo degli Spagnoli. » En effet, au moment où il écrivait (1682) le buste de Monsignor Montoia se trouvait dans l'église Saint-Jacques-des-Espagnols, à Rome. Il y est peut-être encore aujourd'hui.

7. « Monseigneur Montoia me paraît pétrifié. »

8. « Monseigneur Montoia me paraît ressembler à son portrait. »

parler de son portrait; que cela lui plaisait et le flattait pour ce qu'il n'était signalé en rien auparavant.

Il a rapporté, après, que Michel-Ange disait souvent que les statues étaient de si grand ornement, que si une chambre était ornée d'une tapisserie de velours relevée d'or, et que dans une autre il n'y eût qu'une belle statue, celle-ci paraîtrait ornée à la royale, et l'autre *come una stanza di monache*[1]. L'ambassadeur l'a fort convié de passer par Venise en s'en retournant à Rome, et lui a dit qu'il savait bien qu'il serait fort satisfait de l'honneur qu'il ferait à la ville de Venise.

Le soir, sur les six heures, il a été voir la maison de M. de Lionne pour remédier à beaucoup de défauts qui y sont, comme à la porte de l'entrée de la maison qui est de beaucoup trop petite. Il a été d'avis de faire régner l'ordre dorique de cette porte au delà des fenêtres et de faire monter la porte à la même hauteur des fenêtres, l'élargissant de côté et d'autre de tout le chambranle de la porte. Il en a donné un dessin qu'il a fait sur une table qu'on lui a apportée dans le milieu de la cour. Il y a aussi deux mufles de lion au dedans de la porte principale, qu'il a trouvés très mal faits. Il a donné un petit dessin pour les réformer. A l'égard de la balustrade proposée de mettre sur l'entablement, il en a aussi fait une esquisse afin qu'elle règne à la hauteur des lucarnes, et a dit qu'il n'en fallait point à la face du jardin. Quant aux planchers d'en bas de la salle et de la chambre, dont l'on ose remplir les vides des solives passantes, peur de charger le plancher, le Cavalier a dit qu'il fallait échancrer ces solives d'un côté et d'autre, pour ce que, remplissant le vide d'entre ces solives de plâtre qui aurait plus de largeur en haut qu'en bas, comme les pierres taillées pour servir à une voûte, ce plâtre portant d'un côté et d'autre de ces solives, ne serait ainsi d'aucune charge au plancher, que l'on pourrait faire, outre cela, des traverses à ces solives qui leur serviraient de lien. Il a désapprouvé le dessin que l'on avait de mettre des colonnes de marbre noir au vestibule, a dit qu'il les fallait de marbre de couleur et les faire de pierre dure et les canneler. A l'égard du plancher de ce vestibule, lequel est bas, il a dit qu'il fallait y peindre quelque balustrade qui le relèverait. Et sur ce qu'on lui a demandé si l'on peindrait un ciel au-dessus, il a dit que non, qu'il ne fallait jamais feindre un ciel, là où l'on voyait le ciel naturel, pour ce que quand ce serait Raphaël même qui le peindrait, il ne pourrait pas le faire paraître vrai; qu'il fallait faire, au lieu du ciel, de ces compartiments remplis de roses, et que tout fût peint de blanc et noir. Quant à la principale chambre, qui a un très-grand exhaussement, il en a fait prendre la largeur et a dit qu'il lui fallait la même mesure en hauteur. Et s'étant trouvé mesurant cette hauteur qu'elle a quelques trois pieds de plus que sa largeur, il a assuré que le peintre y pourrait remédier, peignant ses figures un peu plus grandes qu'il n'aurait fait si la chambre avait été proportionnée.

Le dix-huitième, comme je suis arrivé chez le Cavalier, M. du Metz y est venu et lui a rendu une lettre venant de Rome et une autre au signor

---

1. « Comme une chambre de religieuses. »

Mathie. Celui-ci a lu la sienne tout haut, ayant dit qu'elle était de Pietro Sassi, stucateur. Il écrivait qu'il se mettrait en chemin la semaine suivante, et fût parti plus tôt sans quelques affaires qu'il avait à accommoder auparavant. Le Cavalier n'a pas lu la sienne, mais a seulement demandé par quelle voie elle était venue. M. du Metz a dit que c'était par l'ordinaire arrivé de samedi; que ces lettres étaient dans son paquet à lui, et le sien dans celui de M. Colbert. Le Cavalier a dit seulement : « Il faut se servir de cette voie, pour avoir des nouvelles en diligence. » M. du Metz a reparti qu'il était déjà venu pour les rendre et qu'il n'avait pas trouvé le Cavalier. Après cela, je l'ai laissé travailler à son buste, et m'en suis allé au lever de Monsieur[1]. S. A. R. m'a appelé et m'a dit à l'oreille : « Est-il vrai que le Cavalier a trouvé à Saint-Cloud ma cascade trop ajustée? » Je lui ai dit qu'oui. Monsieur a repris et dit : « Boisfranc m'a rapporté que le Cavalier trouvait que de mon bouillon d'eau l'on peut faire quelque chose de beau. Je serais bien aise que vous lui demandiez un dessin pour cela, comme de vous-même. » J'ai assuré Monsieur que je le ferais, que j'avais déjà prié le Cavalier d'y travailler. A quelque temps de là, S. A. R. m'a rappelé et m'a dit : « Peut-être faudrait-il pour cela qu'il retournât encore une autre fois à Saint-Cloud? » Je lui ai dit que, s'il était nécessaire, je l'y mènerais exprès.

L'après-dînée, je suis retourné chez le Cavalier avec mon frère. Quand il l'a vu, il a dit par ironie que c'était de lui qu'il s'attendait d'apprendre toutes les nouvelles de la Cour, et puis a continué son ouvrage. J'ai prié le signor Mathie de mettre dans le paquet du Cavalier une lettre que j'écrivais à M. Poussin; ce qu'il a fait. L'abbé Butti était là qui faisait des contes au Cavalier. Entre autres, il lui a dit qu'un jésuite de bel esprit, passant un jour au travers de Gênes en litière, trouva sur la place nombre de nobles qui, pour se divertir, l'arrêtèrent et lui dirent que saint Ignace n'allait pas ainsi en litière; et que ce bon père leur répondit brusquement : *E che non ci era in quel tempo tante bestie come ora*[2], puis passa outre.

Pendant cela, M. le Nonce est survenu et n'est demeuré qu'un moment, emmenant avec lui l'abbé Butti. Le soir, nous avons été aux Feuillants. En y allant, le Cavalier m'a dit qu'il faisait souvent une réflexion dans le palais Mazarin : de combien peu servait aux hommes d'avoir fait de grands bâtiments, d'avoir possédé de grands biens et une si haute faveur; qu'il eût bien mieux valu pour le cardinal qu'il eût pensé à faire en sorte d'être bien logé là où il est à présent; que le Père...[3], jacobin, prédicateur du pape, dit souvent que les hommes qui n'ont pas de foi doivent être mis au Saint-Office, mais que ceux qui sont chrétiens et ne veulent pas quitter le péché doivent être mis *ai pazzarelli*[4]. A la sortie des Feuillants, nous avons été à la promenade le long de l'eau, et après sommes revenus au palais Mazarin. En le quittant, il a dit à mon frère qu'il lui conseillait, quand il aurait perdu deux mille ducats, de se retirer du jeu.

1. Chantelou était, nous l'avons déjà dit, intendant des maisons, domaines et finances de Monsieur.

2. « C'est que dans ce temps-là il n'y avait pas tant de bêtes qu'aujourd'hui. »

3. Le nom est resté en blanc dans le manuscrit.

4. Aux maisons de fous.

Le dix-neuvième, étant allé chez le Cavalier, j'ai su que M. Colbert venait d'en sortir et y avait fait rapporter les dessins du Louvre et avait laissé un mémoire des choses nécessaires pour la commodité du logement de Sa Majesté, des deux reines, de monseigneur le Dauphin et officiers nécessaires à leur service personnel, et autres principaux officiers pour les cuisines, bouches, gobelets, cinq offices[1], bureaux et salles pour les tables du grand maître, chambellan, des maîtres et les autres, pour faire un magasin d'eau, d'où l'on en puisse tirer par des pompes pour remédier aux accidents du

CHATEAU DE VINCENNES.

(D'après Silvestre.)

feu, une salle pour y mettre divers ustensiles nécessaires en cas de pareil malheur ;

Pour des salles pour banquets et pour bals, et pour réformer celle des comédies ; un grand cabinet d'armes au-dedans du Louvre ;

Dedans ou dehors trouver un lieu pour la construction d'une grande et superbe bibliothèque, dont le Cavalier est prié de donner les dessins pour les menuiseries ;

Un théâtre pour voir les fêtes publiques, ballets à cheval, carrousels et autres réjouissances, qui puisse contenir grande quantité de peuple.

Il est représenté dans ce mémoire que le climat de France ne donne que quatre ou cinq mois d'été, lesquels le Roi passe à la campagne ; qu'ainsi il n'est à Paris que l'hiver ; que l'appartement du devant du Louvre n'est pas propre pour le logement du Roi, à cause du bruit de la place, et qu'il est au

---

1. Les offices de la maison du Roi étaient au nombre de sept, dont Chantelou n'a nommé que les deux premiers. Les cinq autres étaient : la panneterie-commun, l'échansonnerie-commun, la cuisine-commun, la fruiterie et la fourrière.

levant et au nord, celui du derrière au couchant et au nord; que cette dépense est inutile, n'y ayant que le midi qui doive être occupé, lequel appartement néanmoins laissé comme il est; qu'il faut trouver invention de clore les fenêtres des salles et des logis d'une manière aisée à ouvrir; qu'autrement on n'y pourrait passer dans l'hiver, outre que les pluies et les neiges en gâteraient les voûtes;

Qu'il sera bon d'aviser de bonne heure où l'on pourra faire passer les eaux nécessaires au Louvre, leurs conduites et décharges, afin de ne pas gâter les fondements, s'il fallait faire cela après coup;

Que l'invention des citernes que le Cavalier a proposées sera bonne, avisant au lieu où on les placera;

Que le Roi veut que les quatre secrétaires d'État aient le logement au Louvre;

Et trois offices des finances;

Le Conseil;

Le grand maître de France;

Le colonel du régiment des gardes et plusieurs autres.

M. le maréchal de Villeroy est venu voir le buste sur le midi et a été avant-coureur du Roi, qui est venu incontinent après avec quantité de monde. Le Cavalier a commencé par donner la forme au nez, qui n'était encore qu'ébauché. M. de Créqui s'étant avancé pour parler au Roi à l'oreille, le Cavalier a dit en riant : « Ces messieurs-ci ont le Roi à leur gré toute la journée et ne veulent pas me le laisser seulement une demi-heure; je suis tenté d'en faire de quelqu'un le portrait chargé[1]. » Personne n'entendait cela; j'ai dit au Roi que c'étaient des portraits que l'on faisait ressembler dans le laid et le ridicule. L'abbé Butti a pris la parole et a dit que le Cavalier était admirable dans ces sortes de portraits, qu'il faudrait en faire voir quelqu'un à Sa Majesté, et comme l'on a parlé de quelqu'un de femme, le Cavalier a dit que *Non bisognava caricar le donne che da notte*[2]. M. le Prince, qui était là, témoignait de fois à autre voir naître la ressemblance du Roi sous la main du Cavalier, et M. le maréchal de Villeroy aussi. Après trois quarts d'heure de temps, Sa Majesté s'en est allée et a dit au Cavalier qu'elle ne reviendrait point le lendemain, mais que le jeudi suivant elle lui donnerait deux ou trois heures. Sortant de la salle, M^me de la Baume a abordé le Roi, qui s'est rangé près d'une fenêtre et lui a donné audience l'espace d'un bon quart d'heure. Ensuite M. Colbert lui a donné aussi une longue audience, laquelle finie, il est venu voir le buste et est demeuré dans la salle quelque espace de temps; pendant quoi je lui ai dit que j'avais mené le Cavalier à Vincennes et qu'il en était satisfait, et avait même dit que le Roi n'était si bien logé nulle part, et avait trouvé les menuiseries et dorures fort belles, et les peintures aussi.

Après qu'il a été sorti, le Cavalier a dit que, quand le Roi serait encore venu deux fois, cela suffirait pour lui; que si pourtant Sa Majesté voulait venir davantage, que le buste ne ressemblerait pas seulement, qu'il parlerait. J'oubliais à dire que Varin a toujours été présent pendant que le Cava-

1. C'est, je crois, le premier exemple de cette acception nouvelle donnée au mot *chargé*, et il est fort possible que son introduction chez nous soit due à Bernin.

2. « Qu'il ne fallait charger les femmes que la nuit. »

lier a travaillé d'après le Roi; que chacun le questionnait au sujet du buste. Il m'a dit à moi qu'il croyait que le Cavalier avait trop déchargé du front, qu'il n'y pourrait pas remettre du marbre. Je l'ai assuré que non et que son intention était de faire cette partie du front, au-dessus des yeux, fort relevée, l'étant dans le naturel, outre qu'on le voit de cette sorte dans toutes les belles têtes antiques; que nous en avions discouru dès le commencement, le Cavalier et moi.

L'après-dîner, M. le nonce est venu, Lefebvre [1], peintre, est aussi entré avec lui. L'on a admiré la ressemblance du buste. Lefebvre, l'ayant considéré de tous les côtés, s'est récrié, disant qu'il ressemblait même par derrière. Le Cavalier, ayant entendu cela, a dit une chose digne d'être remarquée : c'est que le soir, si l'on met une chandelle derrière quelqu'un de façon que son ombre donne sur une muraille, l'on reconnaîtra la personne à cette ombre-là, étant vrai de dire qu'il n'y a aucun qui ait la tête sur les épaules de la même sorte qu'un autre, et ainsi de tout le reste; que la première chose que doit regarder pour la ressemblance celui qui fait un portrait est le général de la personne, avant que de penser au particulier.

Le Cavalier m'avait dit le matin qu'il avait observé, travaillant au nez du roi, que Sa Majesté l'a d'une façon toute particulière, la partie d'en bas qui confine à la joue étant plus étroite que le devant du nez, ce qui pouvait l'aider à la ressemblance. Le soir, nous avons été aux Feuillants. Après ses prières, les PP. ont fait voir au Cavalier sur leur autel quelques figures d'argent du dessin de Sarrasin [2], puis lui ont beaucoup loué leur portail. Il l'a considéré en sortant et m'a dit que la dernière partie au-dessus du fronton était superflue; que s'il n'y eût eu que les figures et une croix, cela aurait été mieux; que le second ordre était aussi un peu trop haut. Je lui ai reparti que cela venait, à mon avis, du piédestal de ce second ordre, qui était trop haut.

M. le commandeur de Souvré, qui était venu le matin un peu auparavant le roi, m'a dit qu'il fallait renouer la partie de Maisons; que, quand je l'aurais faite avec le Cavalier, je l'en avertisse; qu'on verrait aussi Versailles, qu'il en avait parlé au roi.

Le vingtième, j'ai trouvé le Cavalier travaillant à son buste. L'abbé Butti est venu et a amené là Mathie, qui a présenté au Cavalier un sonnet italien à la louange du buste et du Cavalier, que j'ai jugé à propos de mettre ici.

PER LA STATUA DELL' AUGUSTISSIMO MONARCA LUIGI XIV

*Al signor cavaliere Bernino, da lui egregiamente scolpita.*

Stupor del Tibro, e della Senna eletto
Per alzar meraviglie in sù le sponde,
Bernin famoso, il cui scolpir perfetto
Lo spirito vital nei marmi infonde.

1. C'est probablement encore Lefebvre de Venise. — Voyez plus haut à la date du 9 août.
2. Jacques Sarazin ou Sarrazin, sculpteur, l'un des fondateurs de l'Académie de peinture, né à Noyon en 1590, mort le 3 décembre 1660.

Prova è dell'arte tua l'eccelso oggetto
In cui natura i pregi suoi infonde,
E con sorte parzial del regio aspetto
Ai lineamenti il tuo saper risponde.
　　Vivo è del gran Luigi il genio espresso
In quel sasso felice, il suo sembiante
Il decoro che serba ivi a concesso.
　　Fidia si omai ceda, che se tonante
Scolpì il suo Giove, in questo marmo stesso
La clemenza del nostro appar constante[1].

Ensuite l'abbé a lu un autre imprimé[2] que nous avons dit d'abord être de lui ; il n'en voulait pas demeurer d'accord, mais enfin il l'a avoué.

Le seigneur Mathie a travaillé à un dessin dans lequel il rabaissait le plan noble de la façade du devant du Louvre, suivant ce qu'avait désiré M. Colbert pour en rendre les logements plus habitables, n'étant pas, ce jugeait-il, à l'usage de France, à cause de leur excessif exhaussement. J'ai dit au signor Mathie qu'il ne m'appartenait pas de parler de ces matières devant les grands maîtres du métier, mais que, si je l'eusse osé, j'eusse dit dès le temps même qu'il travaillait à sa première façade, que je la trouvais admirable, fors en ce point-là ; que l'espace qui est entre le second et le troisième étage, qui procède de l'exhaussement donné au plan noble, me semblait trop grand et faisait paraître trop de vide dans ce lieu-là. Il m'a répondu que le Cavalier avait été obligé de donner cette hauteur pour trouver la proportion de ses intercolonnes, lesquels doivent avoir de hauteur au moins le double de la largeur ; que pour ce même sujet il faisait des bandes à ce qu'il dessine présentement pour trouver cette proportion ; que c'est la sujétion que donne l'ordre lorsque l'on le fait régner entre tous les étages. Il a dit à ce sujet que Michel-Ange a été le premier qui l'a employé de la sorte, n'y en ayant aucun exemple dans les ouvrages qui restent de l'antiquité, où partout on voit plusieurs ordres posés les uns sur les autres. Je lui ai reparti que Michel-Ange avait, à la vérité, fait de grandes choses, mais que ç'a été lui qui a introduit le libertinage[3] dans l'architecture par une ambition de faire des choses nouvelles et de n'imiter aucun de ceux qui l'ont précédé, étant auteur des cartouches, des mascarons et des ressautements de corniches, dont il s'est servi avec avantage, lui, possédant un dessin profond, ce que n'ont pas fait les autres qui l'ont voulu imiter et n'avaient pas ce même fondement de science. Il m'a répondu, à l'égard des ressautements, qu'il n'en avait fait

1. Voici la traduction de ce méchant sonnet :

Étonnement du Tibre, toi qui as été choisi pour élever des merveilles sur les bords de la Seine, illustre Bernin, dont le ciseau parfait donne le souffle de la vie au marbre. — La preuve de ton art est le sublime objet sur lequel la nature a versé tous ses dons, et, grâce à la faveur du sort, ton savoir est digne des traits de la majesté royale. — Le génie du grand Louis est rendu vivant dans cette heureuse pierre. Son image a donné au marbre la beauté qu'il porte avec lui. — Que Phidias désormais te cède. S'il a sculpté son Jupiter tonnant, dans ce marbre même apparaît la clémence constante du nôtre.

2. Au bas de la page il y a un blanc et la note suivante : *Place de cet imprimé de l'abbé Butti.* L'imprimé qui se trouvait dans le manuscrit original manque naturellement ici.

3. *Libertinage,* mépris des règles.

que dans des lieux où les corps eussent paru trop longs, et qui eussent ressemblé autrement à une courtine de fortification. Cet entretien fini, nous avons travaillé ensemble à l'exécution du mémoire de M. Colbert et avons placé les offices de bouche et gobelet du roi et des reines.

Le soir, le Cavalier a été avec M. de Lionne à sa maison afin de remédier encore aux défauts qui y sont. Il a jugé qu'il fallait à l'escalier ôter l'architrave, frise et corniche, qui y règnent entre les deux colonnes, à cause qu'ils ôtaient beaucoup de la lumière du vestibule, et a dit à M^me de Lionne, qui insistait pour mettre des colonnes de marbre noir et garnir les niches de même marbre, qu'il n'y avait que le noir qui y disconvînt, et que tout autre marbre, soit blanc, soit rouge ou entremêlé, y ferait bien ; qu'au reste, il s'étonnait qu'en France l'usage n'eût point été introduit de monter en carrosse et en descendre à couvert, et que les maisons, au moins les plus considérables, n'eussent pas cette commodité ; qu'à Rome les artisans même l'avaient ; que si l'on avait fait trois loges au lieu où est le vestibule, elles auraient donné cet avantage et avec cela la vue plus entière du jardin et beaucoup plus de gaieté à la maison. Le Cavalier avait condamné les fenêtres qui se trouvent au-devant des rampes de l'escalier, dont le milieu ne répondait pas au milieu desdites rampes ; il aurait trouvé plus à propos de faire l'ouverture d'une seule fenêtre vis-à-vis de la rampe du milieu. Au sujet des planchers, qui ne se rapportent point les uns aux autres, pour raison de quoi il fallait hausser ceux de deux ou trois chambres pour attraper le niveau du plancher de la salle, il a dit qu'il fallait hausser ceux des chambres petit à petit, en commençant dans le passage de chaque porte où l'on pouvait gagner quelques pouces et attraper ainsi insensiblement la hauteur de ce plancher de la salle. A dire vrai, cette maison a été si mal construite, soit pour la solidité, soit pour les planchers, où l'on a fait entrer une quantité horrible de bois qui écrase les murs, qu'il fait perdre bien de l'espace, de la hauteur, et coûte épouvantablement. Il s'est excusé toujours de dire son sentiment, et ne l'a fait savoir qu'en répétant à toute occasion : « Si c'était à moi, la maison, je ferais ainsi et ainsi. » M^me de Lionne a enfin prié le Cavalier de lui donner un dessin, afin que ses avis se pussent exécuter, ce qu'il a promis, et que pour cet effet, un jour de fête, il enverrait le signor Mathie prendre les mesures.

Le vingt et unième août, au matin, j'ai continué à travailler avec le signor Mathie à l'exécution du mémoire de M. Colbert, et, pendant que nous avons été occupés à cela, MM. les abbés Le Tellier et de Saint-Pouange [1] sont entrés dans la salle sans rien dire. Sitôt que je les ai aperçus, j'ai dit au Cavalier qui ils étaient. Il les a salués et a dit qu'il estimait M. Le Tellier, non pas pour ce qu'il était ministre, mais qu'il avait vu dans son visage qu'il avait une grande cervelle. Après avoir un peu travaillé devant eux, il a quitté son ouvrage et a été quereller celui qui a le soin de la porte de laisser entrer

---

1. Charles-Maurice Letellier. Il était alors maître de la chapelle du Roi et devint en 1671 archevêque de Reims. — Michel Colbert de Saint-Pouange, aumônier du Roi, était, depuis le mois de mai 1665, évêque de Mâcon. Il ne fut sacré que le 12 décembre suivant.

les personnes sans l'avertir auparavant. Quand ils ont été sortis, Mathie a
dit au Cavalier qu'il avait réglé une partie de ces logements suivant le mémoire de M. Colbert. Il a reparti que ce travail était inutile, que cette distribution était de la charge du grand maréchal des logis, qui n'aurait aucun
égard à tous ces projets, et s'en est, après cela, allé dîner et moi avec lui.
L'abbé Butti est survenu, qui m'a donné dix ou douze imprimés de son sonnet, m'a prié d'en présenter un au Roi.

Après le dîner, M. de Créqui est venu et M. le maréchal de La Ferté[1],
qui a dit au Cavalier qu'ils étaient voisins, qu'il fallait bien qu'il vît sa maison et vînt dîner avec lui. Dans ce temps-là même, le Roi est venu avec
trente ou quarante personnes. D'abord Sa Majesté a dit qu'il faisait chaud et
qu'on ouvrît quelques fenêtres. Le Cavalier a encore répété ce qu'il a dit
l'autre fois que ces messieurs avaient le Roi à tout moment et qu'ils ne voulaient pas le lui laisser à lui une demi-heure. Il a travaillé cette fois-ci aux
yeux. Dès le matin, il m'avait dit qu'il y travaillerait et qu'il y trouvait une
chose très difficile à cause que le Roi a le cil des yeux fort long, ce qui ne
se peut pas imiter en marbre. Il m'avait dit aussi qu'il en a l'*incassature*[2]
bien grande, mais que les yeux ne le sont pas; qu'il faudrait avoir de grands
égards à toutes ces choses. Pendant qu'il a travaillé, parfois il s'approchait
du Roi et le regardait en face, de côté et d'autre, de bas en haut, et enfin de
toutes sortes de manières, et puis se remettait à son marbre. M. le maréchal
de Gramont était là avec sa lunette, regardant avec très grande attention.
M. Colbert y a demeuré aussi quelque temps, puis s'est retiré. Sa Majesté a
beaucoup parlé au maréchal de La Ferté. Pendant ce temps, le Cavalier ne
cessait pas de travailler, tantôt à un œil, tantôt à l'autre et un peu aux
joues. Ensuite le Mathie a lu le sonnet qu'il a fait au sujet du buste, et dont
j'ai parlé ci-devant; après quoi il l'a présenté au Roi.

Quelque temps après, j'ai aussi présenté à Sa Majesté celui de l'abbé
Butti. M. de Montausier[3], qui était là présent, demandant s'il était de moi,
j'ai montré au Roi l'abbé Butti pour l'auteur. Sa Majesté a dit qu'il le fallait
lire. Je l'ai aussitôt, pour cet effet, baillé à l'abbé, lequel s'en est excusé, à
cause, a-t-il dit, qu'il lui faudrait prendre des lunettes. Sur cela le Roi m'a
commandé de le lire, ce que j'ai fait, et après ai distribué le reste des
imprimés que j'avais en main à ceux qui en ont voulu. Comme chacun trouvait ce sonnet fort beau et le louait, le Cavalier a pris la parole et dit que
j'avais encore d'autres vers au sujet du buste, lesquels étaient venus de
Rome. Les ayant cherchés et baillés au Cavalier, il les a lus lui-même à Sa
Majesté. Ce sont les mêmes dont il est fait ci-devant mention. Ils ont été
beaucoup estimés de tout le monde et de sorte que M. de La Vallière[4] et
M. Magalotti[5] en ont pris une copie.

1. Jacques d'Étampes, marquis de la Ferté-Imbaut, maréchal de France (1651), mort le
20 mai 1668 à 78 ans.

2. *Incassatura*, enchâssure.

3. Charles de Sainte-Maure, duc de Montausier.

4. Jean-François de la Baume Le Blanc, marquis de La Vallière, frère de Mlle de La Vallière. Il mourut à Paris en 1676 à trente-cinq ans.

5. Le comte Bardi de Magalotti, nommé lieutenant général en 1676.

Pendant que le Cavalier continuait de travailler, Mignard *d'Avignon* [1] est venu et a dit à Sa Majesté que M. Colbert l'envoyait prendre la hauteur du Roi pour un portrait en grand, qui se devait envoyer hors de France, et l'a prise avec un ruban bleu, M. Biscarat en tenant un bout et lui l'autre. Incontinent après, le Roi s'en est allé, disant au Cavalier qu'il ne pourrait revenir le lendemain; que, s'il le pouvait, il l'enverrait dire. Le Cavalier a fait voir à Sa Majesté, avant qu'elle fût sortie, le dessin achevé de cet amphithéâtre, et a dit qu'outre le logement magnifique qui y sera, il pourra contenir dix mille spectateurs de chaque côté.

Le Roi dehors, le Cavalier s'est jeté sur une chaise, disant à son ordinaire

MNÉMOSYNE, D'APRÈS CLARAC.

(Château de Compiègne.)

qu'il était abattu extraordinairement par la perte et la dissipation des esprits. Durant ce temps-là, M. de La Vrillière [2] est venu. J'ai dit au Cavalier que c'était un secrétaire d'État. Il ne s'est point avancé pour le recevoir, de sorte qu'il [3] a été quelque temps à regarder le buste, puis l'ouvrage du signor Paul. Après, le Cavalier lui a demandé excuse. L'on a discouru de la sculpture, et, au sujet du buste, le Cavalier a répété ce qu'il a dit plusieurs fois, que Michel-Ange n'a jamais voulu faire de portrait, que c'était un grand homme, un grand sculpteur et architecte, que néanmoins il avait eu plus

1. Nicolas Mignard, peintre, né à Troyes vers 1605, mort à Paris le 20 mars 1668. Il avait séjourné longtemps à Avignon et en prit le surnom pour se distinguer de son célèbre frère, Pierre, que l'on appelait *le Romain*.

2. Louis Phélypeaux, seigneur de La Vrillière, comte de Saint-Florentin, secrétaire d'État.

3. *Il*, La Vrillière.

d'art que de grâce, et pour cela n'avait pas égalé les antiques, s'étant principalement attaché à l'anatomie comme font les chirurgiens ; ce qui avait
donné lieu à Annibal Carrache, qui avait, a-t-il dit, *un grande cervellone*, de
le railler au sujet de son *Christ* de la Minerve[1] ; et à ce sujet a répété ce qui
est déjà rapporté en plus d'un lieu de ce mémoire. Il a ajouté aussi que,
Michel-Ange étant un jour avec le cardinal Salviati, cette Éminence lui dit
qu'il voulait lui faire voir des modèles d'un N...[2] et les fit venir. Michel-Ange
dit qu'ils étaient bien, et se mit à les considérer davantage, pendant quoi le
cardinal était allé parler à quelques personnes ; qu'à son retour il demanda à
Michel-Ange : *No te pare che sono d'un grande valent'uomo ?* Michel-Ange lui
demanda en style florentin : *Ha operato egli ?* Le cardinal répondit que non.
Alors Michel-Ange dit comme en colère : *Capistra, non dir dunque che è un
grande valent'uomo*[3]. A ce sujet, M. de La Vrillière a dit qu'à Rome, quand
l'on parle de quelque peintre ou de quelque sculpteur, l'on demande d'ordinaire : *Dove è l'opera*[4]? Après cet entretien, il a vu les dessins du Louvre,
et pendant M. d'Armagnac est venu avec Benserade qui les regardait.
M. d'Armagnac a dit au Cavalier que c'était un des beaux esprits de France.
Il l'a bien reçu, puis s'est enquis à M. d'Armagnac où était M. d'Harcourt[5],
son frère, et a dit après que c'était un homme bien signalé dans le monde.
Lorsque ces messieurs ont été sortis, j'ai demandé au Cavalier si nous irions
à Maisons ; il m'a reparti, l'abbé Butti présent, qu'il voudrait bien ne le dire
que le lendemain.

Le vingt-deuxième, M. de Laon[6] et M. le marquis de Cœuvres[7], son frère,
sont venus voir le Cavalier. Ils ont renouvelé connaissance du temps qu'ils
étaient à Rome avec le maréchal d'Estrées[8] leur père. Il leur a montré l'épigramme de l'abbé Filippi, c'est celle envoyée de Rome au sujet du buste
qu'il avait montrée le jour précédent au Roi. M. Bellinzani a amené
M. Boucherat[9] et quelques autres, qui ont vu le buste, et, après, les dessins
du Louvre. Ces messieurs sortis, M. de Turenne est venu, lequel n'a guère
arrêté. J'ai reparlé au Cavalier de la partie de Maisons, et de prendre un jour
pour cela. Il m'a dit qu'il n'y voulait pas dîner, et qu'on y pourrait aller
lundi. Le soir, l'abbé Butti étant venu, je lui ai dit la difficulté que faisait le
Cavalier d'aller dîner à Maisons, qu'il serait difficile de voir la maison et les

1. Voyez plus haut à la date du 25 juin.

2. Le nom est resté en blanc dans le manuscrit.

3. « Ne vous paraît-il pas qu'ils sont l'œuvre d'un homme de grand talent ? — A-t-il
exécuté ? — Non. — Morbleu, ne dites donc pas que c'est un homme de grand talent. »

4. « Où est l'œuvre ? »

5. Henri de Lorraine, comte d'Harcourt, s'était signalé, entre autres, en Italie, par la vic-
toire de Quiers, le ravitaillement de Casal et la prise de Turin.

6. César, cardinal d'Estrées, évêque de Laon de 1655 à 1681.

7. François-Annibal d'Estrées, marquis de Cœuvres, mort le 11 septembre 1698 dans sa
cinquantième année

8. François-Annibal d'Estrées, maréchal de France, duc et pair, avait été ambassadeur à
Rome en 1621 et de 1636 à 1642.

9. Louis Boucherat, qui, trois mois plus tard, le 1ᵉʳ novembre 1665, fut nommé chancelier
et garde des sceaux.

dehors si l'on ne part dit qu'après dîner, de sorte qu'il l'a tellement prêché, lui faisant connaître que cela ne serait pas bien, ayant déjà manqué une fois sur faux prétexte, qu'il est demeuré d'accord d'y aller dîner. Je l'ai aussitôt écrit à M. le commandeur de Souvré, et j'y suis allé après, mais je ne l'ai pas rencontré.

Le soir, le Cavalier a été aux Feuillants, lesquels, après sa prière, lui ont fait voir leur sacristie, qui est belle et remplie de quantité d'argenterie. Ils lui ont dit que leur église a été bâtie par la reine Marie de Médicis, mais que Henri IV disait souvent : « Ma femme bâtit l'église des Feuillants, mais elle la bâtit de mon argent. »

Le vingt-troisième, je suis allé chez le Cavalier, qui n'était pas encore

TOUR NEUVE DE L'HOTEL DU GRAND PRÉVOT ET GALERIE DU LOUVRE.

(D'après Silvestre.)

achevé d'habiller. Il m'a prié cependant de lire A Kempis [1], comme un livre fort excellent. « C'était, m'a-t-il dit, le livre de saint Ignace. J'en lis tous les soirs un chapitre avec mon fils et la famille ; chacun y trouve toujours ce qui le concerne ; le livre de *Philotée* [2] est encore fort excellent, c'est le livre que le Pape estime le plus. » Je lui ai dit qu'il en pouvait estimer l'auteur, puisqu'il l'a canonisé [3]. Il m'a répondu qu'il était vrai, et que saint François de Sales par son testament avait donné à Sa Sainteté sa chemisette et sa tasse ; que depuis le Pape avait toujours bu dedans et ne quittait jamais cette chemisette. Le Cavalier étant habillé, nous sommes allés aux PP. de l'Oratoire, nous deux tout seuls, les signori Paul et Mathie n'étant point encore habillés. Le Cavalier a communié, et après, sortant de l'église, Mathie, qui était venu

1. L'*Imitation de Jésus-Christ*, attribuée longtemps à Thomas a Kempis.
2. C'est-à-dire l'*Introduction à la vie dévote* dédiée à Philotée, de saint François de Sales.
3. Quelques mois auparavant (19 avril 1665), Alexandre VII avait canonisé François de Sales, qu'il avait béatifié en 1659.

depuis avec son fils, lui a parlé à l'oreille. Il m'a demandé ensuite d'aller au Louvre, où nous nous en sommes allés. Il a été premièrement à la chapelle, où il n'a demeuré que peu de temps. Il m'a dit, après qu'il en a été sorti qu'elle n'était guère belle. « Aussi, lui ai-je reparti, n'est-ce qu'une chapelle qu'en attendant. »

Nous avons été ensuite à l'appartement du Roi, où l'on m'a dit que Sa Majesté s'allait faire saigner du pied, dans l'appartement neuf de la Reine-Mère. Étant descendus, nous avons trouvé M. le maréchal de Bellefonds, lequel m'a dit que, quand Sa Majesté aurait été saignée, il lui dirait que le Cavalier était là. Étant resté dans l'antichambre, Vigarani y est venu et a abordé le Cavalier ; là l'on s'est mis, en attendant, à discourir de diverses choses, et entre autres de l'architecture, et que c'est un art difficile, auquel pour pouvoir réussir il faut joindre la pratique et la théorie ensemble. Vigarani a dit qu'il était bien nécessaire à un architecte d'être géomètre et de savoir la perspective. Le Cavalier a ajouté qu'un des points les plus importants était d'avoir un bon œil pour bien juger des *i contrapposti* [1] ; que les choses nous paraissent non seulement ce qu'elles sont, mais eu égard à ce qui est dans leur voisinage, qui change leur apparence. Il a donné un exemple de ceci : qu'il avait fait autrefois une statue, laquelle finie, la tête en paraissait petite, quoiqu'elle eût sa juste grandeur, d'une neuvième partie, comme elle doit être au corps d'un Christ, non pas d'un Bacchus ou d'un Mercure, où il dit que l'on fait de différentes proportions. Cette tête paraissant petite, et à lui et à un de ses amis, cela l'obligea de la remesurer diverses fois, et à mesurer encore aussi l'*Antin* [2] et l'*Apollon* [3], et trouva toujours, a-t-il dit, qu'il n'y avait pas de différence, mais qu'enfin, à force d'examiner et de raisonner, il découvrit que c'était un morceau de draperie posé sur l'épaule de la figure qui produisait cet effet, et, l'ayant beaucoup diminué, cela changea tout à fait l'apparence de cette tête, après quoi cet ami étant revenu et voyant cette figure, dont la tête paraissait d'une juste proportion, il en fut tout étonné, et ne put s'imaginer comment il y avait donné du remède.

Il a allégué encore après à ce sujet le portail de l'église de Saint-Pierre de Rome et les loges qu'il a faites de part et d'autre, afin de le faire paraître plus haut par l'opposition de ces corps beaucoup moins élevés que ce portail, et a dit que cela avait réussi, comme il l'avait imaginé. Continuant à discourir sur les apparences des objets, il a dit qu'un homme vêtu d'une seule couleur paraîtra plus grand qu'un autre de même taille, dont le pourpoint est d'une couleur et les chausses d'une autre, et le bas encore d'une autre. Je lui ai dit que je le croyais aisément et pensais même que c'était la raison pourquoi un palais où règne un seul ordre depuis le bas jusqu'en haut paraîtra plus grand qu'un autre de même hauteur, où sont employés divers ordres les uns sur les autres. Il a dit qu'il était vrai, et a ajouté à cela que qui ver-

---

1. « Les contrastes. »

2. L'Antin (et même quelquefois le *Lantin*), abréviation encore usitée dans les ateliers pour désigner la statue antique de l'*Antinoüs* (au Vatican), dont les proportions ont, depuis la Renaissance, servi de règle aux artistes. Elle avait été, du temps de Bernin, mesurée par Poussin et l'Algarde, suivant Félibien.

3. L'Apollon du Belvédère.

rait sur la mer un mille en longueur, où l'objet est uniforme, il paraîtrait à
l'œil bien plus long qu'un mille sur terre où le terrain est de différentes couleurs. Ensuite il a parlé de machines et a dit à Vigarani que, quand il voulut
élever l'obélisque de Saint-Pierre, le marché en ayant été conclu dans une
congrégation [1], l'on y apporta après un modèle avec une offre de faire ce
même ouvrage à un tiers moins de dépense et qu'un cardinal de cette congrégation fut d'avis d'attendre huit jours, pendant lesquels l'on ferait une expérience pour cette proposition, dont le modèle n'était qu'en petit, et que par
l'examen l'on trouva qu'il eût fallu une vis à cette machine d'un mille de
long et des géants pour la tourner. « Il est ainsi, a-t-il dit, de la plupart des
propositions de machines. » Il ajouta, après, que l'on fit venir à Rome, sous
le pontificat de Paul V [2], un Français qui, en ce temps-là, avait grande réputation pour les eaux, le Pape en voulant avoir dans la vigne de Borghèse ;
qu'il dit franchement qu'il pouvait faire une machine qui en élèverait une
certaine quantité, mais qu'elle ne pouvait durer que douze ou quinze ans, et
de fait ne dura que ce temps-là, sans que depuis l'on ait pu la raccommoder.

Il s'est bien passé une heure à discourir de ces choses et autres, en attendant ; après quoi le Cavalier m'a demandé à s'en aller. Je lui ai dit qu'il fallait auparavant que j'en avertisse M. de Bellefonds, afin qu'il ne dît pas au
Roi qu'il était là après qu'il s'en serait allé. Étant entré pour ce sujet dans
l'appartement, j'ai aussitôt appris que le Roi avait commandé de faire entrer
le Cavalier, et je le suis allé prendre. M. le maréchal de Gramont, qui s'était
avancé, lui a montré en entrant, parmi beaucoup de statues et de bustes qui
sont dans ces premières chambres, la *Diane d'Éphèse,* qu'il lui a louée comme
une statue estimée belle. Le Cavalier, l'ayant beaucoup considérée, l'a trouvée
belle. Il a vu le *Bacchus* ensuite, qu'il a trouvé fort beau, et la *Poppée* [3], à la

1. *Congrégation,* conseil.

2. Paul V régna de 1605 à 1621.

3. Quelle est cette figure de *Poppée ?* Le musée du Louvre ne possède aucune statue
inscrite sous ce nom et même, sauf celle de *Rome,* aucune statue de femme assise. Nous en
serions donc réduit à des conjectures si Sauval ne l'avait décrite dans ses *Antiquités de Paris*
(t. II, p. 176). Elle appartenait encore, lorsqu'il la vit, au cardinal Mazarin, après la mort de
qui, par acquisition ou par don, elle vint en la possession du Roi. Voici comment il en parle :

« La merveille de ce bel appartement (la galerie basse du palais Mazarin), dit-il, est sans
doute une figure de Poppée sortant du bain ; elle est grande comme nature, assise dans une
chaise antique et enveloppée jusqu'au menton d'un grand drap mouillé dont les plis ne cachent
rien de la grâce ni des proportions de son beau corps ; on découvre sur son visage toutes les
qualités d'une beauté achevée. Outre sa majesté, l'attitude en est gracieuse, la draperie en
est incomparable ; son siège se ressent de la mollesse et de la magnificence du siècle de cette
impératrice. En un mot, sa figure entière est admirée de tous les curieux et part assurément
de la main de quelqu'un de ces illustres sculpteurs qui florissaient à Rome sous Néron. »

Une description aussi précise nous a permis de reconnaître cette *Poppée* dans une des
statues antiques du Cabinet du Roi, gravées par Claude Mellan, qui la donne comme une
Agrippine. Depuis elle a encore été débaptisée, car c'est sous les noms de Mnémosyne et de
Polymnie qu'elle est représentée dans les *Monuments antiques du musée Napoléon,* des frères
Piranesi (t. I, p. 97, planche LI) et dans le *Musée de sculpture* de Clarac (t. III, p. cclxii,
planche 329, n° 978).

Elle a du reste changé aussi souvent de place que de nom.

Du temps de Clarac elle était au pied du grand escalier des Tuileries, d'où sous Louis-Phi-
lippe elle passa dans le vestibule. D'après des indications que je dois à l'obligeance de
M. Charles Ravaisson, sous le second Empire elle fut montée au haut du grand escalier, où se

réserve de la tête. Il a dit, voyant le *Faune qui danse,* qu'il voyait cette statue mal volontiers, lui faisant connaître qu'en comparaison il ne savait rien. Étant passé outre, il a été dans la chambre où le Roi était au lit et venait d'être saigné du pied. Ce lit était de velours amarante, en broderie d'or fort relevée, comme l'était la tapisserie de la chambre et des antichambres, que le Cavalier avait considérée, et les beaux cabinets qui y sont. Autour du lit du Roi il n'y avait point de balustrade, mais sur l'estrade il y avait un grand nombre de vases d'argent où l'on avait mis des tubéreuses. Après avoir regardé quelque temps toutes ces choses, il a dit que les ornements de cette chambre et des voisines étaient ornements pour les dames, mais que ceux des premières, par où il avait passé, où sont les statues et les bustes, étaient ornements pour les hommes. S'étant mis vis-à-vis du pied du lit du Roi, dont tous les rideaux étaient tirés, et qui était environné de personnes de la plus haute qualité, Sa Majesté lui a dit qu'elle ne le verrait de trois jours, mais qu'en son absence il pouvait travailler aux cheveux du buste. Il a répondu qu'il y travaillerait aussi; qu'il osait dire à Sa Majesté que ce n'était pas chose aisée, voulant arriver à donner à ces cheveux la légèreté, comme elle est au naturel; que, pour cela, il fallait combattre contre la matière, qui est d'une nature contraire; que si Sa Majesté avait vu sa *Daphné,* elle connaîtrait que le travail qu'il y avait fait en cette espèce ne lui a pas mal réussi. M. de Créqui a parlé ensuite de sa statue de la *Vérité,* qui est chez lui[1], à Rome, comme d'un ouvrage parfaitement beau. Le Cavalier a dit qu'il l'a fait pour le laisser à sa maison, que la figure du Temps, qui porte et montre cette Vérité, n'est pas achevée; que son dessein est de le représenter la portant par l'air, et de montrer par même moyen des effets du temps, qui ruine et consume enfin toutes choses; que dans son modèle il a fait des colonnes, des obélisques, des mausolées, et que ces choses, qui paraissent renversées et détruites par le Temps, sont celles qui le soutiennent en l'air, et sans lesquelles il n'y pourrait être, « quoiqu'il ait des ailes », a-t-il dit en riant. Il a ajouté qu'à la cour de Rome c'est présentement un commun proverbe de dire : « La Vérité n'est que chez le Cavalier Bernin. » Sur cela, il a conté à Sa Majesté un endroit d'une de ses comédies, où quelqu'un dépeignant ses malheurs et injustes persécutions, qu'il souffrait, pour l'en consoler, quelqu'un lui dit de prendre courage, que la calomnie ne régnera pas toujours, que le temps enfin découvre et montre la vérité, à quoi cet infortuné répond : *È vero, ch'il tempo la scopre, ma spesso non la scopre a tempo*[2]. Le Roi a témoigné que la pensée lui plaisait beaucoup. M. le commandeur de Jars, ou quelque autre, ayant parlé de ses autres comédies, comme de l'embrasement du théâtre et du débordement du Tibre, il a conté, pour divertir Sa Majesté, la manière dont il avait représenté ces choses, et le soleil levant aussi, lequel plut tant à tout le monde. Il a dit que ce qui lui en plaisait à lui, faisant toutes ces

---

trouvait aussi une copie qui en avait été faite au xvii° siècle. Enfin, en 1871, elle fut transportée au palais de Compiègne d'où j'espère qu'on la fera bientôt revenir, car sa vraie place est au musée du Louvre, où pourtant elle n'a jamais figuré.

La tête de cette statue n'est point antique, ce qui motivait la réserve de Bernin.

1. Chez Bernin, « *In casa Bernina* », comme dit Baldinucci (p. 105).

2. « Il est vrai que le temps la découvre, mais il ne la découvre pas toujours à temps. »

choses dans sa propre [maison], et à ses dépens, c'est que la dépense ne lui en coûtait que trois baïoques.

Le Cavalier a conté encore qu'un prélat, ayant eu avis qu'il voulait le représenter dans un endroit de comédie, le vint prier de ne le pas jouer; qu'il voulut bien lui complaire, mais que, comme la pièce était de la connaissance particulière du Pape et de quelques autres considérables de la Cour, il en fit commencer l'histoire; mais, aux cinq ou six premiers mots, le fil en fut interrompu par la chute d'une muraille, qu'il avait disposée à cet effet, et ne s'en dit rien davantage.

Après avoir rapporté ces choses pour divertir Sa Majesté, qui témoignait y prendre plaisir, M. de Créqui a parlé ensuite d'une belle statue à vendre, qui est dans une maison particulière près de Farnèse [1]. Le Roi a dit qu'il l'achèterait volontiers. Le Cavalier a dit que c'était le *Méléagre* [2], ouvrage grec et fameux; que, quand il serait retourné à Rome, il tâcherait de trouver quelque chose de beau pour orner à Sa Majesté une couple de chambres; puis s'est retiré avec son fils et Mathie, qui étaient aussi là avec lui. Sortant, il a rencontré la Reine qui allait voir le Roi, laquelle lui a fait beaucoup d'accueil. Il s'est encore arrêté à voir les bustes et les statues, et si longtemps que la Reine est ressortie et lui a dit en passant que mercredi elle s'en irait voir son buste. J'oubliais à dire que Monseigneur le Dauphin [3] est aussi venu voir le Roi, conduit par M^me Arsan [4]. Le Cavalier, la voyant grosse et puissante comme elle est, m'a dit à l'oreille : *Non è pericolo che il Delfino faccia roversciare il vascello, che gli è qui a canto* [5].

J'ai remené le Cavalier à l'hôtel Mazarin, et, revenu chez moi, j'ai su de mon frère que M. Colbert l'avait envoyé quérir le matin, et lui avait demandé si sa santé et son inclination lui permettaient de travailler au Louvre, pour avoir soin de l'exécution des dessins du Cavalier; qu'en cas qu'il fût en disposition et volonté de cela, il le proposerait au Roi, qui, sans doute, l'aurait agréable. Mon frère m'a dit qu'il lui avait répondu qu'il tiendrait cela à grand honneur.

L'après-dîner, nous avons été ensemble à l'hôtel Mazarin, où nous avons su que le Cavalier était allé avec le signor Mathie chez M. de Lionne. Nous l'y sommes allés trouver; il en examinait les défauts de la maison, et cherchait à y remédier. Vigarani y était, qui nous a dit que le gros pavillon construit de neuf, vers la grande écurie, ruinait avant que d'être achevé. Nous avons de là été aux Carmes déchaussés et ramener l'abbé Butti; puis, en ramenant le Cavalier, ayant vu du monde à la porte de M. de Colbert [6], il y est descendu et a été sur-le-champ introduit dans son cabinet. D'abord il lui a dit que le

1. Près du palais Farnèse.

2. Aujourd'hui au musée du Vatican.

3. Le dauphin Louis n'avait pas encore cinq ans, étant né le 1^er novembre 1661.

4. L'*État de la France*, de 1665, mentionne parmi les femmes de chambre dont la fonction était de veiller le Dauphin « la demoiselle Marguerite Baron, dite Arsan, et la demoiselle sa fille. »

5. « Il n'y a pas de danger que le *Dauphin* fasse chavirer le vaisseau qui est là à côté de lui. »

6. Ce qui prouvait que Colbert était à Paris.

matin il avait eu l'honneur de voir le Roi et de l'entretenir longtemps de
choses particulières, mais qu'il savait bien qu'aucun de ceux qui étaient présents ne les avait mieux conçues que Sa Majesté; s'est mis à parler de son
bon esprit, ce qui a été renchéri par M. Colbert, qui a dit que jamais on n'a
vu un plus beau sens naturel, ni qui connût mieux le bon de quelque chose
que le Roi; qu'il l'avait remarqué non seulement dans les choses qui sont de
l'office du Roi, mais dans toutes les autres; que, quand il se propose dans le
Conseil une affaire sur laquelle il y a neuf ou dix avis différents, jamais le
Roi ne manquait à choisir le bon; que dans une matière comme les finances,
où il ne devrait pas être fort instruit, il avait des clartés admirables et dont il
était étonné; qu'elles avaient été plus difficiles il y a deux ou trois ans; que,
dès ce temps là, il y prenait toujours le bon parti; qu'avec cela il avait une
fermeté non pareille, qui ne relâchait pour quoi que ce fût; qu'il se faisait
un plan dans les affaires et le suivait pied à pied, sans jamais se détourner à
droite ni à gauche, et qu'il le suivait des dix années de suite [1]; que Sa Majesté
même présentement travaillait à des choses dont elle ne verrait jamais l'entière exécution, et dont l'on ne tirerait l'avantage que cinquante ans après sa
mort : savoir est le rétablissement des forêts; qu'à présent l'on était obligé
en France de recourir aux étrangers pour les bois nécessaires à la construction des vaisseaux, et que Sa Majesté pensait à mettre les forêts en un état
qu'on ne fût réduit à l'avenir à cette nécessité; qu'avec cela le Roi avait une
chose bien singulière, c'est que Sa Majesté ne laissait aucune inquiétude à
ceux qui le servaient bien, et que lui, M. Colbert, n'en avait aucune de l'esprit du Roi, dont il était assuré, en le bien servant, comme du sien propre;
que, quand il serait quinze jours sans voir Sa Majesté, il n'en serait pas moins
en repos d'esprit qu'en le voyant tous les jours deux fois. Le Cavalier lui a dit
que cela était la récompense que promettent ceux qui nous exhortent à servir
Dieu, disant qu'il voit toutes nos actions, qui, étant bonnes, nous laissent un
repos qu'on n'a point ou rarement en servant les hommes.

Après, M. Colbert a dit qu'il fallait que le signor Mathie posât les alignements du Louvre, pour ce que le Roi irait les voir mercredi, et puis a dit au
Cavalier que Sa Majesté s'était aperçue la dernière fois qu'il était bien fatigué. Il en est demeuré d'accord et a dit que le travail d'après le naturel fatiguait de sorte, épuisant les esprits, qu'il semblait qu'on eût été bâtonné;
qu'outre cela il y avait une quantité de monde extraordinaire; que ce n'est pas
qu'il ne fût accoutumé à travailler devant le monde, mais la quantité de gens
augmente le chaud, qui est grand en ce temps-ci.

Le vingt-quatrième août, jour de saint Barthélemy, j'ai trouvé le matin le
Cavalier à la messe aux Petits-Cordeliers irlandais [2]. Quand il en est sorti, il
m'a dit qu'il faisait un vilain temps, qu'il était enrhumé, qu'il avait peur, s'il
allait à l'air, qu'il n'en fût incommodé; que, pour ce sujet, il ne pouvait pas
aller à Maisons. Je lui ai reparti qu'il n'y fallait pas aller s'il n'en avait pas
envie. L'abbé Butti est arrivé, qui l'a sollicité d'y aller, et son fils aussi; mais

---

1. En 1665, Louis XIV n'avait que vingt-sept ans.
2. Leur couvent, comme il est dit plus loin, était situé près de l'hôtel Mazarin.

ils n'y ont rien gagné, et a persisté qu'il ne bougerait de Paris. Ayant vu cela,
j'ai écrit un billet, afin que M. Colbert en fût averti, ayant dit le jour précédent qu'il viendrait conférer aujourd'hui avec le Cavalier, laquelle conférence
s'était remise sur le projet d'aller à Maisons. Sur les quatre ou cinq heures,
M. Colbert est venu, qui l'a trouvé travaillant. Le Cavalier lui a dit qu'il avait
la permission du curé et que c'était moi qui l'avais demandée ; que, d'ailleurs,
il l'avait du Pape de travailler deux ou trois heures aux jours de fêtes et
dimanches, pourvu que le travail n'allât pas jusques à la sueur.

M. l'abbé d'Effiat[1] était venu un peu auparavant, et, admirant la belle pres-
tance[2] du Roi, le Cavalier lui a dit : que, d'abord qu'il avait vu Sa Majesté, il
avait remarqué cette action en elle, et qu'elle lui était si ordinaire que, toutes
les fois qu'il venait, il se mettait de lui-même en place avec une pareille
attitude. M. Colbert a parlé ensuite de la grande ressemblance, qu'elle était
telle qu'en la présence du Roi même on ne la pouvait désirer plus grande. Le
Cavalier a reparti à cela que c'était un parangon trop désavantageux à un
ouvrage de sculpture et à un de peinture même, quoique celle-ci fût aidée
de toutes les mêmes couleurs du naturel, que de lui opposer ce naturel où
est la vie et le mouvement. Il a conté, à ce sujet, que Daniel de Volterre, travaillant un jour à une *Pallas,* et lui peignant un écu au bras, qu'il imitait
d'après un écu d'acier, Michel-Ange arriva et le trouva dans une honte et un
dépit extrêmes de ne pouvoir donner à son ouvrage les éclats et la splendeur
qu'avait cet écu qu'il imitait ; qu'il le pria de vouloir lui-même donner quelques coups à cet endroit de son tableau. « Michel-Ange, a-t-il dit, qui avait
considéré que l'imitation était aussi grande qu'elle pouvait l'être dans l'art,
lui répondit qu'il le ferait, mais qu'il sortît ; qu'il ne voulait pas prendre les
pinceaux devant lui. De fait, lorsqu'il fut dehors, il ne fit rien qu'ôter cet
écu du lieu où il était et le retourner, et à quelque temps de là, ayant rappelé Daniel de Volterre, il lui fit voir l'ouvrage, lequel lui sembla tout autre,
ne voyant plus le naturel en parangon[3] ; et, tout étonné, il demanda à Michel-
Ange comment il avait pu faire et les couleurs dont il s'était servi. Durant
quelque temps, il refusa de le lui dire, puis enfin avoua qu'il n'avait pas touché les pinceaux et n'avait rien fait que retourner cet écu. »

M. Colbert demanda après cela au Cavalier s'il voulait voir quelques tapisseries qui étaient tendues dans l'appartement d'en haut. Ayant dit qu'il le
voulait bien, l'on passa par la galerie basse, où l'on ne s'arrêta guère, n'y
ayant buste ni statue qui vaille. Le Cavalier dit seulement que, pour bien voir
des statues, il faut que la lumière vienne d'en haut ; que cette galerie n'était
bonne que pour des bustes ; qu'à la Rotonde[4], qui avait été bâtie pour y
mettre les figures de tous les dieux, qu'on n'y avait laissé qu'un seul jour,
tout au plus haut de la voûte ; qu'aussi tout ce qui était vu dans ce temple,
soit statues, soit hommes ou femmes, paraissait beaucoup plus beau qu'en
tout autre lieu. M. Colbert dit qu'au contraire, en France, les dames ne fuyaient

---

1. Jean Ruzé d'Effiat, abbé de Saint-Sernin de Toulouse, frère de Cinq-Mars, mort le
19 octobre 1698.
2. Il y a par erreur *présence* sur le manuscrit.
3. C'est-à-dire : ne voyant plus l'écu comme objet de comparaison.
4. Au Panthéon.

rien tant que ces jours d'en haut, qui leur font, à ce qu'elles s'imaginent,
paraître les yeux enfoncés; qu'ayant été dans un lieu où le jour fait cet effet,
elles n'y retournent jamais. Le Cavalier a reparti que le jour d'en haut est si
naturel et si nécessaire que, si l'on prend le soir une chandelle et qu'on la
mette sur le plancher, à peine reconnaît-on les gens ni se connaît-on soi-
même. Il n'a trouvé dans la galerie haute ni dans les chambres que trois ou
quatre bustes et un très petit nombre de tableaux qui vaillent. Il ne s'est
guère arrêté à en considérer qu'un de M. Poussin, dont les figures sont
grandes, duquel il a dit : *Questo è bel quadro*[1]. J'ai pris la parole et ai reparti
qu'il y avait plus de quarante ans qu'il était fait. *Non importa, è dipinto e
colorito a modo di Titiano*[2]. Il a regardé, après, plusieurs tapisseries entre
lesquelles il y en avait des *Actes des apôtres* réduites au quart ou autres
moins que celles du Roi. Il a dit : « Cela est toujours beau, quoique médiocrement bien exécuté. » Il y avait d'autres tentures que je jugeai être de Hol-
bein. Il a ajouté : *Che tenevano del flamingho*[3]. Après qu'on a été redescendu,
M. Colbert a pris le Cavalier et son fils en particulier et s'est promené avec
eux seuls dans la galerie basse trois bons quarts d'heure, et puis il s'en est
allé, et le Cavalier, en attendant que le carrosse du Roi, que j'ai envoyé querir, ait été arrivé, s'est entretenu avec l'abbé Butti. Ensuite nous sommes
allés à Saint-Barthélemy[4]. En y allant, nous avons trouvé une si grande foule
de monde devant la maison du lieutenant-criminel[5], qu'on ne pouvait presque
passer. C'est que le matin lui et sa femme avaient été assassinés par deux
voleurs, à qui ils refusèrent vingt pistoles qu'ils leur étaient allés demander.

Au sortir de Saint-Barthélemy, l'on a remené l'abbé Butti. En revenant à
l'hôtel Mazarin, j'ai dit au Cavalier que je jugeais que M. Colbert avait
grande envie que le seigneur Paul demeurât en France. « Il m'en a parlé en
effet, a-t-il répondu, et de plusieurs autres choses, lesquelles il pousse bien
avant. » A l'égard de son fils, il m'a avoué que ce serait le perdre, qu'il avait
besoin de lui pour son instruction, qu'il promettait, à la vérité, de réussir,
mais qu'il ne réussirait pas, s'il était éloigné de lui. Je lui ai reparti qu'il
fallait qu'il demeurât lui-même, et que le Louvre était son enfant, pour
lequel il devait avoir autant d'amour que pour les autres, rien ne pouvant
servir davantage à son honneur ni l'éterniser dans le monde comme sera ce
grand ouvrage. Il m'a répliqué que, quand il est parti de Rome, il avait dit à
Sa Sainteté que pour tout le mois d'août les ouvrages de Saint-Pierre n'avaient
pas besoin de sa présence; que, s'il demeurait davantage, ils en recevraient
du dommage; que, pendant qu'on travaillerait ici aux fondations, il est inutile
qu'il y soit; que, quand l'on commencera à élever, il y pourrait bien servir.
J'ai dit qu'en tout temps il y était nécessaire ou utile au moins; qu'il n'y
avait jamais eu une meilleure occasion ou une meilleure rencontre que du

1. « C'est un beau tableau. »
2. « Qu'importe? il est peint et coloré à la manière du Titien. »
3. « Qu'elles se rapprochaient du style flamand. »
4. Église paroissiale près du Palais.
5. Le lieutenant-criminel Tardieu, si connu par les vers de Boileau. Sa femme Marie Ferrier
était fille du ministre protestant de Montpellier, Jérémie Ferrier, qui, après avoir abjuré, devint
conseiller d'État. — Voyez plus loin à la date du 27 septembre.

Roi pour le Cavalier, et du Cavalier aussi pour le Roi ; qu'il semblait qu'ils eussent été faits l'un pour l'autre. Il a dit avec modestie qu'il n'était rien, mais qu'il tâcherait toujours de faire plus qu'il ne dirait ; que telle était son humeur ; qu'il avait demandé à voir le Roi vingt fois pour son buste, à deux heures par jour ; que Sa Majesté n'avait encore été que quatre fois ; que dans peu le visage serait achevé entièrement ; qu'ainsi l'on verra qu'il a bien plus fait que dit. Il m'a ajouté qu'il a une telle estime du Roi que, s'il avait été roi, il y a trente ans, connaissant Sa Majesté comme il fait, il la serait venu servir ; que, si je l'eusse vu travailler dans ce temps-là, j'aurais été étonné de

RÉDUCTION EN BRONZE DU LOUIS XIV EN CIRE D'ANTOINE BENOÎT.

la confiance avec laquelle il maniait le marbre ; qu'à présent il n'y va que tâtonnant, et n'a appris depuis ce temps-là qu'à connaître qu'il ne sait rien, ce qu'il ne savait pas alors. Je lui ai reparti que c'est que [plus] l'homme avance par son expérience, et mieux il connaît que l'art est plus parfait que l'ouvrier, et qu'il ne peut jamais mettre dans la matière l'excellence de son idée, qui est de nature divine ; qu'au reste, il avait de grandes grâces à rendre à Dieu de l'avoir fait le premier du siècle dans sa profession ; que ceux qui suivront celui-ci ne verront peut-être point d'occasion si grande que celle qui s'offre à lui ; qu'il est de sa gloire de la ménager. Il m'a reparti que le P. Oliva s'était servi de ma pensée même pour le persuader à venir, et lui avait dit que, comme les grands princes doivent faire recherche des hommes qui ont du talent, aussi les hommes de talent doivent-ils aller au-devant des grandes occasions et les ménager. Je lui ai confessé que ce nous était un bon-

heur, de ce qu'il était venu en France, que nous aurions dépensé des millions
et que cela n'aurait servi qu'à notre honte. Il m'a dit qu'on aurait suivi l'ouvrage sur le vieux dessin. Je lui ai reparti que, si l'on l'avait suivi, il y
aurait eu même à dire, mais qu'on s'en était déjà éloigné, et que, par les
autres choses qu'il voyait qu'on avait faites ailleurs, il pouvait juger combien
il avait déjà été perdu d'argent; que cette considération devait l'obliger de
rester ici. Il m'a expliqué qu'il avait affaire à Rome pour une année, que
durant les fondations il n'avait que faire ici, qu'il pourrait bien revenir, qu'il
se sent et connaît son tempérament, que Dieu peut le faire vivre encore dix
ans; que, s'il revenait, ce serait pour demeurer toujours en France; qu'il
amènerait sa femme et ses enfants; qu'il se fait beaucoup d'ouvrage en dix
années. Je lui ai dit que le Roi était le premier de la monarchie qui avait
aimé les arts. Il a ajouté que, quand même un roi n'aimerait pas un art ou
une science en laquelle un homme est singulier[1], il ne doit pas laisser pour
cela de l'attirer à son service, à cause de la réputation que cela lui donne
dans le monde. J'ai continué et dit que Léonard de Vinci avait été appelé en
France par François Ier, qui l'avait tant aimé qu'il mourut entre les bras de
ce grand prince[2], qui en faisait une estime singulière, quoique ce fût un
homme qui n'était que dans la spéculation des choses et n'agissait guère.
« Ajoutez, a-t-il dit, qu'il vieillissait sur un ouvrage. » La preuve, ai-je
répondu, est que nous ne voyons rien ici de lui que quelques tableaux
imparfaits. Il a dit que, pour peindre des cheveux, il était des six années,
« et le Corrège, ai-je fait, n'était qu'une heure et avec quatre coups de pinceaux faisait tout le même effet, à considérer leur ouvrage de la distance
nécessaire pour le bien voir. »

Le vingt-cinquième, jour de saint Louis, au matin, j'ai trouvé le Cavalier
travaillant à son buste. « C'est, m'a-t-il dit, en vertu de la permission du curé
de Saint-Germain. » Je lui ai demandé quand il aurait affaire du carrosse. Il
m'a dit qu'il suffisait qu'il fût à vingt-deux heures[3]. Ayant retourné l'après-
dînée avec Mme de Chantelou, il l'a reçue avec ses gaietés ordinaires, et m'a
dit que M. le comte d'Harcourt ne faisait que de sortir et qu'il avait été fort
aise de voir un homme de si grande réputation. Mme de Chantelou se mettait
à l'entretenir, mais il ne l'entendit point, ni elle lui, de sorte que l'entretien
n'a guère duré et s'en est allée. Le soir, nous sommes allés aux Jésuites de la
rue Saint-Antoine. En revenant, il m'a demandé comment on traitait M. le
comte d'Harcourt. Je lui ai dit d'Altesse. « Jésus! m'a-t-il reparti, je ne le
savais pas. » Il ne lui avait donné que de l'Excellence. Sur cela, il m'a prié de
lui en faire ses excuses ou bien de les lui faire faire par son secrétaire; puis
a ajouté : « Je l'irai voir et le traiterai d'Altesse. » Il m'a dit ensuite qu'il
serait bien aise de voir de ces portraits de cire dont M. le Légat lui avait

---

1. *Singulier*, unique, excellent.
2. On sait aujourd'hui que cette tradition est erronée. Léonard mourut au château de Clou,
près Amboise, le 2 mai 1519, et à cette date François Ier était avec sa cour à Saint-Germain-
en-Laye.
3. Les heures en Italie se comptent à partir du coucher du soleil.

parlé. J'ai dit que c'était un nommé Benoît [1] qui les faisait, qui demeurait au quartier de l'abbé Butti. « Je m'imagine, a-t-il dit, *che è cosa di donne* [2]. Je serais néanmoins bien aise d'y aller avant vendredi. »

Le vingt-sixième, étant allé chez le Cavalier, j'ai su, arrivant chez lui, que le Roi avait donné à M. Colbert la charge de trésorier de l'ordre [3] qu'avait M. de Nouveau [4], et que le duc de Mantoue [5] était mort. Le Cavalier a travaillé à son buste tout le matin sans qu'il soit venu personne. L'après-dîner, M. le Nonce et l'ambassadeur de Venise sont venus le voir. La Reine, quoiqu'elle eût dit qu'elle viendrait, n'est point venue. Le soir, nous sommes allés aux Feuillants. Le Cavalier, après avoir été quelque temps à genoux, est tombé dans une faiblesse, et il a été contraint de s'aller asseoir sur les marches près du balustre de l'autel. Au retour, ne pouvant se tenir en pied, on l'a conduit sur son lit ; il m'a néanmoins dit que ce ne serait rien, et je l'ai quitté.

Le vingt-septième, il a travaillé le matin et le soir au buste du Roi, et le seigneur Mathie au dessin de la maison de M. de Lionne. M. le Nonce est venu, et ensuite M. d'Albon [6], le comte de Gramont et M^me de la Baume. M. le Nonce, la prenant pour M^me de Monaco [7], lui faisait de grands compliments, qui ont cessé quand on lui a dit qui elle était. Le soir, l'on a été chez Benoît, pour voir ses portraits de cire, mais l'on ne l'a pas trouvé ni personne à sa maison. J'avais dès le matin demandé au Cavalier si je le ferais avertir de s'y trouver, et il m'avait dit que non.

Le vingt-huitième, il a au matin travaillé à l'ordinaire. Sur les deux heures, M. Colbert est venu, que le Cavalier dormait encore. Il avait le cordon bleu et a dit au signor Mathie qu'on n'avait point encore travaillé, pour ce qu'il avait eu beaucoup d'affaires pour ce sujet, montrant la croix du Saint-Esprit. Il a

1. Antoine Benoît, célèbre faiseur de portraits en cire, peintre et valet de chambre du Roi, et « son unique sculpteur en cire colorée » (comme il est dit dans son acte de décès), membre de l'Académie, mort le 8 avril 1717 à quatre-vingt-huit ans. L'abbé de Marolles a dit de lui dans son *Livre des peintres :*

> C'est Antoine Benoît, de Joigny, de Bourgogne,
> Qui fait toute la cour si bien au naturel,
> Avecque de la cire où se joint le pastel,
> Que de la vérité l'âme seule s'éloigne.

On conserve de lui au musée de Versailles un remarquable médaillon en cire représentant Louis XIV à soixante-huit ans. Nous donnons plus haut un dessin d'une réduction en bronze de la cire représentant Louis XIV. — Voyez la *Notice du musée de Versailles*, par Eud. Soulié, n° 2167, et diverses pièces publiées par MM. de Montaiglon, Guiffrey et Chabouillet dans les *Nouvelles Archives de l'art français*, 1872, p. 301 et 306.

2. « Que c'est chose de dames. »

3. Du Saint-Esprit.

4. Hiérôme de Nouveau, surintendant général des postes, était mort deux jours auparavant, le 24 août.

5. Charles II.

6. Gilbert-Antoine d'Albon, comte de Chazeul, chevalier d'honneur de Madame; mort en 1680.

7. Catherine-Charlotte de Gramont, femme de Louis Grimaldi, prince de Monaco.

fait accueil au *signor Paul, qui lui a demandé s'il irait éveiller son père. M. Colbert lui a dit que non. Cependant je lui ai parlé d'une affaire particulière dont il m'a dit de lui donner un mémoire, puis il s'en est allé.

Le soir, M. de Ménars est venu ; il a fait apporter un petit tableau d'*Annonciation* pour le montrer au Cavalier. Après l'avoir vu, il a dit qu'il était de l'Albane. Il lui en a demandé un mot d'écrit de lui, qu'il lui a donné et a ajouté : *Mi piace assaissimo* [1]. M. de Ménars m'a dit à moi, en particulier, qu'on avait fait quelques autres dessins pour le Louvre, et qu'il ne savait si l'on exécuterait ceux du Cavalier, à cause qu'on est brouillé avec la cour de Rome, et que l'on craindrait que les Italiens, après avoir commencé, ne quittassent l'ouvrage. M. du Metz et lui ont vu le plan du Louvre, sur lequel M. du Metz a toujours appuyé que la place de devant serait trop petite. S'en étant allés, le Cavalier m'a dit qu'il était jour de dépêches. J'ai ramené l'abbé Butti chez lui, et, en y allant, je lui ai demandé quelles étaient ces brouilleries de Rome. Il m'a dit qu'en France on ne savait pas traiter avec le Pape ; qu'il faut user avec lui comme l'on fait avec un enfant, l'amuser d'une pomme ou d'une dragée ; que de cette sorte l'on en aurait ce que l'on voudrait, de grandes choses pour de petites ; qu'il est d'humeur à se fâcher pour des bagatelles, et irait de la tête au-devant des coups de poing ; qu'on avait eu raison de dire : *Maximus in minimis, minimus in maximis*, et m'a allégué encore le mot qui au commencement de son pontificat fut mis au Pasquin [2] au sujet des montagnes qui sont dans ses armes : *parturient*; et puis le reversile [3] du vers : *parturient mures ; nascitur terribilis mons* [4].

Le vingt-neuvième, j'ai été indisposé.

Le trentième, le Cavalier m'ayant envoyé au matin demander le carrosse du Roi pour les sept heures et le lui ayant mené, il m'a dit qu'il serait bien aise d'aller féliciter M. Colbert sur cette charge nouvelle, et nous y avons été. Il a reçu le Cavalier avec un visage riant, et à son compliment lui a répondu qu'il serait bien aise qu'il eût été tenté de rester en France, à voir de quelle sorte le Roi récompensait ceux qui le servaient ; qu'il pouvait dire, sans mentir, qu'il n'avait pas pensé à recevoir cette grâce, ni l'avoir demandée ni même souhaitée. Le Cavalier a reparti : *Che haveva un grande mezzo apresso il Re* [5], et, ayant répété cela encore une fois, il a dit que c'était son mérite. M. Colbert lui a répliqué qu'il en avait un plus grand ; que lui, à la vérité, servait Sa Majesté dans un emploi où il y avait eu de la peine au commencement, pource que tous ceux qui y avaient travaillé s'étaient toujours étudiés à l'embrouiller, mais qu'elle est si facile qu'il serait fâché qu'elle l'eût occupé

---

1. « Il me plaît très fort. »
2. C'est-à-dire à la statue de Pasquin.
3. *Reversile*, renversement.
4. Le vers d'Horace (*Art poétique*, v. 139) est :

   Parturiunt montes, nascetur ridiculus mus.

5. « Qu'il avait un grand appui auprès du Roi. »

tout un jour de la semaine ; qu'il y avait nombre de personnes en France qui la pouvaient faire aussi bien que lui, mais qu'il n'y avait à présent que le Cavalier capable des grandes choses que le Roi avait dans l'esprit ; qu'il semblait qu'ils fussent faits l'un pour l'autre, et que cela le devait convier, et pour l'amour de lui-même, à demeurer ici afin de les exécuter. Le Cavalier a reparti que ce serait plutôt pour l'amour du Roi, si cela se pouvait, pour ce que cet amour était si grand qu'il remarquait qu'il ne pouvait, le matin, demeurer demi-heure à prier Dieu à l'église sans être appuyé, et qu'il demeurait, sans sentir d'être las, cinq heures de suite, debout, attaché au travail, agitant ses bras et son corps à manier le ciseau et le marteau ; que c'était l'amour qui faisait cela, mais que les ouvrages qu'il a commencés à Rome ne pouvaient pas permettre qu'il reste ici ; a répété, ce qu'il a dit à toute autre rencontre, qu'il avait assuré le Pape que pour tout le mois d'août ils n'avaient point besoin de sa présence, son frère suffisant pour les conduire ; que, Sa Majesté lui ayant demandé son portrait, il avait cru qu'il ne devait pas le refuser et avait pensé qu'avec deux autres mois il le finirait ; que pour cela il avait demandé à Sa Majesté vingt jours de son temps à une ou deux heures par jour ; qu'il était homme qui voulait toujours faire plus qu'il ne disait, et qu'on en verrait la preuve ; que s'en étant retourné à Rome pour y achever ses ouvrages, il pourrait bien revenir. Après cela, M. Colbert lui a dit qu'il fallait commencer à donner ordre à l'exécution du Louvre ; qu'il s'en allait le voir au palais Mazarin pour disposer ce qu'il y avait à faire sur cela. Le Cavalier a pris congé, et M. Colbert l'a quitté à la porte de son cabinet, lui disant qu'il ne le traitait pas avec cérémonie.

S'en étant revenu à l'hôtel Mazarin, M. Colbert peu de temps après s'y est rendu, a témoigné d'abord d'être étonné de voir le buste si avancé. Il a dit que le Roi n'était point venu la semaine passée à cause des eaux que Sa Majesté avait prises, mais que demain elle viendrait. L'on est demeuré en discours ordinaires quelque temps. Après, M. Colbert m'ayant dit qu'il avait mandé mon frère et M. Madiot[1], que je visse s'ils étaient venus, j'ai passé dans l'antichambre, où je les ai attendus, m'entretenant avec M. de la Motte[2], MM. Perrault, Mazières et Bergeron[3]. Un des garçons du Cavalier étant resté dans le lieu où M. Colbert et le Cavalier étaient, on l'a fait sortir, de sorte qu'ils sont demeurés seuls, M. Colbert, le Cavalier et son fils, environ de demi-heure. Étant ressortis et M. Colbert ayant vu mon frère et M. Madiot, il a dit qu'il se fallait assembler en lieu où il y eût une table. Lui ayant dit qu'il y en avait une dans la salle d'où il sortait, il y est rentré, il m'a appelé et ces autres messieurs. Ensuite, ayant mis des sièges, il s'est assis au bout de la table, le Cavalier à sa droite, moi ensuite, les signori Paul et Mathie de l'autre côté, mon frère, M. Madiot de part et d'autre. M. Perrault a dit tout bas à M. Colbert que M. de la Motte était dans l'autre salle. Il a fait la mine et a branlé la tête, donnant à connaître qu'il ne désirait pas qu'il entrât.

Après, M. Perrault s'est mis à l'autre bout de la table avec du papier, une

---

1. Voyez plus loin, p. 127, ce que Chantelou dit à Bernin de ce personnage.
2. L'intendant des bâtiments du Roi, dont il a déjà été question.
3. Mazières, l'un des entrepreneurs du Louvre. — Antoine Bergeron, juré des maçonneries du Roi.

plume et de l'encre; un moment après est venu l'abbé Buttí, lequel a aussi pris place devant le signor Paul. Après cela, M. Colbert a pris la parole et a dit qu'il fallait voir et examiner, comme l'on ferait pour bien réussir dans un ouvrage de si grande conséquence comme est le Louvre; que le Cavalier ne pouvant demeurer en France pour avoir l'œil que ses dessins soient bien exécutés, il avait choisi mon frère pour y suppléer, et qu'il se rendrait à l'ouvrage de fois à autre pour le soulagement du signor Mathie, comme lui M. Colbert prendrait plaisir lui-même de faire, s'il en pouvait avoir le temps; que M. Madiot y serait avec assiduité, afin de voir que toutes les matières fussent de la qualité qu'elles doivent être; qu'il fallait ensuite examiner de quelle sorte l'on travaillerait.

Le Cavalier a dit que les ouvrages à la journée sont les meilleurs, que son intérêt est que celui du Louvre soit bien fait, qu'autrement son dessin ne pourrait pas avoir de succès. M. Colbert a reparti qu'il était vrai que le travail à la journée est le meilleur, mais qu'il y a un grand embarras : qu'il y peut avoir de grandes tromperies, à cause du peu de fidélité, et qu'on ne pouvait faire de plan comme quand l'on travaille à la toise et qu'on fait marché. L'on fut longtemps à agiter l'un et l'autre. Le Cavalier a repris et dit qu'à Rome l'on était dans la même peine; que quelques-uns faisaient marché, mais fournissaient toute la chaux. M. Colbert a reparti qu'il y pouvait avoir encore en cela de la tromperie, de même que dans l'artillerie, où l'on charge un lieutenant de faire partir 400 quintaux de poudre, et il n'en envoie pas la moitié; que si elle y était conduite entière, au moins la dispenserait-on[1], mais comme il a dit qu'on en retient la moitié, qu'il en peut arriver de même de cette chaux, et ainsi qu'il fallait s'attacher à faire marché; que si pourtant le Cavalier voulait qu'on travaillât autrement, le Roi y consentirait. Il a reparti que son intérêt n'était que d'être assuré que l'ouvrage serait bien fait; que c'était pourquoi, ne s'étant pas fié aux ouvriers d'ici, il en avait mandé d'Italie. L'on a discuté, après, le mélange de la chaux et du sable, de la moitié ou d'un tiers, la qualité de la chaux, celle du sable, la comparaison avec celle de Rome. M. Colbert a ajouté qu'il avait une telle passion que l'ouvrage du Louvre fût de la dernière perfection que, si le Cavalier disait qu'il ne peut se faire sans pouzzolane, il prendrait le parti d'en faire venir et d'envoyer tous les vaisseaux du Roi en Italie pour cet effet, même en Égypte, quérir de la pierre s'il était nécessaire, et d'attendre plutôt six ans à commencer le Louvre, pour lequel le Roi ne voulait épargner ni temps ni argent. Il a été enfin résolu de faire deux murs pour épreuve : l'un bâti à la mode de Rome et l'autre à celle de France, afin de faire choix de la manière qui réussirait la meilleure[2]. L'on a proposé

---

1. *Dispenser*, distribuer.

2. « Bernin, dit Perrault, fit venir de Rome des *murateurs*, c'est ainsi que l'on nomme en cette ville ceux que nous appelons ici des maçons, prétendant que nous n'entendions rien à bâtir. Il voulait qu'on observât deux choses, qu'il est bon de pratiquer en Italie, où l'on se sert de possolane au lieu de sable, mais qui ne valent rien en ce pays : la première, d'employer le moellon dans les fondations sans le dresser un peu avec le marteau et le poser par assises, mais tel qu'il se présente et sans aucun arrangement. « C'est, disait-il, qu'étant jeté à l'aventure, il fait une meilleure liaison avec le mortier et un corps plus solide. » En second lieu, il voulait qu'on mouillât le moellon en le mettant en œuvre. Nos entrepreneurs soutenaient rigoureusement le contraire, en sorte qu'il fut résolu qu'on ferait un essai des deux construc-

de faire ouverture dans quelque maçonnerie ancienne et moderne pour connaître la force et bonté de la chaux. M. Colbert a fait ensuite appeler Mazières et Bergeron, leur a ordonné de faire venir le lendemain des matériaux dans la basse-cour de l'hôtel Mazarin, et de mettre au Louvre trente ou quarante hommes à préparer les fondations ; a commandé à M. Perrault d'avertir M. du Buisson d'apporter ses titres ; a dit, quant au Petit-Bourbon, qu'il fallait le laisser à cause des meubles du Roi, et après l'on s'est levé qu'il était près d'une heure après midi.

L'après-dîner, le Cavalier a dit qu'il aurait bien voulu aller aux Gobelins. Je lui ai répondu qu'il était dimanche et qu'à pareil jour l'on n'y verrait rien. Il a dit qu'il verrait le seigneur Le Brun, qu'il me priait d'envoyer voir s'il y était, ce que j'ai fait, et il ne s'y est pas trouvé, de sorte qu'il s'est mis à travailler avec le signor Mathie ; puis nous sommes allés aux Feuillants.

Au retour, il m'a demandé qui étaient tous ces *sovrastanti* [1]. Je lui ai dit que l'un était mon frère, lequel n'avait pas cherché cet emploi, que son humeur était fort éloignée d'en briguer aucun, qu'il ne demandait plus que le repos et le divertissement qu'il trouvait dans son cabinet, étant d'un tempérament fort délicat et qu'il avait encore affaibli par l'étude, l'application aux mathématiques et une vie sédentaire. Pour M. Madiot, qu'il n'était pas intelligent comme mon frère dans la théorie, mais qu'il l'était bien davantage dans la pratique, connaissant bien tous les matériaux ; que c'était un homme de grande fidélité et en qui M. De Noyers, qui avait été surintendant des bâtiments, avait autrefois grande confiance ; que, d'ailleurs, il était ingénieur et avait été employé aux fortifications. Il m'a prié de l'envoyer querir, ce que j'ai fait, et lui et mon frère sont venus. Le Cavalier a discouru longtemps avec eux de la qualité des pierres, de la chaux, du sable, des voûtes, de la qualité de la maçonnerie. Il a demandé si l'on fait ici des voûtes au second étage. M. Madiot lui a répondu que non. Le Cavalier a reparti que cela venait sans doute de ce qu'on ne donnait pas assez d'élévation aux bâtiments ; que si l'on les élevait davantage, on pourrait faire des voûtes au second étage comme au premier, pour ce que les murs, pour la charge que donne cette élévation, seraient capables de résister à la poussée des voûtes.

Le dernier (31), nous sommes allés, mon frère et moi, voir le Cavalier. Il a dit à mon frère qu'il y avait déjà du temps que Mathie était allé au Louvre pour commencer l'alignement des fondations ; ce que mon frère ayant entendu, il s'y en est allé aussitôt. A quelque temps de là, Vigarani est venu ; le Cavalier, le voyant avec moi, s'est approché sans le regarder, et m'a dit

tions dans la place du palais Mazarin. Les murateurs bâtirent à leur manière deux murs de cinq à six pieds de haut, sur lesquels ils firent une voûte de la même construction que les murs, c'est-à-dire des moellons posés à l'aventure. Nos entrepreneurs élevèrent des murs de la même hauteur et construisirent au-dessus une voûte de la même forme et figure que celle des Italiens avec les mêmes matériaux, mais employés à la manière qu'on le pratique en France. L'hiver ayant passé sur ces deux édifices, la voûte italienne tomba d'elle-même au premier dégel, et la française demeura ferme et se trouva plus forte qu'elle n'était quand ils l'achevèrent. Les murateurs furent fort étonnés et s'en prirent à la gelée, qui avait tout gâté, comme si c'était une chose fort extraordinaire qu'il gelât en hiver. » (*Mémoires*, liv. II, p. 82-83.)

1. Surintendants.

que j'avertisse le signor Vigarani, quand je le verrais; qu'il était jeune, qu'il fallait qu'il travaillât et préparât les choses toutes prêtes pour les occasions, pour n'être pas accablé par après; et cela toujours ne le regardant point; puis tout à coup s'est tourné de son côté, et, ayant paru surpris de le voir, il l'a salué. Vigarani lui a dit qu'il était venu le prier de dire son avis d'un tableau que M. Nocret[1] allait lui faire apporter, que Lebrun disait être de Michel-Ange, et Errard de Raphaël. Le Cavalier a dit qu'il le verrait volontiers; que, pourvu qu'il fût de l'un ou de l'autre ou des sept ou huit grands maîtres, il espérait pouvoir dire de qui il est; qu'il y avait une quantité de Lombards peu signalés, dont peut-être ne connaîtrait-il pas la manière. Il a, à ce propos, conté un trait d'une de ses comédies, et a dit qu'une fille s'étant déguisée en garçon, et ayant trouvé quelqu'un de sa connaissance, elle eut peur d'en être reconnue; et quelqu'un lui demanda *si conosce*, et que la fille, sans s'étonner, lui repartit : *Si la più difficile cosa è conoscersi, non mi conosco*[2].

L'après-dîner, il a travaillé à son buste, en attendant le Roi, mais Sa Majesté n'est point venue. Nocret est venu avec son tableau, qu'il a dit avoir apporté de Portugal, quand il y fut avec M. de Cominges[3]. C'est un *Saint Jean au désert*. On l'a placé dans l'autre salle à la meilleure lumière qu'on a pu. Avant que de le faire voir au Cavalier, j'ai voulu en dire mon sentiment; et l'ayant pour cela examiné, et ayant vu qu'il n'avait rien ni du dessin ni du peindre de Raphaël, qu'au contraire il tenait davantage de la manière de Michel-Ange, j'ai dit, le voyant assez bien peint, qu'il pouvait être de frà Sebastiano del Piombo. Après cela, ayant appelé le Cavalier et lui ayant dit mon avis, le sien a été de même; mais il m'a dit à l'oreille que Michel-Ange n'aurait jamais dessiné une cuisse raccourcie, comme celle qu'il voyait là. Il a beaucoup loué le reste, et a fait beaucoup d'accueil à Nocret.

Le soir, il n'a point voulu sortir et m'a prié d'aller au Louvre voir ce qui avait été fait. Je m'y en suis allé avec mon frère, et là le signor Mathie nous a montré que l'alignement que Levau avait pris pour le Louvre était faux en deux divers endroits, à la face de devant : l'angle rentrant, qui est du côté des PP. de l'Oratoire, n'étant pas égal et ne répondant pas aux deux autres, savoir à celui du côté de l'eau et à celui vers où est le logement de M. le maréchal de Gramont, et que la grande porte du Louvre, outre qu'elle ne se rencontrait pas tout à fait vis-à-vis de l'autre déjà faite, avait quatre colonnes, au lieu que l'autre n'en a que deux. L'on remarque encore d'autres fautes au pavillon neuf, près de Bourbon, où il y a des parties qui portent à faux.

Le 1er septembre, le signor Mathie a tracé les retours de la façade. M. Perrault et son frère, étant venus voir le buste, ont donné avis à mon frère, qui était là, que l'on avait fait voiturer des pierres de libage et moellon, dans la basse-cour de l'hôtel Mazarin, avec de diverses natures de sable et de chaux

---

1. Jean Nocret, peintre et valet de chambre du Roi, membre de l'Académie (1663), né à Nancy en 1612, mort à Paris le 12 novembre 1672.

2. « Comme se connaître soi-même est la chose la plus difficile, je ne me connais pas. »

3. Gaston-Jean-Baptiste de Cominges, capitaine des gardes du corps de la Reine-Mère, avait été envoyé en ambassade extraordinaire en Portugal, en 1657.

pour faire les épreuves proposées. J'en ai donné avis au Cavalier, qui m'a dit :
*è maraviglia*[1], à cause de l'opinion qu'il a que nous ne sommes point ponc-
tuels en France. M. Perrault a demandé pourquoi il disait cela. Mon frère a
dit qu'il avait ajouté un *no*[2], et cela de peur de venir à l'éclaircissement qu'il
demandait. Nous avons été tous ensuite, fors le Cavalier, dans cette basse-
cour, où nous avons trouvé qu'on préparait des fosses pour éteindre la chaux
à la française, et qu'on disposait aussi de la chaux pour l'éteindre à l'usage
de Rome[3]. Le signor Mathie l'a trouvée excellente et la pierre de libage aussi ;
pour le moellon, il a dit qu'il était trop humide et terreux, ce qui empêche
qu'il n'ait une forte prise avec la chaux. L'on a disposé les places pour y disposer les murs à la française et à l'italienne. Ces messieurs s'en sont allés, et
je suis demeuré à dîner avec le Cavalier.

L'on est venu à parler de ce tableau de Nocret, au sujet duquel il a dit à
l'abbé Butti, qui dînait aussi avec lui, qu'il n'avait trouvé personne qui connût mieux les choses que le signor de Chantelou ; que j'avais bien dit de qui
était ce tableau ; que tous les peintres et sculpteurs n'en avaient pas si bien
jugé. Il nous a dit ensuite qu'il avait songé la nuit que le Pape était mort.

A l'issue du dîner, nous avons discouru, l'abbé et moi, sur les divers
discours faits touchant les dessins du Louvre, et le bruit qui s'est répandu
qu'on ne les exécuterait pas. Il m'a dit que le Nonce était le jour d'hier venu
le dire au Cavalier ; que l'on avait assuré que Levau, Lebrun et Mansart
s'étaient assemblés pour faire un dessin. Je lui dis que les uns et les autres
n'étaient point amis. Il cita le passage : *Et facti sunt amici in illo die, Herodes
et Pilatus*[4], mais que, le dessin du Cavalier étant de la beauté qu'il est,
il n'avait qu'à prendre la devise du Tassoni[5], une écritoire et une plume, avec
le mot de *fate*[6]. Il s'est étendu après sur la fortune de M. Colbert, qu'elle
était grande et éclatante, vu que Vittorio Siri lui avait dit avoir lu la lettre
par laquelle M. Colbert écrivait à M. le cardinal Mazarin qu'il renonçait à son
service ; a dit qu'un autre avait tenu la place dans le mauvais temps, et
durant que le cardinal était persécuté, mais que, par bonheur pour M. Colbert,
celui-là était venu à mourir ; que ce lui était encore une espèce de bonheur
d'avoir mon frère pour le bâtiment du Louvre ; que, comme il a écrit d'architecture et est connu pour intelligent, cela le mettait à couvert de tout reproche
touchant l'exécution d'un si grand ouvrage. Il a ajouté ensuite d'autres choses
touchant la mort du cardinal Mazarin et l'établissement de la fortune de
M. Colbert ; a dit qu'il a meilleure tête que les deux autres[7] ; que cette Éminence lui avait mis en main un mémoire et lui avait dit de ne le donner au
Roi qu'un mois après qu'il serait mort, marque de plus grande confiance que
le cardinal avait en lui qu'en MM. Le Tellier et de Lionne.

Sur les quatre heures, l'on a eu nouvelle, par un courrier dépêché exprès,

---

1. « C'est merveille. »
2. C'est-à-dire que Bernin avait dit : *E no maraviglia*.
3. Suivant l'usage de Rome.
4. Voyez S. Luc, ch. XXIII, vers. 12.
5. Le célèbre auteur de la *Secchia rapita*.
6. Faites.
7. Le Tellier et de Lionne, comme on le verra plus bas.

que le Pape était à l'extrémité. M. d'Albon, M^me de la Baume et M. de Jussac [1]
sont venus voir le buste; M. le Nonce est venu ensuite. L'on a discouru
quelque temps sur la nouvelle du Pape, puis ils s'en sont tous allés à la promenade. J'ai dit au Cavalier que si le Pape était mort, il fallait qu'il demeurât
avec nous. Il m'a répondu avec émotion que cela ne se pouvait pas, si le Roi
ne le faisait mettre en prison; qu'il m'avait dit que l'ouvrage de la chaise de
Saint-Pierre avait besoin de lui et l'obligeait plus à s'en retourner que sa
femme et ses enfants; qu'il était pour cela impossible qu'il ne s'en retournât
pas; mais que, comme il m'avait dit diverses fois, il n'était pas impossible
qu'il ne revînt dans un an après; qu'il aimait le Roi et son ouvrage. Il a dit
ensuite qu'il pensait que ces architectes ne devaient point lui vouloir de mal;
que si le Pape avait voulu avoir un bâtiment à la française, et qu'il eût appelé
un architecte de France, il n'y aurait rien trouvé à redire; que le Roi avait
voulu un palais à la romaine; qu'ils ne devaient point, à son avis, le trouver
mauvais.

Le deuxième, le signor Mathie a porté au Cavalier un morceau de mortier
de la démolition de la tour de la grande prévôté, qu'il a trouvé excellent; ils
ont remarqué qu'il était de sable de rivière, et il lui a dit ensuite que les
ouvriers qui travaillaient aux fondations ne font rien, et qu'un homme ne
remue pas plus de terre que ferait une poule en grattant. Le Cavalier m'a
prié d'en donner avis à M. Colbert, ce que j'ai fait sur-le-champ, étant allé
chez lui et l'ayant trouvé partant pour Versailles. Il m'a dit que mon frère
devait avoir l'œil à cela. Lui ayant reparti qu'il n'était pas encore connu et
n'avait pas titre, il m'a nommé M. Madiot. Je lui ai dit aussi qu'on n'avait pas
mené assez de matériaux dans la basse-cour du palais Mazarin.

L'après-dînée, l'on a porté au Cavalier du mortier du bâtiment neuf du
Louvre, du côté de l'eau, de deux ou trois endroits différents, lequel s'est
trouvé ne valoir rien. M. de la Vrillière est encore venu voir le buste, ayant un
nommé Patel avec lui. Il a demandé aussi à voir les dessins que je lui ai
montrés par ordre du Cavalier. Comme Patel en discourait pertinemment, j'ai
demandé, ne le connaissant pas, à M. de la Vrillière, qui il était. Il m'a
répondu que c'était un homme de sa connaissance et rien de plus; puis, s'en
étant allés, quelqu'un qui le connaissait m'a dit que c'était Patel, qui a été un
des entrepreneurs du Louvre.

Le soir, on est venu rapporter au signor Mathie le dessin de l'escalier de
M. de Lionne pour avoir quelque éclaircissement. Le Cavalier, ayant vu cela, a
quitté le travail et est venu prendre brusquement une plume et écrire au bas
de ce dessin qu'il valait mieux exécuter le précédent. L'abbé Butti a cru que
c'était par colère. Le Cavalier a dit que non, qu'il y avait peu de différence,
que cela épargnerait une grande démolition, et a insisté longtemps sur cela,
disant que ce qu'il en avait fait avait été seulement pour montrer à M. de
Lionne qu'il ne voulait pas épargner sa peine pour son service; qu'il ne le
devait pas considérer à l'égal du Roi, mais qu'après le Roi c'était celui qu'il
eût plus volontiers servi. Le dessin est demeuré au signor Mathie, puis nous

---

1. Claude de Jussac, capitaine des archers de la porte de Monsieur.

nous en sommes allés remener l'abbé Butti. Montés en carrosse, le Cavalier a
dit qu'il se confirmait dans l'opinion que la nation était changeante, qu'il
remarquait même dans le Roi que le feu qu'il avait pour son portrait était
diminué, et qu'au lieu que Sa Majesté devait avoir un grand désir de le voir
fini, il n'y avait plus que lui qui y eût de l'amour, et ainsi des autres choses;
qu'à l'égard du Louvre, l'on aurait dû tout préparer il y a un mois et même
faire abattre ce qui ne doit point rester; qu'il n'en parlerait jamais, demeu-
rât-il ici toute sa vie, étant chose qui ne lui serait pas séante. J'ai dit à l'égard
du Roi que c'étaient les eaux que Sa Majesté avait été obligée de prendre qui
l'avaient empêchée de venir, et j'excusai le reste sur l'accablement d'affaires
de M. Colbert.

Le troisième, le signor Mathie a été sur les tours de Notre-Dame, et a
apporté un morceau du mortier dont elles sont construites, qui s'est trouvé de
sable de rivière. Il a dit au Cavalier qu'en ayant parlé à Mazière, il est
demeuré d'accord que ce sable est le meilleur, mais que la dépense en serait
trop grande. Il a travaillé après, suivant l'ordre du Cavalier, à réformer le
plan de la façade du Louvre en quelques endroits, y faisant une salle pour
des statues et des chambres pour des tableaux.

M. Rosteau a, ce même matin, amené le sieur Vildot[1] saluer le Cavalier.
Il a vu, après, les dessins du Louvre, et discourant avec lui sur l'usage qu'ils
ont à Rome de baigner leur maçonnerie, il ne l'a pas désapprouvé et a dit
même que, quand il pleuvait ici sur les murs qu'il fait construire, il en était
bien aise et croit que cela sert à unir et lier l'ouvrage, faisant ensemble un
meilleur corps. L'heure de manger étant venue, je suis demeuré à dîner avec
le Cavalier. Après, durant qu'il se reposait, étant descendu dans la salle, M. de
Princé[2] est venu avec trois ou quatre gardes prendre possession des portes, et
m'a dit que le Roi allait venir, qu'il avait ordre de ne laisser entrer qui que
ce soit que M. de Créqui, et que je fisse éveiller le Cavalier, ce que je n'ai
pas fait; aussi Sa Majesté n'est-elle venue d'une heure et demie. Après, nous
entretenant ensemble, il m'a dit que le Cavalier, montrant son buste à quelqu'un, lui avait dit : *Questo è bello; nell' originale, questo vero è brutto*[3]. J'ai
insisté que cela était inventé, et qu'il trouvait le visage du Roi le plus avantageux et noble qu'il eût jamais vu. Durant cela, le Cavalier est descendu et m'a
témoigné qu'il serait bien aise, quand le Roi serait arrivé, que je lui mon-
trasse dans son buste ces flocons de cheveux tout à jour dans d'autres flocons
de cheveux, qui sont choses dans le marbre extrêmement difficiles, et m'a dit
qu'il ne lui était pas bienséant à lui de les montrer. Sa Majesté est venue sur
les deux heures, et n'avait avec elle que Monsieur, MM. de Gesvres et de
Bellingham[4]. Un peu après, sont venus les uns ensuite des autres, MM. de
Bellefonds, de Noailles et de Lionne. Monsieur m'a commandé de dire au
Cavalier qu'il n'était point encore venu voir le buste, pour ce qu'il avait toujours été dans les remèdes, ce que je lui ai dit. Parlant ensuite de quelques

1. Michel Villedo, maître des œuvres de maçonnerie des bâtiments du Roi.
2. Exempt des gardes.
3. « Cela est beau; cela, dans l'original, est vraiment laid. »
4. Henri, comte de Bellingham ou Beringhem, premier écuyer de la petite écurie.

particularités de la ressemblance, Sa Majesté m'a commandé de les faire
entendre au Cavalier. S. A. R. a pris la parole et a dit au Roi : « Mais, Monsieur, vous pourriez vous-même faire entendre ce que je dis. — Oui, a répondu
le Roi, mais je ne veux pas le dire mal. » Monsieur ensuite m'a demandé à
l'oreille si j'avais parlé au Cavalier de ce dessin de Saint-Cloud. Je lui ai répondu
qu'oui, qu'il m'avait promis de le faire, et que je le mènerais sur le lieu
exprès. Après, S. A. R. s'en est allée. Le Cavalier a travaillé à la bouche de
son buste. J'ai cependant pris le temps de montrer au Roi ce qu'il m'avait
prié et lui ai ensuite présenté le journal du service que j'ai fait faire[1] par les
officiers de sa maison à M. le Cardinal Légat, et lui ai dit tout le particulier
de ce qui s'était passé, durant que S. Em. a été en France, y était noté, au
moins de ce qui était venu à ma connaissance. Sa Majesté a dit à M. de Bellefonds qu'il fallait transcrire cela sur le registre du bureau, et puis m'a commandé de le porter le soir à sa chambre. Sur le point que Sa Majesté a été
de sortir, le Cavalier lui a montré un morceau du mortier tiré de la tour de
la prévôté de l'Hôtel, qu'il a dit être excellent et être fait de sable de rivière.
J'ai parlé sur cela au Roi de ces deux murs qui se font pour épreuve dans la
basse-cour du palais Mazarin, l'un à l'usage de France et l'autre à l'usage de
Rome.

Après, Sa Majesté a regardé un moment dessiner le signor Mathie et m'a
demandé à quoi il travaillait. J'ai répondu : « A rabaisser l'étage du plan noble
de la façade du Louvre, suivant l'intention de M. Colbert, afin de l'accommoder davantage au climat de France. » Le Cavalier ensuite lui a présenté deux
Italiens, qu'il a fait venir de Rome, dont l'un est *scarpelin*[2] et l'autre *capo
muratore*[3]. Sa Majesté m'a demandé à quoi ils serviraient au Louvre. Je lui ai
dit : « A travailler de leur profession et avoir l'œil, avec cela, que l'ouvrage
s'exécute suivant l'intention du Cavalier. » Cela fait, le Roi s'en est allé et a
dit : « A demain, à pareille heure. »

M. de Saint-Laurent[4] est venu avec M<sup>lle</sup> de La Varenne, M. Saintot et
M. l'abbé son frère[5]; M. le Nonce était entré auparavant. On a prié M<sup>lle</sup> de la
Varenne de chanter, ce qu'elle a fait admirablement à son ordinaire, et si

---

1. En sa qualité de maître d'hôtel de la maison du Roi.

2. Tailleur de pierres, *scarpellino*.

3. Maître maçon.

4. Parisot, sieur de Saint-Laurent, attaché à la maison de Monsieur, comme conducteur
des ambassadeurs.

5. M<sup>lle</sup> de La Varenne, qui était peut-être la fille d'une dame de Varenne-Audrieu, femme
de chambre de la Reine-Mère, jouissait, comme chanteuse, d'une très grande réputation. On
peut en juger par un passage de Saint-Évremond où il est dit que le compositeur italien
Luigi « ne pouvait souffrir que les Italiens chantassent ses airs après les avoir ouï chanter à
M. Nyert, à Hilaire, à la petite La Varenne. » (*Lettre sur les opéras* au duc de Buckingham,
éd. de 1711, t. III, p. 197). L'abbé Butti (comme on le verra plus loin à la date du 4 septembre) confirme le dire de Saint-Évremond. Quant à ce Luigi qui ne vivait plus en 1665 et
que le même Saint-Évremond proclamait « le premier homme de l'univers en son art », il ne
figure pas, du moins sous ce nom de Luigi, qui n'est probablement que son prénom, dans le
*Dictionnaire des musiciens*, de Fétis. — Nicolas de Sainctot, maître des cérémonies, puis intro-
ducteur des ambassadeurs, mort en juin 1713 à quatre-vingt-un ans. — Son frère Étienne,
conseiller-clerc au parlement de Paris, abbé de Ferrières (1669), prieur de Saint-André de
Vienne, mort en 1709.

bien que M. le Nonce et le Cavalier en ont été fort touchés. Quand ils ont été tous sortis, nous avons été aux Feuillants, et puis à la promenade le long de l'eau. Le Cavalier m'a dit que c'était la cinquième fois que le Roi était venu, qu'il ne lui en fallait plus qu'autant. Le soir, j'ai été au souper du Roi, qui, parlant d'un borgne, a dit en italien : *E cieco d'un occhio* [1]. Monsieur m'a demandé s'il n'y avait point autre parole. J'ai dit que *guercio* était le mot propre. Sa Majesté a dit en raillant : « Chantelou sait la délicatesse de la langue ; cette après-dînée, il a voulu parler en beaux termes. » J'ai reparti que je ne m'étudiais qu'à me faire entendre au Cavalier. Le Roi m'a dit à son sujet : « Il ne loue pas beaucoup de choses. » J'ai reparti : « Sire, il ne blâme rien aussi, n'ayant pas encore vu ce qui mérite d'être loué, pour ce qu'il a toujours travaillé depuis qu'il est en France. » Sa Majesté m'a demandé ce qu'il a dit de Vincennes. J'ai dit qu'il l'avait trouvé fort beau, et que, comme il était tard quand il y fut, il m'avait dit qu'il faudrait y retourner. J'ai après demandé au Roi à qui je donnerais ces mémoires de M. le Légat. Il m'a dit : à M. de Niert [2], et les lui suis allé porter. En les lui baillant, il m'a demandé s'il était vrai que le Cavalier eût dit le jour que le Roi fut saigné, et voyant les chambres de son appartement : *Non ci sono qui stanze per uomini* [3]. Je lui ai reparti que ce qu'il avait dit de cet appartement avait été mal entendu ou corrompu pour rendre mauvais office au Cavalier.

Le quatrième, l'abbé Butti étant venu à l'hôtel Mazarin, je lui ai conté ce que le Roi m'avait dit du Cavalier, le jour précédent, afin qu'il l'en avertît et qu'il se rendît plus facile à voir les choses et les louer. L'abbé a dit que c'était Le Brun qui était auteur de ce bruit, à cause que le Cavalier ne louait pas ses ouvrages, qui en effet ne valent rien et ne le méritent pas, et qu'il peint comme un Flamand. Je lui ai reparti qu'au moins ne pouvait-on lui ôter qu'il n'ait beaucoup d'invention. « Cette invention, a-t-il répliqué, n'est tirée que des dessins de Jabac. Il y a à Rome un Carluccio [4] qui est bien un autre peintre. » Durant ce discours, le Roi est venu, n'ayant avec lui que M. d'Armagnac et M. de Gesvres. M. de Bellingham est venu un peu après, et M. le milord Montaigu [5]. Le Cavalier, continuant de travailler à la bouche, a dit que, pour réussir dans un portrait, il faut prendre un acte et tâcher à le bien représenter ; que le plus beau temps qu'on puisse choisir pour la bouche est quand on vient de parler ou qu'on va prendre la parole ; qu'il cherche à attraper ce moment. Il a aussi travaillé aux joues ; pendant quoi, de fois à autre, le Roi sortait de sa place et venait voir ce qu'il avait avancé, puis retournait au même lieu.

L'abbé Butti a dit à Sa Majesté que le Cavalier avait eu un régal qui l'avait fort satisfait ; que M^lle de La Varenne [6] avait chanté devant lui, de quoi il avait

1. « Il est aveugle d'un œil. »
2. Louis de Niert, premier valet de chambre du Roi.
3. « Ce ne sont pas ici des chambres pour des hommes. » Voyez plus haut, à la date du 23 août.
4. Je n'ai rien trouvé sur cet artiste. *Carluccio* n'est probablement qu'un surnom.
5. C'est l'abbé dont il a été question plus haut, à la date du 5 août *in fine*, et que l'on appelait indifféremment milord ou abbé de Montaigu.
6. Voyez plus haut, p. 132, note 5.

été fort touché. « Il y en a beaucoup d'autres, a dit le Roi, qui chantent mieux qu'elle. » L'abbé a reparti que feu Luigi disait qu'il n'avait jamais entendu personne chanter si bien qu'elle. Le Cavalier a travaillé aussi aux sourcils et au front, et a dit que Sa Majesté avait les cheveux accommodés comme la première fois qu'il dessina d'après elle. L'abbé de Montaigu a trouvé que le flocon de cheveux qu'il a mis sur le milieu du front n'y fait pas bien ; il l'y a ajouté depuis que M. de Bellefonds lui eut dit qu'il l'avait fait trop découvert, que jamais le Roi ne le porterait découvert de la sorte, pour ce que, lorsque Sa Majesté aurait moins de cheveux, elle porterait la perruque.

Le cinquième, le Cavalier a travaillé à l'ordinaire, et, le soir, il a été à l'Académie. MM. du Metz, Nocret et de Sève sont venus le recevoir à la porte de la rue, comme députés du corps. Le Cavalier a été d'abord au lieu où l'on dessine d'après les modèles, lesquels, quand ils l'ont vu, se sont aussitôt mis dans l'action qui leur avait été donnée. Après avoir demeuré là quelque temps, il a passé dans la salle où se fait la conférence académique. D'abord, on lui a offert la première place, mais il n'a point voulu s'asseoir. La compagnie était fort grande. M. Eliot[1], conseiller à la cour des aides, s'y est trouvé. Le Cavalier a jeté la vue sur les tableaux de la salle, qui ne se sont pas trouvés de ceux qui ont le plus de talent. Il a regardé aussi quelques bas-reliefs d'aucuns sculpteurs de l'Académie. Après, s'étant tenu debout au milieu de la salle, environné de tous ceux de l'Académie, il a dit que son sentiment était que l'on eût dans l'Académie des plâtres de toutes les belles statues, bas-reliefs et bustes antiques pour l'instruction des jeunes gens, les faisant dessiner d'après ces manières antiques, afin de leur former d'abord l'idée sur le beau, ce qui leur sert après toute leur vie ; que c'est les perdre que de les mettre à dessiner au commencement d'après nature, laquelle presque toujours est faible et mesquine, pour ce que, leur imagination n'étant remplie que de cela, ils ne pourront jamais produire rien qui ait du beau et du grand, qui ne se trouve point dans le naturel ; que ceux qui s'en servent doivent être déjà fort habiles pour en reconnaître les défauts et les corriger, ce que les jeunes gens qui n'ont point de fond ne sont pas capables de faire. Il a dit, pour prouver son sentiment, qu'il y a quelquefois des parties dans le naturel qui paraissent relevées qui ne le devraient être, et d'autres le devraient être lesquelles ne le paraissent point ; que celui qui possède le bon dessin laisse ce que le naturel montre, qui néanmoins ne devrait pas paraître, et marque ce qui doit être et ne paraît pas, et qu'encore une fois, a-t-il dit, un jeune garçon n'est pas capable de faire, n'ayant ni ne possédant pas la connaissance du beau. Il a dit après qu'étant encore fort jeune, il dessinait souvent l'antique, et que, dans la première figure qu'il fit, lorsqu'il doutait de quelque chose, il s'en allait consulter l'Antin comme son oracle, et a dit qu'il remarquait alors de jour à autre, dans cette figure, des beautés qu'il n'avait pas encore vues et n'eût jamais vues, s'il n'eût point manié le

---

1. Heliot, conseiller à la troisième chambre de la cour des aides, figure dans la liste des *Curieux de Paris,* comme ayant une collection de « tableaux modernes ».

ciseau pour opérer [1], à raison de quoi il conseillait toujours à ses élèves et à tous les autres de ne s'abandonner pas tant à dessiner et à modeler qu'ils ne se mettent aussi presqu'en même temps à travailler, soit de sculpture, soit de peinture, entremêlant la production et l'imitation, l'une avec l'autre, et, pour ainsi dire, l'action et la contemplation, dont résulte un grand et merveilleux progrès. J'ai allégué, pour confirmer davantage que l'opérer est absolument nécessaire, défunt Antoine Carlier [2], connu de la plus grande part de ceux de l'Académie, lequel avait passé une bonne partie de sa vie à Rome à modeler tous les beaux antiques et dont les modèles sont incomparables, et leur ai fait avouer que, comme il s'était mis trop tard à travailler d'invention, son esprit étant devenu stérile par la servitude de ne faire qu'imiter, il lui avait depuis été impossible de faire de lui-même aucune production. A l'égard des peintres, le Cavalier a ajouté qu'outre le dessin qu'ils peuvent tirer des bas-reliefs et statues antiques, il faut avoir encore pour leur secours des copies d'après les peintres qui ont eu une grande manière de peindre, comme le Giorgion, le Pordenon [3], le Titien et Paul Véronèse, plutôt que Raphaël, quoique le plus régulier de tous ; que l'on a dit de ce peintre qu'aucun autre ne lui a été comparable dans la composition, à cause qu'il avait eu pour amis le Bembo et Balthazar Castiglione [4], qui l'avaient aidé de leur savoir et de leur esprit. Il a dit ensuite que c'était une question académique, si un peintre doit faire voir [son tableau] d'abord qu'il est achevé, ou s'il ne vaut pas mieux le laisser reposer quelque temps, puis le revoir avant que de l'exposer en public ; que le sentiment d'Annibal Carrache était de l'exposer aussitôt pour en savoir les défauts, d'être trop sec, d'être trop dur ou tels autres, afin de les corriger. Il a ajouté que, pour donner de l'émulation dans l'Académie, il était bon de donner des prix, comme en donnait dans la sienne, à Rome, le cardinal Barbarin ; qu'ici, à qui ferait le meilleur dessin, le prix devait être de lui faire faire un tableau de ce dessin même et le payer grassement ; parmi les sculpteurs, à qui ferait le meilleur modèle, lui faire faire une statue pour le Louvre et la bien payer. Il a dit ensuite qu'ayant opéré près de soixante ans, il pouvait donner quelques avis. Je lui ai répondu qu'il était vrai et qu'un homme de son esprit et de son expérience, qui parlerait de bonne foi, porterait plus de profit en une heure d'instruction que ne feraient des années entières de recherches et d'études. M. Le Brun étant arrivé dans ce même temps, le Cavalier l'a salué avec courtoisie, et a continué de dire qu'il y a

1. *Opérer*, faire un œuvre.

2. Martin Carlier, sculpteur, né à Piennes (Somme). Il y a de lui dans le parc de Versailles des copies, d'après l'antique, d'une statue d'*Uranie* et du groupe de *Papirius et sa mère* (ou *Oreste et Électre*).

On voit par ce passage qu'en 1665 il était mort et probablement depuis plusieurs années, ce qui contredit l'assertion de Nagler, qui le fait travailler à Paris à la fin du XVIIe siècle. (*Er arbeitete gegen das Ende des 17. Jahrhunderts zu Paris.*)

3. Giovanni-Antonio Licinio, dit le *Pordenone*, du lieu de sa naissance, peintre de l'école vénitienne, né en 1484 à Pordenone dans le Frioul, mort en 1540. — Il y a par erreur *Pordoron* dans le manuscrit.

4. Pierre Bembo, cardinal, l'Italien qui a le plus élégamment écrit en latin, né à Venise en 1470, mort en 1547. — Le comte Balthasar Castiglione, évêque d'Avila, auteur du livre célèbre *Il Cortegiano*, mort en 1529. Son portrait par Raphaël (au musée du Louvre) est de l'année 1516.

trois choses pour bien réussir en sculpture et en peinture : voir le beau de
bonne heure et s'y habituer, opérer beaucoup et avoir de bons conseils, pour
ce qu'un homme qui avait beaucoup travaillé pouvait avec fort peu de paroles
épargner beaucoup de peine, donner des radresses[1] et des chemins raccour-
cis ; a répété qu'Annibal Carrache voulait qu'on exposât à la censure publique
un tableau aussitôt qu'il était fait ; que le public ne se trompait pas et ne
flattait point, qu'il ne manquait jamais de dire : « Il est sec, il est dur »,
lorsqu'il l'était, et ainsi du reste. Il a dit au surplus qu'il fallait qu'un chacun
corrigeât le défectueux qui est en lui par son contraire, le court par le trop
svelte, le mesquin et faible par le gros et matériel, le trop égayé[2] par le
court. On lui a après montré le *Crucifix* de Sarrazin, qu'il a considéré, et
puis a dit qu'il était beau, mais qu'il était fait de la sorte qu'on s'imagine
qu'un corps se laisse aller dans un semblable supplice ; qu'on apprend de
l'Écriture qu'on avait tiré le corps de Notre-Seigneur avec des cordes pour le
faire étendre[3] ; ainsi que le corps ne pouvait pas se laisser aller comme l'on
voit dans ce crucifix.

Il est ensuite repassé dans le lieu où sont les modèles, a vu les dessins de
deux ou trois académiciens, entre autres d'un jeune garçon de dix à douze
ans, qu'il a trouvé fort avancé. Il m'a dit, à moi, tout bas, qu'il ne fallait pas
étudier l'été à la lumière de la lampe, à cause du chaud, mais à celle du jour.

Après, il a pris congé de toute l'Académie, qui a descendu pour le
reconduire, et avec les autres MM. du Metz et Perrault, qui étaient arrivés
depuis.

Le sixième, j'ai été du bon matin chez le Cavalier. Il avait néanmoins déjà
entendu la messe. Il m'a dit d'abord qu'il était jour de congrégation[4], mais
que jusques à présent il n'avait encore pu savoir si M. Colbert viendrait le
matin où l'après-dînée, ce qui l'empêchait de prendre ses mesures pour des
affaires qu'il avait ; qu'il était en attendant sans pouvoir rien faire. Sur cela, il
a appelé son homme et lui a demandé sa casaque avec laquelle il travaille et
s'est mis à donner quelques coups au linge du petit Christ du signor Paul,
pendant quoi Mme de la Baume est venue conduite par M. d'Albon, ce qui a
fort déplu au Cavalier. Il a néanmoins continué. Ils ont considéré le buste,
puis le petit Christ, et, après avoir dit quelques paroles de compliment, s'en
sont allés. Le Cavalier, ayant encore donné quelques coups de ciseau, a quitté
et s'est mis à se promener et moi avec lui. Il a commencé le discours, me
disant que les choses n'allaient pas avec la promptitude et exactitude qu'elles
auraient dû faire ; m'a répété qu'on aurait dû abattre les maisons pour la
commodité du travail de la fondation. L'impatience qu'avait fait paraître
M. Colbert, le [5]..., comme lui reprochant qu'il était en demeure[6], quoiqu'il

---

1. *Radresse*, redressement.
2. *Égayé*, élancé. Je n'ai trouvé dans aucun dictionnaire ce mot avec le sens que paraît
lui donner Bernin, et je ne sais s'il y a ici une faute de copiste.
3. Cette critique est peu fondée, car je ne sais où Bernin a trouvé la mention de ces
cordes, dont ne parle aucun des quatre Évangélistes.
4. Jour de conseil.
5. Le nom est resté en blanc dans le manuscrit.
6. *En demeure*, en retard.

ait fait humainement tout ce qui se pouvait, ce qui lui avait fort déplu à lui, le Cavalier, pour ce que l'abat[1] des maisons et de l'ouvrage du Vau aurait dû précéder les alignements, si c'est que l'on veuille exécuter son dessin ; qu'il avait néanmoins pris ses alignements deux jours après, quoiqu'avec grande difficulté ; qu'il en avait écrit un billet à M. Colbert, le ... ; que depuis ce temps-là, qui était de plus d'un mois, l'on n'avait rien avancé, que cela serait toujours demeuré de la sorte, sans qu'il en eût jamais parlé, pour ce qu'il n'eût pas été bien séant à lui. Je lui ai représenté à cela ce que j'avais déjà fait, dans une pareille occasion, les grandes affaires de M. Colbert, lesquelles étaient infinies ; qu'un homme chargé de la sorte et dans un tel accablement ne les pouvait faire marcher que lentement les unes et les autres, qu'il était bien aise de tout voir et tout faire, qu'il avait appris cela à l'école de M. le cardinal Mazarin.

Le Cavalier, après, est descendu dans le particulier des matières pour le Louvre, et a dit que les maçons mêmes qui ont vu le mur que les Italiens ont fait le louaient, qu'on verrait par comparaison de l'autre que l'on maçonnait mieux à Rome qu'on ne fait ici, qu'on y avait l'exemple des antiques, dont les ouvrages étaient construits ou de petites pierres ou de très grandes ; qu'il y a, outre cela, deux choses qui font qu'ici la maçonnerie n'est pas si bonne : l'une est la manière d'éteindre la chaux, dont la fleur se perd dans la terre, l'autre qu'on ne mouillait pas la pierre la mettant en œuvre, ce qui fait qu'elle tire par sa sécheresse toute la substance et l'humidité du mortier, lequel après, restant sans force, se convertit en poussière. Il a dit que l'on pouvait avec le sable de rivière, mêlé même avec du sable ordinaire, faire d'excellent mortier en éteignant bien la chaux, et qu'il croit qu'il égalerait celui fait avec de la pouzzolane. Il a ensuite parlé de la manière dont il fallait travailler au Louvre. Il a dit qu'il y en a de trois sortes à Rome, savoir : *a giornate, a cottimo, overo stima*[2] ; que le travail à la journée est le meilleur ; à *stima* moins bon, et que celui à *cottimo* ne valait rien ; que ce qui se faisait à Rome autrement qu'à journée ne réussissait jamais ; m'a conté l'histoire de la fabrique de Saint-Pierre, laquelle avait été conduite par divers architectes : le Bramante, Sangallo, Balthazar Petrucci, Raphaël et Michel-Ange. Pour la conduite de ce grand ouvrage, une des conditions qu'il requit à Sa Sainteté fut que l'on travaillerait à la journée, qu'autrement il ne s'en mêlerait pas ; que Sa Sainteté la lui accorda, et de fait qu'il n'y a eu que ce qui a été conduit par lui qui ait été bien maçonné ; que d'alléguer que le mur que construisent les Italiens sera trop long à sécher, c'est une mauvaise raison, pour ce qu'avant que *gli conci*, qui sont les moulures d'architecture, soient taillées, la maçonnerie aura tout loisir de sécher ; qu'il y a à tailler pour deux ans, avant que l'ouvrage puisse presser ; ainsi qu'il aura loisir de sécher. Je lui ai dit, changeant de discours, ce que j'avais entendu, il y avait deux jours, au souper du Roi, ce que m'avaient dit le jeune M. de Niert et de Princé, exempt. Il m'a répondu, comme j'avais fait moi-même. A l'égard de ce buste, il m'a dit qu'il n'en avait jamais ouvert la bouche, qu'il aurait parlé contre sa pen-

---

1. *L'abat*, l'abatis.
2. « A la journée, à forfait ou à la tâche. »

sée, que le Roi avait la distribution des trois parties du visage fort belle, celle du front, du nez et de la bouche; que ses yeux étaient un peu morts, mais que cela n'importait pas à la sculpture; qu'il ne les ouvrait guère, que sa bouche changeait souvent, ce qui faisait que quelquefois il était longtemps à regarder le Roi pour prendre l'acte qui siérait le mieux; qu'au sujet de ce qu'avait dit M. de Niert, que le Roi avait entendu lui-même ce qu'il avait dit; qu'à confesser la vérité, il ne pouvait louer tous ces vases d'argent et ces chandeliers de cristal; qu'il aurait pu dire au Roi que les dames de Rome auraient affolé, si elles avaient vu tout cela, mais que c'eût été pis que ce qu'il dit *quando vene della gente,* etc.[1]; qu'il eût souhaité au Roi, au lieu d'être entouré de tant de jeunesse, qu'il y eût eu quelquefois d'habiles hommes en toutes les sciences près Sa Majesté, afin que dans leur entretien elle eût étudié; qu'il se faisait de la sorte sans peine un profit très grand et merveilleux; que le Pape en usait ainsi; qu'au reste, au lieu de tant de cabinets, de vases, de cristaux et autres semblables choses, il souhaitait au Roi quelque nombre de belles statues grecques et de bustes pour en orner une ou deux salles, et de tableaux d'excellents maîtres. Je lui ai dit que ces propretés de cabinets et de cristaux s'étaient introduites dans la régence, qui était un gouvernement de femme; que M. le cardinal Mazarin les avait cultivées pour entretenir et divertir le Roi. Pendant cet entretien est arrivé M. Colbert avec un visage riant, mais non pas tant que les autres fois. Il a considéré le buste du Roi. L'abbé Butti lui a montré ce qu'y avait fait fraîchement le Cavalier, lequel a dit à l'abbé que son discours était inutile, si son ouvrage à lui ne parlait. L'abbé à cela s'est excusé et a dit en riant que c'était une impatience française. Mon frère et M. Madiot étant arrivés, M. Colbert s'est assis, le Cavalier et les autres aussi, dans l'ordre même que l'autre fois. Le Cavalier a commencé à parler et a dit qu'il était allé à l'Académie, qu'il avait pris la liberté d'y dire son sentiment pour l'instruction des étudiants. M. Colbert a dit qu'il l'avait su et l'en remerciait; qu'il l'obligerait beaucoup s'il voulait mettre par écrit le discours qu'il y avait fait. Il a promis qu'il le ferait et a répété que rien n'était si dommageable aux jeunes gens que de les faire commencer à dessiner d'après nature, qu'il fallait avoir des plâtres, des bustes et figures antiques, afin de les faire dessiner d'après. J'ai pris la parole et dit qu'on avait celle de l'*Hercule* Farnèse, et qu'on l'avait même plus belle qu'à Rome, à cause des jambes originales qui sont à celle-ci, au lieu qu'à l'*Hercule* qui est à Farnèse ce sont des jambes restaurées. M. Colbert a dit qu'il avait donné ordre qu'on l'eût pour l'Académie. Le Cavalier a repris et dit qu'à une école de France, il fallait d'autres préceptes qu'à une école de Lombardie; que les Français avaient du feu, mais une manière triste et menue. Les Lombards, au contraire, donnaient dans le matériel et le pesant, mais avec de la grandeur; qu'il fallait éveiller ceux-ci et donner du grand aux Français. Il a passé après dans le discours du bâtiment du Louvre, a rapporté partie des choses qu'il me venait de dire, avant que M. Colbert fût arrivé, mais il les a dites dans un très bel ordre. Il a montré le mortier des tours du Louvre et de Notre-Dame, qu'il a dit être excellent, et que d'une matière pareille l'on pou-

---

1. « Quand il arriva du monde. »

vait tout faire, savoir est : des murs de moindre épaisseur et conserver aussi
la lumière. A l'égard des trois manières de travail, appuyant sur celui à la
journée, comme l'unique dont il fallait se servir, M. Colbert s'est renfrogné
quand le Cavalier a dit que c'était le bon moyen de réussir, qu'il y allait de
son honneur et du service du Roi de le déclarer ; qu'outre cela, il était amoureux de cet ouvrage. M. Colbert a reparti qu'au travail à la journée il y avait
un embarras horrible, que, si néanmoins le Louvre ne se pouvait bien faire
autrement, il faudrait travailler de la sorte ; mais qu'il s'y rencontre de très
grands inconvénients, que M. de Noyers, qui était un homme *omni excep-
tione major,* a-t-il dit, n'avait pu s'exempter d'accusation, s'étant trouvé des
personnes qui offraient depuis longtemps de faire la toise du même travail à
beaucoup meilleur marché qu'elle n'avait coûté au Roi, au travail à la journée
qu'il avait fait faire. Chacun sur cela s'est récrié, l'abbé Butti même, et chacun s'est mis à louer la probité et suffisance de ce ministre. M. Colbert a
continué et dit qu'on avait des gens, lesquels on veillerait de si près, qu'il
leur serait impossible de tromper. Le Cavalier a reparti que, quand ils verraient un mousquet chargé, dont on les coucherait en joue, ils ne laisseraient
pas pour cela de faire à leur ordinaire. « Il y en a déjà, a répliqué M. Colbert,
qui sont exclus pour jamais de travailler aux bâtiments du Roi ; cela tiendra
les autres en bride, » et a ajouté qu'on donnerait au Cavalier tous les *sovrastanti* qu'il voudrait. Puis il a fini par résoudre qu'on dresserait le devis
qu'ils appellent *capitoli*[1], pour pouvoir donner les ordres au bois, à la pierre
et à toutes les autres choses.

Mon frère a eu ordre d'y travailler avec le signor Mathie et M. Madiot ;
ensuite M. Colbert a été voir les murs dans la basse-cour, et a vu au même
lieu de quelle manière l'on éteint la chaux à la mode de Rome.

Le sixième, nous avons commencé avec le signor Mathie à travailler,
mon frère et moi, chez le Cavalier, au devis de la fabrique du Louvre ; cependant le cardinal Antoine y est venu et n'y a guère demeuré ; il y est revenu
un peu après, avec M. le Nonce, et ont fort discouru de la maladie du Pape,
puis s'en sont allés. M. Madiot étant venu, le Cavalier l'a fort questionné
touchant les matières, et de quelle sorte de pierre il estimait plus à propos
de faire les fondations : après un long examen, l'on est demeuré d'accord de
les faire de grands quartiers de pierre de libage de trois ou quatre pieds de
long au moins, et de garnir les vides de petites pierres ; pour les murs de
refend, qu'on les ferait de pierre de Saint-Leu faisant parpaing[2]. M. Perrault
est aussi arrivé, à qui j'ai montré cette pierre de grotte ou de meulière,
estimée excellente pour la construction des voûtes, à cause de sa légèreté et
de sa nature poreuse, qui fait qu'elle se peut lier excellemment bien avec le
mortier. Il a dit d'abord que difficilement en trouverait-on la quantité nécessaire, pour ce que ces mêmes pierres dans la carrière, qui est vers . . . . .[3],

1. Articles.
2. « Parpaing, moellon qui tient toute l'épaisseur d'un mur et qui a deux faces ou pare-
ments, l'un en dehors, l'autre en dedans. » (*Dictionnaire de l'Académie.*)
3. Le nom est resté en blanc dans le manuscrit.

ne sont pas de la qualité de celle-ci ; qu'elles n'acquièrent cette légèreté qu'avec grande longueur de temps, et à force d'être exposées à l'air et à la pluie. Au sujet des voûtes, mon frère a fait une démonstration d'une manière de les faire, qu'elles pousseraient beaucoup moins, au moyen de quoi l'on pourrait aussi donner beaucoup moins d'épaisseur aux murs.

J'oubliais à dire que, dès le matin, j'avais envoyé avertir M. Bontemps, capitaine de Versailles [1], que, le jour de la Notre-Dame [2], j'y mènerais le Cavalier, mais il [3] m'a prié de remettre à cause de la fête, et qu'il a été incommodé du voyage de Maisons, de sorte que j'ai renvoyé à M. Bontemps lui donner avis de ce changement.

Le soir, sur les quatre heures, le Cavalier a été aux Gobelins, où il a vu toutes les fabriques et manufactures. Il a trouvé les tapisseries qui s'y font fort bien exécutées, entre autres celles de haute lisse. Il a fort loué les dessins et tableaux de M. Le Brun et la fertilité de son invention. Voyant dans un cabinet un plâtre du torse du Belvédère, il a répété ce qui est déjà dans les mémoires du cardinal Salviati et de Michel-Ange, au sujet de cette statue, et y a ajouté que, ce même cardinal Salviati assistant Michel-Ange à la mort, cet illustre fameux lui dit qu'il n'avait regret que de deux choses : l'une, de n'avoir pas fait pour son salut ce qu'il aurait dû ; l'autre, de mourir lorsqu'il ne faisait que commencer à épeler dans sa profession.

Le Cavalier, ayant dit cela, a demandé si le Cardinal Légat n'avait point été aux Gobelins. On a dit que non. De cet établissement de manufactures et fabriques, M. Colbert a dit que c'étaient choses que les grands princes devraient faire, quand même ils ne les aimeraient pas, pour la réputation que cela leur donne. M. du Metz, qui était là, s'en est revenu avec nous. Je lui ai dit, par les chemins, qu'il devait faire recherche des bas-reliefs et statues que j'avais fait jeter [4] à Rome et fait apporter en France ; qu'entre autres, il y avait soixante ou quatre-vingts pièces de la colonne Trajane, les bas-reliefs des ronds de l'arc de Constantin, et quantité d'autres tirés de Médicis et Borghèse, choses qui pourront servir, à ce que dit le Cavalier, dans l'Académie.

Le septième, j'ai mené au matin le carrosse du Roi au Cavalier à l'heure qu'il me l'avait demandé. Je l'ai trouvé qu'il avait entendu la messe. Nous sommes allés, le signor Paul et moi, l'entendre, puis, étant de retour, le Cavalier m'a dit que le cardinal Antoine l'avait prié de dîner, qu'il me priait que nous allassions prendre ensemble l'abbé Butti pour l'y mener, et, en nous y en allant, il m'a conté qu'il avait pensé le matin, avant que de se lever, qu'il n'y avait personne qui sût mieux que moi la fatigue qu'il se donne, qui connaisse mieux son ouvrage et avec combien d'amour il travaille à toutes choses ; que j'avais l'accès auprès du Roi dans les heures des repas, qui sont les heures désoccupées ; que j'aurais pu m'y trouver, et ne pas m'avancer de

---

1. C'est-à-dire du château de Versailles. Alexandre Bontemps, premier valet de chambre du Roi, mort en 1701 à 77 ans.

2. Le 8 septembre.

3. *Il*, Bernin.

4. *Jeter*, mouler.

dire ce que je vois et que je sais; mais, quand le Roi m'en demanderait des nouvelles, que je pourrais les lui dire. Je lui ai répondu que je l'aurais fait volontiers, mais qu'il y a de certains respects[1] qui m'empêchent de m'y trouver; que je le lui ferais savoir une autre fois; que je ne manquais pas d'affection de le servir, que même c'était la vérité et la justice, mais que je m'en étais abstenu pour de certaines considérations, comme je venais de lui dire. Il a reparti que le Roi ne serait peut-être pas fâché quelquefois de demander l'état des choses, les lieux où il avait été et son sentiment sur ce qu'il voit. J'en suis demeuré d'accord.

Étant, cependant, arrivés chez l'abbé Butti, et ayant su qu'il était allé à la messe, nous sommes entrés dans son jardin, où, nous promenant seuls, le Cavalier et moi, et le signor Paul s'étant éloigné, il m'a remis sur la matière dont nous venions de nous entretenir en carrosse. Je lui ai dit qu'il pouvait se souvenir que, dès le commencement, je n'avais pas même voulu que mon frère le vînt saluer, ni qu'il vît les dessins du Louvre; que la raison qui m'obligeait à cette circonspection et à garder ces mesures était que défunt M. de Noyers, dont j'étais parent, avait été surintendant des bâtiments, et que j'y avais eu de l'emploi sous lui; que mon dessein était d'ôter la pensée à M. Colbert que je voulusse m'y avantager à rien de mon chef; qu'il pourrait bien se reposer sur moi de ce qu'il ne peut pas faire lui-même dans les bâtiments, où j'ai, comme il voit, quelque intelligence, n'était que j'ai une charge qui me donne un peu d'accès auprès du Roi, et que la maxime des ministres, sans savoir quelle est la sienne, est de ne vouloir jamais se servir de gens qui ne dépendent absolument d'eux et aient un autre appui que le leur; que je ne voulais pas, m'entrant au repas, et donnant lieu au Roi de me parler, faire naître de l'ombrage, quel qu'il pût être, n'ayant autre dessein que de m'occuper doucement; que, dans le temps et l'occasion, je ferais et dirais pour lui ce que je dois à la vérité. Il a répété que personne n'était si bon témoin que moi de ce qu'il fait, ni si capable de le connaître. Sur cela, il a ajouté que la dernière fois qu'il travailla d'après le Roi, Sa Majesté lui disant que j'étais assez entendu dans ces matières, il lui avait répondu que personne ne l'était autant pour n'avoir point travaillé, soit que ce fût don de nature, soit que cela vînt des voyages que j'avais faits en Italie ou autrement, et m'a demandé si je n'entendais pas ce qu'il dit au Roi. Je lui ai reparti que non. Il a repris et a dit qu'il avait rendu ce témoignage à la vérité, ne lui ayant[2] point mendié cet office. Ensuite, il m'a dit qu'il lui importait que Sa Majesté sût les choses comme elles sont, qui lui pourraient être déguisées ou être mal interprétées; par exemple, que le jour d'hier il avait parlé bien avantageusement de ce qu'il avait vu aux Gobelins, quoiqu'il y eût diverses choses qui ne valaient rien. Je lui ai reparti que telles louanges ainsi données étaient un effet sans doute de la conférence que nous avions eue ensemble il y avait deux jours. Il en est demeuré d'accord, et que, pour de certains respects, il en avait usé de la sorte; mais qu'on pourrait rapporter la chose autrement, et que, moi, qui ai accès auprès du Roi, j'aurais pu

1. *Respects*, considérations.
2. Moi ne lui ayant...

dire la vérité, me trouvant au dîner ou au souper. Je lui ai répliqué que,
comme dans mon quartier[1] je ne perds aucun temps du service, aussi hors
de là je m'attache à celui de S. A. R., à qui j'ai l'honneur d'être aussi bien
qu'au Roi ; que, si j'avais en ce temps-ci de l'assiduité auprès de Sa Majesté,
on aurait pu juger que ç'aurait été pour me faire de fête. Il a repris et m'a
dit que j'y avais bien été il y a trois jours. J'ai répondu que c'était à cause
de certains mémoires que j'avais présentés à Sa Majesté, et qu'elle m'avait
ordonné de lui porter. « A la vérité, m'a-t-il répété, le témoignage d'un
homme comme vous peut beaucoup, car vous avez été mis auprès de moi de
la part du Roi ; vous voyez l'assiduité et l'amour que j'ai à l'ouvrage, mieux
que personne. L'abbé Butti est Italien et doit être moins cru que vous. » J'ai
répondu que je faisais mon devoir à toute occasion et que je le ferais toujours.

J'ai passé de ce discours à lui dire qu'il était un vrai homme comme il
le fallait au Roi, et que Sa Majesté était aussi un prince comme il le fallait
pour un génie pareil au sien ; qu'il devait pour cela penser à bon escient à
s'établir en cette cour ; que, s'il était de ces philosophes qui n'ont aucune
famille, il pourrait mépriser la grande occasion qui s'offre à lui ; mais
qu'ayant nombre d'enfants, comme il a, il devait penser à eux et à les porter
jusques où ils peuvent aller, et qu'il avait un fils dans la prélature qui, avec
la protection de la France, pouvait aller loin. Il m'a loué son esprit et son
talent, et m'a dit qu'il était homme à devenir pape. Je lui ai reparti en riant
qu'il fallait être cardinal auparavant. Il a demeuré d'accord de cela et, en
riant aussi, a ajouté que, s'il était cardinal par le moyen de la France, cela lui
nuirait pour un but comme celui-là ; qu'à la vérité, il y avait des voies qui ne
donnent pas l'exclusion ; qu'on était cardinal pour de l'argent, prenant de
certaines charges avec lesquelles on parvient au cardinalat. Il m'a dit, mais
sérieusement, qu'il ne pouvait pas dire davantage qu'il avait dit ; m'a répété
qu'il était homme à faire plus qu'il ne promettait ; qu'il avait donné à entendre à M. Colbert qu'une chose qui l'avait fort dégoûté de servir en France
était de voir combien on avait peu connu la beauté du dessin de Mignard pour
l'autel du Val-de-Grâce, et qu'on lui avait préféré celui qui s'exécute à présent ; que cela l'avait mis en balance[2] et pensé faire à changer ses inclina-
tions. Je lui ai dit que le choix de ce dessin avait en quelque sorte été remis
aux religieuses, qui, ne s'entendant point à cela, s'étaient laissées aller aux
persuasions de leur architecte, qui avait employé toute sorte de moyens
pour faire approuver son ouvrage ; qu'il n'en était pas de même dans ce qui
se fait pour le Roi, lequel sait si bien connaître les choses et faire élection du
bon et du beau.

Je lui ai encore répété en cet endroit-là qu'il ne devait rien tant désirer
que de demeurer en France, et que, pour un temps de paix comme celui-ci,
il était le vrai homme du Roi. Il m'a dit que son intention était de revenir,
mais qu'il ne voulait pas l'assurer, que le Roi lui en serait moins obligé que
de revenir sans l'avoir promis. J'ai ajouté à cela que, quand l'amour qu'il a

1. C'est-à-dire : quand je suis de quartier, comme maître d'hôtel du Roi.
2. L'avait fait hésiter.

pour Sa Majesté ne l'y obligerait pas, celui qu'il doit avoir pour son ouvrage
l'y doit obliger, étant le plus grand et signalé du monde. Je me suis ensuite
étendu sur la beauté de son dessin, que je trouvais d'autant plus admirable,
qu'il l'avait accommodé au vieux, et que je disais à toute rencontre que c'était
un paradoxe qu'il n'avait rien changé au Louvre, et qu'il l'avait changé tout
à fait. Il a répété ici ce qu'il avait une fois dit à M. le commandeur de
Souvré, que, pour avoir voulu conserver le Louvre, il l'avait détruit[1] ; que
M. le Légat lui avait dit, à son retour de France, que le Roi désirait un plan
de lui où il n'eût aucune sujétion[2], que[3] ses ministres ne le lui avaient pas
fait entendre. Je lui ai dit que je ne m'étais pas trouvé assez près de Sa Majesté pour entendre ce qu'il lui dit à ce sujet la première fois qu'il vit le Roi ;
mais qu'il avait couru un bruit qu'il avait dit qu'il fallait tout abattre, et
que Sa Majesté avait répondu qu'elle voulait conserver l'ouvrage de ses prédécesseurs. Il m'a rapporté comme cela s'était passé, et qu'il dit au Roi qu'il
avait vu les palais des Empereurs, ceux des Papes et des souverains, et par
les chemins ceux des ducs et seigneurs ; mais qu'il fallait faire pour un roi
de France d'aujourd'hui de plus grandes et magnifiques choses que celles-là,
et qu'il se tourna vers ceux qui environnaient le Roi : « Qu'on ne me parle,
dit-il, de rien de petit[4] » ; que le Roi avait pris la parole et lui avait dit qu'il
avait quelque affection de conserver ce qu'avaient fait ses ancêtres ; mais que
néanmoins, si l'on ne pouvait rien faire de grand sans tout abattre, qu'il lui
abandonnait tout, même le choix de tout autre poste ; que, pour l'argent, il
ne l'épargnerait pas ; qu'il avait répondu à Sa Majesté que la proportion était
la plus belle chose du monde ; que les palais n'étaient pas grands par la dépense qu'on y faisait, mais par la grandeur du mode et la noblesse de l'idée
de l'architecte ; que, dans cette vue, M. Colbert l'avait ensuite mené dans les
postes les plus avantageux de Paris pour en avoir son avis et lui donner à connaître que le Roi ne faisait aucune réserve, mais que lui s'était accommodé à
ce qui était raisonnable, et avait laissé les vastes desseins qui auraient eu du
chimérique pour l'excès de la dépense, comme de bâtir dans l'île du Palais,
où, avant que de commencer, il eût fallu abattre pour quinze ou vingt millions de maisons ; qu'il avait donc fait son dessin sur le vieux Louvre, et de
telle sorte qu'il se persuadait avec raison qu'étant bien exécuté ce serait le
plus beau palais du monde ; que, dans ce temps-là, M. Colbert lui avait fait
dire par l'abbé Butti de mettre sa pensée par conférence avec lui dans un
écrit ; ce qu'il avait fait ; que l'amour qu'il avait à son ouvrage le solliciterait
de revenir ; qu'il s'imaginait le pouvoir faire aisément ; que deux cents pistoles ne lui étaient rien pour pouvoir venir avec commodité ; que, d'autre part,
ramenant sa famille avec lui, ce lui serait un entretien par les chemins ; que
l'air d'ici lui était bon ; qu'il trouvait y avoir plus de vigueur et plus d'appé-
tit qu'à Rome ; a répété qu'il avait un amour extrême pour le Roi, que sans
cela il n'aurait pu, à son âge, travailler cinq heures de suite comme il
fait ; a ajouté qu'il pouvait dire qu'il était en considération fort grande à

1. Le manuscrit porte par erreur *destrait*.
2. C'est-à-dire où lui, Bernin, ne fût gêné en rien.
3. *Que*, ce que.
4. Voyez plus haut à la date du 4 juin.

Rome, à cause de ses ouvrages, qui étaient sur le point d'être achevés ; qu'il avait toujours eu pensée de venir en France, et qu'il s'était étonné (le cardinal Mazarin l'aimant et le lui ayant témoigné en toute occasion) comment cela ne s'était pas fait, vu qu'à Rome il avait pour lors quelque espèce de persécution.

Sur cela est arrivé l'abbé Butti et nous sommes allés dîner chez le cardinal Antoine, qui, ayant voulu entretenir le Cavalier en particulier, l'a prié de monter en sa chambre, et, moi, je suis resté avec le signor Paul, lequel m'a dit qu'il jugeait bien que l'entretien que je venais d'avoir avec son père était touchant ses affaires ; moi, de peur de lui donner trop à deviner, je lui ai dit que je l'entretenais du désir que j'ai qu'il demeure en France, et lui disais les raisons qui l'y doivent faire résoudre, mais que je voyais que la chaise de saint Pierre était un obstacle invincible ; et j'ai pris occasion de lui demander le particulier [1] de cet ouvrage. Il m'a dit que c'était une chaise portée par quatre docteurs de l'Église, deux latins et deux grecs, de six toises de haut, chaque figure de bronze doré posée sur des piédestaux d'albâtre ; que cet ouvrage est couronné d'une gloire où il y a une infinité d'anges, et que le tout arrivait bien à la hauteur de vingt toises et attrapait la corniche de Saint-Pierre de Rome, devant être au fond de l'église derrière l'autel. Il a continué et m'a dit que M. Colbert, quand il se promena l'autre jour, comme je vis, en particulier avec son père, et lui, dans la galerie du palais Mazarin, les pressa fort de demeurer en France, et que, sur les louanges que son père donnait à M. Colbert de bon ministre et méritant bien les récompenses qu'il recevait de Sa Majesté, il avait reparti qu'il ne paraîtrait jamais au Roi meilleur ministre que lorsqu'il lui porterait la nouvelle qu'il l'avait persuadé à demeurer ici. Il m'a dit que son père, ayant fait un tour à Rome, avait intention de retourner ; qu'une chose lui donnait de la peine : c'était une de ses filles qu'il aimait infiniment, laquelle est religieuse dans un couvent, où l'on ne fait point de vœux ; qu'il aurait regret de la laisser à Rome; de l'amener aussi, que peut-être le Pape ne voudrait pas le permettre.

Nous entretenant de la sorte, le Cavalier et l'abbé sont descendus. Son Éminence a fait voir au Cavalier, avant qu'on se mît à table, une montre pour la nuit où, par le moyen d'une lampe qui éclaire le cadran, on peut voir à toute heure de la nuit quelle heure il est. Il y a dans cette montre un tableau de Carlo Maratte, de petites figures d'un pied de haut que le Cavalier a fort louées.

J'oubliais à noter qu'il m'a prié de parler de son ouvrage avantageusement, et que lui ayant dit que l'ouvrage parlait de lui-même, il m'a reparti qu'aux princes qui ont tant de choses dans l'esprit, il faut donner les avis ou les faire ressouvenir; m'a rapporté, pour exemple, qu'ayant vaqué du temps d'Urbain VIII un canonicat de Saint-Pierre, il n'avait pas voulu le demander à Sa Sainteté, s'attendant qu'Elle devait se souvenir de le lui donner, parce qu'il avait un fils capable de le tenir, ce que le Pape ne fit néanmoins pas; et comme il en fit le fâché, que Sa Sainteté lui avait dit que les hommes qui ont de si grandes affaires par les mains devaient être avertis, et qu'il ne faut pas s'attendre qu'ils se souviennent de tout, comme pourraient faire les-

---

1. Le détail.

BUSTE EN MARBRE DE LOUIS XIV, PAR BERNIN.

(Château de Versailles. — Dessin de M. Bocourt.)

autres. Il m'a parlé aussi de son marbre pour le buste, qu'il craignait au commencement qu'il n'y eût des taches ; qu'après l'ayant trouvé *cotto*, il était admiré [1] comment il avait si bien réussi. Je lui ai répondu que c'était le soin qu'il apporte à son travail. Il a dit qu'il l'y apportait fort grand, mais qu'il fallait qu'il y eût quelque autre chose, donnant à entendre que c'était une grâce de Dieu, à qui il réfère tout.

L'après-dînée le P. Otoman est venu chez le Cardinal. Après quelques entretiens avec lui, nous avons été chez l'abbé Bentivoglio, que n'ayant pas trouvé nous sommes allés chercher chez la signora Anna Bergeroti, où il était. L'on y a chanté longtemps à deux, à trois et à quatre parties. Il y avait nombre d'Italiens. Le Cavalier y a récité plusieurs endroits de ses comédies, agréablement à son ordinaire, et, en s'en allant, il a fait des plaintes à l'abbé de Bentivoglio, non de ne l'être pas venu voir, mais Sa Majesté [2], à qui il devait bien cela. Nous avons ramené l'abbé Butti chez lui. En voulant, après, entrer dans quelques églises, nous les avons trouvées fermées.

Le huitième au matin, comme j'arrivais chez le Cavalier, j'ai trouvé M. Perrault, qui en sortait. Il m'a demandé avec un visage ouvert si le Cavalier n'était pas bien satisfait de ce qu'il avait vu aux Gobelins. Je lui ai dit qu'oui, particulièrement de l'exécution des tapisseries. Il m'a demandé mon sentiment de celles des *Quatre Éléments*. Je lui ai répondu que je les trouvais fort belles. L'ayant quitté, je suis allé travailler à examiner avec le signor Mathie le devis du bâtiment du Louvre, afin de voir ce qu'il fallait pour le bien éclaircir. J'y ai fait ajouter que les joints des pierres seraient les plus petits qu'il se pourra et comme ils sont aux vieux bâtiments, et mieux s'il se peut.

Pendant cela, M. le Nonce est arrivé, et mon frère un peu après, et en même temps M. le cardinal Antoine a envoyé son horloge pour la nuit, où est le tableau de Carle Maratte, afin de la présenter au Roi, quand Sa Majesté viendra chez le Cavalier. M. le Nonce n'a guère demeuré, et étant sortis nous sommes allés dîner. Durant que nous avons été à table, le Cavalier m'a dit que dans un seul de mes tableaux des *Sacrements,* il trouvait bien plus à se satisfaire que dans tous ces grands tableaux qu'il avait vus aux Gobelins, pource que « aux ouvrages du signor Poussin, il y a (ç'a-t-il dit), du fond, de l'antique, de Raphaël, et tout ce qui se peut désirer en peinture ; qu'à dire la vérité, ce sont choses à satisfaire ceux qui savent. » Je lui ai dit que c'était dommage que M. Poussin n'eût eu de grandes occasions. Il a reparti que ç'avait été lui qui lui avait procuré celle du tableau de Saint-Pierre, que des peintres signalés [3] lui en avaient voulu du mal. J'ai dit que je ne tenais pas ce tableau des beaux qu'il eût faits. Il a reparti qu'il était très-beau : *che dentro ci era il fondo e il sodo del saper* [4]. Discourant sur son talent, j'ai ajouté qu'à mon avis ce qui l'avait engagé à faire de petites figures était

1. *Admiré*, étonné.
2. C'est-à-dire le buste du Roi.
3. Entre autres, le Guide.
4. « Que dans ce tableau il y avait le fond et le solide du savoir. »

qu'ayant une facilité d'imagination et fécondité d'esprit fort grandes, d'autre part n'ayant point de grandes occasions de galeries, de voûtes ou tableaux d'églises pour traiter en grand de grands sujets, il avait été réduit à les traiter dans des tableaux de cabinet en figures moindres que nature.

L'après-dînée, M. Le Brun est venu voir le Cavalier, lequel lui a fait une grande réception et l'a fort prié de lui dire son sentiment touchant son buste, et qu'il était encore en état de profiter de ses avis. Dans ce même temps est arrivé M. le cardinal Antoine, M. le Nonce et M. de Benserade menant Mᵐᵉ de Villars. .

Le neuvième, j'ai trouvé le Cavalier travaillant à son buste. Il m'a dit qu'hier au soir, il y avait travaillé, aux flambeaux, au flocon de cheveux qu'il m'a montré, lequel est à jour sur le front. M. le Nonce est arrivé incontinent après, puis Mˡˡᵉ de Saint-Christophe, qui a chanté quelques airs français et italiens. Elle a dit, considérant le buste du Roi, que, quoiqu'il n'eût ni bras ni jambes, il semblait qu'il eût du mouvement et qu'il marchât. Lefebvre avait dit une autre fois qu'il ressemblait même par derrière [1].

L'après-dînée, sur les trois heures, le Roi est venu, M. le marquis de Villeroy [2] était arrivé quelque temps auparavant, puis M. de Saint-Aignan et Magalotti, qui était là pour présenter à Sa Majesté l'horloge du cardinal Antoine, de la part de Son Éminence ; ce qu'il a fait. Le Roi la considérant, le Cavalier lui a dit que le tableau que Sa Majesté voyait était d'un des meilleurs peintres de Rome. Sa Majesté l'a regardé quelque temps, puis a dit : que, s'il se fût appliqué de bonne heure à considérer les tableaux, il se serait connu en peinture, mais qu'il ne les regardait que depuis trois ou quatre ans ; et au Cavalier, il lui a dit qu'il avait su qu'il avait été à l'Académie. Il a répondu à Sa Majesté qu'il y avait dit son sentiment sur la manière d'instruire les jeunes gens, qu'il ne fallait pas les mettre sitôt à dessiner d'après nature, qu'il fallait auparavant qu'ils étudiassent l'antique, comme ces belles têtes grecques de l'Apollon, de Jupiter et autres qui ont été formées [3], puis après les statues et les bas-reliefs ; que le naturel était partout ; que néanmoins l'on voit que les peintres se font plus à Rome qu'en France et en Espagne, et que cela ne procède que du grand nombre de statues grecques et des beaux bustes antiques qui sont à Rome, lesquels on ne voit point ailleurs, ce qui aide merveilleusement aux professions de peinture et de sculpture ; que, quand on est accoutumé à dessiner après ces ouvrages, et qu'après on vient à dessiner après nature, on la corrige là où elle est défectueuse. Sur cela, j'ai dit au Roi que, pour l'instruction des peintres et sculpteurs et même pour l'ornement du Louvre, j'avais, il y a vingt et tant d'années, fait former et amener en France quantité de bas-reliefs et quelques statues dont l'on pourrait faire recherche pour l'Académie. Sa Majesté m'a commandé d'en parler à M. Colbert. Le Cavalier a ajouté au Roi qu'aux Français, dont la manière est petite

1. Voyez plus haut à la date du 19 août.
2. François de Neufville, marquis, puis duc de Villeroy, maréchal de France, né en 1644, mort en 1730.
3. Formé, moulé ; de l'italien formato.

et triste, il fallait leur faire voir la Lombardie, et aux Lombards, qui vont dans le grand, mais dans le pesant, il leur fallait voir Raphaël, qui est noble, gentil [1] et délicat.

L'abbé Butti a dit, après, que Le Brun est venu hier voir le buste, et sur cela le Cavalier a pris occasion de louer ce qu'il a vu aux Gobelins, où il a dit que Sa Majesté était bien servie, et particulièrement en ses tapisseries : le Roi m'a demandé s'il avait vu la tapisserie des *Éléments*. Je lui ai répondu qu'oui. Puis il a parlé ensuite de celles de ses maisons. J'ai dit à Sa Majesté que le Cavalier n'en avait encore vu que les tableaux, que M. Lebrun faisait exécuter par divers peintres, ne pouvant tout faire de sa propre main, ayant ajouté après, que les tapisseries qui se font aux Gobelins sont mieux exécutées que ne l'ont été celles d'après Raphaël. Le Roi a pris la parole et a dit que Le Brun y fait quelquefois changer des bras et des cuisses tout entières. Après ce discours, le Cavalier s'est mis à travailler, et l'abbé Butti a récité un madrigal italien qui dit ainsi :

*Al signor Cavaliere Bernino per il ritratto di Luigi XIV fatto da lui in marmo.*

> Pende in dubii litigii
> Qual sia più favorevole destino,
> Che trovat' il Bernino habbia un Luigi,
> O Luigi un Bernino.
>
> Senza si gran scultor foran sicuri
> Non poter adorar il ver sembiante
> D'un Rè si grande i secoli futuri ;
> E senza un Rè si grande e trionfante,
>
> Non havria ne men quello
> Nel mondo un degno oggetto al suo scarpello.
> Ma, in mutuo pro del gemino valore,
> Far il ciel non potea coppia maggiore [2].

Le Roi l'a trouvé fort beau, et a dit à M. Dangeau [3] de le mettre en vers français et d'y travailler sur-le-champ, ce qu'il a fait. Sa Majesté, l'ayant vu, lui a commandé d'écrire l'italien et le français dans un même papier que Sa Majesté a mis dans sa pochette.

Au commencement, personne n'était entré que M. de Navailles et M. de Pradelle [4], que le Roi avait fait entrer ; tout le monde était resté à la porte de l'antisalle [5] ; depuis sont venus MM. les maréchaux du Plessis et de Villeroy et M. d'Armagnac, qui sont entrés. M. l'abbé Le Tellier, se tenant à la

---

1. *Gentile*, gracieux ; dans le sens de l'italien *gentile*.

2. *A monsieur le cavalier Bernin, sur le portrait de Louis XIV fait par lui en marbre.*
« C'est une question à décider de savoir à qui le destin a été plus favorable pour Bernin de trouver un Louis ou pour Louis de trouver un Bernin. Sans un si grand sculpteur les siècles futurs seraient certains de ne pouvoir adorer la véritable image d'un si grand roi ; et sans un roi si grand et triomphant, Bernin n'aurait pas eu dans ce monde un objet digne de son ciseau. Mais, pour le mutuel avantage de leur double mérite, le ciel ne pouvait faire un plus grand couple. »

3. L'abbé Louis de Courcillon de Dangeau, lecteur du Roi, membre de l'Académie française, né en 1643, mort en 1723.

4. François, marquis de Pradel, lieutenant général des armées (1657), mort le 17 juin 1690.

5. *Antisalle*, antichambre.

porte, Sa Majesté l'a aussi fait entrer, et à la fin insensiblement tous les autres sont entrés. J'ai voulu montrer le sonnet de M. l'abbé Tallemant [1], mais le Roi m'a dit qu'il l'avait vu le matin.

### SONNET

Il le faut avouer, ta Rome est admirable,
La sculpture surtout y triomphe en tous lieux;
Bernin, on ne voit rien aujourd'hui sous les cieux
Qui remplisse l'esprit d'une grandeur semblable.

Je trouve comme toi l'*Hercule* incomparable;
L'*Apollon* est l'amour de tous les curieux;
Tes ouvrages encor sont le charme des yeux,
Et l'on ne conçoit rien qui leur soit comparable.

A la Seine pourtant le Tibre doit céder;
Elle t'offre un objet tel qu'on peut demander :
Magnanime, charmant, où toute grâce abonde.

Tes yeux de son éclat peuvent être éblouis,
Si tu n'as pour ton art rien d'égal dans le monde,
Ton art n'a rien trouvé d'égal au grand Louis.

Tout le monde considérant la délicatesse du buste, quelqu'un a dit qu'on ne pourrait jamais s'empêcher d'y toucher, qui est par où l'on commence en France à voir les sculptures. Le Roi, sur cela, a rapporté que M. le cardinal Mazarin disait un jour à M. le maréchal de Gramont, qui regardait de près quelqu'une des antiques de sa galerie : « Monsieur, quand ces choses tombent à bas, elles se cassent, » et ne lui disait pas : « N'y touchez point. » L'on a parlé, après, de l'argenterie qui se fabrique aux Gobelins, où il se fait des vases et des bassins d'une grande magnificence. Sa Majesté a dit : qu'il n'y avait encore de faits que... vases,... [2] bassins, mais que dans dix ans il y aurait de quoi faire un buffet raisonnable, qui irait du bas d'un de ses salons jusques au haut. Le Cavalier a dit à Sa Majesté qu'Elle s'y prenait fort bien, et que ces choses confirmaient ce qu'on lui avait dit, avant qu'il partît de Rome : *Che il Re haveva un grande cervellone* [3].

Dans ce temps Perdigeon, que Sa Majesté avait envoyé querir, est venu pour voir quel ornement on pourrait ajouter à cette horloge que lui donnait le cardinal Antoine, laquelle, hors le tableau, n'est que d'ébène. Le Roi a regardé quelle heure il y était, et ensuite M. le maréchal de Villeroi, et a dit qu'il fallait qu'il s'en allât, ayant deux affaires dans son Conseil qui l'y obligeaient, et est parti, disant au Cavalier qu'il viendrait le lendemain à pareille heure. Après que Sa Majesté a été sortie, il a encore travaillé quelque temps de mémoire, puis nous sommes allés aux Feuillants, où il se faisait un grand

---

1. L'abbé François Tallemant, aumônier du Roi, membre de l'Académie française, né en 1620, mort en 1693. Il était frère de Tallemant des Réaux, qui lui a consacré une historiette où il ne l'a pas beaucoup ménagé.

2. Les chiffres sont restés en blanc dans le manuscrit.

3. « Que le Roi avait une grande intelligence. »

salut et des prières pour la Reine Mère, avec exposition du Saint Sacrement, auquel S. A. R. assistait.

Le dixième, j'ai trouvé le Cavalier travaillant à son buste, le signor Mathie à quelque morceau en grand du devant du Louvre ; et le signor Paule faisait sur le marbre de son petit Christ un bas-relief. Sur les dix heures M. Boutart [1] est venu avec M. Grinville [2], qui a connu le Cavalier à Rome durant les ambassades de M. de Fontenay-Mareuil [3]. Après qu'il a eu vu le Cavalier et son buste, il a vu les dessins du Louvre. L'abbé Butti a récité son madrigal à M. Boutart, qui l'a trouvé extrêmement beau. Pendant cela, mon frère et mon neveu étant arrivés, M. Boutart avec de un ces enthousiasmes qu'il a quelquefois, s'est mis sur la louange de notre famille, de laquelle il a dit merveille, la louant principalement de probité et fidélité.

Après qu'ils ont été sortis, le Cavalier m'a tiré à part et m'a montré un dessin qu'il a fait d'un piédestal pour poser le buste, et ce piédestal est un globe du monde avec un mot qui dit : *Picciola basa* [4]. Il m'a demandé mon sentiment de cette pensée. Je lui ai dit que je la trouvais grande et noble, donnant à juger pour l'avenir de grandes choses du Roi. Il a ajouté qu'outre le grand qu'elle porte avec elle, il en tirait un autre avantage : c'est que cette boule par sa globulence [5] empêcherait qu'on ne touchât le buste, comme on a coutume de faire en France, quand on voit quelque chose de nouveau. Je lui ai dit que sa pensée se rapporte encore heureusement à la devise du Roi, dont le corps est un soleil avec le mot : *Nec pluribus impar,* et que ce piédestal est le plus grand qu'on pouvait imaginer, mais qu'il fallait qu'il y mît son nom, pour dire que c'est lui qui l'a inventé et l'a fait, afin qu'on ne pense pas que ce soit le Roi, qui parle et qui trouve que le monde est une trop petite base pour lui. Il a ajouté que ce piédestal ferait un bel effet, l'azur de la mer se distinguant du reste du globe, qui sera de cuivre doré.

Après dîner, le Roi est venu entre deux et trois, et Monsieur avec Sa Majesté. Au commencement personne n'est entré que M. de Gesvres, et après M. de Noailles, à quelque temps de là M. de Séry [6], le reste des seigneurs demeurant à la porte, sans oser entrer. Le Cavalier a travaillé au nez et durant quelque temps à un petit sein [7] que le Roi a au nez près de l'œil. S. A. R. m'a commandé de dire au Cavalier qu'il trouvait bien plus de ressemblance au buste que la dernière fois qu'il était venu, et ensuite de lui demander si, quand il a fait le portrait du Pape, Sa Sainteté venait chez lui. Le petit Julio, qui était tout proche et a entendu ce que disait S. A. R., lui a répondu qu'oui,

1. Probablement le Boutard qui figure dans l'*État de la France* de 1665 (t. II, p. 258) comme auditeur des comptes.

2. Ou Grainville. Voyez la note suivante.

3. François du Val, marquis de Fontenay-Mareuil, né vers 1594, mort le 25 octobre 1665. Il avait été ambassadeur à Rome en 1641 et 1647. Dans ses Mémoires, à l'année 1642, il parle du sieur de Grainville, comme attaché à sa personne en qualité d'écuyer.

4. « Petite base. »

5. *Globulence,* forme sphérique.

6. François de Beauvillier, comte de Séry, fils aîné du duc de Saint-Aignan. Il mourut le 1ᵉʳ octobre 1666 à vingt-cinq ans.

7. *Sein,* pour *seing,* signe.

et que Sa Sainteté y était venue dix fois. Sa Majesté, ayant une fois quitté sa place pour venir voir l'ouvrage du Cavalier et l'ayant considéré, a dit à l'oreille à Monsieur (tout auprès duquel j'avais l'honneur d'être) : « Est-ce que j'ai le nez de côté ? » Le Cavalier ne l'a pas entendu, mais si a[1] l'abbé Butti, qui lui a dit alors, que cela ne demeurerait pas de la sorte, quoique d'un côté, à y regarder de près, le Roi ait le nez un peu plus gros que de l'autre. Avant que Sa Majesté se soit remise en sa place, Elle m'a commandé de lui montrer la paire d'armes, que je lui avais fort louées le jour précédent, et qui ont été tirées de son cabinet d'armes pour servir de modèle au Cavalier. Ce sont celles qui furent données à François Ier par un duc de Mantoue, et qui, outre qu'elles sont ciselées de basses tailles du dessin de Jules Romain, sont encore excellemment bien exécutées. Le Roi et Monsieur les ont fort considérées. Durant cela M. l'abbé le Tellier est arrivé et est entré, Sa Majesté lui ayant fait signe qu'Elle le lui permettait. Avant que de se remettre en sa place, le Roi est allé voir l'ouvrage du signor Paul ; et après, quelqu'un parlant d'un portrait chargé, le Cavalier a dit qu'il avait fait celui de l'abbé Butti, lequel il a cherché pour le faire voir à Sa Majesté, et, ne l'ayant pas trouvé, il a demandé du crayon et du papier et l'a refait en trois coups devant le Roi, qui a pris plaisir à le voir, comme a fait aussi Monsieur et les autres, tant ceux qui étaient entrés que ceux qui étaient à la porte. Après, Rocheplatte[2], lieutenant des gardes de S. A. R., lui étant venu parler à l'oreille, Monsieur ensuite a parlé tout bas au Roi, qui a répondu que non. Je me suis persuadé que c'était que Madame demandait à venir, au cas que Sa Majesté demeurât encore du temps là, mais un moment après Elle s'en est allée, et a dit au Cavalier qu'elle reviendrait le lendemain à pareille heure. Sa Majesté sortie, Mme d'Elbeuf, Mme sa belle-fille[3] et Mme de Monglas[4] sont venues voir le buste. Elles ont été un quart d'heure considérant et admirant la ressemblance du portrait à le voir de tous les côtés.

J'avais oublié de dire que Nanteuil[5] était venu le matin, et qu'il ne se pouvait aussi lasser de le considérer et l'admirer dans tous ses aspects. Chacun a dit au Cavalier qu'il fallait qu'il laissât ici son portrait, et que personne ne le ferait mieux que Nanteuil. Le signor Paul a pris la parole et a dit que Lefebvre avait prié le premier son père que ce fût lui qui le fît. Le Cavalier a répliqué : Nanteuil le ferait le mieux, et que de tous les portraits qu'on a faits du Roi, nul ne ressemble si bien que celui que Nanteuil a fait le dernier.

Le onzième, j'ai mené M. de Bartillat et...[6] chez le Cavalier. Nous y avons

---

1. C'est-à-dire : mais bien l'a entendu l'abbé Butti.

2. Lieutenant des gardes du corps français de Monsieur.

3. Jeanne-Charlotte du Plessis-Liancourt, mariée (1659) à François, septième du nom, duc de La Rochefoucauld. Elle était fille de Henri-Roger du Plessis, comte de la Roche-Guyon, et d'Anne-Élisabeth de Lannoy qui, devenue veuve en 1646, avait épousé en 1648 le duc d'Elbeuf dont il est question dans la note précédente.

4. Cécile-Élisabeth Hurault de Chiverny, femme de François de Paule de Clermont, marquis de Monglas. Elle est connue par ses amours avec Bussy-Rabutin.

5. Robert Nanteuil, le célèbre graveur, né en 1630, mort en 1678. Il a gravé huit fois le portrait de Louis XIV.

6. Le nom est resté en blanc dans le manuscrit.

trouvé le marquis de Raggi, Génois, et l'abbé de Lessein. A quelque temps de
là est venu M. de Boisfranc, qui a fait entrer Lepautre[1]. Ils ont vu le buste,
et je leur ai montré les dessins du Louvre. Quand ils ont été tous sortis, le
Cavalier nous a conté, à l'abbé Butti et à moi, que ce marquis de Raggi, qui était
arrivé avant nous, lui avait dit, après avoir considéré le buste du Roi, que
pour une ébauche il était déjà bien, puis le Cavalier a ajouté : « Les Génois,
de tous les peuples d'Italie, sont ceux qui ont moins de délicatesse d'esprit,
et cela à raison du commerce qui leur abaisse le jugement et leur ôte la
connaissance des autres choses. » Pour nous confirmer cela, il a raconté
qu'un jour un Génois était allé voir le Guide, qu'il trouva travaillant à un
grand tableau ; que, comme il avait entendu dire qu'il était fort intelligent, le
Guide le pria de lui dire son avis de son ouvrage ; que pour cela ce seigneur
s'étant mis à le considérer de la sorte que font ceux qui ont beaucoup de connaissance, faisant la mine et l'action d'un homme qui regarde premièrement le général du tableau, puis après le particulier, ce qui l'obligea, voyant
qu'il ne disait encore rien, de lui faire compliment, lui disant que l'ouvrage
n'était pas hors d'état d'être corrigé, sur les bons avis qu'il lui plairait d'en
donner. Lors ce Génois se mit à regarder celui avec qui il était venu, sur quoi
le Guide le supplia derechef de lui parler franchement, et qu'il lui ferait
grand plaisir. Il dit donc au Guide : « Puisque vous me donnez la liberté, je vous
dirai que je trouve que le cadre est un peu plus large par le haut que par
le bas. » Quand le Guide eut entendu cette belle remarque, il le remercia
en riant, lui dit que cela était sans doute vrai, qu'il s'en était comme douté,
et s'en moqua.

Le Roi est venu sur les trois heures. L'abbé Butti a dit à Sa Majesté, à son
arrivée, que diverses personnes avaient exercé leur génie poétique sur son
portrait, et a montré en riant M. Etienne, manœuvre du Cavalier, et qui ai-
guise ses ferrements, lequel a lu de ses niaiseries, que le Roi a eu la patience
d'écouter. Le Cavalier s'étant mis à travailler, le Roi a remarqué qu'il changeait une marque que Sa Majesté a proche de la bouche, et lui en a demandé
la raison. Il a reparti que c'était pour la refaire mieux ; ayant ensuite marqué quelques poils au bas de la bouche, Sa Majesté a dit qu'Elle n'en avait
pas en ce lieu-là la dernière fois, et qu'Elle se ferait raser, quand Elle reviendrait, et que ce poil ne se verrait point. J'ai pris la parole et lui ai dit que,
quand on fait faire un portrait, il ne faut rien affecter, parce que l'art dé-
daigne d'imiter l'art, et ne se plaît qu'à représenter la nature. Le Cavalier a
ajouté que, quand on s'est fait raser, cette fraîcheur ne dure que deux ou
trois heures ; que la plupart du temps on paraît avec du poil ; qu'il faut
chercher à représenter l'état auquel on est le plus souvent.

Au commencement personne n'est entré, et tous sont demeurés à la porte,
à la réserve de MM. de Noailles et de Belinghem. MM. de Villarceau[2] et de
Biscarat, qui étaient venus un peu auparavant le Roi, s'étaient retirés, quand
Sa Majesté est entrée, mais à la fin tous sont entrés. Le Roi a fort parlé tout
bas à l'abbé Butti d'un cordelier qui était là, lequel est de la maison de M. le

---

1. Contrôleur général des bâtiments de Monsieur.
2. Louis de Mornay, marquis de Villarceau.

noncé. M. de Créqui est arrivé sur la fin, et a trouvé le buste fort avancé. Le Roi a demandé combien il faudrait encore de jours pour le finir. J'ai répondu que cinq ou six jours de sa présence suffiraient. Sa Majesté a demandé après, si l'on n'était pas soigneux de faire fermer la porte quand le Cavalier sortait. J'ai dit : « Sire, non seulement la porte, mais les fenêtres »; et l'abbé Butti a ajouté que l'on couchait dans la salle. Le Roi a dit ensuite qu'il y avait eu du bruit à Rome au sujet de l'ouvrage de la chaise de Saint-Pierre. L'abbé Butti a reparti à Sa Majesté que le Cavalier n'en savait rien, et qu'il était bon de ne lui en pas parler, et moi j'ai ajouté : Parce que c'était l'ouvrage qui lui tenait le plus au cœur, et l'obligeait à vouloir s'en retourner à Rome.

Dans ce temps, le Roi a regardé sa montre, et moi, jugeant que c'était pour s'en aller, je me suis approché et lui ai dit : « Sire, si Votre Majesté n'a point disposé de la Trésorerie du Gué-de-Mauny du Mans qui vaque, je la supplie de me la donner. » Elle m'a répondu : « L'homme n'est pas mort, et seize me l'ont demandée. » Le Roi m'a demandé après pour qui ; je lui ai dit pour un de mes frères, que M. Colbert emploie à la conduite du Louvre. « Est-il d'Église ? » a dit le Roi. J'ai reparti à Sa Majesté qu'oui. Le Roi est allé, et a dit qu'il ne pourrait revenir de longtemps.

D'abord que Sa Majesté a été sortie, le Cavalier s'est jeté dans un fauteuil et a mis sa tête entre ses deux mains, et a demeuré ainsi un grand quart d'heure, puis après a recommencé à travailler. Après est venue Mᵐᵉ de La Baume avec M. d'Albon et M. de La Mothe-Fénelon[1]. Ils ont vu le buste et les dessins, et puis sont sortis.

Sur les six heures, le Cavalier a été aux Feuillants pour sa prière ordinaire. Il y avait exposition du Saint-Sacrement avec beaucoup d'ornements et grand luminaire à l'autel. A la sortie de l'église, il m'a dit, au sujet de ces ornements, que la manière de France était triste et petite ; qu'à Rome, dans les églises, il y avait une plus belle manière d'orner, qu'ils se servaient pour cela de grands chandeliers de tête d'argent où sont enchâssées des reliques, de grands vases de formes nobles dans lesquels on met des bouquets de fleurs, et que cela fait un tout autre effet que tant de petites choses dont était orné cet autel. Mon frère a pris la parole et a dit que l'on n'osait donner ces avis parce qu'ils ne seraient pas bien reçus; qu'il n'y a que ceux qui savent qui soient humbles et reçoivent de bonne part ce que l'on leur dit. Le Cavalier a reparti qu'à l'orgueil et à la présomption se connaissaient les ignorants ; que les savants considèrent toujours combien il y a de choses qu'ils ignorent, ce qui les rend humbles.

Le douzième, MM. du Metz et Le Brun sont venus voir le Cavalier ; après avoir vu le buste, M. Le Brun a vu les dessins du Louvre, qu'il n'avait point encore vus. Peu de temps après est survenu M. Colbert avec le visage riant qu'il a d'ordinaire quand il entre chez le Cavalier ; mais, ayant appris la maladie de la femme du Cavalier, d'abord il en a pris un autre. MM. du Metz et

---

1. Probablement Antoine de Salignac, marquis de La Mothe-Fénelon, mort en 1683 à soixante-deux ans.

Le Brun s'étant retirés, M. Colbert s'est assis, et l'on a tenu conseil, comme l'on avait fait le dimanche précédent. Le Cavalier a pris la parole et a répété à peu près à M. Colbert ce qu'il avait dit au Roi au sujet de ce qu'il avait vu aux Gobelins. Il a fort loué cet établissement et celui qui en avait la conduite [1]. Il a ajouté qu'il avait dit à Sa Majesté que, quand Elle ne se plairait pas aux belles choses, il était d'un grand prince de témoigner qu'il les aime, et de faire faire toutes ces sortes d'ouvrages ; que dans la suite du temps l'on verra de grands progrès de cet établissement que l'on fait de toutes ces fabriques ; qu'à Rome, il s'en fallait beaucoup que l'on exécutât si bien les choses qu'ici. M. Colbert a dit qu'il avait rétabli la manufacture de haute lisse, dont il ne restait plus à Paris que deux ouvriers, qu'elle était bien plus excellente que les autres, quoique toutes les belles tapisseries, comme les *Actes des Apôtres*, soient à la basse lisse. Ensuite l'on a parlé du devis que M. Perrault avait commencé à traduire en français. Il en a lu quelques articles qui ont été discutés. M. Colbert a dit à mon frère d'achever cette traduction cette semaine avec M. Perrault, afin que l'on pût régler avec les entrepreneurs ; que l'on ferait divers prix avec eux, selon les élévations différentes. J'ai dit que, quand l'on viendrait aux ornements des chapiteaux et entablement, c'était un fait capital, et dont dépendait la principale estime d'un ouvrage. M. Colbert a reparti que ce n'était pas sa pensée ; que, pourvu que l'idée d'un ouvrage fût grande, cela le faisait estimer. Le Cavalier a pris la parole et a dit qu'il fallait considérer dans les ouvrages deux choses : le général et le particulier, et que ce particulier servait beaucoup pour faire estimer le tout d'un ouvrage. M. Colbert a encore répliqué et persisté dans sa pensée. La conclusion a été la traduction du devis, et sa réduction au nombre de chapitres absolument nécessaires, et que l'on l'écrirait en italien d'un côté et en français de l'autre. A l'égard des logis qu'il faudrait abattre, M. Colbert a dit à M. Perrault d'en avertir M. du Buisson.

J'oubliais à dire que, quand le Cavalier a parlé des Gobelins, [M. Colbert a dit] que le voyage que le Cavalier a fait en France et le retour qu'il y fera ôteront l'honneur qu'on aurait pu attendre de cet établissement, mais qu'il le sacrifierait volontiers pour être assuré qu'il retournera. J'ai dit à M. Colbert, quand il est sorti, que j'avais disposé le Cavalier d'aller à Versailles, quand le Roi y sera, au cas qu'il n'y eût point d'inconvénient. Il m'a répondu que non.

Le Cavalier a reçu ses lettres de Rome, par lesquelles il a appris que sa femme avait été fort malade et n'était pas encore guérie, ce qui l'a extrêmement affligé. L'abbé Butti, qui avait été au Conseil, est allé dîner en ville ; moi, après dîner, je suis sorti et revenu à quatre heures. Mme de La Baume, Mme d'Albon et Mlle sa fille [2] sont venues voir le buste. Mignard y est aussi venu. L'on a trouvé des taches sur le buste et sur le petit Christ du seigneur Paul, qu'on a jugé être du pissat de souris que la pierre de ponce n'ôte pas. Nous sommes allés le soir aux Feuillants, et après nous promener le long de la rivière.

Le treizième nous avons été à Versailles. Y allant, l'on s'est entretenu de statues, de peinture et de sculpture. J'ai dit au Cavalier que nous avons en

1. Le Brun.
2. Claude Bouthillier de Rancé, femme d'Antoine, comte d'Albon. Elle avait trois filles.

France une figure, laquelle est à Richelieu, qui est d'une beauté admirable ;
que c'est une *Vénus* dont le torse seulement est antique. Il m'a reparti aussitôt, qu'il l'avait vue, avant qu'elle vînt en France, que l'on l'avait trouvée
de ce temps-ci à Puzzolo ; qu'elle était plus belle que la Vénus de Médicis, et
que tels chefs-d'œuvre de l'art devraient demeurer à Rome sans permettre
qu'ils en sortissent, pour ce que, comme il avait dit au Roi et à M. Colbert,
c'est par cette prérogative de posséder ce qui reste de beau de l'antiquité,
que Rome produit les grands peintres et les grands sculpteurs ; pour ce que
le naturel est en tout pays, mais qu'à le voir et l'étudier l'on n'en devient
pas plus habile ; qu'il faut voir l'antique et l'étudier pour pouvoir arriver à la
perfection. Il a répété le défaut des peintres français, qui est d'avoir une
manière petite, triste et menue ; que pour la corriger, il est nécessaire d'étudier après l'antique, principalement après le torse du Belvédère, et après les
peintres lombards ; qu'eux, qui sont pesants, et qui donnent dans le gros et
dans le lourd, doivent étudier la manière noble et élégante de Raphaël, n'y
ayant nul Lombard, a-t-il dit, sans en excepter même le Corrége, qui n'ait
été disproportionné et sans règle ; que c'est la raison pourquoi ils doivent
étudier Raphaël, lequel est très régulier. Il a encore répété que dans l'Académie, il faut étudier l'antique, dessiner en grand pour agrandir la manière,
le grand contenant plus de particularités que le petit et le moyen ; qu'il faut
mettre pour cela son papier, non sur les genoux, mais le plus loin entre les
jambes qu'il se peut, et avec un *toccalapis* [1] bien long dessiner éloigné de
l'œil ; que cela agrandit la manière ; dessiner toujours avec une grande
exactitude, c'est-à-dire finir extrêmement, parce qu'ainsi faisant l'on acquiert
l'habitude et la facilité de dessiner fini et achevé, sans y apporter après du
soin et de la peine. Il nous a dit que, quand il trouve quelque élève qui a
de l'esprit et du génie, il ne fait pour son instruction que le faire travailler
auprès de lui, afin qu'il voie comme il opère ; que ceux qui n'ont pas tant de
disposition naturelle n'y réussiraient pas ; il a apporté pour comparaison,
que qui voudrait emplir une petite fiole à la fontaine de Trévi [2], dont l'eau
sort de la grosseur d'un demi-muid, n'en viendrait jamais à bout ; que pour
l'emplir, il faut aller à un filet d'eau.

Ayant cessé de parler, j'ai dit qu'un jeune homme est heureux, quand il
trouve quelqu'un qui le met dans le bon chemin, sans avoir à le chercher
lui-même ; qu'il y emploie bien souvent une partie de sa vie inutilement, qui
se trouve perdue pour s'être égaré ; que si les grands hommes voulaient, ils
accourciraient bien le chemin à ceux qui commencent ; que l'on dit assez les
règles de l'art, mais rarement ou jamais celles de l'ouvrier ; c'est-à-dire
l'expérience particulière que chacun s'est faite par son étude. Il en est demeuré d'accord et a dit qu'en peu de paroles, comme vingt ou trente, il pourrait renfermer l'expérience qu'il a faite en plus de quarante années de travail assidu et continuel. Il a dit ensuite qu'Annibal Carrache avait accoutumé
de dire dans l'Académie du seigneur Paul Jourdain, où il allait dessiner, qu'il
fallait faire les torses gros au respect des bras, comme les corps des arbres

1. *Toccalapis*, crayon.
2. A Rome.

le sont au respect des branches ; qu'un académicien [1] ayant un jour dessiné un torse trop menu de l'épaisseur d'un doigt de chaque côté, le Carrache lui ayant dit de le faire bien plus gros, il le grossit seulement d'une ou deux lignes, puis le montra à Annibal, qui lui dit en riant, et avec son langage moqueur et bolonais : qu'il aiguisât son *toccalapis* menu, et formât un contour entre les deux, et cela pour se moquer de lui. Il a ajouté qu'une de ses maximes à lui est, que quand une pensée ne plaît pas, au lieu de chercher à la raccommoder, il vaut mieux changer de thème, et donner dans une autre toute nouvelle. Il a dit qu'à l'Académie, il faut, l'été, dessiner à la lumière du jour, et l'hiver à celle de la lampe ; que s'il avait le temps, il irait y dessiner ; qu'il faudrait que celui qui y préside corrigeât les académies des jeunes étudiants ; qu'il faudrait y dessiner des draperies de bas-reliefs aussi bien que des figures nues, et enfin pour la dignité, qu'il faudrait, quand le Louvre sera bâti, établir l'Académie dans le Louvre [2], et qu'il y eût un lieu pour y mettre les ouvrages des académiciens, qui excelleraient et auraient remporté le prix ; que, quand ce seraient des sculpteurs, il faudrait leur faire faire des statues pour le Louvre.

Ce discours fini, je l'ai prié que nous repassassions par la maison de S. A. R. à Saint-Cloud pour revoir le lieu, où il a jugé que l'on pourrait faire une cascade naturelle et la dessiner. Il a reparti qu'il n'y avait pas du temps suffisamment, qu'il fallait qu'il demeurât sur le lieu une heure ou deux. L'on a parlé ensuite du piédestal de son buste. Il a dit à ce sujet à l'abbé Butti, que le mot de *picciola basa*, lui semblait cadrer mieux que celui de : *sed parva*, que l'abbé avait trouvé, lequel a soutenu que le mot de *base* exprimait trop ; qu'aux devises il faut laisser à penser. Le Cavalier a repliqué que *basa* pour un monde donnait assez à penser. Il a ajouté qu'il y faudrait dessous une espèce de tapis de même matière que le globe, et qu'il fût émaillé et orné de trophées de guerre et de vertus, à l'élévation d'un ou deux pouces, débordant plus que le globe pour empêcher encore davantage, qu'on ne pût approcher du buste, et qu'il faudrait couvrir le tout d'une petite courtine de taffetas et le nettoyer de la poussière avec un soufflet.

Arrivés que nous avons été à Versailles, nous avons trouvé M. Le Nôtre qui nous a menés d'abord dans le jardin ; de là il a considéré le château à loisir, et j'ai remarqué qu'avec des paroles étudiées, il a cherché de le louer de cette sorte : *Questo è galante ; ogni cosa che ha proporzione è bella ; è proportionato quel palazzo* [3], puis, a-t-il ajouté quelque temps après : *In quei palazzi non si riceveva grande sodezza, e per questo riesce bello ; è molto galante quel che si è fatto qui* [4].

Étant descendus vers les terrasses auxquelles Le Nôtre fait travailler, il [5] lui a montré le dessin, les pentes, les descentes à pied et en carrosse, et lui a fort

---

1. C'est-à-dire un des élèves qui travaillaient à l'Académie.

2. L'Académie établie au Louvre en 1656 en avait été renvoyée en 1661, pour faire place à l'imprimerie royale. En 1692, elle fut réinstallée dans le vieux Louvre.

3. « Cela est galant ; tout ce qui est proportionné est beau ; ce palais est proportionné. »

4. « Dans ces palais, on ne recherche pas la solidité, et c'est pour cela qu'on arrive à un bel effet. Tout ce que l'on a fait ici est très-élégant. »

5. *Il*, Le Nôtre.

expliqué ce qu'il fait là exécuter; de là l'on est allé dans le jardin de fleurs, autour duquel sont de petites terrasses de la hauteur de deux pieds ou environ, ornées d'arbres en pomme et en boule, d'un vert de toutes saisons. Le Cavalier a dit que tout cela lui semblait beau, même la descente qui conduit à l'Orangerie, dans laquelle il est entré et en a mesuré la largeur. L'on lui a dit que la voûte en terrasse était couverte d'un mastic appliqué sur une toile laquelle en est imbibée, et qui est un secret qu'a donné M. de Francini[1]; que cette voûte a fait déjà épreuve de deux hivers. Il a trouvé l'Orangerie belle, et a dit qu'on pourrait l'orner, pour en faire un lieu qui, l'été, serait fort agréable; qu'il faudrait le peindre de clair-obscur. L'on lui a objecté que le peindre à l'huile gâterait les orangers, et que le stuc ne tiendrait pas. Il a reparti qu'on pourrait y peindre à fresque et sans colle.

Après revenant et entrant dans la cour du château, il a rencontré le Roi qui en sortait. Il a dit à Sa Majesté qu'il avait trouvé tout ce qu'il venait de voir galant et fort beau; qu'il s'étonnait comment Elle ne venait dans un si agréable lieu qu'une seule fois la semaine; qu'il méritait bien qu'elle y vînt au moins deux fois. Le Roi a témoigné être bien aise que le lieu lui plût, et a passé[2].

Après, le Cavalier s'en est allé chez la Reine, où Monsieur et toutes les dames étaient; moi cependant j'ai été chercher M. de Bellefonds, premier maître-d'hôtel, pour savoir où le Cavalier dînerait. Il m'a dit qu'il avait fait accommoder quelques plats pour lui chez M. le Premier[3], qu'il les donnerait, d'autant qu'il y avait trop grand monde au Chambellan; que je menasse le Cavalier à la Conciergerie chez M. Bontemps. Je suis ensuite allé retrouver le Cavalier chez la Reine, qui allait tenir le cercle. Nous y avons resté quelque temps. Le cercle était composé de Madame[4], de Mademoiselle d'Orléans[5], de Mlle d'Alençon[6], Mme d'Elbeuf[7], Mme de Monaco, Mme d'Armagnac[8], Mme de Bouillon[9], Mlle d'Elbeuf[10], Mme de Montausier, Mme de Tavannes et quelques autres. Quand il a eu vu à souhait cette agréable compagnie, je l'ai mené dîner à la Conciergerie, et lui ai dit, qu'il serait bon qu'après il vît la cérémonie du dîner du Roi, avec qui toutes les dames mangeraient. Nous y avons été ensuite.

Durant que le Roi a été à table, M. le premier médecin[11] discourant avec le Cavalier lui a dit, sur ce qu'il a remarqué sur ce que Sa Majesté trempait fort son vin, qu'il ne lui en avait fait boire qu'à dix-huit ans, à cause qu'aux

1. François Francini, maître d'hôtel ordinaire du Roi, ingénieur et intendant général des fontaines, grottes, aqueducs, etc. des maisons royales; mort en 1688.
2. Peut-être cet éloge que Bernin fit de Versailles eut-il quelque influence sur la détermination que prit plus tard Louis XIV d'y établir sa résidence.
3. Le premier écuyer de la petite écurie.
4. Henriette d'Angleterre.
5. Mlle de Montpensier.
6. Élisabeth, fille de Gaston d'Orléans et de sa seconde femme, Marguerite de Lorraine.
7. Élisabeth de la Tour de Bouillon, mariée (1656) à Charles de Lorraine, duc d'Elbeuf.
8. Catherine de Neufville de Villeroy, femme de Louis de Lorraine, comte d'Armagnac.
9. Marie-Anne Mancini, femme de Godefroy-Maurice de la Tour, duc de Bouillon.
10. Marie-Marguerite-Ignace de Lorraine, dame du palais de Marie-Thérèse.
11. Antoine Vallot, mort le 9 août 1671.

jeunes gens, dont le foie est tendre, de leur en faire boire plus tôt, cela le leur dessèche trop. Le Cavalier lui a reparti, qu'il avait beau faire, que son Roi durerait plus que le sien, entendant parler du buste auquel il travaille.

Le dîner fini, le Cavalier est allé faire sa méridienne à la Conciergerie, l'heure de la chasse étant venue, il a été dans le parc voir la Reine et les dames qui ont monté à cheval. Le Roi y était qui m'a commandé de le mener à la Ménagerie et à la Ramasse[1], et qu'après il pourrait encore voir la chasse, ce que j'ai fait; et après, comme il était tard, nous sommes revenus à Paris.

Le quatorzième, au matin, le cardinal Antoine est venu voir le Cavalier. Il y avait avec lui un seigneur génois, lequel a fort discouru de l'élection du pape à venir, et a dit que Corrado, Ferrarais[2], y avait grand'part; qu'il y avait trois cardinaux génois qui lui donneraient leur voix, *a spada tirala*[3]; que les prophéties de Joachim[4] désignaient Corrado par *sidus olorum*, ayant des étoiles dans ses armes et étant natif de Ferrare, d'où sont sortis les grands poètes d'Italie. L'abbé Tallemant est aussi venu et M. le Nonce ensuite, lequel a dit que le pape se fit faire la barbe et se promena le même jour qu'on disait qu'il était malade à l'extrémité.

L'après-dînée, M. de Sourdis[5] est venu voir le Cavalier. Je lui ai fait voir le dessin du Louvre; sur le soir une femme a apporté une lettre, que le Cavalier ayant ouverte a trouvé être du padre Zucchi[6], prédicateur du pape et ami particulier du Cavalier. L'ayant lue, il a été extrêmement affligé, inférant de la manière dont ce père lui écrivait, que sa femme était morte ou désespérée de sa santé, quoique cette lettre fût du dix-huitième et qu'on en eût reçu du 25 août. Cela l'a touché, de sorte qu'il en pleurait chaudement. J'ai fait ce que j'ai pu pour lui ôter cette imagination, mais ç'a été inutilement et n'a point voulu sortir à son ordinaire. S'étant retiré dans sa chambre, le signor Mathie m'a dit, quand je m'en suis allé, qu'il serait bien aise de voir l'architecte qui a fait le plan de la place du Temple, à cause de quelques difficultés qu'il y trouve. J'en ai écrit un billet à M. le commandeur de Souvré, et même le suis allé dire à M. Renard, qui m'a dit que le matin il avait vu M...[7] qui a parlé fort mal du Cavalier et de son fils, selon sa manière désobligeante; qu'il juge que c'est à la suggestion de..., architecte de...[8]; qu'un des plus grands plaisirs de M... est de rompre en visière à quelqu'un et dire quelque chose qui déplaise.

1. C'était l'endroit où était établi le jeu dit de la *Ramasse* et qui avait la plus grande analogie avec celui qu'on a appelé depuis *Montagnes russes.*

2. Jacques Corrado, nommé cardinal en 1652, mourut en 1666, un an avant Alexandre VII.

3. *A épée tirée*, expression proverbiale pour dire absolument.

4. Religieux de l'ordre de Cîteaux, né dans les premières années du XII° siècle, près de Cosenza (royaume de Naples). Ses prophéties jouirent longtemps, comme on le voit ici, d'une grande autorité.

5. Charles d'Escoubleau, marquis de Sourdis. Il mourut le 21 décembre 1666 à soixante-dix-huit ans.

6. Nicolas Zucchi, jésuite, prédicateur en titre d'Alexandre VII, né à Parme en 1586, mort en 1670.

7. Le nom est resté en blanc dans le manuscrit. Peut-être s'agit-il du maréchal de Gramont.

8. Les noms sont restés en blanc dans le manuscrit.

Le quinzième, du grand matin, M. Colbert m'a envoyé un valet de chambre m'avertir de m'en aller chez le Cavalier, pour le mener à Saint-Denis. J'ai en même temps donné ordre d'aller quérir le carrosse du Roi avec six chevaux, et qu'on l'amenât au palais Mazarin, où cependant je me suis rendu. J'ai trouvé le Cavalier tout mélancolique à cause de la lettre du père Zucchi. Dans cette mauvaise humeur, il m'a dit que M. Madiot n'était pas un homme aussi fidèle que je l'en avais assuré, ou qu'il n'était pas si habile, puisqu'il soutenait que le mortier de la fondation de la façade, qui avait été commencée pour le Louvre, était de bonne qualité, quoiqu'il n'y eût point de chaux ou si peu que rien. Comme je me mettais à l'excuser, M. Colbert est arrivé et son carrosse à six chevaux. Après avoir donné le bonjour et fait civilité au Cavalier, il l'a prié de monter en son carrosse; ce qu'il a refusé par diverses fois, que M. Colbert ne fût monté le premier, et n'a voulu aussi s'asseoir qu'à sa gauche. Le signor Paule, Mathie et moi y sommes aussi montés.

Durant le chemin, j'ai proposé à M. Colbert une pensée, qu'il y a long-temps qui m'est venue, qui est de faire faire pour le Roi une tenture de tapisserie sur divers tableaux de M. Poussin qui sont à Paris, de l'histoire de Moïse, laquelle pourrait être appelée la tapisserie du Vieux Testament. Elle serait composée de *Moïse exposé sur les eaux*[1], qui est chez Stella, du *Moïse trouvé*[2], qu'a M. de Richelieu, de la *Manne*[3], qu'avait M. Fouquet, du *Frappement de roche*, de Stella, du *Moïse foulant aux pieds la couronne de Pharaon*[4], qu'a Cotteblanche[5], de la *Rebecca*[6] qu'a M. de Richelieu, de la *Reine Esther*, de Cerisier, et du *Jugement de Salomon*[7] qu'a Rambouillet[8]. Il n'a pas goûté cette proposition, pour la difficulté, a-t-il dit, de réduire ces sujets en grand, qui ne sont exécutés qu'en petites figures. En parlant de tapisseries, le Cavalier a dit : qu'on n'y doit jamais faire de bordures de fleurs, ni d'autres choses éclatantes, que Raphaël a eu une grande considération dans celles qu'il a fait exécuter pour le pape, n'y ayant fait mettre aux bordures que de l'or et du marbre, afin que le trop grand éclat et la variété ne nuisissent pas au corps de la tapisserie; et que la bordure ne sert que de terme et de finiment[9] comme aux tableaux; qu'il faut dans tous les ouvrages donner les choses les plus dégagées de confusion et les plus nettes qu'il se peut,

1. Actuellement, je crois, au Musée de Dresde.

2. Il y en a deux au Musée du Louvre.

3. Le Louvre possède un tableau sur ce sujet, mais il semble avoir appartenu à Chantelou, pour qui il avait été fait, et n'être point celui que possédait Fouquet.

4. Poussin avait fait sur ce sujet au moins deux tableaux, dont l'un est au Musée du Louvre.

5. Cotteblanche était un financier qui s'était fait construire un magnifique hôtel rue des Filles-Saint-Thomas. « On y voyait, dit Germain Brice, une fort belle bibliothèque; elle était ornée de meubles très riches et de tableaux fort curieux; mais le maître ayant changé de fortune, toutes ces belles choses ont été dispersées. » *Description de Paris*, édition de 1687, t. I, p. 86.

6. Au Musée du Louvre.

7. Au Musée du Louvre.

8. Ce Rambouillet n'appartenait pas à un membre de la famille d'Angennes; Chantelou en parle trop familièrement. Il s'agit sans aucun doute du financier Nicolas de Rambouillet, beau-père de Tallemant des Réaux, qui lui a consacré une historiette.

9. *Finiment*, achèvement; de l'italien *finimento*.

que ce précepte entre dans tout, même dans les affaires du monde. J'ai dit que c'est à même fin sans doute que M. Poussin prie toujours qu'à ses tableaux l'on ne mette que des bordures bien simples et sans or bruni, et que c'est aussi la raison pourquoi Michel-Ange ne voulait point qu'on ornât les niches, et disait toujours que la figure était l'ornement de la niche. Mathie a ajouté qu'à Saint-Pierre on ne voyait aucune niche qui soit ornée. Le Cavalier a dit, que ceux qui font des dessins pour les tapisseries doivent avoir soin à l'égard des demi-teintes, que là où dans un tableau il en faudrait six de n'y en mettre que quatre, comme l'on fait aux mosaïques, pour rendre l'ouvrage plus aisé aux ouvriers; ce que le cavalier Lanfranc[1] pratiquait dans ses mosaïques où il a excellé.

J'ai pris la parole et dit que l'exécution de celles qui se font aux Gobelins est excellente, particulièrement où Jausse[2] travaille. M. Colbert a dit qu'au commencement il n'était que très médiocre ouvrier, qu'il avait copié des tapisseries, mais fort mal, qu'il avait voulu le chasser des Gobelins, sans qu'il priât qu'on l'y laissât encore quelque temps, pendant quoi il espérait faire voir ce qu'il savait faire, disant qu'il s'était accommodé au temps courant, où l'on ne connaissait pas trop les belles choses, ni ne les payait-on pas plus que les mauvaises; que comme lui et son fils se sont fort perfectionnés, le Roi a donné à celui-ci deux mille écus pour le marier. M. Colbert a ajouté qu'il souhaite que le Cavalier voie le progrès que fera cet établissement dans quatre ou cinq ans; que le Roi a cinquante ans de vie devant lui[3], pendant quoi les choses peuvent se perfectionner beaucoup; qu'à son égard, de lui, il avait pensé aux tapisseries dès le temps qu'il n'était pas surintendant des bâtiments.

Après cet entretien, M. Colbert a pris un plan de l'église de Saint-Denis, et l'examinant il a trouvé qu'il n'est que du chœur de l'église sans la nef. Il a demandé au Cavalier, s'il y a autant de couvents et d'abbayes en Italie qu'en France pour ce qu'il y en a dans ce royaume pour plus de 100 millions de rente; que l'abbaye de Saint-Denis vaut 50,000 écus à l'abbé et 100,000 livres aux moines; que c'est la première abbaye de France. Il a ajouté, qu'il y a tant de bénéfices à donner en France et de charges et autres telles grâces, que chaque jour, l'un portant l'autre, le Roi a à donner plus de vingt mille livres de rente. Le Cavalier a dit que les couvents sont en si grand nombre à Rome, qu'il y en a presque autant que d'autres maisons, mais que les bénéfices ne sont pas de revenu considérable. Je dis à M. Colbert que les gens d'Église, principalement les moines, sont si riches et acquièrent tant tous les jours qu'il était bon d'y mettre ordre; qu'au Mans presque tout le bien du pays est aux gens d'Église; que même encore depuis la réforme des ordres, les réformés acquièrent incessamment. Il a répondu que M. le chancelier avait eu commandement de ne plus sceller d'amortissements, qu'on avait déjà commencé par là, et qu'on suivrait pied à pied.

---

1. Le peintre Giovanni Lanfranchi ou Lanfranco, né à Parme vers 1580, mort en 1647.

2. C'était probablement un Hollandais. Dans une lettre de Colbert en date du 26 novembre 1662, il est question d'un ingénieur, Regnier Jausse, d'Amsterdam, qui était sans doute de la même famille. (*Correspondance de Colbert*, t. V, p. 4.)

3. Colbert ne pensait peut-être pas prophétiser si bien; car Louis XIV mourut en 1715, c'est-à-dire juste cinquante ans après la venue de Bernin en France.

A la sortie du carrosse, l'on est entré dans l'église que quelqu'un a dit
avoir été bâtie ou fondée par Dagobert. Parmi d'autres sépultures, l'on a
montré au Cavalier celle de François Ier et de sa femme et enfants. L'ayant

CANTHARE DYONISIAQUE.

(Gemme grecque du Cabinet des médailles, autrefois au trésor de Saint-Denis.)

un peu considérée, il a dit : *Stanno qui molto male* [1], ce qui a mis du nébu-
leux au visage de M. Colbert, qui, s'en allant d'un autre côté, m'a demandé :
« Que veut-il dire ? » Je lui ai reparti : que c'était qu'il trouvait cette sépulture de petite invention et de petite manière, ce qui ne l'a pas satisfait. Il a

1. « Ils sont là bien mal. »

vu, après, celle de Louis XII, qui est des plus magnifiques de nos rois. Il est entré dedans et l'a beaucoup considérée. Il a dit des gisants qui y sont, et qui font la grimace de gens morts, que cela était fort désagréable à voir, puis a ajouté : *Cosi finisce la pompa humana*[1] !

Il est entré ensuite dans la chapelle des Valois, laquelle n'est pas achevée ; M. Colbert a dit que l'année prochaine il y fera travailler, qu'elle est d'un assez beau dessin, mais les chapiteaux et les bases des colonnes sont fort mal exécutées. Le Cavalier n'a point parlé des figures de bronze qui sont au tombeau de Henri second, mais des gisants qu'on voit dans un lieu à côté, dont l'un est Henri second en manteau royal. Il a dit que la figure était belle, que le marbre dont elle est est un vrai marbre statuaire, et que le Roi avait une physionomie grande. Il m'a prié de demander aux moines s'ils n'avaient pas un plan de tout le couvent, et a désiré de voir le contour extérieur de l'église.

En passant dans quelques logements, il a vu des brodeurs qui travaillaient à des ornements que fait faire M. le cardinal de Retz. Il est entré ensuite en divers jardins, où il a considéré l'assiette qu'on pourrait prendre pour l'agrandissement de l'église. Il a dit qu'il faudrait que ce qui se ferait dominât ; ce qui a peut-être fait peur à M. Colbert, m'ayant dit en particulier que ce serait une trop grande entreprise. Je lui ai répondu que sa pensée était sans doute que le bâtiment se fît au rez-de-chaussée de plan du derrière du chœur qui est plus élevé, et ainsi dominerait, et donnerait en outre commodité de faire des cases où placer les corps des rois. S'en étant ensuite éclairci avec le Cavalier, il lui a dit la même chose. Il avait dit, dès auparavant, qu'on pourrait faire l'entrée de ce qui se ferait au fond de l'église par les deux petites ailes, et faire encore une entrée par dehors. De là l'on est allé voir le trésor ; l'on a commencé par montrer un reliquaire, où il y a du sang de Notre-Seigneur. Comme l'on montrait au Cavalier d'autres reliques, il a dit que ce sang était la relique des reliques. L'on lui a montré, après, une coupe d'agate[2], sur laquelle il y a une basse taille de laquelle auparavant j'avais parlé à M. Colbert comme d'une pièce singulière, et dont M. le chevalier del Pozzo[3] m'avait montré à Rome un dessin qu'il en fit faire en France, quand il y vint avec M. le légat Barbarin[4].

Le Cavalier a dit que cette coupe était taillée de la même manière que la chaise de Saint-Pierre de Rome[5], qui est une marque qu'elle est fort antique.

---

1. « Ainsi finit la pompe humaine ! »

2. Cette coupe, gravée dans l'*Histoire de l'abbaye royale de Saint-Denis* de dom Michel Félibien (1706, in-folio), est actuellement au Cabinet des médailles.

3. Le chevalier Cassiano del Pozzo, archéologue et amateur des arts, qui chez nous est surtout connu par la protection qu'il accorda à Poussin. Il était né à Turin et mourut en 1657.

4. En 1625.

5. La chaire de Saint-Pierre dont parle Bernin est un siège antique, une *sella gestatoria*, sur lequel, d'après la légende, l'apôtre se serait assis. Il est enfermé depuis Alexandre VII dans la chaire de bronze située au fond de l'abside de Saint-Pierre, et depuis cette époque n'a été exposé en public qu'en 1867. Le devant et le dossier sont en chêne et en acacia, et c'est seulement sur ce dernier bois que sont appliquées des plaques et des bandes d'ivoire. Les unes, sur lesquelles sont gravés les travaux d'Hercule, paraissent remonter au second siècle ; les autres contiennent des bas-reliefs représentant des combats d'animaux, de centaures et d'hommes ; et sur l'une d'elles on voit entre deux anges un empereur couronné où M. de Rossi

J'oubliais à dire qu'il avait vu, avant que de venir au trésor, le réfectoire dont la voûte est portée par le milieu sur des colonnes gothiques qui paraissent extrêmement faibles pour un tel fardeau. Comme chacun admirait cela, on s'aperçut que ce sont deux voûtes qui s'entr'appuient l'une l'autre.

Étant remontés en carrosse pour revenir à Paris, j'ai reparlé encore à M. Colbert de cette tapisserie à faire sur les tableaux de M. Poussin, mais je l'ai trouvé prévenu qu'elle ne réussirait pas, se souvenant, m'a-t-il dit, d'un de mes tableaux des *Sacrements,* que j'avais fait exécuter, et qu'il avait vu n'avoir pas réussi. Je lui ai dit que le manque n'en venait que des mauvais ouvriers qu'avait le nommé Soucani, associé de Coman, avec qui j'avais fait marché. Je lui ai exposé qu'il était impossible que cette tapisserie, bien exécutée, ne fût plus belle qu'aucune de France, si l'on en ôte celle des *Actes des Apôtres,* y ayant paysage, figures et architecture. Il a reparti que l'architecture ne faisait pas bien en tapisserie. « Oui, ai-je répliqué, s'il n'y avait qu'architecture, mais mêlée de figures et paysage, tels qu'il y en a dans ces tableaux, que cela réussirait admirablement, faisant exécuter les dessins par cinq ou six des meilleurs peintres comme Bourdon [1], etc. » Il n'a plus rien répondu et s'est endormi. Arrivés à Paris, il a remis le Cavalier au palais Mazarin, qu'il était heure de dîner. Le soir, le Cavalier a été aux Feuillants.

J'oubliais à dire qu'il nous avait rapporté qu'Annibal Carrache, voyant quelque chose de petite manière, disait en bolonais : *Bello pare di Pietro Perugino* [2], et quand il voyait d'autres choses en grandes manières, mais disproportionnées : *Pare che siano di Giorgione* [3].

Le seizième, au matin, Varin est venu demander à voir la façade du Louvre, pour pouvoir la mettre au revers des médailles qu'il doit faire pour la fondation du Louvre. Le Cavalier la lui a montrée et lui a dit comment elle devait être faite. Il n'y comprenait qu'une partie de la façade, pensant qu'elle ne pouvait pas être réduite entière en si peu de place qu'un revers de médaille, mais l'après-dînée, le signor Mathie m'en a montré un dessin, où dans le même espace la façade entière est comprise, ce qui fait un plus bel effet.

Le Cavalier m'a prié de vouloir aller avec le signor Mathie et M. Madiot voir les fondations de la façade qu'avait commencée Levau, ce que j'ai fait. Elles ne se sont pas trouvées bonnes, tant à cause du mortier où il ne paraît pas qu'il y ait de chaux, qu'à cause qu'il y a des nids à rats entre les pierres. Nous avons vu aussi que le travail du nouvel ouvrage n'avance guère, à cause du peu de place qu'ont les ouvriers pour travailler et des maisons qui sont au lieu où il faut fouiller. J'ai entré chez M. Dubuisson, dont la maison se trouve au lieu où doit être la fondation, pour savoir s'il est vrai que M. Colbert lui ait donné, comme on a dit, jusques au mois d'octobre à déloger, et j'ai su

---

croit pouvoir reconnaître Charlemage ou l'un de ses successeurs. Voyez *Rome souterraine* de J. Spencer Northcote et de W. R. Brownlow, traduit de l'anglais par P. Allard, 1872, in-8, p. 473 et suiv.

1. Sébastien Bourdon.

2. « Cela paraît bien de Pierre Pérugin. »

3. « Il semble que c'est de Giorgione. »

de M^me sa femme que non. J'ai vu que l'on peut conserver le lieu qu'elle habite pour quelque temps, attendant qu'elle ait trouvé à se placer, et abattre le reste. Après cela, je suis revenu chez le Cavalier, où j'ai dîné.

Le soir, le cardinal Antoine y est venu, puis M. le Nonce que j'ai laissé conférant avec le cardinal, et m'en suis allé avec le signor Mathie et mon frère au Louvre, M. Perrault nous étant venu dire que M. Colbert s'y en allait voir les fondations. Il [1] a fort gourmandé Mazières, voyant l'ouvrage si peu avancé, et lui a dit qu'il le chasserait du Louvre et qu'il n'y retournerait jamais. L'on n'a point parlé du mauvais mortier, seulement a-t-il demandé à mon frère pourquoi l'on voulait tant de profondeur aux fondations. Il lui a répondu qu'en Italie, ils avaient pour maxime de leur donner la sixième partie de la hauteur de l'édifice. Durant que M. Colbert a été là, il a toujours parlé avec beaucoup de courtoisie à mon frère. J'oubliais à dire qu'ayant parlé le matin au signor Mathie, que j'eusse bien voulu avoir autant du dessin fait pour cette médaille, pour l'envoyer à mon autre frère [2] qui aimait et entendait aussi l'architecture, il m'a dit qu'il était trop petit, qu'il en ferait un plus grand et y mettrait toutes les faces.

Le dix-septième, au matin, le Cavalier m'a prié de dire au Roi ou lui faire dire que, quand Sa Majesté viendrait, il serait bon qu'elle eût un collet au lieu d'une cravate qu'elle avait les autres fois, et de faire, s'il se pouvait, qu'il [3] pût voir deux ou trois collets du Roi, afin de choisir celui qui conviendra mieux pour être exécuté en marbre. M'en étant allé au lever du Roi, j'ai parlé pour les collets à M. Moreau, premier valet de garde-robe, et à M. Daniel à l'égard de la cravate. Je suis ensuite revenu chez le Cavalier, que j'ai trouvé discourant avec Pietro Sassi, stucateur, arrivé d'Italie du soir précédent, lequel avait été mandé par le Cavalier. Interrogé sur notre chaux, dont il connaît la bonté, ayant déjà travaillé en France, il a dit qu'elle est excellente mêlée avec du sable de rivière et d'autre du lieu, qu'il la faut éteindre à la mode de Rome (que l'on l'éteint à Paris d'une autre sorte), à cause qu'il y a force cailloux qui demeurent au fond du trou où l'on l'éteint et qui gâteraient le mortier dont l'on crépit et enduit, qu'il a éprouvé que plus on mouille la pierre et la tient-on humide, et plus la liaison en est parfaite. Il a ajouté qu'il était en France quand on fit une fenêtre au nouvel appartement de la reine-mère du côté de la rivière; que quand on ouvrit le mur, qui était de pierre tendre, on le fit assez aisément à la superficie, mais quand on fut au milieu, où l'humidité s'était conservée, la maçonnerie était dure comme du marbre, quoique ce ne fussent que les mêmes matériaux qui étaient en dehors. Il a dit en outre que, dans tous les ouvrages qu'il a faits en France, rien ne s'est démenti, au palais Mazarin, à Saint-Mandé et ailleurs, et qu'il se servait de mortier de chaux éteinte à l'italienne avec sable de rivière et autre du lieu; qu'il faisait sa première ossature de plâtre et puis achevait de son mortier. Nous sommes allés voir les voûtes du palais Mazarin, Mathie, lui et moi, et les avons trouvées sans fentes, ni crevasses quel-

---

1. *Il*, Colbert.
2. Jean Fréart, celui auquel Chantelou a adressé ce *Journal*.
3. *Qu'il*, que lui Bernin

conques, quoique faites sur du bois. Le Cavalier ayant fait apporter de cette
pierre de meulière, Sassi a dit qu'elle était excellente pour des voûtes, qu'on
en fait à Rome de pierre de Civita-Vecchia, qui n'est pas la moitié si bonne.

Je suis demeuré à dîner avec le Cavalier. Durant que nous avons été à
table, Mathie a dit qu'il voulait retourner à Rome. J'ai répondu en riant
qu'il fallait qu'il demeurât jusques au retour du Cavalier, lequel a reparti
galamment qu'il ne fallait point d'ôtage pour l'obliger de revenir servir
un roi comme le nôtre. Au sujet de son retour, il a dit que le cardinal

LE CARDINAL ANTOINE BARBERINI.

(D'après une gravure du temps.)

Antoine lui avait donné beaucoup d'inventions contre le froid. J'ai reparti
que l'ouate était la plus excellente, étant chaude et légère tout ensemble;
que la peau d'ours, pour donner une grande chaleur, était singulière. Le
Cavalier s'étant allé reposer, nous sommes descendus, Mathie et moi, et
je l'ai questionné en particulier pourquoi il voulait retourner à Rome. Il
m'a dit qu'il en avait plusieurs raisons : premièrement qu'il ne voulait pas
quitter le Cavalier, qui n'avait personne auprès de lui capable de le secourir
dans un besoin; qu'il lui avait des obligations extrêmes et qu'il ne serait pas
en repos s'il ne l'accompagnait; d'ailleurs qu'il avait en son particulier des
affaires à Rome; que s'il lui fallait revenir, il voulait amener sa femme avec
lui; qu'elle était jeune et que pour cela il ne la voulait confier à personne,
qu'il la voulait conduire lui-même. Je lui ai dit qu'elle viendrait avec la

signora Catharina.[1]. Il a mis en doute qu'elle vînt en France; qu'après tout, à lui, on ne lui avait parlé de rien, mais que, quand on lui aurait parlé, il voulait accompagner le Cavalier; que de cet hiver il n'aurait que faire ici, qu'aussi bien les choses n'allaient pas si vite, et qu'il voyait bien qu'on ne se portait pas à l'ouvrage avec grand'chaleur. J'ai répondu que les entrepreneurs voulaient, par la lenteur et la dépense, faire connaître qu'il ne fallait pas travailler à la journée; qu'il avait vu le jour d'hier comme M. Colbert leur avait parlé. Sur cette entrefaite, le Cavalier est venu et l'entretien a fini. Sur le soir est venue Mme de Lionne et M. le Président de Maisons avec M. de Longueil et M. de la Haye le père[2]. Je leur ai montré les dessins. Après, Mme de la Baume s'en allant en Touraine est venue dire adieu au Cavalier. J'oubliais que M. Desfontaines, venu avec Mme de Lionne, m'a dit : « J'ai peur qu'on ne dégoûte ces Italiens, voyant la lenteur avec laquelle on travaille. »

Le dix-neuvième, ayant rencontré M. Passart[3], je l'ai mené chez le Cavalier. Il a trouvé le buste fort ressemblant, mais la mâchoire un peu marquée. Gamart[4] y est aussi venu et a trouvé le nez un peu plus gros d'un côté que d'autre et plus étroit derrière que devant, la draperie de manière, comme a-t-il dit, que le Cavalier a accoutumé de la faire. Il a ajouté que c'était une grande patience que celle que demande la sculpture, ce qui est contraire à la vivacité de l'esprit. Le Cavalier durant cela était auprès du scarpelin qui travaillait au pied du buste. Il lui a demandé de quelle qualité était son marbre. Il lui a répondu : *Cotto*. « Il est donc, ça dit le Cavalier, de même que celui du buste; » puis a ajouté qu'il s'émerveillait comment il avait pu exécuter ce qu'il y avait fait; que *questo era fuor del naturale*[5], qu'il y avait peut-être plus de cinquante ans que ce marbre était à Paris. Je lui ai demandé, voyant l'assiette de ce pied de buste carrée, comment elle se pourrait adapter au globe de la base. Il m'a répondu qu'on creuserait cette assiette à la proportion de la globulence; et ayant achevé d'ôter le lien de marbre[6] qui soutenait la draperie de son buste, il m'a demandé ce qu'il me semblait de la voir ainsi dégagée. Je lui ai dit qu'elle me satisfaisait extrêmement. Il m'a ajouté qu'il s'était étudié à faire, *che non paresse che questo svolazzo fosse sopra un chiodo, o fosse seccarello*[7].

M. le Nonce étant entré sur ces entrefaites, et avec lui l'abbé Butti, il leur a dit : « Quand je quitterai ce pays-ci, je suis obligé de dire et de l'écrire sur toutes les portes (pour me servir de sa façon de s'exprimer) : *che non c'è a Parigi nessuno di si buon gusto che il signor de Chantelu, o che sappia tanto di*

1. La femme de Bernin.
2. La Haye de Vauderet, maître d'hôtel de la Reine.
3. Passart, conseiller maître des comptes, est mentionné dans la liste des *Curieux de Paris* comme possédant une collection de tableaux.
4. Hubert Gamar ou Gamard, sieur de Crezé, lieutenant des chasses du Louvre, figure dans cette même liste comme ayant une collection de tableaux anciens et modernes.
5. « Que cela était surnaturel. »
6. Ce qu'on appelle aujourd'hui le tenon.
7. « Qu'il ne parût pas que cette draperie flottante fût retenue par un clou ou fût... » Peut-être faut-il traduire par sèche le mot *seccarello* que je n'ai trouvé nulle part, et qui est probablement une faute du copiste. — *Seccherello* signifie croûte de pain sec.

*lui. Sarebbe fortuna per il Rè, che ce ne fossero solamente sei come lui; che l'ha-*
*veva detto al Rè, e non sapeva se l'haveva ben inteso* [1].

Sur cela, on est venu apporter deux collets du Roi, que le Cavalier a con-
frontés avec celui qu'il avait déjà, qu'ayant trouvé plus propre à être exécuté,
il a rendu les deux autres. M. le Nonce m'a dit que, le buste achevé, il s'en
ferait après d'autres à Paris. Je lui ai dit que je n'en doutais pas, que nous
avions Varin qui faisait bien ressembler, mais qu'il ne pouvait donner le noble
et le grand, comme le Cavalier l'avait donné à son buste. Il a ajouté que,
quand le Louvre serait fait, l'on ferait les bâtiments de ce même mode [2]. Je
lui ai répondu qu'il était aisé à croire, et que ce serait alors la mode; qu'il
ne fallait en France qu'un bon exemple; que même à Rome ce qui a servi à la
sculpture et à l'architecture, c'est ce qui a resté de l'antiquité; ce qui a guidé
de temps en temps et a aidé à faire bien par de si beaux et grands exemples.
Il ne demeurait pas d'accord de cela, disant que les antiques n'avaient jamais
rien fait d'égal à Saint-Pierre. « Si c'est en grandeur de place et quantité de
maçonnerie, lui ai-je dit, je ne le contesterai pas, mais dans la grandeur de
mode, Saint-Pierre est plus petit que la Rotonde [3] et inférieur en noblesse
d'ouvrage, exactitude et diligence; et puis, croyez-vous, monsieur, qu'il n'y
ait rien eu de ces anciens temples de Grèce et d'Italie qui ait égalé Saint-Pierre
en grandeur et quantité d'ouvrage? » Il a toujours soutenu que non;
puis a appelé le Cavalier et lui a demandé s'il n'était pas vrai que Saint-
Pierre était d'un mode plus noble et plus excellent que la Rotonde. Il lui a dit
franchement que non, et que les formes les plus parfaites sont les rondes,
les carrées, hexagones, octogones, etc.; que la coupole de Saint-Pierre, à la
vérité, est belle, qu'on n'en voit aucune dans les ouvrages antiques, mais
qu'il y a cent fautes dans Saint-Pierre et qu'il n'y en a point dans la Rotonde;
que Michel-Ange n'y voulait point de nef; qu'il y avait eu un dessin de Saint-
Pierre qu'avait fait Baltazard Petrucci [4], qu'on voit dans Serlio [5], lequel est beaucoup plus beau que celui qui a été exécuté. M. le Nonce a dit que son amour pour
ce qui reste de l'antiquité est le Colisée. Il avait dit une autre fois qu'il le
ferait restaurer s'il était pape. Il a dit encore qu'il n'y a rien d'aussi beau.
Je lui ai dit qu'il était grand pour ce qu'il contient, mais que ce n'était pas le
plus beau resté de l'antiquité. Il a demandé au Cavalier, s'il savait le nom de
l'architecte qui l'a fait. Il lui a répondu que non.

Après cet entretien, le Cavalier est allé dîner. Le Roi a envoyé ses gardes
sur une heure après midi; un peu après est venue une demoiselle, qui est
à Mlle de la Vallière, que l'abbé Butti a dit avoir servi Mme de Bellizani; que
le Roi, ayant demandé à M. Colbert une fille pour servir Mlle de la Vallière,

1. « Qu'il n'y avait personne à Paris de si bon goût que M. de Chantelou ou qui fût aussi
savant que lui; que ce serait une fortune pour le Roi s'il y en avait seulement six comme lui;
qu'il l'avait dit au Roi, et qu'il ne savait pas s'il l'avait bien compris. »

2. C'est-à-dire sur le modèle du Louvre.

3. Le Panthéon.

4. Baldassare Petrucci ou Peruzzi, peintre et architecte, né à Sienne en 1481, mort
en 1536.

5. Sebastiano Serlio, architecte, né à Bologne en 1475, mort en 1552. Voy. son ouvrage
*Dell'architettura*, édit. de Venise, 1619, in-4°, p. 65.

il avait donné cette fille. Sur les deux heures et demie, le Roi est venu avec un collet comme le Cavalier en avait fait supplier Sa Majesté. L'abbé Butti et moi lui avons montré comme la draperie du buste était dégagée du lien que le Cavalier y avait laissé, pour la soutenir et empêcher qu'à force de la fouiller, le marbre n'éclatât. Une demi-heure après, la Reine est venue, qui d'abord a dit que le buste ressemblait beaucoup. Le Cavalier, après l'avoir saluée profondément, a dit que Sa Majesté avait l'image du roi si imprimée dans le cœur et dans l'esprit, qu'il lui semblait la voir partout, ou que tout lui semblait tel. L'on a donné un fauteuil à la Reine, qui a demeuré là à voir travailler le Cavalier. L'abbé Butti a lu un quatrain sur le piédestal qu'a projeté de faire le Cavalier, qui est, comme j'ai dit ci-devant, un globe avec le mot *picciola base*, et ce quatrain dit :

> Entrò il Bernino in un pensier profondo
> Per far al regal busto un bel sostegno,
> E disse (non trovandone alcun degno) :
> Picciola base a tal Monarca è il mondo [1].

Le Roi l'a écouté avec attention et l'a trouvé beau, et l'a pris et donné à M. Dangeau pour le mettre en vers français, de quoi il s'est un peu excusé, puis l'a tourné sur-le-champ. M. l'abbé Tallemant a aussi produit un madrigal sur le sujet du buste :

> Louis jusques ici n'avait rien de semblable,
> Et malgré le ciseau, le pinceau, le burin,
>    Était à lui seul comparable.
> On en voit deux, grâce au Bernin,
> Dont l'un est invincible et l'autre inimitable.

L'abbé Butti, à l'improviste, l'a tourné ainsi :

> Fin' hora in van s'affaticò il pennello
> Per far più d'un Luigi a noi visibile;
> Hor' mercé del Bernino, appar gemello :
> Inimitabil l'un, l'altro invincibile [2].

Pendant que le Cavalier travaillait, M. de Montausier m'a dit qu'il avait appris que mon frère avait le soin du Louvre et moi aussi. Je lui ai dit que mon frère y devait avoir emploi, mais que je n'avais que celui que le Roi m'avait donné près le Cavalier. Il m'a dit ensuite qu'il faisait au Roi les yeux trop ouverts. Je lui ai dit qu'il siéait bien dans une chose vive qu'ils le fussent moins, mais que c'était ce qui faisait paraître vive une chose morte. M. de Thou [3] était aussi là présent, qui m'a demandé tout bas si le dessin du Louvre était résolu. Je lui ai dit que je croyais qu'il l'était, puisque l'on fouillait les

---

1. « Le Bernin est entré dans un penser profond pour faire un bel appui au buste royal et dit (n'en trouvant aucun qui en fût digne) : « Le monde n'est qu'une petite base pour un « tel monarque. »

2. « Jusqu'à cette heure le pinceau s'était en vain efforcé de faire plus d'un Louis visible pour nous. Maintenant, grâce à Bernin, on en voit deux : l'un inimitable, l'autre invincible. »

3. Jacques-Auguste de Thou, frère de Fr.-A. de Thou, décapité avec Cinq-Mars. Il fut président aux enquêtes, ambassadeur en Hollande (1657), et mourut en 1677 à soixante-huit ans.

fondations, que même Varin faisait une médaille où au revers était la façade
du **Louvre** du dessein du Cavalier, pour la mettre sous la première pierre qui
serait posée; que je n'approfondissais point davantage. Il m'a demandé après
si l'on travaillait à la journée. Je lui ai dit qu'oui quant à présent; mais que
l'on faisait un devis pour avoir des entrepreneurs. Il m'a répondu que l'on ne
ferait donc rien qui vaille. Je lui ai dit les raisons qu'en avait M. Colbert. Il
m'a reparti qu'il s'en détromperait et que lui, M. de Thou, lui demandant
quand il irait loger à sa nouvelle maison[1] où il avait voulu faire élever les ailes
qui ne l'étaient pas, M. Colbert lui avait dit : « de longtemps, » parce que les

ROBERT NANTEUIL.

(D'après une gravure du temps.)

fondations s'étaient trouvées très mauvaises et qu'il les fallait refaire; que
c'était Levau qui avait conduit cette maison pour M. Bautru[2]; que M. Colbert
avait peine à se défaire de cette cabale, peur de donner à connaître qu'il
s'était trompé au choix; mais qu'il en reviendrait; que s'il le faisait subite-
ment, d'une chose l'on irait à l'autre, et parlerait-on peut-être contre les Col-
léges des Quatre-Nations[3], si mal pensés et placés, à cause du retranchement
du lit de la rivière, et si mal exécutés qu'il donnerait, à la rencontre, de
grands coups contre, pour ce qu'il savait que tout cela ne s'était disposé de
la sorte que pour l'intérêt des places que Levau et ceux de son parti avaient

1. La maison de Colbert.
2. Guillaume Bautru, comte de Serrant, chancelier et garde des sceaux de Monsieur.
3. Aujourd'hui le palais de l'Institut.

là auprès, et voulaient faire valoir. Je lui ai dit la mauvaise fondation de la façade du Louvre qu'avait commencée Levau, que le Cavalier avait reconnue faisant faire la fouille de la fondation de la sienne[1]. Il regardait cependant avec une petite lunette (car il a la vue courte) le buste du Roi et m'a dit qu'il lui semblait qu'il avait beaucoup de ces belles têtes de Jupiter. Durant cet entretien, la Reine s'étant levée pour aller voir l'onvrage du signor Paul, j'ai suivi Sa Majesté et lui ai dit qu'il était destiné pour Elle, dont Elle a témoigné être bien aise. Le Roi, un peu avant que de s'en aller, a demandé au Cavalier s'il travaillerait les fêtes. Sans attendre qu'il ait répondu, j'ai dit qu'oui à Sa Majesté, qu'il avait un bref du Pape, et pour pouvoir travailler trois heures les dimanches.

Après que le Roi a été sorti, le fils aîné de M. Colbert et l'abbé[2] sont venus avec leur précepteur voir le buste, et quand ils s'en sont allés, le Cavalier a été avec mon frère et moi aux Feuillants. En y allant, il m'a dit qu'il avait pensé à ce qu'il y avait à faire à Saint-Denis, m'a demandé si l'on avait les portraits de nos premiers Rois. Je lui ai dit qu'oui, mais sans certitude s'ils ont été faits de fantaisie ou non. Il m'a dit que dans le lieu, qu'on pourrait faire pour les sépultures de Bourbon, on pourrait mettre ceux de dix ou douze rois prédécesseurs de Sa Majesté et commencer par saint Louis, s'il y en avait tant depuis lui[3] ; faire après celle du Roi et laisser place pour une vingtaine, et puis faire une grande sépulture pour les rois, faisant le tout avec grande magnificence.

Au retour, sur la matière de dévotion, il nous a rapporté deux points de deux différentes prédications, l'un des pèlerins d'Emmaüs, que Notre-Seigneur avait rencontrés, que comme il ne faisait rien que pour nous servir d'exemple et d'instruction, il s'était mis au milieu d'eux pour nous enseigner qu'il faut fuir en toutes choses les extrémités, et que le bon parti était la voie du milieu, où est le siége de la vertu[4]. Il en a rapporté un autre qu'il avait entendu dire à un cardinal dans une exhortation de la semaine sainte, lequel il a dit qu'Urbain VIII loua fort. Ce cardinal commença par dire qu'il avait été commandé d'entretenir Sa Sainteté et l'assemblée des douleurs et des angoisses que Notre-Seigneur avait souffertes dans sa passion, qu'encore que ce fût une matière bien plus propre à être méditée que rapportée, néanmoins y ayant médité lui-même, il voulait rapporter une pensée qui lui était venue sur ce sujet; et dit qu'il était persuadé que c'était le péché qui avait mis Notre-Seigneur dans les peines et l'agonie qu'il avait souffertes; que le péché est de telle nature qu'il vise à détruire Dieu, s'il le pouvait, et pour cela Dieu, qui le peut, aurait dû détruire le péché et l'aurait fait sans doute, s'il avait été dans sa puissance de le faire sans tout ensemble détruire le pécheur qu'il veut sauver; que c'est pour cela seulement qu'il épargne et laisse pour ainsi dire régner le péché, afin de pouvoir sauver le pécheur; qu'une seule fois, mais une fois toute seule, il a trouvé le péché sans le pécheur, qui fut

1. De sa façade.
2. Jean-Baptiste Colbert, marquis de Seignelay, né en 1651, mort en 1690, et son frère Jacques-Nicolas, né en 1655, mort archevêque de Rouen en 1707.
3. Il y en a vingt et un.
4. In medio stat virtus.

quand pour notre salut Jésus-Christ voulut se charger de tous les péchés du monde; qu'alors aussi la justice de Dieu le père le chargea de tant de douleurs, de peines et de souffrances, sans considérer que c'était son fils bien aimé qu'elle ne put se satisfaire que par sa mort, mais la plus cruelle et ignominieuse qu'on saurait jamais imaginer; et cela pour ce qu'il trouva alors le péché sans le pécheur. J'ai dit que cette pensée était tout à fait belle et dévote.

J'ai parlé au Cavalier, en le quittant, de la partie de Saint-Cloud. Il m'a dit que, s'il faisait beau, ce serait pour demain, et sinon le jour d'après. Nous en revenant, mon frère et moi, il[1] m'a conté que le matin il avait été voir Mr Perrault, lequel avait bien daubé le dessin du Cavalier et l'avait fort pressé, lui, de dire qu'il n'était pas beau; qu'il avait, entre autres choses, trouvé à redire à la grande saillie de l'embassement de la façade qui portera les colonnes, et à la projecture[2] de la corniche de l'entablement, qui était si excessive qu'on ne verrait point la balustrade; « et à quoi [bon] faire, a-t-il dit, une balustrade laquelle ne sera point vue? »; qu'il a sindiqué[3] plusieurs autres choses, et a dit que M. Colbert lui avait demandé si mon frère n'avait point examiné ces dessins. A quoi lui mon frère avait répondu qu'il ne les avait vus que quand on les montrait à d'autres, et que c'étaient choses si extraordinairement belles qu'il n'y avait qu'à admirer; et que cela s'était passé en présence de M. Madiot.

Le vingtième, je suis allé le matin chez le Cavalier et l'ai trouvé travaillant au petit Jésus du signor Paul. Il m'a dit qu'il lui donnait quelques caresses, puisque c'était pour la Reine. Je lui ai répondu qu'elle avait témoigné d'être bien aise de ce que je lui avais hier dit que c'était pour Elle, lorsqu'elle considérait cet ouvrage. Je lui ai fait voir ensuite des peaux d'ours, que je lui avais fait apporter. M. Morain[4] est venu après, à qui j'ai fait voir le buste. Sur les dix ou onze heures, M. Colbert est arrivé. Il s'est mis à considérer le buste à son ordinaire, et l'abbé Butti et moi l'ayant loué, lui montrant l'endroit où avait travaillé le Cavalier, il[5] a pris la parole et a dit : *Bisognerebbe che l'opera parlasse e non loro*[6]. Il s'est mis après à entretenir M. Colbert en particulier, ce qu'ayant vu je me suis d'abord retiré; puis après, entendant que M. Colbert parlait français, je me suis rapproché afin de servir d'interprète. J'ai trouvé qu'ils parlaient de l'ouvrage à faire à Saint-Denis et que le Cavalier disait ce qu'il m'avait dit le jour précédent. M. Colbert a témoigné de la répugnance au dessein de faire un lieu si grand qu'il pût servir à plus de douze ou quinze sépultures de rois, puisque l'église de Saint-Denis, où se font toutes les prières, ne serait que l'accessoire de ce vaisseau, et a dit qu'il estime qu'elle doit être toujours le principal, parce

1. *Il*, le frère de Chantelou.

2. *Projecture*, avance.

3. *Sindiquer*, critiquer; en italien *sindacare*.

4. C'est peut-être le compatriote de Chantelou, l'abbé Louis Morin, médecin et botaniste, membre de l'Académie des sciences, né au Mans en 1636, mort en 1715.

5. *Il*, le Cavalier.

6. « Il faudrait que l'ouvrage parlât et non eux. »

que c'est là où se font toutes les prières; que l'on est persuadé que plus près l'on est du lieu où le service se fait, plus l'on est avantageusement placé; par exemple, que les premières sépultures sont les plus proches de l'autel; que si nos rois étaient dans un autre lieu, ce ne serait pas pour eux les prières qui se feraient dans l'église; que pour cette raison, la chapelle des Valois avait été placée au côté de l'Évangile; que l'on en pourrait faire une pour la branche de Bourbon capable de contenir quinze ou vingt sépultures; que celles de Henri IV, Louis XIII et du Roi y devaient être les premières, et celle du Roi (comme faisant la chapelle), la plus magnifique. Le Cavalier a acquiescé à cela, et a dit que dans Saint-Pierre, où sont les sépultures de Paul III, Urbain VIII et d'Innocent X, et où les papes à venir voudraient avoir les leurs, il n'y a plus place que pour cinq ou six sépultures; qu'il avait estimé que l'on devait construire un lieu pour les papes, comme il avait dit pour les rois. Il a ajouté que dans un lieu médiocrement grand l'on peut, par invention, trouver place pour un grand nombre de sépultures; que son intention n'était pas de faire deux corps d'église séparés, mais accroître l'ancienne; que l'on entrerait en ce qui serait bâti de nouveau par les deux ailes, aussi bien que par le dehors.

Ce discours fini, M. Colbert s'est approché de la table et s'est assis afin de tenir conseil. Le Cavalier, après qu'il a été aussi assis, et les autres, a fait apporter deux pierres, une de moëllon tendre et l'autre de pierre de meulière, qu'il a dit avoir fait peser et avoir trouvé que le moëllon pèse un tiers davantage; qu'avec cette pierre plus légère l'on peut faire des voûtes comme en Italie, ayant la preuve que la chaux avec le sable de rivière mêlé avec du commun fait un excellent mortier. M. Colbert a témoigné désirer que l'on fît des épreuves de cela, étant chose nouvelle et de conséquence. Le Cavalier a répété qu'il était confirmé dans la croyance que cela pouvait réussir de même qu'à Rome, à la différence qu'il grossirait son mur un quart plus qu'à Rome, où étant de trois parties par exemple, il le ferait ici de quatre, et en a fait des démonstrations sur le papier, pour le mieux donner à connaître. M. Perrault a dit qu'il avait fait faire, il y a déjà longtemps, une voûte de cette pierre, laquelle s'est bien maintenue. Pietro Sassi, lequel a la connaissance des matières de France, et qui était là, a confirmé la bonté de nos matières, et dit que ce qui se faisait avec notre chaux et du sable de rivière, mêlé même avec d'autre, était excellent; qu'à la voûte le moëllon tendre de France n'est pas bon; qu'à le frotter seulement il en sort une poussière qui empêche qu'il ne se lie bien au mortier lorsqu'on le met en œuvre.

Le Cavalier a pris la parole et a dit que la méchante maçonnerie à Rome ne procède que faute de mettre de l'eau sur l'ouvrage; qu'il y a des ouvriers si méchants et accoutumés à mal faire, que, quoi qu'on la leur fournisse, ils ne l'emploient pas par habitude de faire mal. M. Colbert a proposé de faire faire au bâtiment des Tuileries une grande voûte de pierre de meulière; mais le Cavalier a dit qu'il fallait auparavant voir l'épaisseur des murs qui peut-être seraient trop faibles pour la porter. Pietro Sassi a fait souvenir qu'à Rome ils remplissaient les reins ou les flancs de leurs voûtes de plâtras, lesquels sont légers et ne chargent guère; et au sujet de cette voûte proposée, plusieurs ont dit qu'on avait assez de temps pour en faire des expériences autres que celles qui sont faites dans la basse-cour du palais Mazarin, lesquelles sont petites.

Le Cavalier a parlé ensuite du mortier des fondations faites par Levau, dont il a fait apporter un échantillon, lequel s'est trouvé sans chaux ou avec fort peu. Il a ajouté que la maçonnerie était mauvaise, qu'il serait à souhaiter d'avoir deux ou trois maçons italiens pour montrer ici la façon de maçonner. M. Colbert a reparti à cela qu'il y avait en France de fort bons maçons limousins, sans en chercher d'autres. Le Cavalier a répliqué qu'il avait envoyé prier M. Madiot de voir cette fondation, qu'il était demeuré lui-même d'accord qu'elle n'était pas bonne. M. Madiot a confessé qu'il était vrai que le mortier ne valait rien. Le Cavalier a ajouté que la maçonnerie ne valait rien non plus et, se tournant vers M. Madiot, qu'il fallait référer à M. Colbert le même qu'à lui [1], et sur cela a allégué que je l'avais vue aussi. J'ai dit qu'à la vérité j'avais vu dans un endroit, que [2] l'on avait fait ouvrir la fondation, des trous dans la maçonnerie à mettre le poing. Sur cela, M. Colbert a pris la parole et dit que, si cela était, les entrepreneurs n'entreraient jamais au Louvre et qu'il irait lui-même vérifier cela.

J'ai lu ensuite les difficultés que M. Perrault avait mises par écrit sur le devis du signor Mathie, qui se sont trouvées légères, et M. Colbert a dit qu'il ne fallait pas s'y arrêter. Il a demandé après à mon frère s'il y avait grand monde à travailler aux fondations, qui lui a dit qu'il y en avait davantage que les jours précédents. Il lui a donné le mémoire des toises cubes de terre, que les fossés du Louvre pourront contenir et les autres lieux plus proches où on les pouvait porter. Il avait été avisé qu'on en ferait la supputation pour les y mettre, afin de débarrasser la place, qui est autour des fondations, qui est très petite.

J'oubliais à noter qu'au sujet de la maçonnerie le Cavalier allégua, après, les fondations du logis de M. de Lionne, où il n'y a point du tout de chaux au mortier, et un exemple d'un vieil architecte appelé le cavalier Fontana [3], qui a autrefois construit le portail de Saint-Pierre, et a dit qu'avant de se mêler de l'architecture, il avait été un bon *capomuratore* et que lui, le Cavalier, étant jeune et voyant travailler à cet ouvrage, ce bonhomme, qui n'avait d'ailleurs point d'invention, mais qui avait une grande expérience de la maçonnerie, allait toujours, disant aux ouvriers : *Figlioli, lavorate in calze sottile* [4]; de quoi étant étonné, et croyant que ce devait être le contraire, il lui en demanda la raison, qu'il lui expliqua, disant qu'il fallait beaucoup de mortier, mais bien remuer et battre la pierre, afin qu'elle en fût toute entourée et qu'il n'en restât que peu au-dessous; de quoi il s'était toujours souvenu.

Avant qu'on se levât du conseil, le Cavalier reçut ses lettres de Rome, du retardement desquelles il tirait un mauvais augure touchant la santé de sa femme, quoique l'abbé Butti, qui avait reçu les siennes, lui eût fait voir qu'on

1. Rapporter la même chose qu'à lui.
2. *Que, où.*
3. Ce Fontana est peut-être Jean Fontana, né en 1540, mort en 1614. Il était frère aîné de Dominique Fontana, qui fut chargé de dresser l'obélisque sur la place de Saint-Pierre.
4. « Mes enfants, travaillez dans une chaux déliée. »

ne lui parlait de rien, et lui eût dit que s'il y avait de mauvaises nouvelles, qui le regardassent, l'on les lui aurait mandées. M. Colbert a convié le Cavalier d'ouvrir ses lettres, pour s'éclairer du doute où il était; ce qu'ayant fait il a su que sa femme avait été à l'extrémité d'une maladie, qui avait duré quarante-quatre jours, qu'il y en avait dix cu douze qu'elle était sans fièvre et en avait été délivrée comme par miracle, ce cui l'a extraordinairement réjoui, et a dit que qui lui tâterait le pouls le lui trouverait fort ému. Après cela, M. Colbert s'est levé et s'en est allé.

L'après-dinée, le Cavalier a été aux PP. de l'Oratoire rendre grâces à Dieu de la guérison de sa femme, et après chez le cardinal Antoine, dont il a amené le médecin au palais Mazarin pour voir le signor Mathie qui était malade. J'oubliais à dire que l'abbé Testu[1], aumônier de Monsieur, m'a envoyé un sonnet à la louange du Cavalier, lequel je lui ai expliqué et que je transcris ici.

*Pour M. le Cavalier Bernin travaillant au buste du Roi.*

### SONNET

Pendant que d'un grand roi tu cherches la figure,
Sous la dure épaisseur d'un marbre précieux,
Et que par ton ciseau tu vas forcer nos yeux
A confondre ton art avecque la nature.

Bénis, rare Bernin, l'heureuse conjoncture
Qui te doit acquérir un renom glorieux;
Louis, ce cher présent que nous ont fait les dieux,
Se donne par tes mains à la race future.

Mais veux-tu qu'à jamais il soit connu de tous
Et que les nations qui viendront après nous
Le voient comme il est, dans le temps où nous sommes?

Fais par ton art divin qu'au défaut de sa voix
Un seul de ses regards inspire aux autres rois
Ce qu'un regard des rois inspire aux autres hommes.

Arrivant à l'hôtel Mazarin, nous avons trouvé Marigny[2] qui était venu voir le buste. Il a dit au Cavalier beaucoup de jolies choses et l'a loué beaucoup sur cette facilité qu'il a à opérer. Il lui a répondu ce que fit Michel-Ange un jour à l'Ammanati sur le même sujet : *Nelle mie opere caco sangue*[3]. Marigny sorti, nous avons ramené le signor Turci[4] chez M. le cardinal Antoine. Après, nous sommes revenus chez M. le Nonce où j'ai laissé le Cavalier. Il m'a prié de lui envoyer le matin quelque bon doreur et un homme pour copier les dessins du Louvre. J'en ai écrit dès le soir même à Marot[5].

1. Jacques Testu, membre de l'Académie française, mort en 1706 à environ quatre-vingts ans.
2. L'abbé Jacques Carpentier de Marigny, l'un des plus célèbres chansonniers de la Fronde, mort en 1670.
3. « Je ch.. du sang dans mes œuvres. »
4. Le médecin du cardinal.
5. Jean Marot, architecte et graveur, né à Paris vers 1619, mort le 15 décembre 1679.

Le vingt-unième, j'ai mené le sieur Marot au Cavalier. Il lui a donné le dessin de la façade du devant du Louvre pour le copier. J'ai trouvé le signor Pietro[1], travaillant à traduire un mémoire que M. Perrault avait apporté, tant de la quantité et grosseur des pierres qu'on peut tirer de toutes les carrières des environs de Paris, que des noms de ceux à qui elles sont et de la qualité de toutes les pierres; ce mémoire apostillé de la main de M. Colbert en quelques endroits. J'ai aidé à faire cette traduction. Cependant le Cavalier a travaillé au collet du Roi. J'ai remarqué qu'encore qu'il regardât de fois à autres celui de points de Venise qui lui a été laissé, il ne l'a point imité, me disant qu'il était sans aucun dessin. Je lui ai reparti que ce sont ouvrages de religieuses de Venise qui n'ont aucune connaissance du beau.

Sur le midi est arrivé un doreur nommé Daret, que j'avais fait avertir, à qui j'ai donné un billet pour aller prendre la bordure du petit Christ chez le menuisier. J'ai demandé au Cavalier s'il irait à Saint-Cloud. Il m'a répondu que le temps n'y était point propre, mais qu'il irait, fût-ce même un jour de travail, qu'il me l'avait promis, et cela pour l'amour de moi; que je ne m'en misse point en peine. En dînant, le Cavalier m'a conté qu'il avait songé que sa femme était guérie. Je lui ai dit qu'il s'en fallait réjouir, parce qu'en quelques personnes on voyait les songes souvent être véritables; que j'étais même de celles-là et l'avais remarqué diverses fois. A l'issue de table, m'étant mis à discourir avec le signor Mathie, en présence de Pietro Sassi, sur le dessin du Louvre, il m'a dit qu'il y avait de manque, dans le plan qui avait été envoyé à Rome[2], trente-sept palmes au dedans de la cour.

Sassi a dit qu'à son arrivée, ayant vu la cour du Louvre débarrassée, l'ordre d'architecture qui y est ne lui a plus semblé beau comme il faisait auparavant. Je lui ai reparti, ce que je dis toujours, et qui est vrai, que la cour devait être des trois quarts moins grande et qu'ainsi les ordres que M. de Clagny[3] avait mis au Louvre devenaient trop petits et mesquins dans une si grande distance; qu'il n'en eût fallu mettre qu'un. Mathie a reparti qu'on ne mettait jamais un seul ordre pour régner à trois étages; qu'il faut en ce cas que le premier étage serve d'embassement et que l'ordre ne serve qu'à deux étages.

Le soir, le Cavalier, mon frère et moi avons été aux Jésuites de Saint-Louis[4], et voyant les figures de bronze qui sont au devant de l'autel de l'aile gauche, il a dit qu'elles ne devaient pas être posées là. Il n'en a rien dit au reste.

Revenus à l'hôtel Mazarin nous y avons trouvé M. Perrault, qui était venu pour ce mémoire des matières. L'on a pris jour à demain pour aller voir des échantillons de toutes les différences de pierre au Louvre. Il nous a parlé à mon frère et à moi du buste de M. Varin qu'il a loué avec exagération. Nous avons ensemble regardé celui du Cavalier à la chandelle, étant arrivés qu'il était nuit, à laquelle lumière il paraissait beaucoup.

1. Pietro Sassi.

2. A Bernin, l'année précédente.

3. Le célèbre architecte Pierre Lescot, seigneur de Clagny, qui a donné les dessins de la façade dite de l'*Horloge*, au Louvre.

4. Aujourd'hui l'église Saint-Paul, rue Saint-Antoine.

Le vingt-deuxième, le Cavalier a travaillé au collet du Roi. L'après-dînée, mon frère et moi nous avons été prendre M. Perrault et l'avons mené au palais Mazarin pour prendre le signor Mathie. Le Cavalier nous a prié de voir la voûte qui se fait sur ces deux murs qu'on a construits dans la basse-cour. Nous y sommes allés et avons vu qu'elle se fait de pierre de meulière sans aucune coupe, que la voûte se commence d'un pied d'épaisseur vers les reins, pour revenir à 8 pouces vers le milieu. De là nous sommes allés au Louvre où nous avons vu de toutes les différentes espèces de pierre des environs de Paris, tant en œuvre qu'en chantier. L'on a jugé que celle d'Arcueil était plus convenable pour le rocher et embassement, et qu'elle y réussirait encore mieux que celle de Saint-Cloud, étant aussi dure et ayant plus d'yeux ou de trous et s'en pouvant tirer une plus grande quantité. L'on a pris un échantillon de toutes ces pierres, qu'on a envoyé au palais Mazarin ; savoir des différents lieux, Saint-Cloud, vergelé[1], Bicêtre et autres. Le signor Mathie a dit qu'il fallait commencer à tailler les pierres pour le rocher, pour leurs assiettes et flancs, afin que ce fût matière toute prête, et n'avoir pas à attendre après. Il a trouvé toutes ces différentes qualités de pierre excellentes, a donné ordre que les fondations du vestibule cheminassent du même pied que les autres. Après, m'ayant parlé du dessein qu'a le Cavalier de baisser le plan de la cour du Louvre de deux pieds, il m'a voulu montrer comme cela se pouvait aisément faire, tout le contour du Louvre étant plus bas, qu'il faudrait baisser le cloître de Saint-Germain, et qu'ainsi il ne serait pas nécessaire de descendre dans l'église comme l'on fait par le bout, ce qui est fort vilain et d'autant plus qu'on y monte de quatre ou cinq marches par le flanc du côté du midi ; a ajouté qu'il faudrait baisser la grande place de devant le Louvre par le milieu, y faisant comme un ruisseau ou la faire en pente douce vers la rivière. Nous sommes entrés dans Saint-Germain. Je lui ai montré la copie de la *Cène* de Léonard de Vinci, qui est près de la porte qui regarde le midi, qu'il a trouvée en fort mauvais jour[2]. Je lui ai fait aussi observer le jubé comme un ouvrage régulier. Il l'a trouvé assez beau ; de là, nous nous en sommes revenus, et, étant devant le logis de M. de la Vrillière[3], nous y sommes descendus. Le signor Mathie m'a dit, entrés dans la cour, qu'il jugeait qu'il était du dessin de Mansart, qu'il avait ouï dire qu'il n'avait jamais été à Rome ; que s'il y avait été, il fût devenu un grand homme.

De là nous sommes revenus au palais Mazarin où le Cavalier m'a dit en riant, qu'il travaillait à un ouvrage de peu de goût, qu'il faisait une chose qu'il n'eût jamais pensé de faire, qui est du point de Venise ; qu'à la vérité la princesse de Rozane[4] et autres ont fait tout ce qu'ils ont pu pour avoir de lui un dessin de semblables choses, mais que jamais il n'en avait voulu faire,

---

1. *Vergelé*, espèce de pierre qui se tirait des carrières de Saint-Leu.

2. Suivant Hurtaut, cette copie passait pour avoir été faite par ordre de François Ier.

3. En effet cet hôtel, qui forme aujourd'hui une partie des bâtiments de la Banque de France, a été bâti, sur les dessins de François Mansart, pour Raymond Phelypeaux, sieur de la Vrillière, secrétaire d'État. Il fut acquis en 1705 par Rouillé, maître des requêtes, qui en 1713 le vendit au comte de Toulouse.

4. Olympia Aldobrandini, princesse de Rossano, veuve de Paul Borghèse, épousa en secondes noces Camille Pamphile (Panfili) et devint la maîtresse du pape Innocent X, oncle de celui-ci, quand il eut renvoyé sa fameuse favorite, Olympia Maldachini.

et, qu'à présent, il faisait plus qu'un dessin, puisqu'il l'exécutait en marbre. Lui ayant demandé si j'enverrais quérir le carosse du roi, il m'a dit qu'il ne sortirait point et qu'il était trop tard.

Le vingt-troisième, étant allé chez le Cavalier, il m'a fort recommandé la dorure de la corniche du petit Christ, et d'en faire avertir le doreur, ce que j'ai fait. Il a travaillé encore aujourd'hui au collet de son buste. Le signor Mathie et Pietro Sassi sont allés au Louvre pour voir les voûtes et ont résolu de faire une voûte à la manière de Rome, qui sera au deuxième étage dans l'aile du pavillon, du côté de la rue de Beauvais [1], pour éprouver la force des murs et l'effet de la voûte. Mon frère s'y est trouvé avec eux.

L'après-dînée, j'ai mené M. l'abbé d'Argenson [2] voir le Cavalier. Il lui a fait accueil et m'a prié de lui faire voir les dessins du Louvre. Après les avoir bien considérés, il a été fort aise que les grands combles à la mode en aient été bannis et la vue des cheminées. Le soir, M^me la marquise de Raré [3] est venue avec M^lle sa fille. Elles ont été touchées de la ressemblance du buste du roi; elles ont demandé au Cavalier, s'il avait passé par Florence en venant ici. Il leur a dit que oui, et ensuite s'il avait vu M^me la princesse de Toscane [4]. Il a répondu que non, mais qu'il avait vu le prince qui est fort bien fait. L'on a parlé de l'aversion que la princesse a pour lui. Sur quoi, il a dit que qui chercherait bien, l'on trouverait que c'est peu de chose; que qui saurait l'endroit du mal, il serait aisé d'y donner remède ou l'ôter comme on fait une chose avec deux doigts; qu'au bout du compte une femme doit faire consister sa gloire dans la vertu de souffrir les imperfections de son mari, quand il en a, fussent-elles les plus grandes du monde. J'ai reparti qu'une princesse comme elle, qui avait été élevée dans la cour de France, qui est le paradis des femmes, avait eu raison d'être surprise de la vie qu'on mène à Florence. La marquise a ajouté qu'à son âge, l'on ne pouvait pas avoir de ces vertus extraordinaires qui établissent leur plaisir dans le devoir; qu'elle n'avait que quatorze ou quinze ans [5], quand elle sortit de France; qu'étant d'une si grande maison, elle avait espéré qu'on aurait des égards pour elle. Il a reparti que plus l'on est de grande naissance, plus l'on est capable de grandes vertus, qui ne se trouvent presque jamais dans les personnes vulgaires; qu'après tout, ce qu'il fallait faire pour cette mésintelligence, c'était de prier Dieu pour la réunion de leurs volontés; que les hommes étaient incapables de la faire, qu'il fallait qu'elle vînt d'en haut. Il a réitéré à M^me de Raré, que les dames de France ont bien plus d'esprit que celles de Rome, où il a pratiqué celles de la plus grande condition; mais que ce n'est rien en comparaison de celles

1. Elle commençait à la rue Froidmanteau et se prolongeait jusqu'à la rue du Coq.

2. Louis de Voyer de Paulmy d'Argenson, abbé commendataire de l'abbaye de la Trinité de Beaulieu, mort en 1694, à soixante-huit ans.

3. Elle avait été gouvernante des enfants de Gaston, duc d'Orléans, ce qui explique l'intérêt qu'elle prenait, comme on va le voir, à la grande-duchesse de Toscane, fille de ce prince.

4. Marguerite-Louise, fille de Gaston d'Orléans et de sa seconde femme Marguerite de Lorraine, mariée en 1661 à Côme III, grand-duc de Toscane, avec qui elle vécut de très bonne heure en fort mauvaise intelligence.

5. Elle avait seize ans.

de France. Après qu'elles ont été sorties, je lui ai demandé s'il voulait sortir :
il m'a dit que non.

Le vingt-quatrième, le Cavalier a encore travaillé au collet du buste, et l'a
fouillé et dégagé d'avec les cheveux. Il m'a dit que Nanteuil venait de sortir
avec deux personnes qui lui avaient semblé fort intelligentes. Le petit M. Roland[1]
est venu, qui a apporté des vers latins que l'abbé Butti a lus. Je me suis occupé
à lire la traduction qui a été faite du mémoire des différentes espèces de
pierre qui se tirent dans les environs de Paris et des qualités et défauts de
chacune. Mon frère est venu ensuite. Il arrivait du Louvre où il n'a trouvé
aucun des entrepreneurs. Après sont venus les abbés Tallemant et de Mati-
gnon[2] pour voir le buste, et l'après-dînée M. le Nonce.

J'oubliais à dire que Marot a achevé son dessin de la façade du devant du
Louvre ; qu'ayant montré au Cavalier, il[3] a été fâché qu'il ait fait ces deux
Hercule qu'il voulait dessiner lui-même. Il a dit au signor Mathie de les
effacer, et puis a fait donner à Marot le plan du Louvre, auquel il a commencé
de travailler. J'ai aussi vérifié la traduction du devis du Louvre, qui a été mis
en italien. J'ai donné au signor Mathie les mesures pour l'escalier du palais
de Tucé pour Mme de Lavardin[4]. Le soir, le Cavalier est allé aux Feuillants et
ayant trouvé l'église fermée, nous sommes entrés dedans par le couvent ; et
après la prière, nous en sommes revenus.

Le vingt-cinquième, j'ai envoyé au matin un billet à M. Perrault, pour
avoir le plan du couvent de Saint-Denis que le Cavalier m'avait demandé.
L'étant allé trouver, il m'a dit, comme je suis arrivé, qu'il venait de sortir un
évêque, qui lui avait dit que son buste ressemblait aux médailles d'Alexandre,
et que de lui donner pour piédestal un monde, il lui en ressemblait encore
davantage. MM. du Metz et Perrault sont venus prier le Cavalier de régler ce
qu'il faudrait donner aux Italiens qu'il a appelés en France, parce que peut-
être ne les logerait-on pas à leur gré, et que quand l'on leur donnera tant
par mois, suivant l'avis du Cavalier, ils se logeront et traiteront à leur fantaisie. Le Cavalier a dit qu'ils lui étaient fort nécessaires, parce qu'il n'a pas
sujet de prendre une entière confiance aux ouvriers d'ici, outre que l'ouvrage
du Louvre se construit à la mode d'Italie, dont ils savent l'usage ; que l'on
leur peut donner une provision de tant par mois, ou bien, si l'on fait marché,
M. Colbert les y peut faire entrer de quelque part[5], et s'il est besoin d'avances
qu'au lieu d'en faire, ils prendront moins ; qu'outre l'assurance qu'il a de leur
fidélité, il y a quantité de choses dans un bâtiment qui ne sont point spéci-
fiées et qui se règlent par l'avis de l'architecte, et qu'ainsi ils auront besoin
de lui ; que c'est comme une caution de leur fidélité. Ces messieurs ont trouvé
cela bon, mais, que comme il se passera du temps avant que ces marchés se

1. Le neveu de Chantelou, le fils de son frère J. Fréart, comme nous l'avons déjà dit.
2. Léonor de Goyon-Matignon, aumônier du roi, abbé de Lessai et de Thorigny, mort
évêque de Lisieux en 1714, à soixante dix-sept ans.
3. *Il*, le Cavalier.
4. Marguerite-Renée de Rostaing, femme de Henri de Beaumanoir, marquis de Lavardin.
5. C'est-à-dire les intéresser pour une part dans le marché.

concluent, qu'il faudra cependant que M. le Cavalier règle cette provision. Il a dit qu'il le ferait, que quand même ils auraient part à l'entreprise, il voudrait qu'ils travaillassent de leur main et eussent avec cela la vue sur l'ouvrage. Il leur a demandé d'où venait que la *Daphné* et le *David*[1], que l'abbé Elpidio[2] mandait avoir envoyés n'arrivaient point. Ils lui ont dit que la peste, qui est en Provence, en était cause.

M. le duc de Mortemart[3] et M. le président Tambonneau[4] sont venus; ils ont fort considéré le buste, et puis après je leur ai montré les dessins du Louvre. Le président a fort syndiqué toutes choses, et particulièrement le plan, ne trouvant pas la chambre du Roi assez grande; a condamné le passage qui y conduit, les jours des escaliers de dégagement, la petitesse des cours et la diminution de la cour principale. Pour les différentes façades, il a dit qu'il ne doutait pas qu'elles ne fussent belles et les a fort considérées.

Après le dîner, j'ai fait porter au Cavalier le torse en plâtre de cette Vénus qui est à Richelieu, que j'ai apporté de Rome. L'ayant montré au Cavalier, il m'a dit qu'il avait vu le marbre plusieurs fois. Étant sorti après pour faire quelques visites, à mon retour, j'ai su que M. Colbert était allé au Louvre avec le Cavalier. Je m'y en suis allé et les y ai encore trouvés. Ils ont considéré la qualité du sable, qui se trouve dans la fondation, lequel le Cavalier a dit être bon, mêlé à celui de rivière. Ils ont ensuite regardé des pierres d'Arcueil que l'on taillait, pour servir au rocher qui doit être à l'embassement du Louvre. L'on a discouru des pierres de meulière pour faire des voûtes, et des lieux où l'on en pouvait trouver la quantité nécessaire ; l'on a dit à Meaux, vers Versailles, et Meudon. J'ai dit que ces dernières étaient plus pesantes que les autres, et ce que nous avions trouvé, quand le Cavalier y avait été. M. Colbert a dit que ce sera un grand avantage, si elles se trouvent propres à faire des voûtes aux seconds étages, qu'il fallait envoyer un exempt des gardes en tous ces lieux pour faire défense d'enlever de cette pierre que pour le Roi. Mon frère a dit qu'on avait marqué un lieu, qu'il a montré dans l'aile du Louvre qui regarde la rue de Beauvais, pour y faire une épreuve de ces voûtes, et qu'on la doit faire de toute la largeur du bâtiment. M. Colbert m'a, après cela, prié de remener le Cavalier au palais Mazarin et de prendre son carrosse, qu'il demeurerait ce pendant au Louvre. Nous en allant dans l'incertitude si M. Colbert se serait fait montrer, avant que je fusse arrivé, ces mauvaises fondations dont l'on avait parlé à la dernière congrégation, je l'ai demandé au Cavalier. Il m'a dit que non. Avant que de monter en carrosse, il a considéré un grand rond de maçonnerie, qui est dans la fondation de la porte principale, qui est traversé d'un autre de 5 ou 6 pieds. Il m'a demandé à quoi servait cela. Je lui ai dit que je n'en savais rien, si ce n'était un aqueduc. Revenus au palais Mazarin, nous avons trouvé M. l'abbé de Saint-Pouange[5]

---

1. Il ne s'agit évidemment que des moulages de ces deux ouvrages de Bernin.

2. Elpidio Benedetti dont il a été question dans la Notice.

3. Gabriel de Rochechouart, duc de Mortemart.

4. Michel Tambonneau, président à la chambre des Comptes (1634), mort le 24 octobre 1684. — La liste des *Curieux de Paris* le mentionne comme « collecteur de livres rares, tableaux et fruits ».

5. Michel Colbert de Saint-Pouange, aumônier du roi, puis évêque de Mâcon, mort en 1676.

avec deux ou trois jeunes conseillers de la cour et Nanteuil qui considéraient
tous le buste. Ayant dit au Cavalier qui ils étaient, il leur a fait beaucoup de
civilités et à Nanteuil, lequel m'a tiré à part et m'a dit avec une espèce
d'exorde de la passion et de l'estime qu'il a pour le Cavalier, que ces messieurs
et lui avaient remarqué que les prunelles des yeux du buste ne concouraient
pas toutes deux à un même point, qu'il était bon avant qu'il les marquât à
demeurer, de l'en avertir; que la joue gauche était trop grosse. Je lui ai
reparti que cela n'était pas achevé, qu'il fallait en sculpture être fort chiche
d'ôter. Il m'a ajouté, pour appuyer son sentiment, qu'il a fait depuis peu le
portrait du Roi, et qu'il avait fort remarqué ce côté-là qui était celui qu'il
dessinait; qu'il y avait encore à désirer à côté de la bouche; qu'il me priait
de ne dire pas cela de sa part, mais comme de moi. Il s'est ensuite rapproché
et l'on a discouru de diverses choses. Il a dit au Cavalier qu'il le trouvait un
peu abattu. Il lui a répondu qu'il était toujours ainsi à la fin de la journée,
soit du travail du corps ou de celui de l'esprit, qui s'est épuisé en travaillant;
qu'un homme qui a des connaissances ne se satisfait jamais, parce que l'ouvrage ne correspond pas à la noblesse de l'idée; que le matin, quand il se
met au travail, il est plein d'espérance de pouvoir exécuter ce qu'il a dans
l'esprit; mais que le soir, il voit que cette espérance a été trompeuse, que
cela avec le travail de la journée le rend abattu. Nanteuil a reparti et dit que
deux choses satisfont l'homme dans son travail; l'une est la noblesse de son
idée, et l'autre la connaissance des fautes qu'il voit dans les ouvrages des
autres, qui semblent l'élever au-dessus d'eux, et que quand il ne se satisferait
pas de l'une, il le devra être de l'autre. Le Cavalier a répliqué qu'au contraire
dans les ouvrages de ceux au moins qui sont en estime, on y voit souvent
ce qui mortifie beaucoup. Ce discours se continuant, M. de Saint-Pouange l'a
interrompu, prenant congé du Cavalier. J'oubliais à dire que Nanteuil a fait
voir un portrait d'un de ces conseillers qu'il a fait au pastel, que le Cavalier a
trouvé beau. Quand ils ont été sortis, le Cavalier m'a dit qu'il allait écrire à
Rome et qu'il ne sortirait point; qu'au sujet de la provision de ces Italiens,
qu'il a fait venir, attendant la résolution du marché, il pensait prendre son
pied sur ce que l'on dépense à Paris le double de Rome, les maisons, le vivre,
le bois à cause du froid, causant cette grande différence; qu'il jugeait que la
dépense était grande par celle qu'il avait faite; qu'en habits pour lui et pour
les siens il lui avait coûté, depuis qu'il était arrivé, six cents écus; qu'outre cela,
ils quittent leur patrie et leurs emplois, il a ajouté que la femme de Piétro
Sassi lui était un surcroît de dépense.

Il m'a parlé ensuite du signor Mathie, qui ne veut pas demeurer. Je lui ai
dit ce qu'il m'avait allégué à son sujet, qui est, qu'il ne le veut pas laisser
aller, qu'il lui est trop obligé pour l'abandonner à un si long voyage, qu'outre
cela il veut avoir sa femme, que comme elle est jeune, il ne veut pas la faire
venir qu'il ne la conduise lui-même; que d'ailleurs il a à mettre ordre à ses
affaires, et qu'il n'y avait rien à faire pour le présent. Le Cavalier m'a dit
qu'au regard de sa femme, elle avait un frère qui pouvait la conduire ici; que
pour lui, le Cavalier, il avait ses gens et le sieur Mancini par dessus, qui
avait eu grand soin de lui en venant et l'aurait à son retour; qu'il lui était
obligé, et pour cela avait parlé en sa faveur cinq ou six fois à M. Colbert;

qu'il ne voyait pas que cela eût encore produit aucun effet. Je lui ai dit que ce serait en définitif[1] que cela se réglerait. Je lui ai allégué mon frère pour exemple, qui avait été tiré de chez lui. Je lui ai ajouté qu'il ne fallait pas qu'il jugeât de ce qui se ferait par ce qui s'était fait à ce sujet. Il m'a reparti qu'en France les choses s'entreprenaient chaudement, puis s'abandonnent aussitôt. Je lui ai répliqué que pour autrefois cela était vrai ; mais qu'à présent, il n'en était pas de même. Il m'a allégué la disposition à la guerre. Je lui ai répondu qu'elle n'empêcherait pas de bâtir le Louvre ; que dans le plus fort de la guerre M. de Noyers y avait fait travailler ; qu'en cas de guerre M. Colbert avait dit, qu'au lieu d'un million le Roi n'y dépenserait que deux cent mille écus par an. Il m'a dit qu'il s'étonnait comment on s'appliquait à tant de choses, au lieu que celle-ci devait être l'unique ou la principale. Je lui ai dit que M. Colbert était obsédé de gens, dont il se déferait petit à petit ; qu'il avait bon esprit et jugeait de la gloire que cet ouvrage lui doit donner ; que pour un homme qui n'avait point eu d'application à ces sortes de choses, il s'y entendait assez ; que ce sont des connaissances qui ne viennent point par la nature, mais à dessiner, à force de voir les belles choses et de conférer avec les grands hommes dans les arts ; qu'auparavant cela, il fallait encore une disposition naturelle. Sur cela, il m'a quitté, disant qu'il allait écrire.

Le vingt-sixième, étant allé chez le Cavalier, il m'a prié de voir si l'on pourrait avoir le plan de Saint-Denis que M. Colbert lui fit voir quand il l'y mena. Je suis allé chez ce ministre, où m'ayant été dit qu'il n'y était pas, j'ai écrit un billet à M. Perrault, qui aussitôt est venu et a apporté le plan et l'a donné au Cavalier. A moi, il m'a donné des vers de M. l'abbé de Bourzé, qui répondent à ceux qu'a faits l'abbé Butti pour la base du buste du Roi.

### Risposta del Cavaliere Bernino.

Mai mi sovvenne quel pensier profondo
Per far di Rè si grande appoggio degno ;
Van' sarebbe il pensier ; che di sostegno
No è mestier a chi sostiene il mondo[3].

J'ai montré audit sieur Perrault le torse de Vénus et lui ai dit que c'était un reste de l'antiquité et des ouvrages grecs, le plus beau qu'on voie de son genre, au sentiment des plus habiles, et lui ai demandé si l'on avait songé à retirer ce que j'avais autrefois apporté de Rome. Il m'a dit qu'il n'y avait pas encore pensé.

Nous sommes ensuite allés voir cette voûte commencée dans la basse-cour. Les maçons italiens ont dit qu'ils auraient encore besoin de pierre meulière. M. Perrault a dit qu'il en ferait venir, mais que ce qu'il y avait de voûte

---

1. *En définitif*, à la fin.
2. *Bourzeis*, dont il a été question plus haut.
3. *Réponse du cavalier Bernin*. « Ce penser profond ne m'a pas aidé pour faire un appui digne d'un si grand roi. Le penser serait inutile ; car il n'est pas besoin de soutien à qui soutient le monde. »

faite suffisait. Ils ont reparti qu'ils voulaient faire celle-ci d'une manière différente, afin que l'on pût juger laquelle serait la meilleure, qu'à cette dernière ils ne mouilleraient point la pierre ni le mortier, comme ils ont fait à
l'autre.

Nous en revenant, j'ai fait remarquer à M. Perrault le derrière de la galerie du palais Mazarin, où l'on a élevé une couverture aussi droite que la
muraille, et lui ai demandé si ce n'était pas une moquerie; il m'en est demeuré d'accord.

J'ai trouvé, en m'en revenant, le petit Blondeau[3], qui m'a dit que l'abbé
Butti a promis de le présenter au Cavalier. Je lui ai dit qu'à son défaut je
suppléerais, et de fait l'ai présenté. Il a fait voir quelques-uns de ses dessins
au Cavalier qui a dit qu'il est de l'âge qu'il faut que soient les jeunes gens
pour les envoyer à Rome; qu'étant plus vieux c'est temps perdu; qu'il faut
qu'ils n'aient pas plus de dix-neuf ans, et voir auparavant s'ils ont de la disposition pour les arts, afin que le dessein du Roi réussisse, et qu'on en tire le
fruit qu'on en espère. Il m'a dit qu'il serait bien aise de voir ceux qu'on des-
tine pour cela, qu'il en dirait son avis. J'ai dit que j'en parlerais.

Nous sommes ensuite montés pour aller dîner, et attendant qu'on servît,
il m'a dit que son ouvrage était avancé, de sorte que le Roi venant encore
deux fois, il n'aurait plus rien à faire à son buste; ce qui reste, qui est de
polir, qu'il le fera faire; que durant dix ou douze jours, il se mettra à dessiner et à écrire ce qui concerne l'académie, et à ébaucher quelque morceau de
l'écueil de l'embassement du Louvre. Je l'ai prié que la première fête il voulût bien que nous allassions à Saint-Cloud. Il m'a dit qu'il irait, fête ou non,
mais que, quand il me dit qu'il y avait quelque chose de beau à y faire, il
n'avait pas vu la cascade qui y est; que son dessein était d'y en faire une
naturelle; que depuis, ayant fait réflexion, il avait jugé qu'un semblable
ouvrage ne plairait pas ici, et que déjà Monsieur y avait fait la dépense d'une
cascade. Je lui ai reparti qu'il était bon de nous montrer en France comment
ces choses se doivent faire. Il m'a dit qu'il le ferait, puisque je le souhaitais.
Puis il a ajouté: « Madame n'est point venue ici ». Je lui ai reparti qu'elle avait
eu dessein d'y venir, et qu'elle envoya à Monsieur la dernière fois qu'il y fut;
mais que le Roi était près de quitter et de s'en aller, et qu'il remit à une
autre fois. Il m'a dit qu'elle était peut-être fâchée de ce qu'il n'avait pas loué
sa beauté à Versailles et n'avait parlé que de celle de la Reine, que je pouvais lui dire qu'il n'y avait nulle beauté en France qui lui plût davantage que
la sienne, ni qui fût plus animée et spirituelle; que les autres beautés ont
besoin d'être louées pour les faire valoir, mais la sienne non, et qu'en effet
elle lui plaît plus que la Reine et qu'aucune autre, ayant une vivacité, une
fraîcheur et un délicat qui n'est pas dans le visage de la Reine ni des autres.
A table, il m'a porté la santé de la signora Catharina (c'est sa femme), ce qu'il
n'avait point encore fait, sinon quand il sut l'état de sa santé, m'ayant dit
alors qu'il ne l'avait osé faire, de peur qu'elle ne fût pas en état de recevoir
le souhait. Descendant de dîner, j'ai trouvé M. de Lodève[2], M. de Maisons et

1. Il sera parlé plusieurs fois de ce petit Blondeau qui, comme on le verra, était fils d'un
peintre établi en Angleterre.

2. Roger de Harlay de Césy, évêque de Lodève, de 1658 à 1669.

un autre évêque qui venaient de voir le buste. Le commis de M. Perrault a apporté le plan de tout le couvent de Saint-Denis sur une toile. M<sup>me</sup> de Chantelou est venue avec M. et M<sup>me</sup> de Boutigny [1], mon frère et M. Mouton. M<sup>me</sup> de Chantelou a parlé au Cavalier pour son portrait. Il lui a dit beaucoup de galanteries.

Après est venu M. de Saint-Laurent avec M. l'abbé Bossuet [2] et le doyen de Saint-Thomas [3]; puis M. de Scudéry et sa femme [4] et M<sup>lle</sup> de Canisy [5]. J'ai fait voir les dessins du Louvre à M. de Saint-Laurent et à ceux de sa compagnie. Ensuite est venue M<sup>me</sup> de Nemours de Longueville [6], à qui M. Corneille donnait la main. Elle a bien demeuré une heure, allant du buste au petit Christ et du petit Christ au buste; tantôt elle regardait dessiner Marot. L'abbé Butti a montré au cavalier M. Corneille, comme le héros de la poésie. Le Cavalier lui a dit que, puisqu'il était si grand homme, il lui arrivait qu'il avait souvent peine à se contenter soi-même. Il en est demeuré d'accord. M<sup>me</sup> de Nemours louant la ressemblance du buste, le Cavalier lui a dit ce qu'il avait dit à la Reine, au même sujet, qu'elle avait le Roi dans le cœur, et pour cela tout ce qu'elle voyait paraissait lui ressembler. Elle a ajouté que sa fierté y était bien représentée, et qu'elle était telle qu'on a peine à le regarder; qu'une fois ayant à lui parler de quelque chose, elle n'osait tourner les yeux sur son visage. Je lui ai dit que la fierté dans ce portrait y était accompagnée de douceur et bénignité. Elle a dit qu'il était vrai. MM. les abbés d'Espeisses et de Fortia [7] sont aussi venus. J'ai dit à l'abbé Butti ce que m'avait dit Nanteuil des prunelles des yeux. Les ayant considérées, il en est demeuré d'accord, et m'a dit qu'il avait rompu la glace et averti le Cavalier de ce que nous avions remarqué du nez; qu'il lui avait répondu, qu'il le voyait de la sorte. Il m'a ajouté que l'on trouve le front trop reculé au-dessus des yeux et puis trop creux. J'ai répondu que cela donne de la grandeur, que toutes les belles têtes antiques l'avaient de la sorte, que le front du Roi était de cette forme; que, quand même cela ne serait pas, il faudrait le faire de la sorte, pourvu que cela n'ôtât pas la ressemblance; que le secret dans les portraits est d'augmenter le beau et donner du grand, diminuer ce qui est laid ou petit, ou le supprimer quand cela se peut sans intérêt de la complaisance. Le doyen de Saint-Germain [8] est aussi venu, et lui qui est curieux de médailles a trouvé que le buste a beaucoup de l'air d'Alexandre et tournait de côté comme l'on voit aux médailles d'Alexandre. Et à propos de médailles, il nous a dit que l'on en avait trouvé quantité à l'inventaire du lieutenant criminel [9],

1. Peut-être Roland le Vayer de Boutigny, maître des requêtes et intendant de Soissons, mort en 1685.

2. Le célèbre Bossuet. Il ne devint évêque qu'en 1669.

3. En 1665, le doyen du chapitre de Saint-Thomas du Louvre s'appelait Delamet.

4. Marie-Madeleine du Moncel de Martinvast, femme du poète Georges de Scudéry.

5. Fille probablement d'Henri de Carbonnel, marquis de Canisy.

6. Marie d'Orléans, fille de Henri II° du nom, duc de Longueville, mariée (1657) à Henri de Savoie, duc de Nemours.

7. Louis de Faye d'Espeisses, chanoine de Paris, abbé de Saint-Pierre de Vienne, prieur et sieur de Gournay. — François de Fortia, abbé de Montboucher, né en 1631, mort le 30 avril 1675.

8. Il s'appelait Seguin. — Sauval (t. II, p. 345) parle de sa collection de médailles.

9. Tardieu, qui avait été assassiné avec sa femme. Voyez plus haut à la date du 24 août.

qu'elles venaient d'un nommé Ferrier, lieutenant de l'artillerie, frère de la lieutenante criminelle, qui les avait eues de Ferrier[1], leur père, ministre fameux à Montpellier; que M. Colbert l'avait chargé de voir ces médailles, afin de les acheter pour le Roi; que les héritiers les lui avaient offertes, et qu'il avait dit que le Roi les achèterait à l'inventaire[2] comme ferait un particulier.

J'oubliais à dire que le matin M. l'abbé de Graves[3] m'était venu trouver, pour prier M. le Cavalier de dire son sentiment sur un présent qu'il avait à faire au Roi d'un ouvrage exécuté en corail, qu'il l'avait mis ès mains de M. Fouquet, qu'il lui a été rendu par ordre de M. Colbert. Je lui ai demandé à le voir, et ayant fait apporter une grande coquille pleine de dieux marins, faits de corail, mais sans maîtrise[4] ni excellence d'art, comme de petits bamboches, j'ai dit à cet abbé que ce qu'il y avait de considérable était la diligence et le soin de l'ouvrier dans une matière si extraordinaire. Je suis allé le dire au Cavalier et mon sentiment de cet ouvrage, qui ressemble à des marionnettes, et que je le jugeais indigne du Roi. Le Cavalier l'a considéré longtemps sans rien dire, et songeant, à mon avis, à ce qu'il dirait pour ne pas louer une chose qui ne le méritait pas. Les signori Paule et Mathie et Jules riaient sous cape. Enfin, le Cavalier a dit que cela était mis mal en œuvre et ne paraissait pas dans cette grande coquille, que le conseil qu'il pouvait donner était de détacher ces figures et les mettre dans de petites boîtes avec du coton, où elles paraîtraient de plus grand prix, qu'il pouvait en faire faire de petits modèles de cire pour les mettre ensemble, mais qu'elles[5] étaient défaites, dans l'état qu'on les voyait. Cet abbé répétant que c'était un ouvrage grec, le Cavalier a reparti net que jamais cela n'avait été ni en Grèce, ni fait par un Grec. Il a loué l'invention d'avoir trouvé ces choses dans du corail et n'a plus rien dit.

Le soir, allant aux Feuillants, je lui ai dit que M^me de Nemours était fille d'une princesse du sang[6]. Il m'a dit qu'elle paraissait avoir de l'esprit, mais inquiet; que la mélancolie donnait la fermeté; qu'il croyait m'avoir déjà dit une fois que le R. P. Oliva faisait une belle comparaison du cachet; qu'il ne suffisait pas d'apposer de la cire d'Espagne sur du papier et le cachet, mais qu'il fallait appuyer et bien fort; que c'est ce qui donnait le caractère et imprimait; qu'ainsi, en toutes choses, il y fallait appuyer, et que c'était la fermeté et la constance qui les faisait réussir.

Nous sommes, à la sortie des Feuillants, allés faire un tour le long de la rivière. J'oubliais encore à dire qu'avant que de sortir il m'a prié d'écrire un billet à M. le commandeur de Souvré, pour lui dire qu'il avait fait un plan pour le bâtiment du Temple, et qu'il me l'avait mis en main. Il a ajouté : « Je ne doute pas qu'il ne le montre aux architectes d'ici, et qu'ils n'y trou-

---

1. Jérémie Ferrier, qui se vendit à la cour, finit par se faire catholique et devint conseiller d'État. Il mourut en 1626.

2. C'est-à-dire au prix d'estimation de l'inventaire.

3. Pierre de Grave, fils de Timothée de Grave.

4. *Maîtrise*, habileté.

5. *Mais qu'elles étaient*, lorsqu'elles seraient.

6. Elle était fille de Louise de Bourbon, première femme de Henri II, duc de Longueville.

vent à redire. C'eût été une chose à exécuter dans la place[1] de M. de Lionne. »
Je lui ai dit que oui, et qu'une feuille de papier valait beaucoup; que cette
feuille eût épargné le regret d'avoir mal employé 3 ou 400,000 livres.

Le vingt-septième, étant allé voir le Cavalier, l'on m'a dit qu'il avait
défendu que personne n'entràt. Je l'ai trouvé travaillant aux cheveux du petit
Christ du signʳ Paul. Il m'a dit qu'il y donnait quelques caresses pour l'amour
de la Reine. L'on a attendu M. Colbert, étant jour de congrégation, jusques
à onze heures et demie; après, le Cavalier ayant envoyé chez lui savoir s'il
y était et ayant su qu'il était au Louvre, l'on est allé dîner. Il était assez gai,
ayant appris par ses lettres de Rome que sa femme se portait mieux, et qu'un
abcès qu'elle avait dans la tête avait purgé par l'oreille.

L'on a apporté incontinent après dîner les tableaux que le prince Pamphile[2] envoie au Roi. Le Cavalier a dit qu'il lui avait conseillé de n'envoyer
que celui du Titien, et non six ou sept autres, dont il a voulu accompagner
celui-ci. De ce discours, il est venu à parler du nombre de dessins et de
tableaux qu'on dit dans le monde être de Raphaël, lesquels n'en sont pas,
parce qu'il est mort jeune et a été occupé à de grands ouvrages publics au
Vatican et à.....[3].

Il a continué l'après-dînée de travailler au petit Christ, pendant quoi ont
été apportées deux caisses, dans lesquelles étaient les tableaux du prince
Pamphile. L'abbé Butti m'a prié, quand ils seraient décaissés, de les faire
voir au Cavalier et de les faire après serrer par le garde-robe du palais Mazarin. Quand la première caisse a été défaite, l'on a vu qu'il était entré de l'eau
dedans, de sorte que les tableaux étaient tous mouillés et moisis, savoir : la
*Cingara* de Michel-Ange de Caravage, à demi-corps, avec un jeune homme à
qui elle dit la bonne aventure[4], un demi-corps du Guercino[5], un Benedetti[6],
un tableau de l'Albane et le tableau du Titien[7], qui est une Vierge avec un
petit Christ et quelques autres saints à demi-corps. Ils se sont trouvés tous si
gâtés, qu'on n'y connaissait presque plus rien. Dans une autre caisse étaient
deux grands paysages de chasse d'Annibal Carrache[8] et un *Saint François* du
Guide[9]. Ceux-ci n'ont point souffert de l'humidité. M. le Nonce est arrivé
quand ils ont été décaissés et l'abbé Butti avec lui. M. le Cavalier a vu ces
tableaux et les a trouvés en mauvais état, faute d'avoir fait boucher les join-
tures des caisses de poix, qui aurait empêché que l'eau n'y entràt. Après
cela, M. le Nonce a mené le Cavalier chez le cardinal Antoine, où nous avons

1. Dans l'emplacement.

2. Camillo Panfili, neveu d'Innocent X. Après avoir été cardinal, il épousa Olimpia Alde-
brandini, princesse de Rossano, dont il a été question plus haut.

3. Il y a là sur le ms. un mot qui n'offre pas de sens.

4. Cette toile est au Louvre, et porte le n° 33 du catalogue de l'école italienne.

5. C'est probablement le portrait du Guerchin conservé au Louvre sous le n° 58 du catalogue de l'école italienne.

6. Il s'agit probablement de Giovanni-Benedetto Castiglione, dit *Il Benedetto*, mort
en 1670 et dont le Louvre possède huit tableaux.

7. C'est probablement le n° 458 du catalogue du Louvre : *La Vierge, l'Enfant Jésus,
saint Étienne, saint Ambroise et saint Maurice.*

8. Ce sont probablement les paysages du musée du Louvre, cotés 151 et 152.

9. Au musée du Louvre, sous le n° 333.

appris que S. É. doit partir le 30ᵐᵉ pour l'Italie. Pour nous, nous en sommes revenus. Le Cavalier m'a dit qu'il aurait à retourner à Saint-Denis, mais qu'auparavant il veut examiner le plan qui lui a été apporté. Arrivé à mon logis, j'ai appris la mort du roi d'Espagne[1].

Le vingt-huitième, étant allé chez le Cavalier, il m'a tiré en particulier et m'a dit qu'il avait fait le mémoire de ce qu'il jugeait qu'il fallait à Pietro Sassi, etc..... et à.....[2] pour leur subsistance; qu'il le réglait sur le pied que j'aurais à la donner, si c'était moi qui les eut appelés de Rome ici; qu'étant appelés par le Roi de France, c'était toute autre chose, qu'il ne touchait pas ce point; qu'à Pietro Sassi qui a sa femme, il mettait 30 pistoles le mois et 20 pistoles à chacun des deux autres; que c'étaient des gens qui avaient quitté leurs affaires et leurs maisons, et qu'il me disait en confidence que le Pape avait témoigné déplaisir que le Bernin, architecte de Saint-Pierre, tirait des ouvriers qui y travaillaient. Je lui ai dit que je m'en allais trouver M. Perrault ou M. du Metz, et, de fait, j'ai parlé à M. du Metz et lui ai rapporté la chose. Il m'a dit qu'il en parlerait à M. Colbert. Je suis revenu le dire au Cavalier, qui m'a dit qu'il était travaillant à Saint-Denis. Il m'a demandé si j'avais vu à Rome Notre-Dame-de-la-Victoire, où il a fait la sépulture du cardinal Cornaro[3]. Je lui ai dit que non. Il m'a ajouté qu'il avait projeté de faire les sépultures de Bourbon, de sorte qu'elles regarderaient directement sur l'autel de saint Louis, qui est le principal de l'église, et qu'ainsi elles seraient en vue des cérémonies et prières de l'église; que cela lui semblait convenir mieux que de faire un corps séparé comme la chapelle des Valois, qui n'a point de vue à l'autre; qu'il trouve dans son dessin vingt ou vingt-cinq rois d'une manière extraordinaire, les mettant cinq ou six dans un même réduit, en action de priants, dans de différentes actions, appuyés comme sur une espèce de balustrade et en forme d'histoire; sur laquelle balustrade serait un grand tapis avec des coussins, et au-dessous leur tombeau; derrière ces figures, des tableaux de mosaïque afin d'orner davantage, et que ces tombeaux et leurs ornements seraient de marbre noir avec de l'or; que pour symétrier[4] le tout, on pourrait faire une chapelle à l'autre flanc de l'église, comme celle des Valois; que cette pensée lui était venue dès Saint-Denis, mais qu'il l'a rectifiée cette nuit; que sa coutume est, quand il a quelque chose à faire, d'y penser le soir, et que le matin avant que de se lever il trouve la chose comme figurée dans son imagination. Je lui ai dit que c'était ce qu'il y avait de divin dans les productions, comme si elles venaient purement de notre génie; qu'à ces idées, il était aisé après de leur donner corps, suivant les règles de l'art. A ce sujet, il m'a parlé du dessin pour la maison du Temple, et m'a dit que c'était une pensée heureuse d'avoir su profiter de la beauté de cette allée; que, quand il y fut, il jugea d'abord qu'il ne fallait, pour quoi que ce fût, perdre cette beauté-là, et qu'il fallait donner

1. Philippe IV mourut le 14 septembre.
2. Les noms sont restés en blanc dans le manuscrit.
3. Frédéric Cornaro, mort en 1653.
4. *Symétrier*, symétriser, rendre symétrique.

à cette maison l'avantage d'y pouvoir monter et descendre en carrosse à couvert, ce qu'on eût pu pratiquer chez M. de Lionne ; qu'à Rome un avocat ne voudrait pas demeurer dans une maison qui n'aurait pas cette commodité. Il m'a fait souvenir de la pensée que je lui dis devant hier, qu'il a fort louée, savoir est : qu'une feuille de papier était d'un prix merveilleux. Il a ajouté, qu'un roi de France, ayant à bâtir un Louvre, aurait dû envoyer chercher un homme jusque dans les antipodes, s'il y en avait eu un plus habile que ceux de cet hémisphère, lui en dût-il coûter 600,000 écus ; que cet homme lui vaudrait plusieurs millions, qui, étant mal dépensés, déshonoreraient, au lieu de donner de la réputation et de la gloire ; qu'un avis sert infiniment ; que les personnes et les conseils sont précieux dans ces matières.

M. le Nonce étant venu a interrompu ce discours, il nous a dit que le roi d'Espagne avait, en mourant, établi la reine d'Espagne[1] régente avec six ministres : le cardinal d'Aragon, Pigueranda, Castrillo et trois autres ; qu'il n'était fait nulle mention de don Juan[2] et que Medina de las Torres était éloigné.

Avant dîner, M. Roze[3], secrétaire de Cabinet, est venu avec son fils et ont admiré la ressemblance du buste, disant que personne n'était arrivé à donner au roi cette noblesse et grandeur. Le Cavalier a répondu que, véritablement, la première fois qu'il vit le roi, il remarqua qu'aucun des portraits qu'il avait vus ne lui ressemblait bien et que son fils fut aussi de cet avis. Il a ajouté que plusieurs avaient trouvé que le buste avait de ces belles têtes d'Alexandre. M. Roze a reparti qu'Alexandre n'avait pas tant de grandeur. Je lui ai dit qu'au moins les sculpteurs la lui avaient donnée, comme on voit dans une tête qui reste de l'antiquité d'un Alexandre blessé, qu'on dit qui tenait entre ses bras ce qu'à Rome l'on appelle à présent le *Pasquin*, et même aussi dans les médailles qu'on voit d'Alexandre. Le Cavalier a dit qu'il avait trouvé ce que lui avait rapporté M. le cardinal légat, qu'il reconnaîtrait le roi, sans l'avoir jamais vu, entre cent seigneurs, tant sa façon et son visage avaient de majesté et portaient de recommandation. Il a dit ensuite que ce n'était encore rien ; *ma, che il cervello*[4], pour user du mot, répondait admirablement à cet air et à cette noblesse, ne parlant jamais qu'il ne dît des choses dignes d'être notées et les plus à propos du monde. M. Roze l'a confirmé, et sur cette matière a dit que le propre jour que M. le cardinal Mazarin mourut, le roi s'étant retiré dans sa chambre lui commanda, après que tout le monde fut sorti, de prendre une plume et de l'encre, et ayant tiré de sa pochette un papier, où il avait noté quelques derniers avis que Monsieur le cardinal lui avait donnés touchant les trois ordres du royaume, et lui ayant dit de les étendre, il avait écrit une demi-feuille de papier que le roi lui fit lire et après lui dit : « Il faut étendre encore davantage, y mettre cela et cela. » Ce qu'ayant fait et ayant écrit une page entière, qu'il lut à Sa Majesté, Elle lui dit : « Cela est trop bas, il faut relever davantage. » De quoi il fut étonné, lui

<hr>

1. Marie-Anne d'Autriche, femme de Philippe IV.

2. Don Juan d'Autriche, fils naturel de Philippe IV, mort en 1679.

3. Toussaint Roze, secrétaire de la main de Louis XIV, président à la Chambre des Comptes, membre de l'Académie française, né en 1611, mort en 1701.

4. Mais que le cerveau.

semblant incompréhensible, pour ce que le Roi ne s'était jusque-là mêlé d'aucune affaire. Le Cavalier a dit que cela venait sans doute de ce que les théologiens tiennent que les rois ont deux anges pour les conduire, ou de ce, a-t-il dit, *che il cervello del Rè è di buon metallo* [1]; que disant un jour cette pensée au P. Oliva, prédicateur du pape, il la nota, comme lui devant servir à faire quelque belle comparaison. Il l'a expliquée et a dit que, dans le méchant métal, il y a quantité de fer, de sorte que quand on le veut dorer, il est presque impossible d'y faire prendre l'or, qu'il l'abhorre et semble le rejeter; où le métal qui est bien purgé de toute veine de fer et mêlé avec l'excellent étain d'Angleterre, d'abord qu'on en approche l'or, il le lappe et le hume et s'en imbibe; de sorte qu'on dirait après que c'est or massif; qu'il en est ainsi de l'esprit du roi, qui reçoit avec une merveilleuse facilité l'impression des choses excellentes; qu'il avait été émerveillé, quand il lui présenta son premier dessin, de voir que le Roi en avait d'abord connu tout le bon, vu qu'on ne vient à connaître ces sortes de choses que par une longue étude que Sa Majesté n'a point faite, ou par des yeux habitués à voir les belles choses de pareille nature, comme l'on les voit à Rome dans les restes des édifices antiques, et dans les beaux ouvrages modernes; que bien loin de là le Roi les avait habitués à des formes petites et mesquines, ce qui faisait dire que c'était une chose étonnante, si elle n'était point miraculeuse.

Il a ensuite expliqué cette habitude de voir, et comme les yeux s'accoutument à trouver des formes extravagantes, il en a donné une preuve par lui-même, et a rapporté, qu'il y a quelques années qu'ayant vu à Rome la première fois de ces grands collets, qui couvraient toutes les épaules et descendaient presque jusques à la ceinture à un Français, qui n'était pas éloigné de la boutique d'un barbier, la première pensée qui lui vint fut de croire qu'après s'être fait faire la barbe, il emportait la serviette que le barbier met autour du col pour faire le poil, et vit après, s'approchant, que c'était un collet; qu'un ou deux mois après à force d'en voir de pareils, il s'y était accoutumé comme aux chapeaux bas d'à cette heure, après les hauts et pointus qu'on portait auparavant.

M. Roze lui a dit au sujet du Roi qui parle si juste, qu'il avait ouï dire à Monsieur le cardinal parlant de lui, M. le Cavalier, que c'était un homme qui de sa vie n'avait rien dit que d'à propos, que ce témoignage devait lui donner bien de la gloire, et par le rapport qu'il a en cela à un si grand prince et par le témoignage avantageux d'un si grand homme. Il lui a reparti qu'il ne prenait pas cette vanité-là. J'oubliais à noter qu'il avait dit à M. Roze, qu'il avait remarqué que nul ministre, nul secrétaire, ni nul artisan excellent n'était orgueilleux, ni ne peut l'être, parce qu'ils voient mieux que les autres combien il y a de choses qu'ils ignorent.

Dans ce même temps est venue Mlle de Guise et avec elle le jeune duc de Guise [2]. Le Cavalier l'a fort regardé et a loué sa physionomie, ce qui a fort satisfait Mademoiselle sa tante. Elle a admiré le buste. Il lui a dit qu'en

---

1. « Que le cerveau du Roi est de bon métal ».

2. Louis-Joseph de Lorraine, duc de Guise, né le 7 août 1650, mort le 30 juillet 1671. Sa tante, Marie de Lorraine, née le 15 août 1615, morte sans alliance le 3 mars 1688.

peinture la matière aidait au peintre, mais qu'elle nuisait au sculpteur. Après, M. le Nonce et M. le cardinal Antoine sont venus, qui ont demeuré si tard que le Cavalier n'a pu sortir.

Le vingt-neuvième, le Cavalier m'a envoyé son estafier me prier de donner ordre au carrosse du Roi pour aller à Saint-Denis, ce que j'ai fait, et le suis allé trouver. Avant que de partir, nous avons été chez M. Colbert pour savoir s'il n'avait rien de particulier à lui dire avant qu'il allât. Il lui a répondu que non. Le Cavalier lui a dit sur le sujet des sépultures pour la branche de Bourbon, qu'il y avait travaillé et avait trouvé une chose qui cadrait si bien que, quand il ferait à présent l'église exprès, il ferait la chose de la même sorte qu'il l'a trouvée. M. Colbert en a témoigné de la joie et lui dit que le Roi avait eu pensée de venir aujourd'hui à la salle. Le Cavalier l'a assuré qu'il serait revenu de Saint-Denis à temps pour y être, n'ayant besoin pour son voyage que de deux ou trois heures. M. Colbert a reparti qu'il n'avait que faire de se presser, que Sa Majesté achèverait aujourd'hui quelques affaires et viendrait demain. Le Cavalier a dit qu'il ébaucherait donc quelque morceau de rocher à faire pour l'embassement du Louvre, qui servirait de modèle. M. Colbert l'a prié de voir aussi le mémoire qu'il lui avait fait donner pour placer les offices de bouche et gobelet du Roi et des Reines, le Conseil et officiers nécessaires aux personnes royales, parce que dans deux jours il arrêterait ces choses avec lui. Comme il prenait congé, se retournant pour sortir, il a vu un portrait en grand du Roi à cheval et a dit : *è buono assai*[1]. M. Colbert a reparti : « aussi est-il du Brun[2] ». De là nous sommes allés monter en carrosse, le Cavalier, le signor Mathie et moi. M. Perrault était venu pour conférer sur le devis, lequel il tenait dans sa main.

Arrivés à Saint-Denis, il a fait mesurer au signor Mathie la largeur d'une des ailes de l'église. Il a monté ensuite vers l'autel de Saint-Louis, est entré dans les petites chapelles qui sont autour et a pris la largeur de l'ouverture des fenêtres, puis est allé dans la chapelle des Valois. Il a dit que ces sépultures étaient mal là et comme séparées de l'église, s'est étonné que la porte en fût toujours fermée. Le moine qui l'a conduit m'a prié de lui dire que c'est à cause que cette chapelle n'est pas close et que si l'on ne fermait la porte, l'on pourrait par là voler l'église. Il a considéré la structure, un peu les figures des gisants du milieu de la grande chapelle, mais bien plus celles des gisants qui sont habillées et sont dans une des petites chapelles. Il a admiré la beauté du marbre dont elles sont faites, et a dit que c'est ce qu'il y a de plus beau à Saint-Denis ; ce sont les représentations de Henri second et Catherine de Médicis. Il n'a guère considéré les quatre figures de bronze, qui sont dans la grande chapelle.

A la sortie de là, il est monté en carrosse, et s'en est revenu chez lui où d'abord il a fait allumer du feu dans la chambre de son fils, laquelle est toute ornée de tableaux de divers maîtres. Ayant jeté les yeux sur une *Hérodias*, de Romanelli, je lui ai dit en italien : *È cosa di pochissima sostanza*[3]. Il a été

---

1. « Il est assez bon ».
2. De Le Brun.
3. « C'est une chose de très-petite valeur ».

quelque temps sans rien répondre, puis il a dit : « Il y peu de choses, quelque part que l'on aille, comme celles du signor Poussin. Je trouve plus dans une figure de vos tableaux que dans des cabinets entiers ; cet homme-là est profond en ce qu'il fait et a une fécondité infinie. Il a le coloris et le dessin. Il a imité celui du Titien fort bien dans un temps, et puis après celui de Raphaël. » Je lui ai reparti que sa principale étude avait été l'antique. « Il est vrai, a-t-il répondu, jamais personne n'en a mieux profité que lui, ni habillé à la manière des antiques. Je mets ses tableaux au pair de tous les meilleurs tableaux qu'on voie. » Je lui ai dit sur cela, que j'avais proposé dernièrement à M. Colbert de faire faire une tenture de tapisserie de sept ou huit tableaux de l'histoire de Moïse, que nous avions en France, mais qu'il avait plus d'affection aux ouvrages de M. Le Brun. Je lui ai même nommé partie des histoires dont cette tapisserie serait composée. Il a dit que ç'aurait été un bel ouvrage.

Se levant pour aller dîner, il a jeté les yeux sur un Bassan[1], et a dit qu'il ne savait comment on faisait tant de cas de ces sortes de tableaux, que pour une bergerie, comme ce tableau qui était là, il était passable quant au coloris ; mais que jamais le Bassan n'avait su faire un habillement raisonnable ni un air de tête noble, ce qui paraissait bien plus défectueux quand il traitait quelque histoire, parce que le costume n'y était nullement gardé. Je lui ai dit que ce costume avait aussi été mal observé par le Titien et par Paul Véronèse. Il a ajouté : « Par tous les Lombards. »

J'ai parlé, après, de ces tableaux que le prince Panphile a envoyés au Roi[2], qui étaient des choses médiocres, que celui de l'Albane était de ses moindres ouvrages ; les paysages du Carrache, des choses qui n'étaient considérables que par la franchise avec laquelle ils sont peints ; qu'il n'y a nulle noblesse ; la *Cingara* du Caravage un pauvre tableau, sans esprit ni invention. Il est demeuré d'accord de cela et que le meilleur de tout est le *Saint François* du Guide. Je lui ai reparti que dans une figure il était dans son fort, qu'il la peignait divinement et donnait autant ou plus de noblesse qu'aucun peintre ait jamais fait.

L'après-dînée, M. le comte de Tessé[3] est venu voir le buste. Le Cavalier lui a fait bien de l'honneur, lui ayant dit[4] que c'était un des gentilshommes les plus considérables de notre province[5]. Mme de Fontenay-Hotman[6] est venue après avec M. de Valavoir[7] et un M. Colbert oncle du ministre. Ayant dit au Cavalier qui ils étaient, il leur a fait très grand accueil. Étant sortis, nous sommes allés à Saint-Michel[8] dont il était la fête, puis nous avons ramené l'abbé Butti et sommes après revenus à l'hôtel Mazarin. J'oubliais à noter que

1. Jacopo di Ponte, dit *il Bassano*, né en 1510 à Bassano, où il mourut le 13 février 1592.

2. Voyez plus haut à la date du 27 septembre.

3. René de Froulay, comte de Tessé, lieutenant général des armées. Il fut père du maréchal de ce nom.

4. C'est-à-dire : Moi lui ayant dit.

5. De la province du Maine.

6. Marguerite Colbert, femme de Vincent Hotman de Fontenay, conseiller au grand Conseil, maître des requêtes, mort en mars 1683.

7. François-Auguste, marquis de Valavoire de Vaulx.

8. Chapelle qui se trouvait dans la cour du Palais, vis-à-vis la Sainte-Chapelle.

M. Colbert, l'oncle, a dit, voyant le buste, qu'il lui semblait voir le Roi, comme il parut au Parlement, il y a quelques années[1], quand il vint la botte haute; qu'il avait ce même air-là.

Le trentième, étant allé chez le Cavalier, il m'a montré un dessein de saint Jérôme et m'a dit que c'était l'ouvrage de sa soirée du jour d'hier, qu'à moi qui avais la connaissance, il suffisait de me faire voir sans parler davantage. Je l'ai trouvé beau et fort bien éclairé, avec les reflets aux lieux nécessaires et un accompagnement de grande expression. Il m'a dit que tous les ans à Rome, il faisait trois desseins, l'un pour le pape, un pour la reine de Suède et l'autre pour le cardinal Chigi, qu'il leur donnait à pareil jour.

M. Renard est venu ensuite voir le buste et le Cavalier lui a fait beaucoup d'accueil. M. Renard l'a prié d'envoyer de temps en temps quérir de ses fruits et de tout ce qu'il y a dans son jardin; que, s'il voulait faire venir sa femme en France, il lui offrait sa maison et de lui en donner la survivance et de son jardin, desquelles civilités et honnêtetés le Cavalier a fait de grands remerciements.

Le Cavalier a continué de travailler au dessein pour la sépulture des Bourbons sur le plan même de l'abbaye, qui lui avait été apporté. Quoique M. Colbert eût dit que le Roi viendrait, il était deux heures que les gardes n'étaient pas encore arrivés; à la fin M. le maréchal de Gramont est venu et avec lui le comte de Gramont et le comte de Chapelles[2]. Après avoir considéré quelque temps le buste, il s'en est allé avec le comte de Chapelles promener dans la galerie, et le comte de Gramont est demeuré avec l'abbé Butti et moi, et nous a dit que le Cavalier était de mauvaise humeur aujourd'hui, qu'il le jugeait à la manière qu'il faisait, qu'il s'imaginait qu'il était bien bizarre. Je lui ai répondu que je n'avais point remarqué qu'il eût rien fait qui donnât cette pensée, et comme j'en ai parlé depuis à l'abbé Butti, il m'a dit qu'il était vrai qu'il n'avait point fait grande civilité à M. le maréchal[3], qui à quelque temps de là est revenu. En parlant du buste entre lui, l'abbé Butti et moi, il a dit qu'il était assuré qu'il n'aurait pas l'*aura populare*; qu'aussi le Cavalier ne louait rien, que l'on le lui rendait. Je lui ai dit que tout ce qu'il avait vu qui ne méritait pas d'être loué il s'en taisait, et que ce qui était beau il le louait; qu'il avait loué Luxembourg, Vincennes. « Je le crois bien, ç'a-t-il dit, où nous montrera-t-il de plus beaux appartements que ceux de Vincennes ? » J'ai ajouté qu'il avait loué Versailles. « C'est cela, a-t-il dit, qu'il ne devait pas louer, n'étant pas beau pour la dépense qui y a été faite. » Je lui ai reparti qu'il l'avait loué avec discrétion, disant que le logis était galant et les jardins fort embellis et appropriés; qu'il avait dit que la proportion donnait la beauté, et que tout lui semblait bien proportionné, et les dedans fort ornés, de plus que la situation était belle. Le Maréchal a dit qu'elle ne l'était pas. J'ai reparti que le Cavalier trouvait les situations

---

1. En 1655.

2. Peut-être N. de Rosmadec, comte des Chapelles, fils de celui qui fut décapité avec le comte de Boutteville.

3. Le Cavalier savait très probablement à quoi s'en tenir sur la malveillance que le maréchal de Gramont ne cessait de montrer à son égard.

élevées les plus belles. J'ai dit ensuite qu'il avait vu Maisons et l'avait aussi fort! loué.

Sur cela, le Roi est venu, et comme le Cavalier était allé au-devant, sans m'en apercevoir, le Roi entré, et moi ne voyant pas le Cavalier et le cherchant, Sa Majesté m'a dit : « Il est là, mais la presse l'empêche d'entrer, » et de fait, il est entré tout aussitôt. Il y avait grand monde : M. d'Armagnac, MM. de Gèvres, de Noailles, de Saint-Aignan, de Bellefonds, de Villequier [1], de Nogent, le marquis de Lavardin et plusieurs autres. Le Roi a été étonné de voir l'ouvrage si changé et la draperie toute finie. Il a fait considérer cela à M. le maréchal de Gramont qui, ayant vu le Roi satisfait, s'est mis à exagérer la beauté de l'ouvrage partie par partie; après cela, le Roi s'étant mis en sa place ordinaire, le Cavalier a travaillé au nez du côté gauche, pour ôter de ce qui le faisait paraître un peu de travers ; puis il a creusé avec le trépan les narines et a travaillé ensuite aux yeux et à la bouche. Il a changé la marque des prunelles, ce qui a rectifié la vue, qui ne concourait pas à un même point. J'oubliais à dire que le Roi a trouvé le travail du collet fort beau. Je lui ai dit que le Cavalier n'avait pas suivi le dessin de celui qui lui avait été laissé, qu'il avait fait d'autres feuillages et d'autres fleurs de plus belle suite et à sa fantaisie. Sa Majesté m'a demandé s'il demeurerait comme cela. J'ai dit qu'oui, et qu'il n'y aurait pas de poli, ni au visage. L'abbé Butti a fort entretenu le maréchal de Gramont, qui a extrêmement et hautement loué la devise pour ces deux Hercules de la porte du Louvre : *Vetita* [2] *monstris*, et a dit qu'on ne pouvait rien trouver de plus convenable, et encore cette autre pour les médailles des fondements : *Aucto regno regiam auxit*, lesquelles deux devises l'abbé Butti a faites. Le Roi a changé de place de fois à autre pour voir travailler, et se remettait après dans la même posture et même place. Sa Majesté a une fois quitté pour aller voir le petit Christ, pendant quoi le Cavalier m'a prié de lui faire voir le modèle qu'il a fait pour la *scoliera* [3] de l'embassement du Louvre, ce que j'ai fait. Le Roi l'a trouvé beau et le dessin du saint Jérôme que le Cavalier avait fait le soir précédent. Après, Sa Majesté est venue se remettre en sa place, et ayant demandé si Jules travaillait à quelque chose qui fût important au buste, j'ai dit qu'oui, qu'il travaillait à la plupart des draperies. L'abbé Butti a ajouté qu'il avait fait une tête de saint Jean à des heures dérobées et de la nuit. Sa Majesté a demandé à la voir et l'a trouvée belle et a douté qu'elle fût de lui. Je l'en ai assuré. Le Roi étant près de sortir a dit au Cavalier, qu'il reviendrait le lendemain, le vendredi et samedi suivants. Il avait dit au maréchal de Gramont que le Cavalier avait demandé à le voir vingt fois, que celle-ci était la dixième, mais que l'ouvrage était bien plus avant qu'il ne fallait pour avoir besoin d'y venir tant de fois. Le Cavalier sur cela a prié Sa Majesté de ne prendre pas la peine de venir que quand il prendrait la liberté d'en faire supplier Sa Majesté, et qu'il lui suffisait dorénavant qu'elle vînt une seule fois; qu'il ferait ces jours-ci coucher le buste pour lui attacher un pied. Le Roi a dit

---

1. Louis-Marie-Victor d'Aumont, marquis de Villequier, puis duc d'Aumont, né en 1632, mort en 1704.

2. Le manuscrit porte par erreur du copiste *victata*.

3. *Scogliera*, le rocher.

qu'il ne reviendrait donc que samedi ou le lundi suivant. Après, Sa Majesté est sortie.

Peu de temps après, M. Phélipeaux est venu avec MM. Oursel et Petit [1]. Ils ont vu le buste et les dessins du Louvre, ensuite, que le signor Mathie montrait à deux théatins. Il m'est venu demander ensuite qui était cet homme, parlant de Petit, me disant qu'il faisait des questions bien bourrues et trouvait à redire à tout. Je lui ai dit que c'était un mathématicien aux discours duquel il ne fallait pas s'arrêter. Je me suis alors approché de lui pour lui dire doucement qu'il fallait être retenu à juger. Sur quoi il m'a entrepris, et a dit, qu'il n'y avait que dans les matières de la foi où il fallût une soumission, qu'on avait la liberté de son jugement dans toutes les autres choses; qu'il y avait quarante ans qu'il maniait la règle et le compas. Je lui ai répondu que je croyais, comme lui, qu'il était un fort habile homme, mais que les plus grands personnages étaient chiches de déclarer leur sentiments, bien loin de dogmatiser comme il faisait; que leur science leur faisait connaître combien il y avait de choses qu'ils ignoraient et l'ai laissé là. Il s'est diverses fois rapproché de moi, mais à tout ce qu'il a voulu dire, je n'ai pas reparti un seul mot.

Dans ce temps M. le Nonce est arrivé qui tenait en main une lettre du cardinal Pallavicini, disant qu'il avait deux nouvelles importantes à dire au Cavalier. Une de ces deux nouvelles était que sa femme se disposait à aller prendre l'air à Frascati, et l'autre que Sa Sainteté était en santé parfaite, avait visité deux ou trois églises et même avait entendu une exhortation qui avait été faite à.....[2].

Le premier octobre, M. Rosteau m'a prié de mener M. Vildot voir le buste, ce que j'ai fait. Le Cavalier l'avait fait mettre sur une pièce de bois faite exprès. Dans ce même temps, M. le marquis de Louvois est venu avec un autre et ont considéré le buste et autres ouvrages, et sont entrés ensuite dans la galerie et appartement de l'hôtel Mazarin. Voyant les statues et tableaux, M. le marquis de Louvois a dit que sa curiosité était pour les tapisseries; qu'il avait une tête qu'on disait être d'un Esculape; qu'il voudrait savoir si c'est quelque chose de bon, afin de la donner au Roi, si elle en valait la peine. Je lui ai dit que je l'irais voir. Je lui ai parlé de ces tableaux que le prince Pamphile a envoyés. Il a vu ceux qui n'ont point été gâtés en chemin, particulièrement le *saint François* du Guide. Il m'a demandé ce que pouvait valoir ce tableau, j'ai dit 500 écus au moins. Il a reparti brusquement : « Je n'en donnerais pas dix pistoles ». Il n'a pas voulu voir les autres. L'après-dînée, le Cavalier a travaillé à quelques particularités du visage du Roi et y a donné le poli en aucuns endroits, comme à une partie du front, du nez et du menton.

Le soir, M. de Saint-Laurent est venu avec Furetière [3] et un chanoine de

---

1. Dans la liste des *Curieux de Paris*, Oursel est nommé comme possédant des tableaux anciens et modernes. Suivant la même liste, Pierre Petit, intendant général des fortifications de France, mathématicien et physicien, mort à quatre-vingt-trois ans, en 1677, est cité pour sa collection de « Machines et raretés mathématiques ».

2. Le nom est resté en blanc dans le manuscrit.

3. L'abbé Antoine Furetière était alors membre de l'Académie française, d'où il fut exclu

Reims **fort** intelligent, et qui, ayant été depuis peu à Rome, a eu grande familiarité avec M. Poussin, à ce qu'il a dit [1]. J'oubliais que, sur les trois ou quatre heures, le Roi sortant de chez M. le commandeur de Souvré où il a dîné, les gardes du corps, croyant que Sa Majesté vînt chez le Cavalier, étaient venus prendre possession des portes, mais Sa Majesté a passé outre et est allée au Petit-Bourbon.

Ayant quitté le Cavalier, je suis allé chez M. le commandeur que j'avais su être venu chez moi, et lui ai porté le plan du Cavalier pour le bâtiment qu'il veut faire au Temple, que je lui ai laissé. Il était venu l'après-dînée voir le buste un valet de chambre de la Reine-mère, qui a dit qu'elle se portait assez bien; qu'elle disait le matin que les autres ne pourrissaient qu'après être en terre, mais qu'elle se voyait pourrir avant que d'y être mise.

Le deuxième au matin, je suis allé chez M. le commandeur de Souvré et lui ai expliqué le dessein du Cavalier. Je l'ai trouvé étonné de la grandeur de l'ouvrage à cause de la dépense; mais je l'ai encouragé, lui disant qu'il fallait qu'il laissât au Temple quelque marque glorieuse à sa mémoire, ou n'y faire rien du tout; qu'il était assez bien logé pour n'avoir pas besoin de faire bâtir au Temple, sinon pour éterniser son nom. Il m'a répondu que, quoiqu'il y fît, ce serait quelque chose de plus beau que ce qui y est à présent. Je lui ai reparti que ce n'était pas assez, qu'il fallait toujours entreprendre de grands desseins, quand ils ne devraient pas être finis. Il m'a dit qu'il remerciait le Cavalier et viendrait voir mes tableaux.

J'ai été de là chez le Cavalier où j'ai vu d'abord sur sa table le dessin d'une Vierge avec un saint Joseph, tenant entre ses bras un petit Jésus. Il m'a semblé fort beau et d'une belle pensée. Le Cavalier, s'étant approché de moi, m'a demandé ce qu'il m'en semblait. Je lui ai dit qu'il aurait de grands comptes à rendre à Dieu, s'il ne travaillait avec l'assiduité qu'il fait, lui, qui avait le don de produire à chaque moment de si grandes et belles choses. Lui marquant ensuite en quoi je trouvais ce dessin excellent, il m'a répondu avec modestie que c'était que les choses qu'il faisait me semblaient belles, qu'il avait au moins tâché d'y introduire la grandeur. J'ai dit la grandeur, l'amour, la révérence et la grâce en tout, que le respect de saint Joseph paraît même aux doigts de ses mains, et qu'on ne pouvait rien voir de plus tendre et de plus noble que l'enfant. Ayant après regardé son buste, j'ai vu qu'il l'avait tourné tout différemment de ce qu'il était, et qu'il polissait quelques parties du visage avec de la pierre de ponce et du linge. Il m'a dit que le marbre voulait être travaillé avec patience. J'ai reparti que, quand on avait établi le général, les particularités étaient celles qui donnaient l'excellence à l'ouvrage. Il en est demeuré d'accord, mais que quand le général n'y était pas, elles ne servaient de rien et ne donnaient aucune recommandation. J'ai ajouté, qu'en tous les ouvrages la perfection consistait en des choses qui sem-

---

en 1685. Dans la liste des *Curieux de Paris* donnée par Spon, il est désigné ainsi : « **M. de Furetière**, Ile Notre-Dame, livres rares, estampes et bronzes ».

1. Ce chanoine de Reims « fort intelligent » est évidemment François de Maucroix, l'ami de La Fontaine, que Fouquet, en 1661, avait chargé d'une mission secrète à Rome, mission qui figura au nombre des chefs d'accusation contre le surintendant.

blaient n'être comme rien, et néanmoins formaient l'excellence du tout; que le finiment[1] avec entente y servait beaucoup; que Raphaël avait achevé ses ouvrages avec une exactitude et une patience merveilleuse; qu'au contraire les praticiens comme Tintoret, Paul Véronèse et quelques autres modernes s'étaient abandonnés à une franchise ou furie de peindre; qu'il y avait de certaines choses qu'on pouvait négliger et étaient souffertes sous le titre de *trascurragini*[2]. Sur cela, M. Du Metz lui est venu apporter une lettre de l'abbé Elpidio[3], que Héron a apportée. Je lui ai montré ce torse de Vénus, et lui ai dit que c'était un des plus beaux restes des ouvrages grecs. Le Cavalier, qui a vu que je parlais de la beauté de cet ouvrage, a approché et a dit : « Quiconque serait capable de s'enorgueillir n'aurait qu'à regarder ce torse pour se guérir de la vanité. C'est une matière d'humilité pour tous nous autres. Michel-Ange même était bien loin de cette perfection. » J'ai pris la parole et dit que son talent n'était pas de faire des femmes. Il a ajouté : « de faire que ses ouvrages parussent être de chair ». J'ai dit à M. Du Metz que je donnerais le corps de cette Vénus à l'Académie et quelques têtes que je ferais former[4] sur mes bustes. Il a répondu qu'il m'en serait bien obligé.

Après que M. Du Metz a été sorti, l'on est allé dîner, et au fruit M. de Bellinzani a envoyé au Cavalier le prier qu'il pût faire voir le buste à quelques dames. Le Cavalier a envoyé les signori Paul et Mathie.

A l'issue de table, discourant ensemble de quelques achats qu'il devait faire, il m'a allégué le proverbe qui dit : *chi sprezza, vuol' comprar*[5]. Je lui ai dit que je l'avais autrefois appris de M. le cardinal Bichi[6]. Il m'a conté sur cela, qu'il s'en était une fois servi dans une de ses comédies où il avait introduit un peintre, dont la fille était fort belle, que le Raguet, valet du peintre, étant demeuré une fois à la maison, le maître lui avait dit qu'il ne reçût point chez lui ces Zerbins[7] qui ne venaient pas pour acheter, mais pour cajoler sa fille. Après quoi, quelques jeunes galants étant venus et louant les tableaux qu'il avait mis à l'étalage, d'abord il leur ferma la porte au nez et ne voulut jamais les laisser entrer quelques instances qu'ils fissent; de quoi s'étant plaints au peintre et dit qu'ils étaient cavaliers et gens d'honneur et à n'être point traités de la sorte, et le peintre faisant réprimande de cela au Raguet, il répondit que comme il avait vu qu'ils avaient commencé par louer si fort ses tableaux, il avait jugé qu'ils ne venaient pas pour acheter, mais pour cajoler sa fille, pour ce que quoiqu'il ne fût pas habile, il n'ignorait pas le proverbe qui dit : *chi sprezza, vuol' comprar*, qui fut une application qui plut assez. Ce même Raguet dit à un qui voulait gagner les bonnes grâces de cette fille, qu'il n'y entendait rien, qu'il lui contait toujours des histoires du

---

1. *Finiment,* fini ; de l'italien *finimento.*
2. Négligences.
3. Elpidio Benedetti avait été l'homme d'affaires de Mazarin à Rome ; il en a été déjà question.
4. *Former* mouler.
5. « Qui déprécie, veut acheter. »
6. Antoine Bichi, cardinal en 1657, mort en 1691.
7. *Zerbin,* petit-maître, muguet ; *zerbino.*

temps passé, *che con le donne non bisognava trattar di cose passate, ne anche delle future; ma star sopra il presente* [1].

Le Père Mascaron [2] est venu voir le buste; après, Marot est venu et m'a fort entretenu de Mansart et de l'envie qu'il avait eue de faire graver ses desseins du Louvre et du Val-de-Grâce; qu'il lui avait fait forger deux grandes planches pour cela, mais qu'il ne lui en avait plus reparlé depuis; qu'il nous avait attendus à Fresne [3] mon frère et moi; qu'il lui avait fait voir sa chapelle avec tant d'exactitude que cela lui en déplaisait, qu'il lui avait parlé du cavalier Bernin comme d'un grand homme qui avait des pensées nouvelles, et avait fini par dire que c'était un bon sculpteur. Marot, après, m'a prié, si le Cavalier avait besoin de lui, que je lui proposasse. Demandant ensuite au seigneur Mathie s'il y avait autre chose à dessiner, il m'a dit que non.

Le Cavalier étant après descendu, il lui a fait donner la façade du dedans du Louvre à copier; après il a fait poser son buste sur un pied, ayant autour une espèce de table, sur laquelle a été mis un tapis de velours. Aussitôt M. le Nonce est venu, et l'abbé Butti, qui l'ont vu ainsi. Il m'a prié, et mon frère aussi, de ne dire à personne qu'il fût ainsi, afin que le Roi fût plus surpris, quand il le verrait dans la suite.

Après que le Nonce a été sorti, nous avons été aux Feuillants. Il m'a dit, en y allant, que dans trois ou quatre jours, il n'avait plus rien à faire qu'à prendre congé de Sa Majesté, et qu'il pourrait s'en aller dans huit jours. Je lui ai répondu que cela me donnait de la tristesse de voir que le temps s'approchait que nous devions nous séparer. Il m'a reparti : *No mi scordero mai ne dell' affetto, ne dell' intelligenza sua* [4]. Je l'ai prié de n'oublier pas aussi la prière que je lui ai faite de retourner à Saint-Cloud.

Le troisième, étant allé chez le Cavalier, il m'a prié de vouloir bien donner ordre que personne de ceux qui viendraient pour voir le buste n'entrât, à cause qu'il allait le mettre sur son pied et qu'il fallait pour cela le renverser; et de fait il l'a essayé sur ce pied, et puis l'y ayant bien ajusté, il l'a ôté de dessus pour le sceller dedans avec du mortier et un fer qui passe à travers du buste. Il a été mis après sur un gros scabellon [5] de bois, sur lequel il demeurera jusques à ce que la base que le Cavalier a projeté d'y faire faire soit exécutée. Cela fait, le Cavalier est allé dîner. En montant, il a trouvé Gamar, qui allait voir les tableaux du prince Pamphile. Durant le dîner, le sieur Jean Marie [6] a dit qu'il avait su que Gamar avait de beaux tableaux, et au Cavalier qu'il aurait dû les voir. J'ai pris la parole et dit qu'il y avait à Paris nombre de cabinets où il y avait bien de plus belles

---

1. « Qu'avec les dames il ne fallait pas traiter des choses passées, ni même des futures; mais s'en tenir au présent. »

2. Le célèbre prédicateur.

3. Fresne, dans la Brie (Seine-et-Marne), où Mansart avait construit un château qui appartint plus tard au chancelier d'Aguesseau.

4. « Je n'oublierai jamais ni votre affection, ni votre intelligence. »

5. *Scabellon*, escabeau; *scabbello*.

6. Un des Italiens que Bernin avait amenés avec lui.

choses; que M. de la Vrillière, qui était tout proche, avait bien de plus beaux tableaux; que qui s'attacherait aux noms et non pas aux choses aurait de quoi se satisfaire du cabinet de M. Gamar, mais qu'à mon opinion les noms n'étaient rien. Il a reparti qu'il peignait, et qu'ainsi il les avait su bien choisir. Le Cavalier a répondu à cela, que de deux cents peintres qu'il y a à Rome il n'y en avait pas trois ou quatre à qui il se voulût fier de bien choisir un tableau; que s'il avait un fils peintre, lui conseillant[1] de voir de belles choses pour se former, il ne l'enverrait pas ailleurs que chez le sig<sup>r</sup> de Chantelou.

Sur les deux heures, le doreur a apporté la bordure du petit Christ, qui a été trouvée fort bien dorée. Il a été posé dans cette bordure et sur son pied qui est de marbre noir.

Le soir, M. le Nonce est venu avec l'abbé Butti, mais, hors eux, personne de ceux qui venaient pour voir le buste n'est entré. S'en étant allé, le Cavalier a été aux Feuillants, et au retour est entré chez les Cordeliers irlandais, où je l'ai laissé.

J'oubliais à dire qu'il a demandé à Marot de son encre, pour achever une Vierge qu'il a commencée avec, et pour ombrer le dessin que Marot a profilé de la façade du dedans du Louvre.

Le quatrième au matin, étant allé chez le Cavalier, j'ai trouvé que M. Colbert y était déjà et était assis pour traiter des bâtiments. Il n'y avait que le Cavalier, le Sig<sup>r</sup> Mathie et M. Madiot. L'on parlait des fondations du Louvre et de la difficulté qu'il y avait à faire cette dernière partie de la fondation à plomb, à cause des étais nécessaires pour soutenir les terres, qui empêchent qu'on ne puisse arranger les pierres de la fondation, ni que l'on y en puisse mettre de si grosses, M. Colbert, étant persuadé que les grosses pierres dans la fondation prévalaient à l'avantage d'avoir vidé les terres à plomb, disait que si néanmoins le Cavalier n'estimait pas que la fondation fût bonne autrement, il fallait surmonter cette difficulté; M. Perrault en faisait une autre, qui est que le devis porte de creuser 25 pieds qui est[2] .... pieds au delà du ferme; mais Mathie a dit qu'il ne demandait la fondation que pareille à celle du pavillon élevé du côté de la rivière ou un pied de plus, ce qui n'est pas trop; et ce d'autant plus que la fondation ne sera que de cinq palmes plus bas que le rez-de-chaussée du fond du fossé. M. Colbert a dit qu'il lui semblait que c'était bien peu et qu'il en fallait demeurer là et exécuter le devis. Mon frère est venu pendant qu'on résolvait cela et s'est assis. Peu après, M. Colbert a demandé quelle heure il était, et comme il a su qu'il était dix heures, il a prié qu'on dît à un laquais d'aller quérir son carrosse. Considérant cependant sur le plan les chambres destinées pour y mettre les tableaux et les statues du roi, le Cavalier a dit qu'il fallait tâcher à avoir une douzaine de statues aussi belles que la Diane; qu'il songerait à cela étant à Rome. J'ai dit que, lorsque j'y étais, le *Méléagre* était à vendre. Il a répondu qu'il y penserait; qu'il fallait faire diverses chambres de ta-

1. C'est-à-dire : A qui il conseillerait.
2. Le chiffre est resté en blanc dans le manuscrit.

bleaux, en choisir une douzaine d'excellents et les mettre ensemble, et ne mêler point parmi des choses médiocres. Sur cela j'ai fait apporter à M. Colbert le torse en plâtre de cette Vénus et lui ai dit que le marbre en était singulier et était estimé plus beau que la Vénus de Médicis. Il s'est mis à sourire, jugeant cela absurde. Le Cavalier a confirmé mon sentiment et a dit que ce torse avait été trouvé à Puzzole dans les bains des Romains, qu'il savait qu'il avait été apporté en France. J'ai dit que c'était à Richelieu qu'il était, et que si le Roi le demandait, il n'en serait pas refusé; qu'étant après restauré du Cavalier, ce serait une chose admirable en beauté. Il m'a parlé des *Captifs* qui y sont[1]. Je lui ai répondu que c'étaient des premiers ouvrages de Michel-Ange, qu'il y avait encore à Richelieu deux ou trois autres statues fort belles, entre autres un Auguste.

J'ai donné ensuite à M. Colbert un mémoire des bas-reliefs que j'avais apportés de Rome la première fois que j'y fus et de ceux que je fis former au second voyage, dont les formes demeurèrent là. Je lui ai dit que cette dépense ne m'avait point été remboursée, la lettre de change que M. de Noyers m'envoyait pour cet effet ayant été révoquée, d'abord qu'il se retira de la cour. Il m'a demandé où ces formes avaient été mises. J'ai dit au palais Mazarin, à Rome, qui était le palais Bentivoglio auparavant. Le signor Mathie lui a montré ensuite la distribution du plan terrain du Louvre, et la collocation des offices de bouche et gobelet, et où l'on avait placé le Conseil et autres officiers, suivant ses mémoires.

Il s'est ensuite levé, après quoi le Cavalier lui montrant le buste, lui a dit qu'il n'avait plus à y travailler que pour trois heures; qu'il le priait de faire souvenir le Roi qu'il avait promis de venir. Il a dit qu'il le ferait. Je lui ai dit aussi que le Cavalier avait demandé à voir les pierreries de la couronne, que M. le Légat lui avait beaucoup louées.

M. Colbert sorti, le Cavalier m'a montré qu'il avait achevé le dessin de cette *Vierge* qu'il avait commencé, et puis m'a dit qu'il me le donnait, dont je lui ai rendu grâces. J'ai appris qu'il avait donné le *saint Jérôme*, qu'il avait aussi fait les jours précédents, à M. Colbert[2], avant que je fusse arrivé. Lui parlant ensuite de Saint-Cloud, il m'a dit que le jour lui semblait beau, que je donnasse ordre au carrosse du Roi, et attendant l'heure de dîner, nous sommes allés avec l'abbé Butti, arrivé depuis le départ de M. Colbert, voir les tableaux du prince Pamphile, qu'a rétablis Michelin[3]. Nous avons retrouvé celui du Titien assez gâté, nonobstant ce qui a été fait. L'Albane est un peu mieux. Le garde-robe nous en a montré un pareil de l'Albane[4], mais

---

1. Actuellement au Louvre.

2. Ce dessin ne serait pas le seul que Bernin aurait donné à Colbert, s'il fallait s'en rapporter à la note suivante que Mariette a mise sur la bordure d'une tête de Christ à la plume et au bistre que possède actuellement mon ami M. Ph. de Chennevières : *J. J. D. J. B. Colbert bonarum artium Mecœnati optimo faciebat et D. D. Eq. J. Laurent. Bernini.*

3. Jean Michelin, peintre, né à Langres vers 1623, mort à Jersey en 1696. Il avait été exclu de l'Académie comme calviniste.

4. Le catalogue du musée du Louvre mentionne sous le nom de l'Albane trois répétitions du tableau d'*Actéon changé en cerf*, toutes trois de grandeur différente et provenant de la collection de Louis XIV. Il est probable que parmi ces toiles figurent celles dont il est question ici.

de figures plus petites, lequel le Cavalier a dit être l'original; il a montré ensuite une *Vierge* du Guide, où est un petit Christ dormant ; la Vierge moins qu'à mi-corps et en acte d'adoration[1]. Le Cavalier a admiré ce tableau et a dit qu'il avait été fait autrefois pour Urbain VIII, qui n'était encore que nonce à Bologne. L'on lui a montré ensuite le tableau de Raphaël donné par défunt M. de Fontenay[2] à M. le cardinal Mazarin[3], et qui est pareil à celui qu'avait M^me Desouches[4], hormis qu'en celui-ci la figure de saint Jean n'est pas achevée. Le garde-robe ayant dit que celui-ci est l'original, le Cavalier a montré une main, et a dit : « De ces parties, l'on connaît qu'un tableau n'est pas original ; cela, a-t-il dit, n'a jamais été peint de Raphaël. Il faut que ce soit de Jules Romain. » Il a trouvé la sainte Élisabeth fort belle, et, montrant comme elle est habillée, il a dit : « Voilà comment le sig^r Poussin drape ses draperies. » Le garde-robe lui a fait voir après un portrait de vieille, qu'il a dit être celui de la mère de Michel-Ange et fait de sa main. Le Cavalier a assuré qu'il n'était pas peint de lui.

Après, il a vu un Christ mort en raccourci, d'André Montagne[5], avec quelques autres figures. Il n'en a rien dit. Il a vu après un tableau de la *Naissance de la Vierge*, de Paul Véronèse, où il a mis sur le devant un chat et des poules. Il s'est tourné devers moi, et en riant, il m'a dit : *questo lo piaceva assai*[6].

Après dîner, nous sommes allés à Saint-Cloud où le Cavalier a dessiné une forme de cascade naturelle, qu'on pourrait faire vis-à-vis du grand jet d'eau à l'endroit où est la balustrade. Il a bien été une heure à faire son dessin, après il me l'a montré et me l'a donné à entendre, puis il a ajouté : « Je m'assure que cela ne plaira pas. L'on n'est pas ici accoutumé à ces choses naturelles ; on en veut de plus ajustées et plus petites, comme sont les ouvrages des religieuses. » L'abbé Butti lui a demandé s'il avait vu la cascade qui était là : il a dit qu'oui, et qu'elle était de la sorte qu'il venait de dire. Il m'a dit là-dessus : « Ce que je viens de faire n'est que pour ceux qui ont le goût des belles et grandes choses. Je ne doute pas qu'on ne trouve l'autre plus belle que ce que j'ai fait, mais je l'ai fait pour l'amour de vous. S'il était bien exécuté, je crois bien qu'on ne pourrait plus regarder l'autre ; en tout cas, il y en aurait deux de manières différentes, mais il faudrait que cela fût bien exécuté et pour cela en faire un modèle auparavant. »

Après, nous sommes allés voir la cascade ; il y avait grand monde pour la voir, pour ce qu'elle ne joue qu'avec un billet de S. A. R. M. Billon, concierge, a dit au Cavalier de se tenir au pied des escaliers, mais le Cavalier a voulu descendre en bas. L'on a mis l'eau qui a commencé petit à petit

---

1. Voy. le catalogue du Louvre, n° 323 de l'école italienne.

2. Le marquis de Fontenay-Mareuil, ambassadeur à Rome.

3. C'est le tableau qui figure au musée du Louvre sous le n° 378 de l'école italienne : *La Vierge, sainte Élisabeth, l'Enfant Jésus caressant le jeune saint Jean.* Voyez ce qu'en dit Lépicié dans son *Catalogue des tableaux du Roy*, 1752, in-4°, t. I^er, p. 82.

4. Ou mieux des Ouches.

5. Andrea Mantegna. Je ne sais ce que ce tableau est devenu. L'attribution en a peut-être été changée.

6. « Cela lui plaisait assez. »

à se répandre partout. Le Cavalier est encore descendu plus bas, afin d'en
voir mieux l'effet. Ayant bien considéré l'espace qui est entre le premier
bassin au pied des rampes et le second, il m'a dit qu'on pourrait faire une
espèce de lunette entre ces deux bassins qui enrichirait encore la cascade,
et qu'on pourrait encore donner à ce canal environ vingt pieds de large ;
le reste de l'espace des deux côtés le gazonner en pente douce, et qu'à la
lunette il suffirait de donner cinq palmes de profond, qui sont trois pieds
et quelques pouces. L'abbé Butti a dit qu'on pouvait la continuer dans toute
sa longueur, jusques à la balustrade qui est sur le chemin. Après que la
cascade a eu joué, nous sommes remontés par à côté. Le Cavalier s'est un
peu arrêté à considérer les figures dont cette cascade est ornée, qui sont
d'un jeune homme protégé du cardinal Antoine. L'abbé a dit qu'elles étaient
comme d'après Michel-Ange. Il a répondu que quand l'on voit des noix, l'on
jugeait que c'était de sa manière. Le Cavalier a dit au concierge : *È bella,
è bella*[1] ; qu'à Rome cela serait estimé beau, mais qu'en France cela pouvait
passer pour merveilleux. Puis il s'est tourné et m'a dit : « Vous pourrez le
dire vous-même, et à Madame, la pensée que j'ai eue pour elle. » Je lui ai
dit que je n'avais pas voulu aller chez Monsieur qu'il[2] n'eût retourné à
Saint-Cloud et fait ce qu'il venait de faire.

Nous en revenant, il m'a dit en chemin qu'il avait envie de faire peindre
la chose, afin qu'elle pût mieux paraître. L'abbé Butti a dit que le Bourson
la viendrait peindre devant lui, et qu'il l'en avertirait. Je lui ai dit que le
plus nécessaire était un profil. Il en est demeuré d'accord et m'a dit qu'il le
ferait. Revenu au logis, il est allé aux PP. Cordeliers irlandais, près de chez lui.

Le cinquième, étant allé chez le Cavalier, j'ai su qu'il travaillait dans sa
chambre à faire lui-même, avec de la sanguine, son portrait au miroir pour
M. Colbert qui le lui avait demandé. Quand il a été achevé, son fils me l'a
montré. Je l'ai trouvé fort ressemblant et de grande manière. Il m'a aussi
montré le dessin d'un *Caïn massacrant Abel*, qu'il avait fait le soir. Parlant
de ce portrait au Cavalier, je lui ai dit qu'il m'avait promis de m'en donner
aussi un de sa main, lorsque je le priai de me donner quelques heures de son
temps pour le faire peindre. Du commencement, il a fait comme s'il en eût
perdu la mémoire, mais depuis il s'en est ressouvenu ; à l'issue du dîner, il
m'a prié de savoir de M. de Colbert si le Roi viendrait ou non, parce qu'il
se disposerait à faire quelque chose, si Sa Majesté ne venait pas. J'ai été
chez M. Colbert, qui arrivait des Gobelins, où le Roi a aussi été. Il m'a dit
que Sa Majesté allait venir sitôt qu'elle aurait dîné, et de fait peu de temps
après Elle est venue. D'abord qu'Elle a vu le buste sur cette table, ornée d'un
tapis, cela lui a plu. Elle l'a fort considéré et fait considérer à tout le monde.
M. de Mercœur[3] qui était avec le Roi l'a fort loué, comme ont fait tous les
autres, chacun à l'envi. Sa Majesté s'étant mise après dans la même place où
Elle se met d'ordinaire, a demandé si l'on travaillait au piédestal. Le Cava-

---

1. « Elle est belle. » — 2. *Qu'il*, que le Cavalier.
3. Louis, petit-fils, par son père, César de Vendôme, d'Henri IV et de Gabrielle d'Estrées,
duc de Mercœur puis duc de Vendôme, mort cardinal en 1669. Il avait épousé Laure Mancini,
qui mourut en 1657.

lier a répondu que l'on n'y travaillait pas encore, et a pris le prince de Marsillac[1], qui était tout proche de lui, et l'a mis en lieu que le Roi tournait les
yeux sur lui, afin de bien marquer les prunelles de son buste, ce qu'ayant
fait avec du charbon seulement, il a dit à Sa Majesté que l'ouvrage était
achevé, qu'il souhaiterait qu'il fût d'une plus grande excellence; qu'il y avait
travaillé avec tant d'amour qu'il croyait qu'il était le moins mauvais portrait
qui fût sorti de ses mains; qu'il avait un regret d'être obligé à s'en retourner, pour ce qu'il s'estimerait heureux de finir sa vie à son service, non pas
pour ce qu'il était un roi de France et un grand roi, mais parce qu'il avait
connu que son esprit était encore plus relevé que sa condition; et finissant
ces paroles qu'il a mal prononcées, il s'est mis à pleurer de telle sorte qu'il
lui a été impossible de parler davantage, et s'est retiré. Le Roi l'a traité le
plus honnêtement du monde, et a dit à l'abbé Butti, qui était proche, pour le
lui dire, que si le Cavalier entendait la langue, il lui ferait connaître les sentiments qu'il a pour lui et lui dirait des choses dont il aurait lieu d'être
extrêmement satisfait, qui correspondraient bien à l'affection qu'il lui faisait
paraître.

Après, Sa Majesté s'est approchée du petit Christ du signor Paule et l'a
extrêmement loué, disant qu'il ne se pouvait rien voir de plus beau, quoique
ce fût l'ouvrage d'un garçon de dix-huit ans. Le Cavalier s'étant approché a
dit qu'il l'a destiné à la Reine, et qu'il importe que les femmes, pendant leur
grossesse, voient des objets nobles et agréables; qu'il a un de ses enfants qui
ressemble à celui d'un tableau qui est dans la chambre de sa femme, et
qu'elle regardait souvent pendant sa grossesse. Le Roi a pris la parole et a
dit que M. le Dauphin ressemblait à l'enfant d'une Vierge, qui était dans la
chambre de la Reine à Fontainebleau. Sa Majesté de là est encore revenue
au buste et après l'avoir considéré longtemps a salué avec une marque d'affection le Cavalier, puis s'en est allée. J'oubliais à noter que Sa Majesté lui a
dit qu'en attendant qu'il eût résolu où l'on mettrait ces ouvrages, qu'il fallait
les placer dans l'appartement neuf de la Reine mère.

Après que Sa Majesté a été partie, nous avons été au Louvre et y avons
trouvé M. de Boisfranc, qui avait appris que le Cavalier avait été à Saint-
Cloud. Il a été dire à Monsieur, qui était avec la Reine mère, que j'étais là.
S. A. R. m'ayant fait passer dans les bains m'a demandé ce qu'avait dit le
Cavalier de sa cascade; je le lui ai dit. Il m'a demandé après si le Cavalier
avait entré dans sa maison, j'ai dit que non, qu'il n'en avait pas eu le temps.
« Il venait de Versailles? m'a-t-il demandé. — Il est allé à Saint-Cloud
exprès, lui ai-je répondu, pour dessiner ce qu'il estimait être à faire au lieu
où est le grand jet d'eau. » — « Qu'est-ce donc? » — Je lui ai dit : Une cascade
plus naturelle et rustique, et que j'aurais soin de faire peindre son dessin,
afin qu'on pût mieux connaître sa pensée; que s'il plaisait à S. A. R. de voir
le Cavalier, il était dans l'antichambre, et que je le ferais entrer. Il est sorti
et l'est allé trouver. Le Cavalier lui a aussitôt dit qu'il n'avait pu s'empêcher
de voir encore une fois Saint-Cloud; que s'il demeurait à Paris, ce serait son

---

1. François de la Rochefoucauld, prince de Marsillac, puis duc de la Rochefoucauld,
grand veneur de France, né en 1634, mort en 1714.

lieu de plaisir, par le congé de S. A. R. Monsieur a dit qu'il en serait ravi. Il
lui a répété ce que je lui avais rapporté de son sentiment touchant sa cascade, et que son dessin était pour une autre cascade qui serait belle aussi,
quoiqu'extrêmement différente de l'autre. Il lui a parlé ensuite du canal à
faire entre les bouillons d'eau, et que les jets qu'on y ferait allassent en arc,
pour les différencier des autres qui sont vus sur une ligne droite. Monsieur,
l'ayant beaucoup remercié, s'en est retourné auprès de la Reine sa mère, et
j'ai après mené le Cavalier dans le nouvel appartement de la Reine.

Entrant au lieu où sont les statues et considérant la *Diane*, je lui ai dit
qu'elle paraissait être de la même main que l'*Apollon du Belvédère*. Il a répété
qu'il tâcherait de faire avoir une douzaine de beaux bustes au Roi, et de quel
ornement cela serait aux intelligents, en comparaison de tant de filigranes.
Il a trouvé que la *Diane* était tournée en profil, au lieu d'être de face; de là
il a passé dans les appartements, cherchant un lieu à placer son buste. Il a
témoigné désirer qu'on mît des volets aux vitres, afin de pouvoir faire venir
le jour d'en haut. Belleau a dit qu'ils étaient commencés. Il a passé dans les
autres chambres et a toujours remarqué le même défaut, et dans quelques-
unes que le jour était trop rasant la muraille où il désirait le placer, car de
lui donner le jour en face, il a dit qu'il était désavantageux. Étant dans la
dernière chambre, où il y a une estrade et qui est destinée pour les audiences,
il y a fait placer un jeune homme pour voir l'effet de la lumière, qu'il a
trouvé crue, a dit qu'il eût souhaité qu'on ait un rideau qui couvrît partie de
cette lumière rasante; enfin il a dit que l'on éprouverait[1] de deux ou trois
lieux; qu'à la vérité à celui où est l'estrade, le buste y serait avec plus de
dignité, que l'on mettrait le petit Christ de l'autre côté; un grand miroir, qui
est là placé, demeurant entre les deux. Belleau a dit que, pour avoir des rideaux, il fallait avertir Duru, garde-meuble; ce que j'ai fait par un billet envoyé chez M. du Metz.

Le Cavalier nous a conté, à l'abbé Butti et à moi, un endroit de ses
comédies où il feignit un embrasement. L'abbé ayant dit qu'il y avait été et
qu'il avait été des premiers à s'enfuir, le Cavalier a dit que, jugeant bien
que le feu donnerait de l'épouvante, il avait, avant que là comédie commençât, averti le cardinal Barbarin, lui disant que s'il voyait quelque chose
qui semblât devoir donner de l'appréhension, qu'il ne s'étonnât pas pour
cela et que tout était un effet de l'art; que cependant, tout averti que le
cardinal était, il eut peur; qu'à la vérité, il n'avait dit la vérité qu'au seigneur Luigi, son frère[2]; que la représentation se fit comme de gens qui retournaient d'une fête et qui s'entrecontaient les choses qu'ils y avaient vues;
qu'un entre autres, dont le flambeau n'était guère allumé, le frottait de fois
à autre contre la toile de la décoration pour l'allumer davantage et avait ordre
de le frotter jusques à ce que quelqu'un du parterre dît qu'il pourrait y mettre
le feu, ce qu'ayant entendu dire, il[3] fit allumer le feu qui, dans peu de temps,
couvrit le théâtre et se prit à un grand nuage qui était en haut, de sorte que

1. Que l'on ferait l'épreuve.
2. Le frère du Cavalier.
3. *Il*, Bernin.

tout le monde crut que le feu s'était allumé par mégarde et ne songeait plus qu'à se sauver. Ce que le Cavalier voyant, il parut sur le théâtre et cria aux spectateurs qu'ils devaient se contenter de voir la comédie et la laisser achever sans prendre ainsi l'alarme mal à propos, qu'au même temps il fit paraître un paysan conduisant un âne et marchant à petits pas à travers le théâtre, ce qui acheva de confirmer que cet embrasement avait été concerté.

J'ai mené après dîner le Cavalier à la salle des Antiques, que M. Colbert m'avait prié de lui faire voir. Il a dit que ce que l'on pouvait y faire, était de faire repolir les marbres dont elle est ornée pour ce qu'ils ont perdu leur lustre et faire à la voûte un ornement de stuc enrichi avec de l'or.

Il avait conté, en dînant, que les Pères Maronites de Rome avaient un tableau, qui passait pour être de Raphaël, qu'on les avait sollicités plusieurs fois de s'en défaire, que ces pères n'avaient jamais voulu y entendre et le tenaient si caché, qu'on ne pouvait pas même le voir; que le cardinal....[1] ayant enfin obtenu du général qu'on l'en accommoderait, il avait prié le Cavalier de le voir avant que de convenir du prix, pour lui en dire son sentiment; qu'ayant été voir ce tableau, qu'on faisait si grand mystère de montrer, après l'avoir bien considéré, il trouva que c'était une méchante copie, si bien qu'il dit à ces bons pères qu'ils avaient eu raison de bien cacher leur tableau, qu'il leur conseillait de le tenir toujours de même et de ne le montrer que tout le moins qu'ils pourraient; puis s'en alla rendre compte au cardinal de ce que c'était. Je dis au Cavalier que j'avais ouï dire à la Reine-Mère, il y a deux ou trois ans, que le roi d'Espagne avait voulu tirer de Sicile un tableau de Raphaël qui y était, et qu'il s'était fait une émotion du peuple si grande, pour empêcher que l'on l'enlevât, qu'il avait été impossible de le tirer. L'abbé Butti dit que le roi d'Espagne l'avait eu enfin, ayant fait substituer en sa place une copie, qui avait été faite auparavant; que c'était un Christ portant sa croix[2].

Le sixième, je ne suis allé chez le Cavalier qu'après dîner. Il reposait encore. J'y ai trouvé force de monde considérant le buste, entre autres M^me Colbert[3]. J'avais donné ordre au carrosse du roi de se rendre chez le Cavalier, comme il m'en avait prié. Quand il est descendu de son appartement, l'ayant averti que le carrosse était là, il s'est souvenu que Monsieur avait dit qu'il pourrait venir, ce qui l'a obligé de ne pas sortir. Comme il y avait grande quantité de monde dans la salle où était le buste, il a fait porter le modèle qu'il a commencé pour le rocher de l'embassement du Louvre, dans une salle à côté, et s'y en est allé travailler. Il n'y avait que moi avec lui. Il m'a demandé ce qui me semblait de ce second modèle où il a fait une rupture ou crevasse au rocher. Je lui ai dit qu'il me semblait plus riche. Ensuite, il m'a dit qu'il avait commencé un dessin qu'il me priait de voir, et que je le fisse apporter par le signor Mathie. J'ai vu que c'était le dessin d'une

---

1. Le nom est resté en blanc dans le manuscrit.
2. C'est probablement le célèbre *Spasimo*, actuellement au musée de Madrid.
3. Marie Charon, fille de Jacques Charon, sieur de Ménars.

sainte Marie l'Égyptienne, qu'il fait dans un emportement d'amour à la vue
d'un crucifix qui est devant elle. Je lui ai dit qu'il était de grande manière, et
qu'il y avait beaucoup de tendresse dans le corps de cette sainte et beaucoup
de décence, quoiqu'elle soit presque nue, n'étant couverte que de ses cheveux; que les lumières et les ombres y étaient dispensées avec une grande
entente, et les reflets aussi. Puis, j'ai ajouté en riant que la méditation sur
ce sujet était de quelque consolation pour ceux qui sont de complexion amoureuse, pour ce qu'il s'en faisait de grandes saintes et de grands saints, comme
l'on avait vu dans la Madelaine, dans saint Paul et saint Augustin, que pour
cela l'on n'avait qu'à changer l'objet de son amour; et, revenant au dessin,
j'ai dit, au sujet des reflets qui y sont puissants, qu'on en voyait peu dans les
ouvrages de Raphaël. Il a reparti que c'était que Raphaël avait agi avec beaucoup d'art et n'avait pas tant cherché la nature des coloris que les Lombards;
que, quand il mourut, il commençait à peindre de cette manière, comme il
se voit dans le portrait de Léon X, où sont tous ces beaux reflets, et à
peindre comme dans ceux du Titien. Je lui ai dit à ce sujet que ce portrait
de Léon X, qui est à Rome, n'est pas réputé l'original, qu'il y en a un à
Florence[1], et lui ayant conté l'histoire que rapporte Giorgio Vasari, il m'a
reparti que celui qui est à Farnèse est si beau qu'on ne peut pas s'imaginer
que ce ne soit l'original. Lui ayant dit ensuite ce que le même Giorgio Vasari
a rapporté de la copie qu'André del Sarto fit de ce portrait[2], il m'a conté
qu'un des siens, qui dessinait nettement, ayant fait un jour une copie d'un
portrait de sa main, lequel il[3] retoucha, il ne reconnaissait pas après lui-même
l'original de la copie. Sur ce discours, l'on lui est venu dire que M. le Nonce
et M. l'ambassadeur de Venise étaient là; il est sorti pour les aller trouver.
L'ambassadeur regardant le portrait du roi, lui a dit qu'à considérer en combien peu de temps il l'avait achevé, et travaillant avec la facilité qu'il fait, il
fallait, à l'âge qu'il a, qu'il eût fait un grand nombre d'ouvrages. Il a répondu
que si tous ceux qu'il a faits étaient ensemble, ils ne pourraient pas tenir
dans cette salle où ils étaient; qu'il avait fait divers portraits, un, entre
autres, d'un Anglais qui, ayant vu le portrait du roi d'Angleterre[4] qu'il venait
d'achever sur[5] ceux de Van Dyck qui lui avaient été envoyés, il lui vint une
si grande envie qu'il fit le sien, qu'il ne cessa qu'il ne lui eût promis de le
faire, lui promettant de lui en donner tout ce qu'il voudrait, pourvu qu'il le
fît sans que personne en sût rien, ce qu'il exécuta; et que cet Anglais lui en
donna..... écus[6]. Il a dit qu'il était plus né pour être peintre que sculp-

---

1. Au palais Pitti.
2. Frédéric II, duc de Mantoue, ayant obtenu de Clément VII le don du portrait de Léon X,
par Raphaël, qu'il avait vu à Florence, Octavien de Médicis à qui le pape avait donné l'ordre
de l'expédier au duc, garda l'original et envoya à sa place une copie qu'il fit faire par
André del Sarto, copie si habilement exécutée qu'elle trompa non seulement le prince, mais
Jules Romain. Ce fut Vasari qui dévoila la supercherie à celui-ci. Voy. Vasari, *Andrea del
Sarto*, édit. de Florence, 1852, in-18, t. VIII, p. 281-282.
3. *Il*, Bernin.
4. Charles Ier.
5. *Sur*, d'après.
6. Voici comment l'histoire est racontée par Baldinucci (p. 19) : « Fu vero pero, che avendo
veduto la statua del Re fra gli altri, un nobilissimo e ricchissimo cavaliere di Londra si accese

teur, à cause qu'il a quelque facilité à produire; qu'il eût exécuté promptement, ce qui ne se peut pas faire dans la sculpture, à cause de la dureté de la matière. Il a dit à cet ambassadeur la comparaison de la sculpture et de la peinture, qui est rapportée au commencement de ces mémoires, que la sculpture est une vérité; qu'un aveugle en juge ainsi; mais que la peinture est une tromperie, un mensonge; celui-ci l'ouvrage du diable, l'autre celui de Dieu qui avait été sculpteur lui-même, ayant fait et formé l'homme de terre, non pas en un instant, mais à la manière des sculpteurs.

Il a dit qu'à six ans il fit une tête dans un bas-relief de son père, à sept ans une autre, ce que Paul V ne voulait pas croire quand il la vit; que pour s'en éclaircir il demanda s'il dessinerait bien une tête, qu'il répondit à Sa Sainteté qu'oui, et que lui ayant été apporté du papier, il demanda hardiment au pape quelle tête il voulait qu'il fît, afin qu'il ne crût pas qu'il en fît une de mémoire, qu'alors Sa Sainteté dit qu'il voyait bien qu'il l'avait faite, et lui dit de faire un saint Paul[1]. Il parla ensuite du Constantin qu'il doit faire pour Saint-Pierre, que le marbre seul en coûte 3,700 écus, qu'il ne serait qu'en bas-relief.

Pendant cet entretien, il est venu une si grande quantité de monde, que la salle en était presque toute pleine. M. le Nonce et l'ambassadeur sortis, nous sommes allés au Louvre; là il m'a prié de voir si le Roi était au Conseil, pour voir, au cas que Sa Majesté fût sortie, s'il y aurait un lieu où placer avantageusement le buste dans son appartement. Le Roi étant au Conseil, nous sommes allés à l'appartement neuf de la Reine-Mère, où il avait destiné de mettre le buste sur l'estrade d'audience, et le petit Christ dans le cabinet derrière. De là nous sommes allés chez la Reine, et puis il s'en est revenu, à cause que M. Perrault avait envoyé dire qu'il viendrait à cinq heures. Ne l'ayant point trouvé, il m'a demandé d'aller aux Feuillants, dont étant retournés nous avons retrouvé M. Perrault, mon frère était avec nous, ayant désiré qu'il y fût. Le Cavalier a pris la parole et a dit qu'il souhaitait que la fondation fût prête samedi, pour poser la première pierre. M. Perrault lui a répondu que les médailles ne seraient pas prêtes pour ce jour-là. Le Cavalier lui a reparti qu'elles se mettraient sous d'autres pierres, qu'il désirait partir le mardi suivant à cause du froid; et, au sujet de la fondation, il a dit qu'il y en avait peu à fouiller au-dessous de celle qui est faite au pavillon, qu'il n'y en avait pas la hauteur de cela, montrant son étui de lunette. M. Perrault a reparti qu'on n'avait jamais vu glisser des bâtiments. Il a proposé ensuite force choses pour s'en éclaircir avant le départ du Cavalier, qui lui ont toutes semblé légères, comme de la distribution des logements d'en bas, étant du fait, a-t-il dit, du grand maréchal des logis; qu'il lui suffisait pour lui de s'attacher *al piano nobile*[2], comme il nous dit d'abord que l'on y tra-

si fattamente di desiderio di farsi fare il proprio ritratto, che prese risoluzione di pigliare viaggio a posta per alla volta di Roma; e ad amico, che l'interrogo, con qual sicurezza d'avere esso ritratto egli voleva tale lunga peregrinazione intrapendere, giacchè (com'ei diceva) il Bernino non operava ad istanza d'ognuno, che il richiedesse, ma di chi più e meglio a lui piaceva, rispose : *Io lo regalerò, come l'ha regalato il Re, e non meno.* Vennesene dunque a Roma, donò al caval. Bernino sei mila scudi, ed alla patria ne riportò il ritratto. »

1. Cette historiette a été déjà racontée plus haut.

2. « Au plan noble. »

vailla avec le signor Mathie, et comme il l'a répété à M. Perrault, et a ajouté :
« A chaque fois qu'il se fait un pape, l'on refait toutes ces choses au Vatican,
à la fantaisie des officiers du pape nouveau, qui veulent les choses à leur
mode. » M. Perrault lui a parlé ensuite des arcs de la façade de la cour des
cuisines et de la difficulté qu'il y aurait de les fermer. Le Cavalier a pris du
crayon et a montré de quelle manière cela devait se faire. J'ai dit que c'étaient
de petites difficultés qui ne pressaient pas, qu'il y aurait temps d'y penser
dans trois ou quatre ans : que dans l'appartement neuf de la reine-mère il y
avait de pareils arcs auxquels il avait été fait des châssis. Il a reparti que
ç'avait été avec grande peine. J'ai répété que c'étaient toutes choses légères
et qui ne pressaient nullement, que tout était clair par le plan. Il m'a dit
qu'il avait un cahier de difficultés à proposer. Le Cavalier ayant fait apporter
le plan, afin qu'il montrât les choses où il voulait de l'éclaircissement : Il y en
a une, a-t-il dit, qui mérite explication ; que lui non seulement, mais cent
autres voudraient savoir pourquoi cette partie du nouveau pavillon du côté
de la rivière est moindre que l'autre, cela étant contre la symétrie et ayant
chacune rapport au dôme qui est au milieu de cette face.

Comme il démontrait la chose, et que le Cavalier par cela et par ce qu'il
a entendu de ce qu'il avait dit a connu, quoiqu'il ne sache pas le français,
qu'il s'indiquait son ouvrage et prétendait que c'était une faute dans le dessin, il a regardé deux Italiens qui étaient là et leur a dit de s'en aller. Puis il
a pris le crayon et a dit que, s'il avait tiré la partie de ce pavillon au niveau
du retour du corps de sa façade, ç'aurait été une faute grossière, qu'il suffisait qu'il y eût rapport de cette partie du pavillon à l'autre, quoiqu'elle ne
fût pas si grande ; qu'il voulait bien qu'il[1] sût que ce n'était pas à lui à faire
de ces difficultés ; qu'il écoutait les choses qui regardaient la commodité,
mais que pour la composition du dessein il fallait que ce fût un plus habile
que lui (le Cavalier se montrant lui-même) qui voulût le corriger ; qu'il n'était
pas digne en cela de nettoyer la semelle de ses souliers ; qu'il n'était pas
question de cela présentement, que son dessein avait agréé au roi, qu'il lui en
ferait ses plaintes, et qu'il allait présentement chez M. Colbert lui dire l'ou-
trage qu'il avait reçu. M. Perrault, voyant qu'il prenait la chose de cet air-là,
a été tout alarmé. Il m'a prié d'adoucir le Cavalier et de lui faire entendre
que ce n'était pas pour trouver à redire à son ouvrage, mais pour avoir de
quoi répondre à ceux qui lui feraient cette objection, ce que j'ai dit au Cavalier. Je l'ai prié de considérer que s'il portait la chose jusques à ce point-là,
il perdrait la fortune d'un jeune homme[2], qu'il était trop bon pour vouloir
être cause de sa disgrâce. Son fils et le signor Mathie qui étaient là se sont
employés pour l'apaiser, mais ç'a été inutilement. Il est passé dans l'autre
salle, disant tantôt qu'il allait chez M. Colbert, tantôt chez M. le Nonce, et
M. Perrault me priant sans cesse de lui bien représenter qu'il n'avait pas eu
la pensée de le choquer. « A un homme de ma sorte, se disait le Cavalier,
moi que le Pape traite avec honnêteté et pour qui il a des égards, que je sois
traité ainsi, je m'en plaindrai au Roi ; quand il irait de ma vie, je veux partir
dès demain et m'en aller, et je ne sais à quoi il tient que je ne donne du

1. *Qu'il,* que Perrault. — 2. Perrault avait trente-sept ans.

marteau dans mon buste, après un si grand mépris qui se fait de moi. Je m'en vais chez M. le Nonce. » Et comme il marchait, j'ai prié le Sigʳ Mathie de l'arrêter. Il m'a dit tout bas de lui laisser décharger le cœur, qu'il adoucirait la chose, que je m'en reposasse sur lui. Le signor Paule lui faisait aussi des excuses pour M. Perrault, à la prière qu'il[1] lui en faisait, que ce qu'il avait dit était sans dessein de l'offenser. Enfin, au lieu de sortir pour aller chez M. le Nonce, disait-il, ils le menèrent en haut, et nous nous en allâmes mon frère et moi accompagnant M. Perrault jusque chez M. Colbert. Il nous dit qu'il l'allait avertir de cet emportement. Je lui ai répondu qu'il s'en donnât bien de garde, qu'il fallait savoir auparavant si la chose pouvait s'étouffer, qu'il n'en parlât à personne, que nous n'en parlerions point aussi, mon frère ni moi ; il nous en pria.

Le septième, étant allé sur les neuf heures du matin chez le Cavalier, j'ai rencontré MM. Carcavi et Perrault qui en sortaient. Le dernier m'est venu aborder avec un visage joyeux, et m'a dit qu'il venait de voir le Cavalier avec qui il s'était éclairci lui ayant fait comprendre qu'il n'avait rien dit avec intention de le choquer ; qu'il[2] était demeuré d'accord que c'était un malentendu ; qu'il ne fallait plus en parler, qu'il le voulait oublier entièrement. Je lui ai témoigné que j'en étais ravi, et suis entré chez le Cavalier que j'ai trouvé avec M. Mignard[3]. Nous avons été quelque temps dans la salle du buste, puis nous sommes passés tous trois dans l'antisalle. Ne m'ayant rien dit de ce qui était arrivé le soir, je n'en ai point parlé non plus : l'on s'est mis à discourir des choses qui se préparaient en France, à l'égard des arts, mais le Cavalier a dit qu'il y avait à craindre qu'elles ne fussent pas de durée. Je lui ai répété ce que je lui avais dit plusieurs fois auparavant, que le Roi était un prince dont l'humeur était invariable, qu'il avait dans son tempérament un grain de mélancolie, qui lui donnait la constance dans ses résolutions ; qu'il ne changerait pas, qu'au contraire il s'appliquerait aux belles choses de plus en plus ; qu'on vient à les aimer à mesure de la connaissance qu'on en acquiert. « Il est vrai, a dit le Cavalier, qu'outre que cela donne à un prince de la réputation parmi les étrangers, c'est qu'il y a grande satisfaction à voir de beaux tableaux, de belles statues et des bustes qui ramènent à l'esprit la ressemblance des grands hommes et leurs actions, et servant d'entretien donnent de l'émulation et du désir d'en imiter les vertus. » Mignard a dit que le duc de Modène, le père[4], avait un beau cabinet ; qu'il avait accoutumé de s'y aller peigner, et qu'à force de voir des tableaux du Corrége, de Raphaël, dont il en avait deux beaux, et du Titien, il s'était purgé les yeux de sorte qu'on lui vint une fois, lui étant auprès du duc, apporter un tableau qu'on estimait extrêmement, et que de lui-même il jugea ce qu'il valait. Le Cavalier a dit sur cela : « Le signor de Chantelou est si intelligent que les

1. *Qu'il*, que Perrault.

2. Le Cavalier.

3. Voy. plus loin la suite de cette querelle et la note que nous avons tirée des *Mémoires* de Perrault.

4. Mignard était à Modène en 1653. Le duc dont il parle est donc François Iᵉʳ d'Este. — On sait que la galerie des ducs de Modène fut achetée au siècle dernier par le duc de Saxe, Auguste III, et forme la plus grande et la plus belle partie de l'admirable musée de Dresde.

choses que je fais il m'en dit d'abord le fin, et en choses qui ne pouvaient
être connues que de ceux qui savent le plus et qui savent opérer. » Mignard
lui a répondu que j'avais fait des voyages à Rome et y avais considéré les
belles choses. « Mais, a dit le Cavalier, il y en a tant qui y ont été et qui y
demeurent, et n'ont point cette intelligence. » Mignard a ajouté que j'avais
fait copier les beaux ouvrages de Raphaël et fait former tant de beaux antiques. Le Cavalier a répliqué que cela ne suffisait pas, qu'il fallait le naturel, que le Roi l'avait plus obligé de choisir pour être auprès de lui le signor
de Chantelou que s'il l'avait fait recevoir par un fort grand seigneur; que ce
choix, que Sa Majesté avait fait, avait confirmé l'estime qu'il avait du jugement du Roi; qu'il s'était souvenu de m'avoir vu à Rome[1]; a dit après qu'il
souhaitait au Roi une douzaine de statues et une douzaine de tableaux exquis;
que si Sa Majesté continuait dans le même amour, avant qu'il fût quinze
ans, les arts fleuriraient autant en France qu'à Rome. Mignard a répondu
qu'en France il y avait un nombre infini de beaux tableaux. J'ai dit que,
depuis vingt ans, on en a tiré de Rome et d'Angleterre[2] tout ce qui y était à
vendre.

Dans cet entretien est venu M. Colbert, et, étant entré dans la salle, le
Cavalier et moi l'avons suivi. Le discours précédent s'est continué, qui était
de souhaiter au Roi quelque nombre de belles statues. Le Cavalier a répété
ce qu'il avait dit de l'effet que cela faisait parmi les étrangers, ce que je lui
avais dit de l'humeur du Roi. M. Colbert a pris la parole et a dit que Sa Majesté se déferait bientôt de ces choses qu'on peut appeler bagatelles et s'attacherait entièrement au bon. Le Cavalier a ajouté qu'il n'avait jamais vu un si
beau naturel. Encore plus beau qu'on ne peut imaginer, a dit M. Colbert,
qu'il fait le bien sans s'en apercevoir, par la disposition naturelle qu'il y a.
Le plus grand plaisir du Roi est de faire des grâces, que jamais personne ne
les a faites de si bonne grâce, particulièrement à ceux qui le servent bien,
que quand il a occasion d'en faire quelqu'une, on le connaît à son visage,
sans que Sa Majesté elle-même s'en aperçoive; qu'il a pris la liberté de le
lui faire remarquer; qu'avec cela il a une telle pente à la justice qu'il n'y a
ni recommandation ni considération quelconque qui l'en empêche; qu'il en a
vu une preuve depuis quelques jours, et m'a dit qu'il voulait à moi me la dire
pour la faire savoir au Cavalier : que j'avais bien ouï parler de la cause de
Mᵐᵉ de Brégy[3], qui a été plaidée ces derniers jours au Parlement entre elle et
M. de Brégy son mari. Je lui ai dit que, comme je suis toujours auprès du
Cavalier, je n'en avais pas ouï parler. « Quoique cette dame, a-t-il repris, ait
eu de son côté la faveur et la sollicitation des plus considérables de la cour,
étant bien auprès de la Reine-Mère, comme elle est, elle a néanmoins perdu
son procès, et il a été dit que son mari aura part aux acquisitions qu'elle a
faites depuis sa séparation de biens prétendue, laquelle s'était faite par surprise et contre les formes. Je me trouvai ces jours-ci, a continué M. Colbert,

---

1. C'est-à-dire : que le Roi s'était souvenu que Chantelou m'avait vu à Rome.
2. Entre autres lorsqu'on fit en Angleterre la vente des tableaux possédés par Charles Iᵉʳ.
3. Charlotte Saumaise de Chazan, femme de Léonor de Flesselles, comte de Brégis ou
Brégy. Voy. sur le mari et la femme la piquante historiette de Tallemant des Réaux, dans
l'édition Paulin Paris, t. V, p. 422 et suivantes.

par je ne sais quelle rencontre, dans la ruelle du lit de la Reine-Mère. Monsieur, Madame et tout ce qu'il y avait là de personnes de qualité prièrent le Roi d'employer son autorité en faveur de M^me de Brégy. Sa Majesté dit qu'elle avait de l'affection pour elle, mais qu'il n'emploierait jamais sa puissance pour faire des injustices; qu'il savait que M. de Brégy l'avait épousée qu'elle n'avait rien; qu'il en avait encouru la disgrâce de son père qui l'avait pour cela déshérité; qu'après s'être mis pour l'amour d'elle en cet état, et elle ayant amassé du bien pendant leur mariage, quelle justice il y aurait de vouloir empêcher l'effet de ce qui avait été ordonné?

Pour confirmer davantage la justice du Roi, M. Colbert a ajouté que dans le Conseil il se traitait des affaires contre M^me de Monaco[1], qu'on dit être amoureuse du Roi, et que le Roi aime bien aussi; que Sa Majesté ayant connu qu'elle ne pouvait sans injustice ne la pas condamner, il avait été le premier à prononcer contre elle, sept ou huit qu'ils étaient s'entreregardant d'étonnement; et que le Roi après ne laissait pas d'être avec elle des deux ou trois heures, comme si de rien n'eût été; que pour marque de la constance et longue vue du roi dans ses desseins, qu'il commençait une affaire qui ne pourra peut-être avoir de succès que dans trente ou quarante ans d'ici, et qu'il y travaillait tous les jours comme il ferait à une autre qui devrait être terminée sur-le-champ. J'ai dit que c'était peut-être à la réforme des forêts; il a dit que non, mais à celle de la justice. M. Colbert a eu cet entretien devant le petit Christ du signor Paule, et a dit, par deux ou trois diverses fois, qu'il fallait faire le signor Paule français.

Après, s'étant approché de la table, il a dit qu'il avait à entretenir le Cavalier sur la distribution des logements du plan-terrain du Louvre, suivant le mémoire qu'il lui en avait envoyé. Il lui a parlé aussi de la sortie de Paris par les Tuileries; pour cela il en a envoyé quérir le plan chez M. Le Nôtre, et le plan des dehors pour les routes qui doivent mener de Paris à Saint-Germain. Comme il parlait de ces desseins et des ponts de pierre à faire à Saint-Germain, le Cavalier a dit que le dessein du Louvre était assez grand pour n'embrasser à présent que cela; j'ai reparti que le travail de cette voûte et de la patte d'oie, qu'on projette de faire à la sortie des Tuileries, ne consiste qu'en plants d'arbres, qui, faits de bonne heure, croissent jour et nuit, sans qu'on ait à s'en mettre davantage en peine. M. Colbert a ajouté que les plants qui se sont faits dans la garenne de Saint-Germain se sont faits dans cette vue.

A l'égard de la dépense pour toutes ces choses, l'abbé Butti, qui était arrivé un peu auparavant, a dit qu'il se donnait tant de charges de guerre, qu'on pourrait en cas de vacances les vendre et se servir de ces deniers. « Dieu nous en garde! a dit M. Colbert, nous cherchons à en ôter la vénalité », et sur cela a demandé pour combien l'on estimait qu'il y eût de charges de guerre et de finance et de justice, qu'il l'avait calculé. J'ai dit qu'il y en a pour plus qu'il n'y a d'argent monnayé dans le royaume. Il a répondu qu'il y en avait pour plus de 450 millions.

---

1. Catherine-Charlotte, fille du maréchal de Gramont, née en 1639, mariée en 1660 à Louis Grimaldi, prince de Monaco, morte en 1678.

Après, l'on est venu à parler du logement du Roi et de la Reine, qu'il fallait qu'ils fussent logés au midi, et leur faire à chacun un appartement de commodité et un autre pour les audiences. L'abbé Butti montrait sur le plan, qui était là, ceux du côté de la cour des cuisines, «mais ils sont au couchant», a dit M. Colbert, et s'en est moqué de lui. Il a proposé, après, de les faire dans la galerie de Dubreuil[1]; l'on n'y trouvait pas de dégagement. M. Colbert a dit qu'il attendait le sentiment du Cavalier, qui ne l'a point dit; mais qu'il y penserait. L'on a parlé, après, du pont des Tuileries. Il a dit qu'il eût été bon de faire une place au milieu, il l'a figurée sur du papier. M. Colbert a dit que le lit de la rivière était déjà trop resserré en cet endroit-là, et n'était plus que de 54 toises au lieu de 100 qui sont au Pont-Neuf. Il a proposé un moyen pour l'écoulement de l'eau, et des armements aux piles, arches en pointes fort avancées; l'on a parlé ensuite de la grande salle des machines; l'on en a marqué tous les défauts. Le Cavalier a dit que le vrai et le feint ne conviennent pas ensemble, qu'il y avait deux ou trois fois trop de place au théâtre, en profondeur, et deux fois moins qu'il ne faut en largeur (il en a fait la démonstration); qu'il ne faut point qu'il y ait de places élevées, pour ce qu'elles font voir les machines, ce qui est un grand défaut; que le plancher doit aller en baissant afin de ramener la voix; qu'une mer qu'on représente à ce théâtre ne paraît que comme une fontaine, que personne n'y pouvait voir et entendre, et plusieurs autres défauts. L'on a parlé ensuite des eaux, pour la commodité et embellissement de Paris. M. Colbert a dit qu'il s'attendait d'avoir un jour toutes celles de Saint-Cloud; que S. A. R. se lasserait d'une si petite maison, qu'il aurait aussi celles de Vaugirard, d'Issy et autres lieux circonvoisins de Paris. Et après, il a demandé au Cavalier pour conférer avec lui. Il a répondu que ce serait quand il lui plairait. Après, M. Colbert s'en est allé.

J'oubliais à dire que le Cavalier, à diverses rencontres, a parlé du seigneur Mathie très avantageusement; que de quatre ou cinq élèves en architecture qu'il a faits, il est le meilleur sans difficulté; qu'il l'a fait résoudre à quitter ses charges de Rome et de venir avec sa femme s'établir en France; que, pour la conduite du Louvre, on ne peut pas trouver mieux, le dessein en étant fait comme il est; qu'il était allé le matin à la chasse avec le signor Paule, qu'il l'y avait envoyé en dépit qu'il en eût, et l'avait tiré de dessus ses dessins. Quand M. Colbert est sorti, il était midi et demi, et ils n'étaient pas encore revenus de la chasse. L'on est allé dîner, et au sortir de table ils sont arrivés.

Le Cavalier s'étant allé reposer, ils se sont mis à conter à l'abbé Butti l'affaire de M. Perrault; quand ils l'ont eu racontée, j'ai dit qu'elle était accommodée, et que ç'avait été lui qui me l'avait dit, l'ayant trouvé sortant du palais Mazarin où j'allais, qu'il s'en retournait chez M. Colbert. Mathie a dit que le soir précédent le Cavalier était monté dans son appartement, comme j'avais vu. Il se mit à table et ne dit pas un seul mot, puis les avait envoyés dans leur chambre, et s'était mis à lire quelques livres de dévotion

---

1. Toussaint Dubreuil, mort en 1602, avait peint au Louvre la voûte de la galerie qui, appelée jadis galerie des Rois (à cause des portraits qui s'y trouvaient), est aujourd'hui la galerie d'Apollon.

qu'il lit le soir, et à faire ses prières, sans parler de quoi que ce soit.

Ayant laissé ces chasseurs qui allaient manger, je suis descendu à bas, où j'ai trouvé Pietro, serviteur du signor Mathie, qui m'a confirmé que l'affaire s'était accommodée le matin; que M. Perrault l'était venu trouver dès les cinq heures dans son lit, qu'il avait amené un homme qui avait fait des excuses au Cavalier, qui après avait fait entrer M. Perrault et lui avait dit qu'il n'y penserait plus, qu'il n'en parlât point, qu'il n'en parlerait point aussi. J'ai dit à Pietro que j'en étais bien aise, et que ce changement était grand du soir au matin; qu'à la vérité la nuit porte conseil. Il m'a dit que le Cavalier fut le soir chez M. le Nonce, ce qui m'a fait juger qu'en cette conjoncture de départ, il fut estimé à propos de ne pas pousser la chose pour l'effet qu'elle eût pu produire; d'ailleurs, que le Cavalier qui est dévot, faisant ses prières, a remis ses ressentiments au pied de la croix[1].

L'après dînée, il y eut toujours grand monde à voir le buste. Nous avons été le Cavalier et moi au Louvre; il est entré dans la chambre et dans le cabinet du roi. Il voulait voir le salon, mais Rossignol, garçon de la chambre, qui en a la clef, ne s'est pas trouvé. Nous sommes descendus après cela chez la Reine-Mère, dans son nouvel appartement, savoir si le buste serait convenablement placé sous le dais à côté de la chambre d'audience et le petit Christ de l'autre côté ou dans le cabinet derrière. Le Cavalier a dit qu'il éprouverait le lieu où il serait le mieux. De là nous avons été à la salle des machines, M. Colbert m'ayant prié de l'y mener, et ensuite chez M. Le Nôtre. Il a vu ses tableaux et loué ceux qu'il a du Poussin, bien plus que celui du Dominicain[2].

1. Il est curieux de comparer le récit de cette querelle avec celui qu'en a fait Perrault au livre II de ses *Mémoires*. « Un jour, dit-il, que j'étais dans l'atelier du cavalier Bernin, où il retouchait le buste du roi, je m'amusai à examiner le dessein de la façade du Louvre, du côté de la rivière, que le sieur Mathias, élève du Cavalier, mettait au net. Ayant remarqué qu'un côté était différent de l'autre, j'en demandais la raison au seigneur Mathias. Le Cavalier qui m'entendit faire cette demande entra tout à coup en fureur, et me dit les choses du monde les plus outrageantes, et, entre autres, que je n'étais pas digne de décrotter la semelle de ses souliers. Après lui avoir laissé évaporer sa bile, je lui dis le plus honnêtement et le plus respectueusement que je pus que je n'avais pas prétendu trouver rien à redire à son dessein, mais qu'ayant l'honneur d'être le premier commis des bâtiments, j'avais cru pouvoir m'instruire avec son élève de ce que j'ignorais, et qu'étant tous les jours exposé à mille questions que des personnes de qualité me faisaient sur les bâtiments, j'avais fait la demande qui l'avait blessé pour me mettre en état de pouvoir répondre à ceux qui me feraient la même observation. Ce que je lui dis était si raisonnable que sa colère en diminua un peu; cependant il continua à répéter ces paroles . « A un homme de ma sorte! moi que le pape « traite avec tant d'honnêteté, et pour qui il a des égards, que je sois traité ainsi! Je m'en « plaindrai au roi, quand il irait de ma vie; je veux partir demain et m'en aller. Je ne sais « à quoi il tient que je ne donne du marteau dans mon buste après un si grand mépris qui « se fait de moi. Je m'en vais chez M. le Nonce. » Je n'ai point su s'il y alla ou non, mais il n'en parla ni au roi ni à M. Colbert, et la chose en demeura là. M. de Chantelou met dans son *Journal* que ce fut lui qui empêcha qu'il ne se plaignît, lui ayant représenté qu'il ruinerait la fortune d'un jeune homme. Cependant il ne m'aurait fait aucun tort, car ayant raconté le même jour à M. Colbert ce qui venait de se passer, il se contenta de me dire que j'eusse mieux fait de ne point parler sur le dessein du Cavalier, mais que je ne craignisse rien. . — On voit que Perrault s'est bien gardé de mentionner la petite visite si matinale que le lendemain de la querelle il rendit au Cavalier et les excuses certainement fort humbles qu'il lui fit faire par cet homme qu'il avait amené avec lui et qui était probablement Carcavi.

2. Germain-Brice parle ainsi des collections de Le Nôtre: « Il ne faut pas manquer d'aller

Il a été, après, aux Tuileries, puis s'en est revenu à l'hôtel Mazarin, de là aux
Feuillants. Le quittant, il m'a prié que je vinsse le lendemain du matin
pour travailler avec lui au placement des offices et logement des officiers
nécessaires

Le huitième, j'ai travaillé avec le signor Mathie, à la prière du Cavalier, à la distribution des logements du plan-terrain de la façade du devant
du Louvre, et j'en ai fait un mémoire avec des lettres ayant rapport à celles
marquées sur le plan où a été marqué, pour le Conseil du Roi, MM. les
grands prévots, grand maréchal des logis, capitaine du Louvre, de la porte,
morte-payes[1], gardes de la porte et garde-clefs.

Durant que je travaillais à cela, le Cavalier a voulu me montrer une pensée qui lui est venue pour une salle des comédies, qu'il a trouvé à faire
dans l'amphithéâtre qu'on a projeté de faire vers le Carrousel, où il a trouvé
à donner la largeur au théâtre, nécessaire pour les représentations d'objets
de vaste étendue, comme est la mer et autres horizons, et où il a disposé la
chose de sorte qu'il y aurait des lieux pour la Cour, pour les machines et
pour ceux qui doivent faire les représentations, avec un pont de communication pour y venir de la grande galerie. J'en ai trouvé la pensée fort belle,
avec l'observation de ce qu'il disait à M. Colbert être nécessaire pour ces
sortes de choses. Incontinent après il[2] est venu prendre le Cavalier et l'a
mené au Louvre. Je ne l'ai pas accompagné, n'étant pas encore vêtu de deuil
à cause de la mort du roi d'Espagne. J'ai su de lui au retour que, dans le
carrosse, il lui a montré le projet de salle de comédie et ballets, qui a beaucoup plu à M. Colbert, m'a-t-il rapporté. Ils ont été ensemble à l'appartement de la Reine-Mère, pour résoudre le lieu où se poserait le buste du Roi.
Après, le Cavalier est revenu au logis où il s'est entretenu quelque temps
avec Vigarani. L'abbé Butti m'a demandé ce qu'il avait fait le jour d'hier à la
salle des machines. Je lui ai dit qu'il n'avait fait qu'y entrer et sortir, puis
s'était promené aux Tuileries. Il m'a dit ensuite que Vigarani n'avait aucune
intelligence de perspective et de dessin. «Mon sentiment touchant ces sortes
de salles, lui ai-je dit, serait de les faire vides ou ovales par le dedans, et
sans aucune partie saillante ni enfoncée, mais toutes unies et dans une sim-
plicité toute pure, afin de laisser lieu à la voix et aux sons de se répandre
également et sans interruption, comme ils doivent naturellement faire par

voir son cabinet, qui est rempli de tableaux et de bustes de marbre qui, la plupart, viennent
d'Italie; entre autres, on y distingue un tableau de médiocre grandeur du Dominicain qui
représente *Adam et Ève dans le paradis terrestre*, estimé un des plus beaux morceaux de
Paris. » (*Description de Paris*, 1687, t. 1er, p. 43.) Ce tableau fut donné en 1693 par Le Nôtre à
Louis XIV et est actuellement au musée du Louvre. — Quant au Poussin, Le Nôtre possédait quatre toiles de ce maître qui sont actuellement au Louvre (nos 416, 427, 432, 442). —
Suivant l'abbé Lambert, Le Nôtre n'était pas seulement un amateur. « Il avait, dit-il, un
talent particulier pour la peinture, et l'on a de lui plusieurs beaux morceaux en ce genre
qui ornent le Cabinet du roi. » (*Histoire littéraire du règne de Louis XIV*, 1751, in-4o,
t. III, p. 147.)

1. Morte-payes, vieux soldats retirés du service que l'on employait à la garde du palais
et des châteaux.

2. *Il*, Colbert.

circuitions [1] pareilles à celles qu'on voit sur l'eau, quand on jette quelque pierre ou autre chose pesante, ce que les antiques ont toujours pratiqué dans leurs théâtres, comme le remarque Vitruve [2]. » Il m'a répondu que son père, de Vigarani, avait quelque intelligence des machines, mais que la plupart de celles-ci avaient été faites par un garçon qu'ils avaient, qui était plus habile qu'eux; que c'avait été lui qui avait fait les plus beaux mouvements.

Dans cet entretien le Cavalier nous a joints, et, nous promenant en tiers, il a discouru de ces choses; l'abbé a répété que Vigarani n'y entendait rien et avait voulu gâter cette salle des comédies à plaisir, avec les balcons, corniches et colonnes qui y sont; qu'il l'avait dit et redit, et que le père et le fils lui disaient toujours qu'il n'avait d'égard qu'à faire qu'on entendît bien ses vers; que le Cardinal, s'il ne fût point mort, eût fait venir un certain Tedesco [3], peintre de Rome, qui entend admirablement bien ces décorations. Le Cavalier a dit qu'il possédait fort le dessin, et que pour les comédies et théâtres il fallait qu'un homme eût l'invention et les belles idées; qu'avec cela il pouvait se faire aider d'un qui peut bien colorer ses idées, et d'un autre qui entendît les machines; qu'ainsi l'on pourrait faire de belles choses et fort surprenantes. L'abbé Butti a reparti qu'il faudrait un homme comme le Cavalier. J'ai été de son avis, et qu'où s'y faisait de grandes dépenses, c'était une grande fortune d'avoir des gens qui sussent bien employer l'argent et faire voir des choses nouvelles et singulières. Il a brisé sur cela et l'on est allé dîner.

Se mettant à table, il a dit qu'il ne savait comment il pourrait manger, devant être rempli de ce que M. Colbert l'avait traité d'illustrissime. Au sortir de table, il a fait allumer du feu, auprès duquel l'on a encore un peu discouru sur la même matière, puis il s'est allé reposer. Quand il est redescendu, nous avons fait quelques tours de salle ensemble, pendant quoi je l'ai remis sur la nécessité qu'on avait ici de lui aux grands et vastes desseins que forme le Roi, pour ce que les ouvrages qu'on a faits jusques ici ne correspondent pas à la grandeur de notre prince, et qu'il serait même à désirer qu'ils n'eussent point été faits. *E ben vero*, a-t-il dit, *che le fabriche sono i ritratti dell' animo dei principi* [4]; que pour cela ils ne doivent rien faire, ou faire quelque chose de grand et de magnifique. Il m'a reparlé de ce Tedesco, a dit que c'était un homme à désirer en France. Je l'ai convié de le proposer à M. Colbert, qui assurément à son rapport le ferait venir. Il m'a répondu qu'il ne voulait nuire à personne. Je lui ai répliqué, qu'au contraire l'on lui en aurait obligation. Il m'a dit que c'était tout un autre homme que Le Brun pour du dessin d'argenterie et de mille autres choses. Je lui ai reparti que cela ne lui [5] nuirait pas, mais tout au contraire lui servirait, pour ce qu'il emploie en ces sortes de choses un temps qu'il emploierait en des ouvrages

---

1. *Circuitions*, cercles.
2. Voy. Vitruve, liv. V, ch. III.
3. Jean Paul Schor, connu à Rome, où il a beaucoup travaillé, sous le nom de Giovanni-Paolo Tedesco, peintre décorateur, mort vers 1680.
4. « Il est bien vrai que les bâtiments sont l'image de l'esprit des princes. »
5. *Lui*, à Le Brun.

qui lui feraient plus d'honneur, s'occupant davantage à peindre. Je lui ai parlé ensuite de son départ, mais qu'il fallait aussi songer au retour, qu'il y avait gloire et avantage à servir un si grand prince et qui aime les belles choses. Il m'a dit : « Je doute qu'il les connaisse encore. Il faudrait qu'il eût vu quelque ouvrage d'architecture, ce qu'il n'a pas encore fait. Présentement qu'il a vu de la sculpture, il pourrait mieux en juger que de l'architecture. » J'ai confessé, qu'à la vérité, ce serait une merveille que nos princes qui ont été élevés près de la Reine-Mère, qui sans préjudice des bonnes qualités d'esprit et des grandes vertus qu'on connaît en elle, a le goût des Espagnols, qui est de n'aimer que le poli, et ce qu'ils appellent *lindo*[1], que nos princes, dis-je, eussent la connaissance du grand et du beau ; que ce que nous avons de plus considérable en France nous vient de Catherine de Médicis et de Marie[2], toutes deux Italiennes et de Florence où il y a d'assez belles choses, lesquelles à les voir font qu'on a des idées plus grandes. » Après, il est entré dans les stances[3] et galeries du palais Mazarin. Il y a vu le tableau de Titien envoyé par le prince Pamphile, lequel il a trouvé en mauvais état, nonobstant ce qu'on a fait pour le raccommoder. Il a demandé du charbon, avec quoi il a marqué d'une étoile ce qu'il a jugé le meilleur, soit buste, soit statue, mais le nombre a été petit. Nous avons vu dans un petit cabinet les portraits de M. et de Mme Mazarin[4], de la main de Mignard. Il a dit qu'elle était une dame tout autrement belle que la princesse Colonne[5], qui n'avait qu'un air hagard et coquet.

Nous sommes ensuite allés au Louvre. En y allant, je lui ai parlé pour moi d'une chose qui pourrait servir. Il m'a dit qu'il l'avait déjà faite. Je lui ai ajouté, qu'il y avait intérêt comme moi : il l'a confessé. Descendant de carrosse, nous avons trouvé M. de Lionne, qui a fait de grandes civilités au Cavalier. Il lui a dit qu'il irait prendre congé de lui et le remercier. Arrivés dans l'appartement de la Reine, il a encore considéré où il mettrait le buste du Roi, et puis il a marqué d'une étoile, comme il avait fait au palais Mazarin, ce qu'il a trouvé de plus beau entre les statues et bustes du Roi. La première statue qu'il a marquée ç'a été la *Diane*, les deux *Faunes* qui dansent, une *Amazone*[6], le *Bacchus* et quelques bustes.

---

1. *Lindo,* joli.

2. Marie de Médicis.

3. *Stance,* chambre. C'est le mot italien *stanza* francisé.

4. Armand-Charles de la Porte, duc de la Meilleraye puis de Mazarin, marié (1661) à Hortense Mancini.

5. Marie Mancini, sœur d'Hortense, mariée (1662) au prince Colonna.

6. L'*Amazone blessée*, actuellement au Louvre. — Voici ce que Sauval nous dit du Cabinet, ou, comme il l'appelle, du Magasin des antiques du roi : « Pour ce qui est des statues, les curieux ne se lassent point de regarder une Cybèle ou une Diane mamelée, haute de deux pieds, et de même un Mercure, une Minerve et une Cérès grande comme nature ; de plus, une Diane sans bras, sans tête et sans jambes, dont le sein est petit, rond et bien séparé, la draperie bien entendue, les carnations vraies ; une autre Diane encore, haute de quatre pieds, dont l'air de tête est amoureux, l'attitude galante, les vêtements négligés ; enfin un Bacchus chancelant, gras, potelé, appuyé sur un satyre, monté sur une panthère et vêtu d'une peau de bouc. » A la page suivante, il nous raconte avec quelle fantaisie et quelle ignorance on avait procédé jusque-là à la restauration et à la désignation des antiques que possédait le roi. « Une tête d'Apollon, de grandeur colossale, était montée sur un buste de femme d'al-

J'oubliais à dire qu'en allant au Louvre nous avons rencontré S. A. R., qui m'a dit qu'il allait chez le Cavalier. Je lui ai dit qu'il allait s'en retourner, et de fait nous avons été pour recevoir Monsieur, qui a fort considéré et loué le buste, et l'ouvrage du signor Paul. Le Cavalier lui a dit ce qu'il m'avait prié de dire à Madame. S. A. R. lui a dit qu'elle viendrait demain. Elle lui a demandé à voir ce dessin de cascade. Le Cavalier lui a dit qu'il le faisait peindre, afin qu'on vît mieux son intention. Monsieur l'a remercié et s'en est allé.

Après, le Cavalier est allé aux fondations, où était le signor Mathie. Le Cavalier y est descendu et a vu qu'on a creusé jusques à 25 pieds, et si bas qu'au premier coup de perche on trouve l'eau. J'y suis aussi descendu et, considérant les trois retraites qui sont au-dessous du bossage, le Cavalier a dit qu'il voulait que la terre du fossé les couvrît pour plus grande solidité de l'ouvrage. Il a demandé où l'on avait préparé la chaux. Mazière a dit qu'elle serait prête pour samedi matin, afin de pouvoir mettre la première pierre l'après dînée, s'il lui plaisait, du lundi. Il a dit qu'il fallait mettre les plus grands libages qu'il se pourrait dans la première assise. Nous avons vu que la terre a été coupée presque perpendiculairement, sans étançonner, comme il avait été dit être nécessaire. Nous avons été ensuite aux PP. de l'Oratoire. Le Cavalier y a prié Dieu en trois différents lieux, au grand autel, à l'autel de la Vierge et à celui de l'enfant Jésus, puis il est retourné chez lui. Je lui ai demandé quelle heure il pouvait donner à M<sup>me</sup> d'Aiguillon[1], qui lui avait fait demander quand elle pourrait le venir prendre pour aller à la Sorbonne, pour avoir son avis sur la sépulture de M. le cardinal de Richelieu. Il m'a dit que ce ne pourrait être qu'à dix heures du matin demain, étant obligé l'après dînée d'attendre Madame, suivant quoi j'ai fait un billet pour avertir M<sup>me</sup> la duchesse d'Aiguillon.

M. Perrault est venu deux ou trois fois et une fois avec Varin, qui a apporté sa médaille du Roi, ayant au revers la façade du Louvre seulement ébauchée[2]. Il a remarqué qu'aux deux flancs il a été omis d'y mettre deux fenêtres et qu'on n'y en a mis qu'une, et qu'aux flancs l'on a mis des colonnes au lieu de pilastres. L'abbé Butti m'a fait remarquer que Varin a donné à son profil l'aspect du buste. L'on m'a dit aussi qu'il allait faire un buste de marbre et qu'il avait fait porter un bloc à cet effet. Il nous a assuré que présentement qu'on lui prend ses maisons, il ne lui reste pas un sol de bien, qu'il n'a de recours qu'à la justice du Roi. Il m'avait dit une autre fois que M. Colbert l'avait assuré qu'il aurait soin de ses affaires, et qu'il ne pensât qu'à faire des ouvrages pour la réputation du Roi et pour la sienne propre. Marot, qui était là, a fait voir au signor Mathie deux ou trois façades

bâtre oriental... Ce magasin est si négligé que sans Tristan de Saint-Amant (le numismate, mort en 1656), je n'aurais pas pu dire le nom des bustes et des figures que j'ai rapportés. Avant que je l'eusse prié de les voir, on prenait Balbin pour Vitelle, Charles le Chauve pour Attila, Crispine pour Agrippine; Julia Domna et Julia Procla n'étaient pas connues. Le reste n'avait point de nom ou portait celui qu'il plaisait au garde-magasin de lui donner. » *Histoire de Paris*, t. II, p. 57.

1. Marie-Madeleine de Vignerot, dame de Combalet, duchesse d'Aiguillon, nièce du cardinal le Richelieu, morte en 1675.

2. Nous avons donné plus haut une gravure de cette médaille.

du Louvre, a dit qu'il en a fait jusques au nombre de 18, qu'il a gravées et avec la sujétion des hauteurs et mesures du Louvre.

Le neuvième, j'ai trouvé le Cavalier travaillant au dessin d'un Christ descendu de la croix avec une Madelaine. Il m'a prié de lui en dire mon sentiment. Je lui ai dit que les angoisses de la Passion restaient bien empreintes dans le corps du Christ, et particulièrement dans les extrémités, et l'amour et la douleur. Quelque temps après est venue M<sup>me</sup> d'Aiguillon avec M<sup>me</sup> du Vigean[1], qui ont regardé longtemps le buste du roi. Le Cavalier a répondu avec beaucoup d'esprit et galamment aux louanges que ces dames ont données à son ouvrage. Il leur a dit les difficultés, puis a fait ses excuses, s'il ne répond pas à ce qu'on attendait et au désir qu'il a eu de réussir. Il a dit que, durant qu'il travaille à un ouvrage, il se satisfait assez, mais que dès lors qu'il est achevé, il lui en vient un dégoût. M<sup>me</sup> d'Aiguillon a répondu qu'elle était persuadée que cet ouvrage surpassait ceux des modernes et des antiques, qui avaient été à un si haut degré de perfection. Il a reparti que, s'il avait pu mieux faire, il l'aurait fait, mais que cela n'était pas en façon quelconque à comparer aux antiques. Elles ont admiré aussi l'ouvrage du signor Paul, tant pour la pensée que pour l'exécution. L'on est allé ensuite à la Sorbonne, et dans le carrosse l'on a parlé du Louvre. J'ai dit en riant à M<sup>me</sup> d'Aiguillon qu'on n'abattait rien au Louvre, et qu'on le changeait tout à fait. M<sup>me</sup> d'Aiguillon a reparti, que la sujétion que le Cavalier avait eue de s'accommoder à ce qui a été fait l'avait sans doute beaucoup gêné. Il a dit : *Che vuol veder quel che un huomo sa, bisogna metterlo in necessità*[2].

Arrivés qu'on a été, il a trouvé la cour assez belle. Il est entré dans l'église. Il a dit qu'elle était une des meilleures qu'il eût vues à Paris. J'ai répondu que la voûte me semblait basse. Il en est demeuré d'accord. J'ai ajouté que les niches qui sont dans la voûte étaient mal placées, aussi bien que des figures d'anges qu'on a mises dedans, lesquelles sont plus petites de la moitié qu'elles ne devraient être, que si elles étaient aussi plus grandes il faudrait qu'elles fussent courbées, ces niches suivant le cintre de la voûte. Il a remarqué, outre cela, que les pilastres angulaires, qui sont doubles, ne doivent être que simples et comme repliés par la moitié, qu'à la nef il n'y a que deux chapelles, que cela ne se pratique point, qu'il en faut cinq ou trois tout au moins. Ayant passé ensuite dans la croix de la coupe, il a remarqué que les portes qui y sont, pour passer dans les chapelles, ne sont pas vis-à-vis les unes des autres, ce qui est un grand défaut. L'on a longtemps discouru sur le lieu et la façon de la sépulture de M. le cardinal de Richelieu. Le Cavalier a dit qu'il avait fait un dessin pour la placer sous la coupe de l'église. M<sup>me</sup> d'Aiguillon a reparti que l'intention de S. E. avait toujours été de se faire mettre en une action de s'offrir à Dieu, et non pas d'être en priant, qui est une manière trop ordinaire et d'être posé au lieu où il est. Le Cavalier a dit que, pour faire quelque chose de bien, il faudrait mettre l'autel, comme il est dans Saint-Pierre à Rome, et qu'il faudrait mettre la sépulture de S. E. où est à présent l'autel, et faire là quelque chose de grand et de magnifique. Elle a

---

1. Anne de Neubourg, dame du Vigean.
2. « Pour voir ce qu'un homme sait, il faut le mettre dans la nécessité. »

reparti que comme on avait proposé cela l'on lui avait posé un inconvénient, qui est que, peut-être dans la suite du temps, quelqu'un demanderait à être mis au lieu où est à présent le poële[1] de M. le cardinal, et que peut-être Messieurs de Sorbonne ne pourraient pas refuser cela, quoique l'église entière soit de la fondation de S. E.; que, d'autre part, on trouverait à redire qu'on eût déplacé le Saint-Sacrement pour y mettre la figure de M. le cardinal. Il a répondu à la première objection, qu'on pourrait laisser, où est le poële, une tombe qui occuperait la place et empêcherait que l'on ne pût la donner à d'autres, et à l'autre objection qu'il y avait plus d'inconvénient de faire une grande sépulture qui occuperait une place[2] telle que de sorte que ceux qui viendraient faire leurs prières, au lieu de voir l'autre, ne verraient que le dos de la figure de M. le cardinal; que, si au contraire l'on faisait cette sépulture petite, elle serait indigne d'un si grand homme. Elle a reparti que pourvu que l'exécution en fût excellente, et du génie et de la conduite du Cavalier, elle serait toujours grande et belle. Il a répliqué que si la grandeur n'était dans le général de l'ouvrage, le particulier était peu; qu'il revenait toujours à dire qu'il fallait mettre la sépulture dans le fond, ou à une des ailes, et l'autel au milieu de la coupe; qu'ainsi faisant, le général et le particulier s'y pourraient trouver, mais qu'elle serait plus convenablement dans le fond; que si elle prétendait faire un ouvrage où l'on ne trouvât point à redire et qui fût au gré de tout le monde, elle serait en cela plus heureuse que personne n'a jamais été. Tout cela ne satisfaisait point Mme d'Aiguillon, qui désapprouvait absolument de mettre la sépulture dans l'aile, pour ce, disait-elle, que M. le cardinal avait choisi le lieu où il était, en prenait à témoin partie des docteurs qui étaient là présents, et il était aisé de juger qu'elle eût bien voulu faire une grande chose mais à peu de frais. Le Cavalier qui a pénétré son intention, a dit qu'il n'était pas venu pour disputer, mais pour dire son sentiment, qu'il l'avait déjà déclaré et le répétait, et ne pouvait faire autre chose.

L'abbé Butti a ajouté que mettant l'autel sous la coupe, le tenant bas, l'on pourrait voir la sépulture par-dessus, qu'il avait un dessin du Cavalier fait pour une semblable occasion, qu'il l'enverrait à Mme d'Aiguillon pour le voir. Tous les docteurs qui étaient là ont témoigné qu'il y serait convenablement placé, et enfin on s'est remis à voir ce dessein. Après qu'elle a été partie pour s'en aller, les docteurs ont prié le Cavalier de voir leur bibliothèque qui est grande et magnifique. Il leur a dit, ayant entendu sonner midi, qu'il verrait plus volontiers le réfectoire. Quelqu'un d'eux a répondu qu'il ne leur était pas permis de convier personne à dîner; ce que lui ayant fait entendre, il a monté en carrosse en leur disant : *questa dunque è una casa da fuggia*[3], et nous sommes venus à l'hôtel Mazarin dîner.

Après le dîner le Cavalier a fait allumer du feu et a lu l'écrit qu'il a fait pour l'Académie, l'a mis en main de l'abbé Butti pour le voir et le mettre en ordre, a-t-il dit. S'étant chauffé avant que de s'aller reposer, il m'a prié

---

1. Le drap mortuaire qui avait recouvert le cercueil du Cardinal et qui probablement marquait l'endroit du pavé de l'église sous lequel reposait le corps.

2. Qui occuperait une place telle que ceux...

3. « Cette maison est donc une maison à fuir. »

de commander le carrosse du roi entre trois et quatre. Pendant que nous avons été là ensemble, l'abbé m'a dit que le Cavalier irait voir la coupe de Mignard, qui réussissait fort bien, ayant profité de l'avis que le Cavalier lui avait donné de faire plus grande, comme la principale partie de la gloire de paradis qu'il disposait dans cette coupe, une Trinité qu'il ne faisait voir dans son premier dessein que dans un lointain où l'on ne la discernait presque pas, et lui avait dit qu'il devait la faire porter sur une nue qui descendrait vis-à-vis des principales figures, ce que Mignard avait heureusement exécuté. Je dis à l'abbé, que ç'avait été moi qui avais le plus servi à lui faire avoir cette occasion[1], ayant été appelé par la Reine-Mère, quand on opina qui l'on choisirait; que j'avais dit qu'il fallait que l'ouvrage fût à fresque, et qu'il en avait la pratique plus qu'aucun autre, outre que Le Brun relevait de maladie.

Je suis allé faire quelques visites durant la méridienne du Cavalier. Au retour il m'a dit qu'il attendait Madame, mais que peut-être ne viendrait-elle pas, et qu'il perdrait ainsi toute son après-dînée. Je suis allé chez S. A. R., qui, à dire vrai, ne songeait pas à venir. Mme d'Angoulême[2] était avec elle. Lui ayant dit que le Cavalier s'attendait qu'elle devait venir voir le buste, elle m'a dit qu'elle y allait, qu'aussi bien n'avait-elle que faire l'après-dînée, et qu'elle l'allait dire à Monsieur, et, de fait, elle lui est allée dire. Monsieur m'a demandé quand il verrait le dessein de cette cascade. J'ai répondu qu'on le peignait devant le Cavalier et m'en suis venu devant avertir le Cavalier. J'ai trouvé avec lui M. le maréchal de Gramont, qui a loué le buste avec exagération, ce qui m'a fait juger que l'air du bureau était favorable. A l'arrivée de Madame, qui s'est fait porter en chaise, le Cavalier l'est allé recevoir. Elle lui a fait bien de l'accueil. A l'entrée de la salle, elle a témoigné être surprise de la grande ressemblance du buste dans tous les aspects qu'elle l'a regardé, et toutes les dames qui étaient avec elle. S. A. R. a trouvé aussi l'ouvrage du signor Paul extrêmement beau. Le Cavalier s'est étudié de dire à Madame les choses les plus obligeantes qu'il a pu, donnant à sa beauté des louanges extrêmes, tant pour la noblesse et délicatesse des traits que pour la vivacité dont ils sont animés. Il a dit qu'elle avait de grandes grâces à rendre à Dieu de celles qu'il lui avait données dans le visage et dans l'esprit. Il a répété la même pensée qu'il avait dite à la Reine, qui est, qu'ayant le Roi dans le cœur, elle trouvait sa ressemblance partout.

Après que Madame a été sortie, nous sommes allés au Val-de-Grâce, le Cavalier, son fils, l'abbé Butti, M. du Metz, mon frère et moi, et arrivés nous sommes montés sur le palque[3] pour voir la coupe de Mignard que nous avons trouvé là. Le Cavalier, l'ayant très longtemps considérée et en différents lieux, a dit que c'est un très bel ouvrage et qu'on pouvait presque dire qu'un peintre qui n'avait point peint de coupe n'était pas tout à fait peintre; que cet ouvrage était riche sans confusion. Il a dit la difficulté qu'il y a dans ces grands ouvrages, où il faudrait, s'il se pouvait, des pinceaux d'une aune de

---

1. C'est-à-dire à procurer cette peinture à Mignard.

2. Françoise de Nargonne, veuve depuis 1650 du fils naturel de Charles IX et de Marie Touchet, Charles de Valois, créé duc d'Angoulême en 1620. Elle mourut en 1713.

3. *Palque*, échafaud; de l'italien, *palco*.

long, où l'on n'a pas la place de se retirer[1] et où l'on ne voit pas de près ce que l'on fait, les parties étant si grandes; que quand le cavalier Lanfranc retouchait la coupe de Saint-André de La Val[2], il avait de grosses brosses pour pinceaux attachées au bout d'une perche, laquelle était si longue qu'il fallait la faire tenir à deux hommes, qu'il guidait et qu'il retouchait de cette sorte, « ce qui est un faire, a-t-il dit, de grande contrainte et de grande difficulté »; que Michel-Ange Buonarotti, dans la longueur de l'ouvrage qu'il a fait à la voûte de la chapelle du pape, s'était tellement accoutumé à travailler la tête et le corps renversés en derrière, que quand on lui montrait quelques dessins, il se mettait en cette posture renversée pour pouvoir les voir mieux et considérer, et en mieux juger.

Il a demandé à Mignard comme il se trouvait de son enduit. Il lui a répondu qu'il s'en trouvait fort bien, et qu'il était meilleur à son gré de sable de rivière comme il le fait, qu'avec de la pouzzolane, et qu'il laissait aux couleurs plus de leur beauté naturelle et voyait-on mieux ce qu'on faisait qu'avec l'enduit qui se fait à Rome; que nous avons ici une couleur au lieu de la laque, qui est fort belle, et que le Romanelli en avait emporté 40 ou 50 livres. Il lui a dit que, s'il n'était point si tard, il le ferait monter au dehors du dôme, d'où il verrait la plus belle vue du monde, et d'où Paris se voit mieux que de quelque autre lieu que ce soit.

Le dixième, allant chez le Cavalier, j'ai trouvé le signor Paul qui allait chez M. Colbert. Au retour, il a dit que M. Colbert allait au Louvre. Le Cavalier ayant ouï dire à quelqu'un que M. le Prince était ici, il a voulu passer par son logis pour voir S. A., mais elle n'était pas à Paris, et M. le Duc[3] venait de partir pour s'en aller à Chantilly voir M. son père. De là nous sommes allés aux Gobelins, où M. Le Brun a reçu le Cavalier. Il a d'abord fort considéré un dessein de tapisserie d'un *Endymion entre les bras du sommeil*, il a dit qu'il était de bon goût et l'a beaucoup loué. Il a vu après les deux grands tableaux de la *Bataille du Granique* et du *Triomphe d'Alexandre*[4]. Après les avoir beaucoup considérés, M. Le Brun a fait tirer dans la cour le tableau de la *Bataille du Granique*, comme il avait fait lorsque le Roi fut aux Gobelins. Le Cavalier l'a encore regardé fort longtemps, se retirant dans tout l'éloignement qu'il a pu. Après, il a dit à diverses fois è *bella*, è *bella*. Il avait été mis une toile par dessus en forme de plafond pour ramasser les rayons de la vue. Il l'a fait ôter et l'a encore regardé longtemps après. Il avait vu auparavant le grand tableau de Paul Véronèse, que les Vénitiens ont donné au roi et qui était à Venise au couvent [des Servites][5]. Il est retourné le voir et y a trouvé des têtes admirablement bien peintes, qu'il a dit être des portraits de sénateurs de ce temps-là et celui du Doge même. Il en a loué le

1. C'est-à-dire de se reculer.
2. Santo-Andrea della Valle, à Rome. Le Parmesan Giovanni Lanfranco avait été appelé dans cette ville par Paul V.
3. Henri-Jules, duc de Bourbon.
4. De Le Brun, au musée du Louvre.
5. *Le Repas chez Simon le Pharisien*. Ce tableau, qui est au musée du Louvre, venait d'être donné au roi par la république de Venise.

grand faire, mais il a trouvé dans cet ouvrage diverses parties estropiées, des mains mal dessinées. Il a dit que la Madeleine qui est aux pieds de Notre-Seigneur était peinte avec un relief merveilleux, mais qu'elle n'était nullement bien dessinée depuis la ceinture en bas, que la jambe du Christ qui est proche est toute de travers, et son bras et sa main droite encore estropiés. Il a surtout admiré une figure assise à table auprès du Christ que l'on ne voit que par derrière. M. Le Brun m'a fait remarquer qu'il y a dans le tableau divers points de vue, et que l'horizon est plus bas que la table, et qu'on en voit néanmoins le dessus, que les architectures ne couraient pas à cet horizon, et a dit que ce n'était pas Paul Véronèse qui les faisait. Il a dit que le Roi, voyant ce tableau, avait loué la figure de la Madeleine et trouvé la partie droite du tableau bien plus belle que l'autre, ce qui est la vérité. L'on a vu ensuite un autre tableau de Paul Véronèse, qui a été à M. Fouquet, où est peinte une *Andromède secourue par Persée*[1], lequel est bien peint comme le sont la plupart des ouvrages de ce peintre; mais le Cavalier a trouvé que le Persée est dans une étrange posture et comme en un monceau. J'ai montré une jambe gauche de l'Andromède qui m'a semblé fort mal dessinée.

Le Cavalier a tiré Le Brun à part et lui a donné quelque avis, et puis lui a dit : « Je n'ai pas feint[2] de vous le dire, car un homme qui, de vingt parties en possède dix-huit, l'on le peut avertir de ce que l'on voit, mais qu'à ceux à qui de vingt il en manque dix-huit, l'on n'a rien à leur dire; qu'Annibal Carrache avait raison de dire souvent : *E a chi sa che bisogna dire, no a chi non sa*[3]. » Il a dit qu'un sculpteur assez habile, ayant un jour prié Michel-Ange Buonarotti de venir voir chez lui une figure qu'il avait faite, pendant qu'il la considérait, le jour n'étant pas tel que ce sculpteur l'eût désiré, il faisait tantôt fermer une fenêtre, tantôt en ouvrir une autre, et ne trouvait pas, à cause du soleil, une lumière comme il eût désiré pour éclairer sa figure selon son gré; ce que Michel-Ange voyant, lui dit : « Il n'y a point de meilleur jour que la place[4]; ce sera là qu'on verra et qu'on dira si elle sera bien. »

L'on a fait voir au Cavalier des dessins d'un jeune garçon de onze ans, d'après le *Triomphe d'Alexandre*, qu'il a trouvés fort bien, et s'est étonné qu'à cet âge il fût si avancé. L'on lui a fait apporter des dessins de son invention, dont il a encore été plus émerveillé. Il a dit qu'il fallait l'aider, l'envoyer en Italie et l'y faire demeurer neuf ou dix ans. Ce jeune garçon ayant fait voir ensuite de ses académies, le Cavalier a dit : « Cela gâte les jeunes gens de les faire dessiner si tôt d'après nature, n'étant pas encore capables de choisir le beau dans le naturel et de laisser le laid, outre que les modèles de ce pays-ci sont faibles. » Il faudrait, a-t-il dit, que le Roi en fît venir et qu'on en choisît parmi des esclaves du Levant. » Il a dit que les Grecs ont les corps les mieux formés; que l'on en peut acheter, et, s'étant tourné vers moi, il m'a dit qu'il s'était oublié de mettre cela dans son mémoire pour

---

1. Cette toile a été envoyée, sous le premier Empire, au musée de Rennes où elle se trouve probablement encore aujourd'hui.

2. Je n'ai pas craint.

3. « C'est à celui qui sait à qui il faut dire, non à celui qui ne sait pas. »

4. C'est-à-dire : la place où l'ouvrage devait être mis.

l'Académie, qu'il fallait l'y ajouter. Il avait mené le signor Paul avec lui, qu'il a envoyé voir toutes les manufactures des Gobelins.

Nous en revenant, il m'a dit dans le carrosse, qu'il n'avait point revu un certain graveur qui l'était venu voir dès le commencement. Je me suis souvenu que ce graveur est Melan[1]. Je lui ai dit que présentement il travaille peu, y en ayant d'autres plus habiles dans cette profession, que sa gravure à moi ne m'avait jamais plu, qu'il ne songeait qu'à faire de beaux traits. Il m'a reparti que néanmoins il avait gravé merveilleusement bien, qu'il avait vu, entre autres de lui, deux ou trois pièces du signor Poussin qui lui semblaient admirables, principalement une *Sapience éternelle*. Je lui ai dit que M. Poussin, aussi bien que moi, avait trouvé ses dessins faiblement gravés, n'ayant songé qu'à ne faire qu'un trait à sa gravure, au lieu de penser à imiter les ombres et les lumières, et les demi-teintes, ce qui était fort aisé, pour ce que les dessins de M. Poussin étaient extraordinairement achevés, vu sa mauvaise main, qu'il n'avait donné à ces estampes que l'écorce sans demi-teintes et sans ombres au degré qu'il eût fallu, et cela peur de corrompre ses beaux traits. Le Cavalier a reparti que cela lui avait semblé bien gravé et beau. J'ai reparti que nous avions à présent ici des gens qui gravaient beaucoup mieux; que j'estimais la gravure qui était celle de Marc-Antoine, lequel avait si bien imité la peinture; que de ce temps-ci les estampes d'après Rubens avaient été bien gravées. Il m'a demandé s'il y avait quelqu'un ici qui gravait bien à l'eau-forte. Je lui ai dit que c'était une gravure réservée aux grands maîtres, qui quelquefois gravaient eux-mêmes leurs dessins; qu'Annibal Carrache en avait gravé quelques-uns, comme une *Samaritaine* et quelques Vierges. Il m'a dit qu'il en doutait fort[2].

Revenus au logis, nous y avons trouvé l'abbé Butti; il a dit au Cavalier qu'il avait fait les honneurs du buste, qu'il était venu force monde le voir. Nous sommes entrés dans la galerie pour voir ce qu'avait fait Bourson pour la cascade de Saint-Cloud. Le Cavalier a dit qu'il croyait qu'elle réussirait fort bien, mais qu'il fallait qu'il en fît un modèle de terre, quand il s'en serait retourné, lequel il faudrait mettre en bois pour pouvoir l'envoyer quand le signor Mathie reviendra. Je lui ai répété que S. A. R. m'en demanda hier des nouvelles, et que je lui avais dit qu'il y faisait travailler. Parlant à l'abbé Butti du grand tableau de Paul Véronèse, que nous venions de voir aux Gobelins, il m'a dit : « C'est moi qui suis cause que le Roi l'a, car je donnai avis à Sa Majesté que le duc...[3] en avait fait prix à dix mille écus, et que la République ne voulait pas le laisser enlever. » Je lui dis : « Sire, à présent que le prix en est fait, si V. M. veut en dire un mot à l'ambassadeur de Venise, V. M. l'aura, » et le Roi lui en ayant parlé, il en écrivit à la République, qui le donna au Roi. « J'en sais, m'a-t-il dit, encore un aussi beau, si le Roi en voulait donner dix mille écus il l'aurait. » Je lui ai répondu : « Ce serait bien cher l'acheter. Paul Véronèse est un grand peintre, mais trois ou

---

1. Claude Mellan, dessinateur et graveur, né à Abbeville en 1598, mort le 9 septembre 1688.

2. Et il se trompait. Voyez l'article *Carrache*, dans Nagler, t. II, p. 387-388, et dans *l'Abecedario* de Mariette, t. II, p. 316.

3. Le nom est resté en blanc dans le manuscrit.

quatre tableaux de lui suffisent. » — « Ce n'est pas le goût de M. de Chantelou, a-t-il reparti, mais de qui en peut-on avoir qui les égalent? » J'ai répondu, de plusieurs qui même les surpassent de beaucoup, de Raphaël et de Jules Romain. « Et pensez-vous, lui ai-je dit, qu'un tableau d'Annibal Carrache ne fût pas plus à estimer? » Le Cavalier a pris la parole et a dit qu'oui, et de beaucoup, que si Annibal eût été du temps de Raphaël, il eût pu lui donner de la jalousie, à plus forte raison à Paul Véronèse, au Titien et au Corrège, tous lesquels avaient eu le peindre[1]; que Michel-Ange avait eu raison de dire, que Dieu n'avait pas permis que ces gens sussent dessiner, parce qu'ils eussent été plus qu'hommes. Le Cavalier a ajouté, que qui mettrait des tableaux de tous maîtres en parangon de ceux de Raphaël, ce ne serait qu'une chose, mais qu'en ceux de tous ces autres, il y aurait beaucoup de parties à désirer; que Raphaël avait eu la justesse au dessin, l'habile composition, le costume, la grâce, les beaux habillements, la belle et régulière position des figures selon la perspective, ce que n'avaient point eu tous ces autres; qu'il lui avait à la vérité manqué le beau peindre des Lombards, mais qu'eux de leur côté avaient été disproportionnés, sans dessin, et sans costume; qu'on voit que le Poussin, qui était le plus grand peintre et le plus savant qui fût, après avoir imité un temps le Titien, s'était enfin arrêté à Raphaël, faisant connaître par là qu'il l'estimait au-dessus des autres. L'abbé Butti a dit qu'il avait vu de lui le beau tableau de *Germanicus*[2]. Le Cavalier a dit : « Il faut voir ceux qu'a le signor de Chantelou ; c'est tout autre chose. Il en a sept qui sont les *Sacrements*, que je regarderais six mois sans me lasser. » L'abbé Butti a demandé de quelle grandeur. Il a dit : « De ses grandeurs ordinaires, les figures de deux pieds; rien n'est plus beau que cela; c'est un homme qui a fait son étude sur l'antique, et qui avec cela a eu un grand génie. Je l'ai toujours fort estimé et m'en suis fait des ennemis à Rome. » — « Il faut, a dit le Cavalier à l'abbé Butti, que vous les voyez. A la vérité, il a fait depuis des choses, qui ne sont plus cela; le tableau de la *Femme adultère*[3], cette *Vierge allant en Égypte* que j'ai vue chez ce marchand et votre *Samaritaine* (se tournant vers moi) ne sont plus de cette force. Il faudrait qu'un homme se sût abstenir au delà d'un certain temps. »

J'oubliais à noter qu'il a dit que Paul Véronèse et le Titien prenaient quelquefois les pinceaux et faisaient des choses auxquelles ils n'avaient point pensé, se laissant emporter à une certaine furie de peindre; que cela était cause qu'il y avait une notable différence dans leurs ouvrages, dont ceux qui avaient été étudiés étaient quelquefois incomparables, et d'autres quelquefois n'avaient que le peindre, sans dessin ni raisonnement; que la reine de Suède[4] avait neuf ou dix Paul Véronèse bons et mauvais; qu'il y en avait seulement trois fort bons.

Après dîner, en se chauffant, l'abbé et le Cavalier ont reparlé de ce Jean-Paulo Tedesco comme d'un homme qui aurait été de grand service ici, ayant

---

1. Le coloris.
2. Ce tableau, qui était alors à Rome au palais Barberini, a été gravé par Audran.
3. Aujourd'hui au Louvre, sous le n° 427. Il avait été peint pour Le Nôtre en 1653.
4. Christine.

un fond de dessin et d'invention inépuisable et propre à tout. « Veut-on un
carrosse ? a-t-il dit, il en fait le dessin ; une chaise? un dessin; de l'argenterie? un dessin, et généralement de tout, mais que l'abbé Elpidio qui se
sert de lui à Rome et s'attribue l'honneur de ce qu'il fait, empêcherait qu'il
ne vînt. » J'ai dit qu'il faudrait en parler franchement. Ils ont reparti que
cela réussirait difficilement, que M. Colbert était prévenu ; qu'à l'égard de
Paulo Tedesco, quand il en parlerait, ce ne serait qu'une fois; que la signora
Olimpia[1] lui avait dit une fois un beau mot sur une pareille matière au sujet
de Boromini[2], architecte, qui donne dans l'extravagant, qui était le contre-
pied du génie du pape Innocent, qui aimait à aller terre à terre, qu'elle lui
avait dit qu'un qui gouvernait le pape lui en parlait incessamment, que la
goutte d'eau creusait enfin le porphyre en continuant de tomber, qu'elle ne
parlait que quelquefois, ainsi que cela faisait peu d'impression ; qu'il avait
parlé d'un abus qui se commet dans les bordures de tapisseries qui se font
aux Gobelins, dans lesquelles ils mettent des fleurs et des enfants où entrent
les mêmes teintes qu'au dedans de l'histoire dont est composée la pièce, qui
est un grand défaut, ayant marqué[3] que ces bordures ne doivent être que
comme une bordure d'or ou composée d'un ornement de feuillages de
bronze. Je dis au Cavalier que ç'avait été toujours mon sentiment, que
néanmoins Raphaël avait mis des figures dans les bordures des *Actes des
Apôtres*. Il m'a répliqué que ç'avait sans doute été pour plaire à la nation ;
que dans de pareilles tapisseries qu'a le pape, les bordures sont toutes
simples ; et pour revenir à Paulo Tedesco, il a parlé ensuite de la coupe du
Val-de-Grâce, et a dit que dans la composition de ces grands ouvrages il ne
faut faire que des masses, il a dit *delle machie*, comme qui ferait des figures
sur une feuille de papier et les couperait avec des ciseaux et placerait ces
diverses masses, comme faisant la composition informe d'un tout, afin de lui
donner un beau contraste, et qu'après on venait à remplir ces espaces de
figures étudiées et descendait-on après au particulier; que c'était le moyen
de faire quelque chose de grand et de concerté[4], et que ce que l'on ordonne
autrement ne se trouvait jamais beau, n'y ayant que le particulier, qui n'est
que le moins considérable.

Après, il nous a quittés et s'est allé reposer. A quelque temps de là il est
descendu. Il m'a témoigné d'être étonné de n'avoir point de nouvelles de
M.....[5]. Je lui ai dit qu'il était entré dans la cour et s'en était allé chez
lui. Je lui ai demandé s'il voulait que je l'allasse trouver. Il m'a répondu que
non, qu'il n'en parlerait pas davantage, qu'il y avait envoyé son fils, qu'il y
était allé lui-même, qu'il s'en tiendrait là.

Il est venu ensuite diverses personnes voir le buste, entre autres MM. les

---

1. Dona Olimpia, belle-sœur et maîtresse du pape Innocent X, sur lequel elle exerça une
domination qui souleva l'opinion publique au point qu'il fut forcé, en 1649, de la renvoyer;
mais il la remplaça par sa nièce, la princesse de Rossano, dont il a été question plus haut
à la date du 12 septembre.

2. Francesco Boromini, né à Bissone en 1599, mort en 1667.

3. *Marquer*, faire la remarque.

4. *Concerté*, concordant.

5. Le nom est resté en blanc dans le manuscrit. C'est Colbert dont il s'agit.

évêques de Soissons, d'Autun, de Dax[1], et le Cavalier les a entretenus quelque temps. Le P. Dom Cosme[2] est aussi venu avec Le Nôtre, ils se sont dit de jolies choses le Père et lui. Il m'a encore reparlé de son départ, qu'il ne comprenait rien à ce procédé qu'on a avec lui ; qu'il est venu aux dépens du Roi, qu'il est prêt à s'en retourner aux siens, mais que lui faire perdre un temps si précieux, comme est celui qui reste avant l'hiver, qu'il en est sur les épines. Je lui ai représenté l'accablement d'affaires de M. Colbert. L'abbé Butti qui était sorti, étant revenu, nous l'avons ramené chez lui et sommes après allés aux Carmes déchaussés. L'abbé m'a dit, en nous en allant, que le petit Vigarani ne savait rien et ne songeait qu'à remplir sa bourse. Le signor Mathie, écoutant l'abbé, m'a fait signe de ne parler pas davantage.

Le onzième, étant allé chez le Cavalier, j'ai trouvé dans son antichambre le dessin que Le Brun avait fait pour être peint au salon de Vaux[3]; il l'avait envoyé pour le faire voir au Cavalier, lequel étant revenu de la messe, il s'est arrêté à regarder ce dessin et l'a considéré fort attentivement et long-temps, puis il a dit : *E bello, ha abbondanza senza confusione*[4]. Comme c'est une ovale, il a dit que si le palais du soleil, qui y est représenté, avait été de même forme ou bien rond, peut-être aurait-il mieux convenu au lieu et au soleil même. Ce sont les quatre saisons de l'année qui sont représentées dans ce dessin avec les quatre éléments. Comme c'est pour une voûte de dôme, l'ouvrage est de grande sujétion, tout devant répondre à un seul point et tout devant presque paraître en raccourci, étant vu de bas en haut. J'ai dit que Raphaël avait fui ces sortes de représentations. Le Cavalier a fait tourner ce dessin de tous les côtés pour le mieux voir, et après a dit qu'il fallait que M. Colbert le fît exécuter quelque part, que ce serait dommage qu'il ne le fût pas.

Le nommé Château[5], graveur, lui a montré sur le même lieu l'ouvrage d'une jeune fille, laquelle a copié en miniature une vierge de M. Le Brun. Il a trouvé cela bien, et, au sujet des filles qui peignent, il a rapporté qu'Urbain VIII disait que rarement peuvent-elles arriver à quelque perfection, pour ce que, dès qu'elles commencent à peindre, l'on les louait tant qu'elles s'estimaient avant qu'il en fût temps, et de plus qu'elles ne peuvent pas dessiner bien comme les hommes, n'étant pas de la décence qu'elles dessinent des nudités ; que le meilleur avis qu'on leur pût donner, est qu'ayant à ne faire que des copies, elles doivent choisir les ouvrages des plus excellents maîtres. Ce graveur lui a montré ensuite de ses académies de lui dessinées à

1. Charles Bourbon, évêque de Soissons. — Guillaume Le Roux, évêque de Dax ; il avait été nommé le 16 mai précédent à l'évêché de Mâcon où il ne fut jamais intronisé. — Quant au troisième prélat, Chantelou (si toutefois la faute ne vient pas du copiste) s'est évidemment trompé de personnage. Il n'y avait pas en ce moment d'évêque d'Autun. Le dernier, Louis Doni d'Attichy, était mort en 1664, et ne fut remplacé qu'au mois de mai 1666 par Gabriel de Roquette.

2. Côme Roger, général des Feuillants. Il fut nommé en 1672 évêque de Lombès.

3. Du château de Vaux.

4. « Il est beau. Il a de l'abondance sans confusion. »

5. Guillaume Château, graveur, membre de l'Académie, né en 1635, mort en 1683.

la plume. De la première, il a dit qu'elle était bonne, à la seconde il a montré une cuisse beaucoup plus grosse, et à la troisième il a trouvé les jambes courtes. Sur cela il a dit que c'est la plupart du temps que le naturel n'est pas beau, qu'il avait fait venir pour lui de Civita-Vecchia et de la Marche d'Ancône de ces Levantins pour lui servir de modèle, et qu'il s'en était bien trouvé; qu'il y avait un avis général à donner à ceux qui dessinaient après nature, d'être sur leurs gardes et de bien examiner le modèle, de faire les jambes plutôt longues que courtes, qu'un tantin de plus que vous leur donnez augmente la beauté, et le tantin de moins rend la figure lourde et pesante; qu'aux épaules de l'homme il faut toujours leur donner plutôt du large que de l'étroit, qui se voit d'ordinaire dans le naturel, faire la tête un peu plus petite que grosse; aux femmes les épaules un peu plus étroites qu'on ne les voit au naturel, Dieu ayant donné aux hommes la largeur aux épaules pour la force et le travail, et le large aux hanches des femmes pour pouvoir nous porter dans leurs flancs; les pieds, les faire plutôt petits que trop gros; que l'on voit cela dans les beaux modèles et dans les antiques. Il a répété qu'il fallait que le Roi en fît venir de Grèce; qu'il le mettrait sur le mémoire qu'il a fait pour l'Académie; qu'outre cela il fallait que les chefs de l'Académie fissent des discours pour l'instruction de la jeunesse et les faire différents selon les différentes classes; qu'il fallait qu'il y en eût trois. Il a dit, au sujet des figures d'académie qu'il venait de voir, qu'il avait trouvé par son étude une chose pour la position des figures, qui était d'une grandissime importance, c'était leur pondération que l'on voyait dans le naturel; que rarement un homme, s'il n'était fort vieux, pose-t-il que sur une jambe, qu'il fallait observer que le poids du corps fût sur cette jambe et que naturellement l'épaule, du côté de la jambe qui porte le corps, doit être plus basse que l'autre, et que si l'on a levé un bras en haut, ce sera toujours celui opposé à la jambe qui porte le corps; qu'autrement la grâce n'y est pas et la nature est forcée; qu'en observant les beaux antiques, il les avait tous trouvés tels.

M. du Metz était là qui a dit qu'il se souviendrait de ces belles observations. J'ai dit que c'était un grand bien pour ceux qui suivent ces professions d'avoir de si bons enseignements, que cela leur abrège beaucoup d'années qu'ils auraient à faire de ces recherches, et peut-être inutilement; qu'il y avait peu de personnes qui ne fussent chiches de leurs études particulières; qu'on enseignait assez les règles de l'art, mais celles que l'ouvrier s'était faites à lui-même, jamais ou très rarement les enseignaient-ils; qu'on était bien obligé à M. le Cavalier d'en parler de si bonne foi. Le Cavalier a répondu que ce que nous avons, c'est Dieu qui nous l'a donné, que de l'enseigner aux autres c'était le lui restituer; qu'il y avait trois choses : *voir, entendre les grands hommes et pratiquer.*

Le petit Blondeau lui a montré de ses académies, il les a trouvées assez bien pour un jeune homme, « mais il faut aller à Rome, lui a-t-il dit; voilà l'âge des jeunes gens pour y aller, car il faut que ce soit avant qu'ils aient vingt ans, et qu'aussi ils ne soient pas trop jeunes ». Il a dit qu'il avait été conseillé par Annibal Carrache, lui jeune, de dessiner d'après le *Jugement* de Michel-Ange, au moins de deux années, pour apprendre la suite des

muscles; que dessinant ensuite à l'académie après le naturel, le Scivoli[1]
lui dit, le regardant dessiner : *Sei un furbo; no fai quel che vedi, questo è di
Michel-Angelo*[2]; que c'était l'étude qu'il avait faite auparavant.

Le temps s'est ainsi passé; attendant M. Colbert qui n'est point venu,
et qui après a mandé qu'il ne viendrait point, à cause que le Roi était sur
le point d'aller à Versailles. J'ai proposé, cela étant, d'aller voir la maison
de M. de la Vrillière[3], et de fait nous y sommes allés. Les Anguiers y sont
venus et mon frère. Le Cavalier a trouvé la maison belle et le jardin, y a
considéré les statues de bronze qui y sont, qu'il a trouvées mal formées et
jetées. Il est entré dans la galerie basse, où il y a des copies de la galerie
de Farnèse. Il les a considérées avec une très grande attention et, après y
être demeuré longtemps, il a dit : « Cela est merveilleux. J'ai vu quatre
cents fois les originaux de ces copies et je ne laisse pas de prendre grand
plaisir à voir ceci; c'est l'effet du bon. » De là, il a monté dans la galerie
haute et a vu la chambre qui est auprès, où sont divers tableaux de tous les
maîtres. Des grands tableaux, il a estimé d'abord une *Cène* du Tintoret. Des
petits, il a dit qu'un tableau de l'Albane était du bon temps. Il a estimé un
*Saint François* du Carrache[4], un portrait de Dossi[5], une *Nativité* du Poussin;
considérant les Bassans, il a dit « qu'il n'y en avait aucun de Jacques
Bassan ».

Entré dans la galerie, le premier tableau qu'il a vu est du Guerchin[6]; il
n'en a dit ni bien ni mal. Après, il a vu celui du Poussin[7], qui est de figures
grandes comme le naturel, où est représenté ce maître qui voulait livrer aux
ennemis ses jeunes écoliers, enfants des Romains, par qui il est fouetté. Il
a dit : *Questo è bello et dipinto della maniera di Rafaelle*[8]. Il a vu les autres
de Pietro de Cortone, a loué, dans le dernier fait, la *Vierge* qui est en haut[9].
De celui du Guide, qui est le *Ravissement d'Hélène*[10], il a dit que véritablement personne n'avait eu plus de grâce, ni n'avait donné aux têtes des airs
plus divins que le Guide; a remarqué celles des femmes qui suivent Hélène;

---

1. Ce nom ne figure pas dans le Dictionnaire de Nagler. Peut-être a-t-il été estropié par
le copiste.

2. « Tu es un coquin. Tu ne fais pas ce que tu vois. Cela est du Michel-Ange.»

3. Cet hôtel, dont il a déjà été question à la date du 22 septembre, fut, à l'époque de la
Révolution, confisqué avec la magnifique galerie de tableaux qu'il contenait. Aujourd'hui il
appartient à la Banque de France, qui l'a acquis en 1808 au prix de deux millions.

4. Dans le catalogue du musée du Louvre, on trouve indiqué sous le n° 129 de l'école
italienne un *Saint François en extase*, d'après Louis Carrache, avec cette mention : « Ancienne
collection ».

5. Il y avait deux peintres du nom de Dossi; ils étaient frères et de Ferrare. L'un mourut en 1545, l'autre après 1560.

6. D'après Hurtaut (*Dictionnaire de Paris*, t. III, p. 274-275), il y avait dans l'hôtel
quatre tableaux portant le nom du Guerchin : *Le combat des Romains et des Sabins* (actuellement au Louvre, sous le n° 56 de l'école italienne); *Coriolan et sa mère*; *Esther devant
Assuérus*; *Agar dans le désert*. Sous le premier Empire, ces trois tableaux ont été donnés,
le premier au musée de Caen et les deux autres au musée de Tours.

7. Actuellement au musée du Louvre, sous le n° 436 de l'école française.

8. « Cela est beau; il est peint dans la manière de Raphaël. »

9. C'est probablement le tableau décrit ainsi dans Hurtaut : *la Sibylle Cumée montrant à
Auguste dans le ciel la Vierge qui tient l'enfant Jésus*.

10. Au musée du Louvre, sous le n° 339 de l'école italienne.

mais d'un soldat qui est devant Pâris, il m'en a fait remarquer la mauvaise position et la distance excessive d'un pied à l'autre. « Il faut prendre patience », a-t-il dit. En s'en revenant, il a considéré les bustes et a trouvé admirablement beau celui d'Agrippine et après celui de Brutus et quelques autres. De celui qui est auprès d'Agrippine, il a dit qu'il était dans un fâcheux voisinage. Revoyant le tableau du Poussin, il a dit qu'il était un grand homme de se pouvoir ainsi transformer, qu'il était d'une manière tout à fait différente de cette *Nativité*, qui est d'un coloris lombard et l'autre à l'imitation de Raphaël. Sortant, il a dit qu'il lui semblait être dans un des palais de Rome; que c'était le premier qu'il eût vu où il n'y eût point d'or. Les enfants de M. de la Vrillière étaient là, qui le sont venus reconduire jusque dans la rue.

Revenus à l'hôtel Mazarin, le signor Paul et M. Coiffier[1] l'ont appelé pour lui faire voir, dans une maison vis-à-vis, des tableaux de Poussin. Il y est entré et a vu une *Adoration des trois rois* (c'est celle qu'avait le sieur Charmois)[2], et puis le *Moïse foulant aux pieds la couronne de Pharaon*[3]. Il a dit de ce dernier qu'il était de sa bonne manière. Le Brun était là, qui est la maison du sieur Cotteblanche, et a dit, qu'il l'avait vu faire il y a vingt ans[4]; de l'autre, le Cavalier a dit en le revoyant, qu'il s'étonnait que le signor Poussin, qui était si savant dans le costume, n'eût donné à ces rois que des airs de tête et des manières de personnes ordinaires comme à des apôtres; qu'il y en avait un qui ressemblait à un saint Joseph; que s'il n'avait vu là un More, il aurait douté que ce fût une Adoration. J'ai dit qu'ils n'avaient passé, suivant l'avis de plusieurs, que pour des savants et grands astrologues. M. Le Brun a dit que M. Poussin n'avait eu l'intention que de les représenter tels qu'il lui en avait entendu parler et de son opinion sur ce sujet. Le Cavalier a dit qu'il fallait s'attacher à l'Écriture, qui dit que c'étaient des rois. M. Le Brun a répliqué[5] qu'elle disait des mages. Il[6] n'a plus rien dit et s'en est venu dîner.

Après, nous avons été voir les dessins de Jabach, chez qui M. Coiffier avait mené dîner le signor Paul. MM. Le Brun, Mignard, Gamart, Roland, Cotteblanche et quelques autres y ont dîné. On a vu quantité de dessins de tous les maîtres. Le Cavalier a dit qu'il n'y avait aucuns dessins où l'on pût

1. Il existe de ce Coiffier, dont le nom a déjà été prononcé à la date du 30 juillet, un portrait gravé par Humbelot et dont la légende porte : *Carolus Coiffier, baro Dorvilliers, etc., a regia secretaris, cons., metallicis universæ Franciæ venis præfectus.*

2. Martin de Charmoys ou Charmoy, né en 1605, mort en 1661. Il était lié avec Poussin, Le Brun, Stella, etc., et, par le crédit du maréchal de Schomberg, obtint l'établissement de l'Académie royale de peinture, dont il fut le premier directeur. — Il y a une *Adoration des Mages* au Louvre, sous le n° 423 de l'école française. Je ne sais si c'est le tableau dont il est ici question. Une autre se trouve au musée de Dresde.

3. Poussin a fait au moins deux tableaux sur ce sujet, sinon trois. Il y en a un au Louvre, sous le n° 418 de l'école française.

4. Par conséquent, en 1645. A cette époque, Le Brun était, comme Poussin, à Rome, où il resta de 1642 à 1646.

5. Et avec raison. Voici le texte de saint Mathieu (ch. II, vers. 1) : « Cum ergo natus esset Jesus in Bethleem Juda in diebus Herodii regis, ecce magi ab oriente venerunt Jerosolymam. »

6. *Il*, Bernin.

être moins trompé que ceux d'Annibal Carrache, pour ce qu'ils étaient moins finis et pouvaient plus difficilement être copiés. Il en a vu un grand nombre qu'il a dit n'être que des copies. Il y en a quelques-uns de Raphaël extraordinairement beaux, comme celui de l'*Attila*[1]. Jabach a dit qu'il lui coûtait cent pistoles, de feu M. Du Fresne. Il a [vu] celui du Poussin d'*Armide emportant Renaud*, dont le tableau est en France[2], quantité de Jules Romain, du Titien, de Paul Véronèse et autres maîtres. Enfin, il s'est levé brusquement, et a dit qu'il avait les yeux las de voir tant de belles choses, et nous nous en sommes revenus chez le sieur Joly qui montre à voltiger, où étaient le comte Strozzi, la signora Anna, l'abbé Bentivoglio. Lui et ses écoliers ont fait divers tours sur le cheval de bois, et après nous nous en sommes revenus à l'hôtel Mazarin.

Le douzième, j'ai trouvé le Cavalier dessinant son buste pour y faire le piédestal, qu'il a projeté en forme de globe. Il le pose comme sur une espèce d'estrade. Il m'a prié de savoir de Varin, si la médaille, pour mettre sous la première pierre, était avancée. Nous sommes allés chez lui le signor Mathie et moi. Il nous a dit qu'elle ne pouvait être achevée que jeudi et m'a montré deux inscriptions, l'une latine et l'autre française pour attacher à la première pierre avec la médaille. Les inscriptions sont sur des lames de bronze et contiennent ce qui ensuit :

### LOUIS XIIII<sup>e</sup>,

#### ROY DE FRANCE ET DE NAVARRE,

Après avoir dompté ses ennemis, donné la paix à l'Europe,
A soulagé ses peuples.

Résolu de faire achever le royal bastiment du Louvre, commencé par François premier et continué par les Roys suivans, et fait travailler durant quelque temps sur leur mesme plan, mais depuis la grandeur de son esprit et de son courage luy aïant fait concevoir un nouveau dessein, et plus grand et plus magnifique, et dans lequel ce qui avait esté basty ne peut entrer que pour une petite partie, il fit icy les fondements de ce superbe édifice.

L'an de grâce M.DCLXV. Le . . . jour du mois d'octobre.

M<sup>re</sup> Jean-Baptiste Colbert, Ministre d'Estat et Trésorier des ordres de sa Ma<sup>té</sup>, estant alors sur-Intendant de ses bastiments.

Ludovicus XIV, Francorum et Navar. Rex christianissimus.
Florente aetate, consummata virtute
Devictis hostibus, sociis defensis, finibus productis,
Pace sancita, asserta Religione, navigatione instaurata,
Regias aedes
Superiorum Principum aevo inchoatas,
Et ab ipso juxta prioris exemplaris formam magna ex parte constructas,
Tandem pro majori tum sua tum imperii dignitate
Longe ampliores atque editiores excitari jussit,
Earumque fundamenta posuit.
Anno R. S. M. DCLXV. . . octobris.
Operi promovendo solerter ac sedulo invigilante
Jo. Bap. Colbert, Reg. Aedif. Praefecto.

---

1. L'*Apparition de saint Pierre et de saint Paul à Attila*. La notice des dessins du musée du Louvre, où il figure sous le n° 325 de l'école italienne, n'indique pas de qui Jabach l'avait acquis, ce que Chantelou nous apprend ici. Il est exposé dans la salle dite des *Boîtes*.

2. Le dessin est, comme le précédent, exposé dans la salle des *Boîtes* sous le n° 1277. — Le tableau appartenait probablement encore à Stella, pour qui il avait été fait.

Le signor Mathie a vu le buste que Varin à commencé du Roi et quelques autres de ses ouvrages qu'il a trouvés beaux. Je lui ai aussi fait voir chez Stella les tableaux du Poussin qui y sont. Je suis ensuite allé dans l'appartement de la Reine-Mère pour disposer le lieu à mettre le buste. Pour cet effet, il a fallu ôter un grand cabinet. Après, je suis allé aux fondations où j'ai vu qu'on préparait la première assise de pierre réservant le lieu au Roi pour y mettre la pierre où seront ces inscriptions et la médaille. Cette pierre doit être de marbre, le signor Mathie m'ayant dit qu'à Rome l'on en use ainsi. Mazière, l'entrepreneur, était d'avis de ne perdre point le beau temps qu'on avait, crainte que l'eau ne vînt à gagner; qu'il valait mieux poser cette pierre sur la troisième assise au milieu du mur. J'ai dit qu'il fallait prendre le sentiment de M. Colbert, à qui j'ai été le demander. Il a approuvé la chose.

Je suis venu le dire au Cavalier, que j'ai trouvé encore dessinant. Je lui ai dit par même moyen les autres diligences que j'avais faites, dont il m'a remercié, et a dit à Jules d'aller quérir son portefeuille, dont il a tiré un dessin d'un *Caïn tuant Abel,* qu'il m'a donné me priant de le garder pour l'amour de lui. Je l'en ai remercié et l'ai assuré que je n'oublierais jamais ces marques de son affection.

Après, nous sommes allés au Louvre et sommes descendus aux fondations, où il a trouvé que l'assiette des pierres n'était pas à son gré, étant posées trop près les unes des autres. Il a dit qu'il y voulait de l'intervalle, afin de pouvoir mettre du mortier entre les pierres, et qu'il y eût de la séparation de sept à huit pouces, disant à ses Italiens : *Bisogna murare come cristiani*[1]; qu'il fallait qu'on employât les plus grandes pierres qu'on pût trouver là. A l'entrepreneur, il lui a dit, que quand il dirait quelque chose, où il trouverait à redire dans l'usage de France[2], qu'il le lui dît, qu'il écouterait ses raisons; que pour le mortier, il fallait le faire à la mode d'Italie, au moins pour ces premières assises, et qu'on le pouvait faire du sable qui se trouvait sur le lieu, le trouvant assez bon, sans le mêler de celui de rivière. Nous nous en sommes après revenus au logis où était le signor Tonti[3], pour prier le Cavalier d'aller l'après dinée voir les tableaux du sieur Gamart. L'abbé Butti qui s'est trouvé là, l'en a aussi prié, et pour cela l'a persuadé de ne pas faire porter son buste au Louvre, lui représentant qu'il y aurait trop de monde après le dîner du Roi. Quand le Cavalier a eu dîné, l'on s'est entretenu de l'avarice du C. M[4]. L'abbé a dit qu'un jour il lui fit une terrible bravade, sur ce que le ballet du Roi montait à 20,000 écus, et qu'il eût voulu qu'on n'y eût dépensé que 20,000 livres; que Gabouri[5], qui y était, lui dit en sortant, qu'il ne devait pas s'étonner de cela; que c'était qu'il s'était chargé à forfait de la dépense ordinaire de la Maison du Roi, et que ce qu'on augmente à la dépense, il pense qu'on le lui vole à lui.

1. « Il faut maçonner comme des chrétiens. »
2. *Dans l'usage,* c'est-à-dire d'après l'usage.
3. Tonti, banquier italien, qui vint en France vers 1650. Il fut l'inventeur des emprunts en rentes viagères, qui, de son nom furent appelées *tontines.*
4. Le cardinal Mazarin.
5. Gabouri figure sur l'*État de la France* de 1665 (t. I⁰ʳ, p. 261) comme « intendant et contrôleur de l'argenterie et des menus ».

Le Cavalier a conté qu'un homme qui avait volé à toutes mains, ayant été à divers confesseurs religieux qui ne voulaient point lui donner l'absolution qu'en restituant, comme il s'en plaignait, un confident dit : « C'est que ces moines sont scrupuleux, je vous donnerai un docteur qui vous baillera l'absolution », et qu'en effet ce docteur l'ayant ouï en confession lui demanda si ses serviteurs ne le volaient point aussi lui-même. Il lui dit que si, mais qu'il n'y pouvait que faire. Alors il lui répondit : « Hé bien, cela étant, l'un ira pour l'autre », et sur cela, il lui donna l'absolution. L'abbé Butti a rapporté l'histoire de ce tableau d'un peintre espagnol où il y avait un roi qui disait[1] : « Je vole mes sujets ». Un ministre d'État disait : Je vole le roi », et un tailleur disait : « Moi, je vole le ministre ». Un soldat disait : « Je les vole l'un et l'autre », le confesseur : « Je les absous tous quatre », et le diable disait : « Je les emporte tous cinq[2] ».

Sur les deux heures, nous sommes allés chez Gamard[3] où nous avons trouvé Mignard. Le Cavalier a vu les tableaux. Ayant considéré une tête d'un jeune *Saint Jean*, d'Annibal Carrache, il a dit qu'il ne pouvait s'empêcher de dire, à toutes rencontres, que s'il[4] eût été du temps de Raphaël, *gli havrebbe dato fastidio*[5]. Voyant après une *Madeleine*, de Paul Véronèse, il a dit : « Dans les ouvrages de ce peintre, il y a toujours quelque faute contre le dessin », et a montré en même temps une main estropiée. Il y a un *Mangeur de pois*, qu'on lui a fort loué, qu'il a aussi trouvé beau. Voyant un *Saint Sébastien*[6], du Guide, il l'a trouvé beau, mais il a dit qu'il n'avait pas l'air d'un saint. Le tableau de Jules Romain de la *Naissance de Bacchus*, il n'a presque daigné de le regarder.

Nous sommes de là allés chez M. de Richelieu, mais l'on ne l'a pas trouvé ; ensuite à l'hôtel de Guise[7]. Mlle de Guise ayant fait prier de voir la situation de la place, il a vu les dehors et a dit qu'il fallait en faire faire un plan. J'oubliais de dire que l'abbé m'a dit qu'il avait été étonné de voir chez Jabach Mignard et Le Brun ensemble ; qu'il a demandé à Mignard comment cela s'était fait, lequel lui avait répondu que Jabach l'avait prié ; qu'il fallait que ce fût M. du Metz qui en eût prié Jabach ; qu'ils s'entr'étaient fait civilité et avaient bu à la santé l'un de l'autre.

---

1. *Le roi disait.* Tout le monde sait que jadis, suivant un procédé fort naïf qui s'est perpétué presque jusqu'à nos jours pour les caricatures et l'imagerie, on rendait *parlants* les personnages d'un tableau ou d'une estampe, en faisant sortir de leur bouche une banderole sur laquelle se lisaient les paroles qu'on voulait leur prêter.

2. Dans les quelques pages de ses *Mémoires* (liv. II) où il a résumé, d'après le Journal de Chantelou, « les dires » de Bernin, Perrault a dénaturé cette anecdote en supprimant la mention du tableau et du peintre. De plus, il en attribue à tort le récit au Cavalier, tandis qu'elle a été, comme on le voit, contée par l'abbé Butti.

Les écrivains qui ont parlé de cette historiette ne l'ont fait que d'après la version fautive de Perrault. Voyez, entre autres, le *Journal des Débats* du 28 juillet 1865.

3. Gamart, suivant la liste des *Curieux de Paris*, demeurait (au moins en 1673) rue Taranne « proche la Charité ».

4. *S'il*, si Carrache.

5. « Il lui aurait donné de l'ennui. »

6. C'est peut-être le *Saint Sébastien* qui figure au musée du Louvre sous le n° 332 de l'école italienne. Il avait appartenu à Mazarin et fut acheté par Louis XIV en 1670.

7. Rue du Chaume.

Venant à l'hôtel de Guise, l'abbé avait dit que le Cardinal[1] avait promis à M. de Guise[2] de lui aider à le faire roi de Naples, cédant ses biens à son frère, qui épouserait une de ses nièces; que les Frondeurs lui ayant fait épouser Mlle D'Allet, il abandonna M. de Guise. Changeant de discours, il m'a dit que Jean Paulo Tedesco était un homme nécessaire ici, mais qu'on aurait difficulté à le persuader. Je lui ai montré les inscriptions pour mettre sous la première pierre. Il a dit qu'on aurait dû y nommer le Cavalier, que cela se pratiquait partout. J'ai dit qu'il pourrait le donner à entendre. Il m'a dit qu'il ne le ferait pas, à cause que c'était un Italien. Je lui ai dit que ce n'était pas l'usage d'ici; que Levau n'avait pas été nommé dans les autres médailles qui avaient été mises. Il m'a ajouté, qu'il avait toujours douté que ce dessein s'exécutât, et qu'il en doutait même encore; que c'était le Roi qui le voulait; qu'on avait mis en délibération si l'on le ferait ou non; que M. Colbert opinait à non, mais que d'autres dans le conseil avaient été d'avis contraire, et que le Roi avait voulu qu'il se fît. Il m'a dit qu'il était en peine, comment cela se terminerait. Je lui ai dit : bien; que le Roi était homme à faire les choses d'éclat; que M. Colbert y rencontrait son honneur. Il m'a dit : s'ils n'avaient plus que faire de lui, peut-être cela n'irait-il pas si bien, mais ils peuvent songer, qu'ayant à faire une statue à cheval[3], les grands *Hercules* et tant d'autres choses, ce que nous lui donnerons sera d'éclat et sur et tant moins de ses ouvrages. Je lui ai demandé, s'il savait qui avait fait venir le Cavalier. Il m'a dit, que le cardinal Antoine en avait parlé le premier et puis M. de Bellefonds. J'ai reparti, que j'avais ouï dire qu'il avait stipulé ce qu'il voulait avant que partir. Il m'a assuré que non; qu'on lui avait payé 3,000 pistoles sans qu'il eût rien demandé, que le pape enrageait à présent qu'il fût venu. « Mais il lui a commandé de venir, » ai-je répondu. — Il est vrai. S'il se repentait, a-t-il dit, aussi bien de ses péchés qu'il se repent de cela, il serait un grand saint; il en a pleuré de regret comme un enfant. » — « C'est une grande faiblesse », lui ai-je dit. — « L'on n'en peut pas voir une plus grande, a-t-il reparti, et quand on se fâche contre le Pape de quelque chose, et qu'on la lui veut faire faire l'épée à la gorge, c'est mal le connaître. L'on la lui fera faire avec deux cerises, comme aux enfants. Enfin, a-t-il dit, c'est le Roi qui a fait venir le Cavalier; il le dit, quand il vit son dessein de la première façade du Louvre, et qu'il s'en savait bon gré. »

De l'hôtel de Guise, le Cavalier est venu au Louvre, où il a vu la première assise maçonnée. Il a trouvé qu'on ne mettait pas les pierres assez liées pour avoir des queues entre elles. Il a passé après aux PP. de l'Oratoire et s'en est allé de là chez lui.

Le treizième, M. le Cavalier a fait au matin porter son buste au Louvre, aussitôt après nous y sommes allés. La Reine-Mère, qui n'est pas en état de

1. Le cardinal Mazarin.

2. Henri II de Lorraine, cinquième duc de Guise, mort en 1664. Il était allé, en 1647, se mettre à la tête des Napolitains révoltés contre l'Espagne. Son frère, Louis, duc de Joyeuse et d'Angoulême, mort en 1654, avait épousé, en 1649, Françoise-Marie de Valois, fille de Louis-Emmanuel, duc d'Angoulême et comte d'Aletz.

3. La statue équestre de Louis XIV.

se lever pour l'aller voir, avait bien envie qu'on le portât dans sa chambre avant qu'il fût posé dans son nouvel appartement, mais les portes se sont trouvées trop petites pour l'y faire entrer. Ainsi le Cavalier l'a fait mettre dans l'antichambre du lieu où le Roi donne audience dans ce nouvel appartement, et comme il est exposé au levant, le Cavalier en a trouvé la lumière bien crue, et a été en balance de le faire mettre dans le petit cabinet qui est derrière ; ce qu'il eût fait exécuter, sinon que les gens étaient allés quérir le petit Christ, qui est l'ouvrage du signor Paul. Cependant le soleil ayant un peu tourné, la lumière s'est adoucie, et il a mieux aimé le laisser là où il est, vu qu'il y est avec plus de dignité, et qu'il y a plus de distance pour le voir. Le petit Christ a été posé à l'opposite, entre deux cabinets, où il est placé fort avantageusement [1]. M^me de Beauvais [2] est venue le voir. Le Cavalier l'a fort complimentée, et lui a dit que M. le cardinal légat lui avait parlé d'elle et de sa maison, qu'elle était intelligente. Après, MM. Tubeuf, de Maisons et D'Argouges [3] et nombre d'autres officiers de la Reine-Mère sont venus, puis M^me de Flex [4], M^me de Noailles [5] et enfin toute la maison. Le Cavalier, au sortir de là, est allé aux fondations du Louvre, qu'il a fort considérées et la position des pierres ; son fils et le seigneur Mathie y étaient. Après il m'a dit qu'il désirait aller chez Mellan, où nous avons tous été voir ses tableaux. Il a montré, entre autres, une *Madeleine* du Titien, plus petite que le naturel ; un *Saint Jean au désert*, lesquels deux tableaux, il y en a de pareils en France, mais plus grands. Il a montré aussi des estampes gravées d'après ses propres dessins. De là le Cavalier est venu dîner. En attendant qu'on servît, nous nous sommes entretenus de la peinture. Je lui ai dit qu'à Paris, il y avait dix ou douze cabinets où il y avait de beaux tableaux, que depuis quinze ou vingt ans, l'on n'avait point épargné l'argent pour en tirer de Rome, de Venise et autres lieux d'Italie, qu'on avait payé des tableaux du Poussin jusques à 400 jules [6], non pas qu'il en eût lui touché cet argent, mais qu'ils avaient été vendus cela. Il m'a dit qu'il était arrivé le même au Guide, et qu'il le lui avait dit à lui-même, se plaignant que ses ouvrages étaient à un prix excessif sans qu'il en tirât le profit, ce qui l'avait fait résoudre à prendre d'une seule tête cinquante écus, cent écus d'un demi-corps et deux cents écus d'une figure entière. Après le dîner, il a voulu

---

1. Ce *petit Christ,* si souvent mentionné, et, dont, soit dit en passant, la valeur artistique est fort médiocre, a été retrouvé au Louvre par M. Louis Courajod, qui en avait découvert l'auteur avant la publication du Journal de Chantelou. Il est actuellement placé au musée de sculpture de la Renaissance, dans la salle de la cheminée de Bruges, entre les deux fenêtres. (Voy. *Bulletin de la Société des antiquaires de France,* 1876, p. 106-107.)

2. Catherine-Henriette Bellier, mariée à Pierre de Beauvais. Elle était première femme de chambre de la Reine mère et passait pour avoir été la première maîtresse de Louis XIV. Son hôtel subsiste encore aujourd'hui et occupe le n° 62 de la rue Saint-Antoine.

3. D'Argouges Tillevot, intendant de la maison et général des finances de la Reine mère.

4. Marie-Claire de Baufremont, marquise de Sennecey, veuve de J.-B. Gaston de Foix, comte de Fleix, morte en 1680 à soixante-deux ans. Elle était, en 1665, première dame d'honneur en survivance d'Anne d'Autriche.

5. Louise Boyer, femme d'Anne, comte puis duc de Noailles, dame d'atours d'Anne d'Autriche.

6. Le jules étant une monnaie valant environ onze sous, il est probable qu'il y a ici, dans les chiffres, une de ces erreurs de copiste qui sont assez fréquentes dans le manuscrit.

aller chez M. de Richelieu et aux Célestins. M. de Richelieu ne s'est pas trouvé chez lui. Il a vu son cabinet et en a considéré tous les tableaux avec une grande attention. Voyant le tableau de la *Peste*[1] qui était posé loin de l'œil, il a dit qu'il eût été nécessaire qu'il eût été en lieu à pouvoir être vu

FAÇADE DU LOUVRE, D'APRÈS LE PROJET DE BERNIN.

(Médaille de Varin.)

de près. Il a fort considéré tous les autres et celui du Titien, dont il a dit que le ciel avait changé, et s'étant noirci approchait au lieu de fuir. Il a beaucoup admiré deux paysages d'Annibal Carrache, dans l'un desquels est un *Saint Jean prêchant au désert*[2], le *Saint Sébastien*[3], un *Saint Jérôme*, les

1. Les *Philistins frappés de la peste*, de Poussin, actuellement au Louvre sous le n° 421 de l'école française.

2. Il y a au Louvre (n° 139 de l'école italienne) un tableau de *Saint Jean*, qui avait appartenu au cardinal Mazarin.

3. Ce tableau, actuellement au Louvre (n° 147 de l'école italienne), fut, suivant Saint-

30

tableaux du Poussin, un grand paysage de lui, et enfin a dit : « Voilà comme il faut des cabinets où il n'y ait rien que d'élite. » Il a vu après dans une salle un tableau du Poussin de la *Virgen del pilar*, dont les figures sont bien plus grandes que nature, qu'il a trouvé fort beau et peint avec une grande force.

De là nous sommes allés aux Célestins où, après la prière, il a vu la sépulture de M. de Longueville. Il a dit à l'aîné Anguier[1] qui y était : *s'è portato bene.* Il a dit que l'invention en était belle et a demandé si elle était de lui. Je lui ai dit qu'oui. Il n'a rien dit des *Trois Grâces* de Pilon[2], mais il a dit que la sépulture de l'amiral Chabot[3] était de bonne main. J'oubliais à dire qu'à l'issue du dîner, l'abbé Butti est venu et a montré une grande liste de tableaux que j'ai reconnue être ceux de Gamart. Il lui a dit que Tonti le priait d'écrire au bas, qu'il les avait trouvés beaux, ce qu'il a fait ; et au sujet d'un portrait qu'il lui avait montré comme le portrait d'Annibal Carrache, à cause que le Cavalier avait dit, que ce n'était pas le portrait de ce grand peintre, l'abbé l'a prié de mettre qu'il était de sa main. Des Célestins il a été à l'Arsenal, a vu les fonderies, s'est informé bien exactement de la terre dont l'on se servait pour les fourneaux, de quoi on les faisait. L'on lui a dit de tuiles de maison, et que la terre l'on la prenait à Corbeil, mais le fondeur qui est un Lorrain a dit qu'il la composait de diverses terres, pour empêcher qu'elle ne fondît. Il lui a demandé combien il mêlait d'étain parmi l'alliage. Il a dit : « Selon le métal, à l'un plus, à l'autre moins. » Il a dit à ce fondeur, que quand il a fondu les grandes statues de la Chaise de Saint-Pierre, il avait deux fourneaux pour fondre une figure.

De l'Arsenal il s'en est revenu à pied le long du port Saint-Paul jusques à la Grève, considérant la situation de la tête de l'Ile. Remontés en carrosse, nous sommes venus au Louvre où il a vu les fondations, où était le signor Mathie, et l'ayant accompagné au palais Mazarin, je m'en suis revenu chez moi. J'ai rencontré M. Perrault qui m'a demandé ce qui s'était fait. Je le lui ai dit, que le Cavalier avait été par deux fois au Louvre. Il m'a demandé s'il était content du mortier. Je lui ai dit qu'oui, qu'en maçonnant on mouillait à la façon d'Italie, que la première assise de la fondation était mise et que l'on en était à la seconde. Il m'a demandé ensuite si je ne savais point les cérémonies qui se pratiquaient à la position de la première pierre : — J'ai dit qu'à Rome l'on la mettait de marbre ; — si l'Église n'y était point appelée ? — J'ai dit que je ne le croyais pas. Il m'a prié de m'en informer.

Le quatorzième, Bourdon m'est venu voir. Je l'ai mené chez le Cavalier et nous sommes allés ensemble au Louvre l'y trouver, y étant allé dessiner un piédestal pour le petit Christ du signor Paul. M. du Metz y est venu, qui a fait apporter un tapis de toile d'or pour couvrir la table sur laquelle est posé le buste du Roi. Nous sommes, après, allés voir les médailles de Sa Majesté.

Simon, donné au cardinal de Richelieu par le duc de Montmorency après sa condamnation à mort.

1. François Anguier, l'auteur de ce monument funéraire qui est actuellement au musée du Louvre.

2. Actuellement au musée du Louvre.

3. Actuellement au musée du Louvre.

D'abord le Cavalier a dit à M. l'abbé Bruneau qui en a la garde[1], qu'il y a trois choses que l'on regarde dans les médailles : l'histoire, la matière, y en ayant de métaux et de pierres précieuses, et l'art avec lequel elles ont été faites ; que pour lui, il ne les regardait qu'à cause de l'excellence de l'ouvrage. Il en a vu, entre les autres, deux d'agathe, l'une grande et l'autre petite, qu'il a trouvées extraordinairement belles, et quelques autres de bronze, et a dit qu'il y avait une chose à observer, que celles des excellents maîtres étaient en plus bas relief que les autres. Il en a vu quelques-unes de bronze fort belles, mais non pas grecques, les cassettes où elles sont n'ayant pu s'ouvrir à cause que le bois s'en est déjeté. Il en a vu une d'Antinoüs qu'il a admirée et fait remarquer qu'elle est de très bas relief, et que c'est le profil de la figure de Phidias de Monte-Cavallo. Il a vu ensuite les coquilles qu'il a trouvées belles, et sur quelques-unes de ces coquilles, il a dit que les escaliers à *lumaque*[2], comme on les appelle en Italie, en avaient été formés, et que les colonnes torses avaient été tirées sur d'autres coquilles, comme il en a montré quelques-unes. Il a dit qu'il admirait la variété infinie de la nature qui se joue dans ces bagatelles et fait voir son excellence et son immensité comme dans ses grandes choses. Il avait vu auparavant un petit bouclier ciselé[3], qu'ayant manié il a trouvé fort pesant. Sur cela, il a dit qu'on en voyait un à Rome haut de 4 à 5 pieds, couvrant toute la personne, qui ne pèse pas deux livres, lequel est à l'épreuve du mousquet, quoiqu'il ne soit que de trois peaux de poisson. Il a dit que l'on ne peut juger comment elles ont été jointes ensemble.

J'avais oublié de dire qu'en sortant de l'appartement de la Reine, il avait fait voir à M. du Metz qu'il avait marqué les statues et bustes qu'il estime davantage, la *Diane*, les *Faunes*, cette *Amazone* et la *Poppée*, mais il a dit que le bas de la figure n'était pas du même qui a fait le haut ; qu'il s'en voyait d'autres où de grands maîtres avaient négligé de certaines parties et où d'autres moindres ouvriers avaient mis la main.

Nous sommes revenus de là au palais Mazarin où nous avons trouvé l'abbé Butti, qui a pris deux dessins que le signor Paule lui a copiés de la *Sainte Marie égyptienne* et du *Christ mort*.

L'après dînée, M. Colbert est venu. Il a mené le Cavalier dans les appartements pour voir des tapisseries et après l'a mené au Louvre pour voir les fondations. M. Perrault avait apporté le matin les deux plaques de bronze qui doivent être attachées à la première pierre avec la médaille. L'on a préparé le marbre pour cela, et l'on a discouru comme l'on en usait à Rome. Le Cavalier a dit qu'on faisait toujours bénir la première pierre avant que de la poser, qu'il en avait été usé de même à Saint-Pierre et dans tous les ouvrages qu'il a fait faire ; qu'ayant conduit un arsenal à Civita-Vecchia, outre

---

1. Sur cet abbé Bruneau, dont le nom est écrit de plusieurs manières (Brenot, Brenot, Brunot), voyez l'intéressant ouvrage de M. Chabouillet : *Recherches sur les origines du Cabinet des médailles*, 1874, in-8°, p. 24 et suiv. L'auteur est parvenu à reconstituer l'histoire de ce personnage, qui fut assassiné par un voleur en novembre 1666.

2. *Lumaque*, limaçon ; *lumaca*.

2. C'est peut-être l'une des deux rondelles conservées au musée d'artillerie et mentionnées sur le catalogue (*série des boucliers*, sous les nᵒˢ 14 et 43) comme provenant de la Bibliothèque nationale, c'est-à-dire du Cabinet des médailles.

la bénédiction de la première pierre, l'on avait tiré tous les canons quand elle fut posée. M. Perrault a dit que les trompettes et les tambours feraient des fanfares, et qu'on pourrait faire faire des saluts par le régiment des gardes. Le Cavalier a ajouté qu'il serait bon de faire quelque espèce de tente pour plus de dignité, le Roi ayant à être là. Après que M. Colbert a vu qu'on en était à la deuxième assise, Mazière a dit que le Cavalier désirait qu'on fît à présent une retraite de deux pieds, que, cela étant, le vif porterait justement au défaut des grands libages qui avaient été mis pour parement ; ce qu'ayant fait entendre au Cavalier, il est demeuré d'accord que la retraite ne serait pas si grande et ne se ferait que d'un pied et demi. De là l'on est allé dans le lieu où était le buste. Il a considéré les tableaux de Paul Véronèse qui sont à l'entrée de cet appartement. Le Cavalier a dit de celui de *Suzanne*[1] que qui donnerait d'une lancette dans son bras, il en sortirait du sang ; qu'une des têtes de vieillard est admirable, que pour le dessin régulier, il ne le fallait pas chercher dans ces ouvrages, ni la position suivant la perspective ; qu'elle est toute fausse dans la *Suzanne* et dans la *Rebecca*[2]; que le point y est bas et que les pieds et les vases se voient comme s'il était haut. L'on y a trouvé l'abbé de Montaigu, M. d'Albon et Benserade. M. d'Albon m'a dit que ces messieurs eussent souhaité qu'il n'y eût point eu de collet au buste. Je lui ai demandé comme ils l'eussent voulu ; il a dit : « le col découvert pour être à la façon des héros ». Je lui ai dit que les héros français ne devaient pas être à la romaine ou à la grecque ; qu'il était bon qu'il parût dans ce buste de quelle sorte l'on était au temps qu'il a été fait ; que cela servait à l'histoire des temps, et il en est demeuré d'accord. L'on a aussi fort considéré le petit Christ, puis l'on a accompagné M. Colbert jusques à son carrosse. J'oubliais à dire qu'en venant l'on lui a parlé du petit Blondeau pour aller à Rome, l'abbé Butti et moi. Quand M. Colbert a eu monté dans son carrosse, le Cavalier a monté dans celui du Roi et nous sommes allés chez Benoît pour voir de ces têtes de cire que le Cavalier a trouvées bien. Il a vu le portrait de M^me Mazarin, de M^me de Lionne et de plusieurs autres. Il s'est informé comment il faisait pour former les têtes. Il a dit qu'à quelques-unes de ces dames il les formait les yeux fermés, à d'autres les yeux ouverts, qu'il faisait sa composition de poudre de marbre, coquilles d'œufs pilées et de plâtre, que l'importance était la dose de ces matières, puis l'invention du vif des yeux et le soin de réparer. Le Cavalier a dit que ces portraits étaient pour plaire beaucoup aux personnes qui s'entr'aiment. De là il est allé chez Vanestat[3], il a vu en bas quelques bas-reliefs de lui. Les ayant fort considérés, il les a trouvés de grande manière.

Il a, après, monté en haut où il a vu diverses ébauches de frises dans

---

1. *Suzanne au bain*, au musée du Louvre, sous le n° 98 de l'école italienne.

2. *Rebecca et Eliezer*, au musée du Louvre, sous le n° 110 de l'école italienne. Le catalogue l'indique comme étant non pas de P. Veronèse, mais de son école.

2. Gerhard van Opstal ou Obstal (appelé aussi quelquefois van Obstat), sculpteur, membre puis recteur de l'Académie de peinture, né à Anvers, mort en 1668 à soixante-treize ans. Il fit à cette académie, le 2 juillet 1667, sur le *Laocoon*, une conférence qui est imprimée (p. 28-40) dans les *Conférences de l'Académie pendant l'année 1667*, publiées par A. Félibien, 1669, in-4°.

lesquelles il paraît beaucoup de feu d'imagination. Il a fait voir, après cela,
au Cavalier divers ouvrages d'ivoire de femmes et d'enfants, qu'il a témoigné
trouver beaux, disant qu'il ne savait personne dans Paris capable de faire
pareilles choses. Il a fait voir aussi quelques ouvrages de marbre fort achevés, qu'il a encore beaucoup loués. Enfin, après avoir vu une infinité de
choses, l'abbé Butti a dit, que ce pauvre homme tout habile qu'on le voyait,
n'avait nul emploi et que la cabale lui était contraire ; que comme il n'agréait
pas au Brun, il lui ôtait toutes les occasions ; que pour l'avilir et se moquer
de lui, l'on lui avait depuis peu proposé de gratter les pilastres de la
grande galerie. Le Cavalier a dit que cela lui faisait de la peine à l'esprit.
L'abbé a ajouté, qu'il en dît un mot à M. Colbert. Il a reparti que cela
ne servirait de rien, qu'il faisait sa maîtresse du Brun et déférait entièrement à ses avis ; que Vanestat serait admirable pour les dessins et les
modèles de ces argenteries qu'on fait aux Gobelins, soit grands bassins, soit
grands vases ; que s'il était bien éloigné, il faudrait le faire venir, et a encore
répété que cela lui déplaisait beaucoup. De là l'on est allé chez le petit
François de Tours[1], lequel a été ravi de voir chez lui le Cavalier. Il lui a
dit qu'il était un de ses disciples, qu'il avait dessiné longtemps à son académie, qu'il lui disait en ce temps-là par ironie qu'il faisait plus de bruit
que quatre. Il lui a fait voir une Vierge, puis un crucifix, un *Ecce homo* et
un petit portrait d'un enfant portant une croix fait après nature. A la sortie
de là l'on est allé chez Mᵐᵉ de Beauvais[2], qui a montré avec grand soin et
plaisir sa maison au Cavalier. L'on est entré par un grand appartement que
le Cavalier a dit être de belle proportion pour les largeurs et les hauteurs.
Après, il a loué l'esprit de la maîtresse sur sa belle entente, distribution et
dégagement de la maison. Du grand appartement l'on a passé dans la galerie,
au bout de laquelle est la chapelle, de là dans le jardin et puis dans la
grande allée, de la place de laquelle elle a dit avoir refusé 100,000 livres ;
de là l'on est allé dans l'autre aile, tout était dans une propreté extrême.
Le Cavalier a dit qu'il ne croyait pas qu'il y eût maison à Paris où les appartements fussent de si belle proportion et si commodes. Mᵐᵉ de Beauvais l'a
prié de le dire au Roi. Il lui a dit que le Roi devrait la prendre pour y venir
quelquefois, qu'au Louvre il n'y avait pas de tels appartements. Elle a dit
qu'au premier achat la maison lui coûtait 30,000 écus, qu'elle s'était assujettie à ce qui était fait, qu'elle eût sans cela pu faire quelque chose de plus
beau ; que de tout abattre, sa famille eût crié contre elle. A la sortie, l'on
a ramené l'abbé Butti, qui a dit au Cavalier que s'il voulait faire chose qui
agréât beaucoup, il irait dessiner à l'Académie, qu'il lui conseillait d'y aller
dès le lendemain. Il a dit qu'il pourra y aller, mais qu'il voudrait que personne ne le sût. Après, je l'ai ramené au palais Mazarin. J'oubliais à dire
que, pendant que le Cavalier a fait sa méridienne, un jeune sculpteur pro-
vençal, qui avait fait apporter un bas-relief de son invention, a fait voir à
l'abbé Butti, Mathie et à moi nombre d'impressions[3] de médailles connues,

---

1. Simon François, dit François de Tours, peintre, membre de l'Académie (1663), mort
le 22 mai 1671 à soixante-cinq ans.

2. Rue Saint-Antoine, comme nous l'avons dit plus haut.

3. Empreintes.

et de bas-reliefs antiques d'une excellence extraordinaire et nous a dit que c'est un curieux de la ville d'Aix qui les a[1]. Il y en a un très grand nombre d'une beauté merveilleuse. Il a dit qu'elles sont à vendre; je lui ai donné avis d'en parler à M. du Metz.

Le quinzième d'octobre, étant allé chez le Cavalier, j'ai trouvé M. Colbert qui travaillait avec lui; le signor Mathie y était aussi examinant le travail qui s'était fait suivant les mémoires de M. Colbert pour placer les offices de bouche et gobelet, et l'on avait réservé à placer ceux des Reines et de M. le Dauphin de l'autre côté de la cour des cuisines, et l'on avait placé le Conseil et autres officiers du côté de Saint-Germain. M. Colbert a dit que rien n'était préférable à ces offices, qui marchent devant le Conseil et devant tous les grands officiers, de sorte qu'il a été dit qu'il faudrait changer cette distribution. L'on a parlé de la conduite des eaux et des réservoirs qu'il fallait avoir, pour cela, des lieux communs auxquels il faut avoir grand égard, peur de l'infection. L'on a parlé aussi des lieux à mettre des eaux pour remédier au feu. Il s'est fait diverses propositions pour cela et pour les lieux communs que le Cavalier a dit devoir être mis au haut des grands et petits escaliers pour ce que l'odeur monte et n'empêche rien, et à l'égard du feu il a dit que quand il se prend en bas le secret est de boucher tous les lieux afin de l'étouffer, et en haut qu'il faut lui donner de l'air; qu'on peut faire quatre réservoirs d'eau, sous les premières rampes des grands escaliers, dont on pourra la tirer avec des pompes. A l'égard des citernes projetées dans les petites cours, M. Colbert y a fait de grandes difficultés, ne voulant pas, a-t-il dit, être l'auteur de faire des lieux souterrains dans le Louvre pour l'inconvénient des poudres qu'on y pourrait mettre et du monde qu'on y pourrait cacher[2]. Le Cavalier a dit que les citernes étaient exemptes de soupçon étant seulement sous les cours et non sous le bâtiment; qu'à l'égard d'y cacher du monde, l'eau l'empêche.

Durant cela, l'abbé Butti est venu qui s'est assis, qui a servi, comme moi, à expliquer au Cavalier ce que disait M. Colbert. Il avait commencé à dire que l'appartement du Roi doit être plus grand qu'il n'est, étant trop serré, et celui de la Reine aussi. Le Cavalier a dit qu'il songerait à l'accroître; l'on a parlé après des salles pour le bal et pour banqueter, que M. Colbert a trouvées trop éloignées au lieu où le Cavalier les a mises. Il a toujours insisté qu'elles étaient bien là où il les avait placées, et a dit que pourtant il y penserait. L'on a aussi fort discouru au sujet de la chapelle, afin de la faire assez grande pour servir de paroisse à la Cour et y pouvoir faire toutes sortes de fonctions épiscopales et curiales, comme l'on faisait autrefois à la Sainte-Chapelle, qui était celle du palais de nos Rois, qu'ils voulurent quitter et donnèrent pour

1. Quel est ce curieux? Je n'en sais rien. Je dirai seulement que dans son livre de l'Utilité des voyages, dont la première édition est de 1686, Baudelot de Dairval énumère ainsi les collectionneurs de la ville d'Aix : « Il y a longtemps que M. Lauthier est connu pour un antiquaire dans la ville d'Aix, et pour avoir recueilli les débris de M. de Bagarris et de M. Peiresc. M. le prieur Borilly et M. Sibon, avocat, y peuvent aussi montrer de très beaux cabinets. »

2. On voit que l'esprit de Colbert était hanté par le souvenir de la fameuse conspiration des poudres, sous Jacques Ier, en 1606.

servir de siège à la justice, afin aussi de n'être pas tant dans le milieu de la ville; inconvénient d'en faire deux; autre inconvénient que le Roi descendît ou que les canailles fussent à celle du Roi. Dans ces divers raisonnements l'on est demeuré jusques à deux heures après midi; enfin M. Colbert s'en est allé et a dit qu'il fallait agiter, durant le temps que le Cavalier avait à rester, diverses difficultés. Lui sorti, l'on a dîné. A la sortie de table, étant demeuré seul avec le Cavalier, il a dit qu'il attendrait encore jusques au dimanche au soir, mais que, si l'on ne lui donne congé, il le prendra et s'en ira à ses dépens; qu'il est vieux, qu'il ne veut pas attendre à se mettre en chemin dans l'hiver, qu'il ne fait à présent plus rien. Je lui ai assuré qu'il serait expédié, et lui ai dit que M. Colbert le priait de voir la grande écurie et où l'on la pourrait placer, et la petite. Le Cavalier m'a dit que celle-ci était bien où elle est, sinon qu'il n'y a pas de lieu pour placer les officiers et les pages. Je lui ai proposé pour cela de faire des logements dans la galerie, mais l'inconvénient des cheminées y est un obstacle. Le Cavalier a dit que les cheminées dans les murs réussissaient bien, les faisant rondes, que cela n'affaiblirait point les murs et qu'elles se nettoient facilement.

Il a été l'après-dînée accommoder le tapis fait pour couvrir la table où est son buste, puis nous sommes allés à la grande écurie et dans le manège. Il m'a dit que ceux d'Italie avaient des lieux hauts et bas pour dresser les chevaux aux montées et aux descentes. De là, il est allé aux fondations du Louvre où ayant vu les conduits faits par Levau pour les eaux nécessaires pour le Louvre, il a dit qu'il s'en servirait, que c'étaient des lieux souterrains, nonobstant ce qui s'était dit le matin, qu'il les continuera par-dessous la façade à l'endroit où sera la porte. De là nous sommes allés aux PP. de l'Oratoire et puis je l'ai remené.

Le seizième, étant demeuré malade, mon frère et mon neveu Fréard ont été tenir compagnie au Cavalier. Ils l'ont trouvé à ce qu'ils m'ont dit sur ses plans pour accommoder les salles pour bals et banquets au goût de M. Colbert, et suivant ce qu'il avait proposé le jour précédent. Mme d'Aiguillon y est venue au sujet de la Sorbonne. L'après-dînée, il a été à l'Académie et y a dessiné; après il a été aux fondations, et ensuite est venu me voir. Il m'a montré son académie qui est une figure en forme de captif, laquelle est belle et de ce que l'on dit de grande manière [1]. Il m'a dit en riant qu'il était venu afin que je ne l'oubliasse pas dans mon testament. L'abbé Butti était avec lui. Il a parlé ensuite de son départ et a dit qu'il ne pouvait comprendre comment on le différait sans lui en faire entendre la raison. L'abbé Butti lui a dit à cela, que M. du Metz lui avait demandé combien il avait de personnes avec lui, sans doute pour la voiture, et qu'il lui avait dit : lui et six autres.

Le dix-septième, j'ai trouvé le Cavalier travaillant au dessin d'une Vierge adorant un petit Christ dans un linge porté par deux anges. M. du Metz est venu aussitôt qui lui a dit que la cérémonie de la première pierre se ferait sur le midi. M. de Créqui est venu après qui a entretenu quelque temps les

---

1. Ce dessin est actuellement dans les cartons du Louvre, où il porte le n° 9585.

Cavalier. J'ai envoyé quérir cependant le carrosse du Roi. Mignard a envoyé montrer au Cavalier un tableau de Paul Véronèse qui est à lui. C'est un *Moïse trouvé sur les eaux*. M. de Créqui m'a demandé ce que je l'estimais. J'ai dit qu'il valait bien cinq cents écus. « J'en donnerais bien cent cinquante juste », a-t-il répondu. J'oubliais à dire que j'ai été porter à S. A. R. le dessin pour la cascade de Saint-Cloud, qu'il a fait peindre à Bourson. Il m'a demandé d'abord qu'il l'a vu : « où mettre cela ? » Je lui ai dit : « au lieu où est le grand jet d'eau ». — « Mais mon jet d'eau ? » a dit Monsieur. J'ai répondu qu'il serait conservé, et qu'afin qu'on pût mieux exécuter l'intention du Cavalier, il m'avait promis que, d'abord qu'il serait à Rome, il ferait faire un modèle en terre de cette cascade, qu'on exécuterait en bois, afin qu'il pût être apporté ici. S. A. R. a parlé après du dessein du Louvre, et m'a dit que de rétrécir la cour et d'ôter tous les ornements qui y sont, cela lui déplaisait fort, qu'on voulait n'y faire que des choses simples. J'ai répondu que les choses qu'on y ferait auraient l'ornement qu'elles devaient avoir. M. le maréchal du Plessis a dit qu'en Italie l'on avait raison de cacher les combles, parce qu'on n'avait point d'ardoise, que leur taille était vilaine, mais que les couvertures ici avaient leur beauté. Je n'ai point débattu la question et m'en suis venu chez le Cavalier qui était avec M. de Créqui, et nous sommes entrés dans son carrosse, le Cavalier, l'abbé Butti et moi ; celui du Roi arrivant en même temps, les signors Paule et Mathie sont venus dedans.

Étant descendu aux fondations, l'on a discouru de ce qui se pratiquait en pareilles occasions, et l'on a dit qu'au Val-de-Grâce, Mansart avait donné la truelle à la Reine. M. du Plessis-Guénégaud[1] a dit qu'il croyait que c'était au surintendant des bâtiments à donner la médaille au Roi et la truelle. L'abbé Butti m'a prié de m'en instruire, mais personne n'en a dit autre chose. A quelque temps de là est venu M. Colbert qui a dit à l'abbé Butti de dire au Cavalier qu'il n'avait qu'à dire ce qu'il voulait de l'honneur de la cérémonie, et qu'on le lui donnerait. En même temps le Roi ayant envoyé demander si tout était prêt, l'on a dit qu'oui. Varin était là tenant sa médaille qu'il avait dès le matin apporté montrer au Cavalier, qui lui avait dit qu'elle avait trop de relief. Il lui avait répondu que c'était le goût de M. Colbert, qu'il était bien aise que M. le Cavalier dît qu'il les fallait de relief fort bas, pour ce que c'était aussi son avis. Il avait aussi les deux plaques de cuivre contenant les inscriptions, elles ont été posées l'une d'un côté, l'autre de l'autre, dans l'enchassure d'un marbre carré et entre les deux la médaille qui est du prix de cinq cents écus. Il y avait là une truelle d'argent, aussi les armes du Roi, un marteau et deux pinces. M. Colbert a tenu quelque temps une toise, puis l'a baillée à M. Perrault et ne l'a pas reprise depuis. Le Roi a fait accueil au Cavalier et a considéré l'appareil de la cérémonie. M. Colbert a présenté à Sa Majesté la médaille, qui l'ayant considérée et fait voir à quelques-uns près d'elle, l'a mise dans la place qui lui était destinée. Le Cavalier ensuite a présenté la truelle à Sa Majesté, après avoir pris dessus du mortier dans un grand bassin d'argent qui était là. Le Roi l'ayant prise a mis ce mortier dans l'en-

---

1. Henri Guénégaud, seigneur du Plessis et de Fresne, secrétaire d'État, né en 1609, mort en 1676.

chassure de la pierre de marbre. M. le maréchal de Gramont étant survenu, le Roi a fait tirer la médaille qui était déjà posée pour la lui faire voir. Il a fallu pour cela chercher un compas, pour avec la pointe la tirer du lieu où elle avait été mise. Le maréchal l'a considérée d'un côté et d'autre, et le Roi après l'ayant remise en sa place, l'on a posé une grande pierre sur celle de marbre où le Cavalier a mis quelques truelles de mortier. Villedot a baillé au Roi le marteau avec lequel Sa Majesté a donné quelques coups, puis avec les pinces l'on a accommodé la pierre posée pour couvrir celle de marbre. La cérémonie

CHARLES ERRARD, PEINTRE ORDINAIRE DU ROI.

(D'après une gravure du temps.)

finie, le Roi s'en est allé. Le Cavalier et le signor Mathie, qui a toujours été auprès de lui durant qu'elle a duré, s'en sont allés au carrosse avec l'abbé Butti. Cependant il s'est mu une contestation pour tous ces outils. Pietro qui est au signor Mathie les voulait avoir, tenant la truelle et tiraillant pour avoir le marteau des mains de Villedot; Bergeron voulait lui ôter cette truelle, l'estafier du Cavalier l'en empêchait. Il est survenu force gens pour les entrepreneurs. J'ai dit aux uns et aux autres que M. Colbert réglerait cela; qu'ils laissassent ces outils aux gens du Cavalier, ce qu'ils refusaient de faire. Alors je leur ai dit de me les bailler à moi, comme en dépôt, en attendant que M. Colbert en eût décidé. J'ai donc apporté ces outils dans le carrosse du Cavalier. Après cette contestation, il y en a eu d'autres; car le Roi ayant fait faire largesse de cent pistoles en pièces de 30 s., de 15 s. et de 5 s. qui ont été jetées dans la fondation, ç'a été une mêlée furieuse de manœuvres, de travailleurs et même de soldats pour ramasser cet argent.

Après le dîner, le Cavalier s'est occupé à ombrer son dessin de Vierge, et vers le soir est sorti pour aller voir M. de Ménars que nous n'avons point trouvé. De là, j'ai mené le Cavalier chez Bourdon. J'oubliais à dire que pendant que je voyais dessiner le Cavalier, il m'a dit qu'une des choses à quoi il pensait davantage, c'était quand il prendrait congé du Roi, de le remercier de la grâce qu'il lui avait faite de me mettre auprès de lui, et de dire à Sa Majesté combien j'avais eu de soin et d'affection de l'assister, combien j'ai d'intelligence dans tout ce qui regarde ces arts-ci. Je l'ai remercié lui disant que je lui étais bien obligé, que j'étais payé par le plaisir que j'avais eu auprès de lui, que d'ailleurs ce m'était un bonheur d'avoir eu la compagnie d'un homme illustre et singulier comme il est, et qui tient depuis si longtemps le premier rang parmi ceux de sa profession. Il s'est humilié et a dit qu'il m'était bien obligé. Je lui ai ajouté que quand il donnerait quelque opinion de moi avantageuse, elle servirait à autoriser ses ouvrages de l'excellence desquels je suis très convaincu, mais qu'en France le nombre des ignorants dans la beauté des arts est si grand, que si l'on ne cherche à donner de la foi aux paroles de ceux qui entendent[1], leur parti sera de beaucoup trop faible. Je lui ai dit ce qu'avait le matin allégué M. le maréchal du Plessis.

Au sortir de chez Bourdon, ayant ramené le Cavalier chez lui, je suis allé chez M. Colbert et lui ai rendu compte de la question du matin. Il m'a dit que si c'était le Cavalier, non seulement ces outils mais toute autre chose lui serait accordée sans difficulté, mais qu'un Pietro et un autre sans nom, il n'y avait pas d'apparence; que cela était du droit des entrepreneurs; m'a répété : si le Cavalier les voulait, etc. Je lui ai dit que je le lui dirais. Il m'a dit qu'il le verrait; et comme je sortais, il m'a dit qu'il craignait bien que, le Cavalier absent, les choses n'allassent pas bien. Étant revenu chez moi, Mazières y est venu, qui m'a dit que ç'avait été à leurs dépens que cette truelle et autres choses avaient été faites, qu'elles leur appartenaient de droit, que M. Messier, qui avait servi au Val-de-Grâce, avait eu la truelle que lui, Mazière, avait achetée à son inventaire; que si le Cavalier la voulait, il était le maître; qu'il leur laissât seulement le marteau et une pince; que Pietro avait dit : *Questi coglioni francesi.* J'ai répondu que j'y avais toujours été et ne l'avais point entendu, qu'il ne fallait pas croire cela.

Le dix-huitième, M. Colbert a envoyé avertir mon frère de se trouver chez le Cavalier. J'y suis allé. J'ai dit au Cavalier touchant ces outils ce que m'avait dit M. Colbert; il m'a dit qu'il n'en voulait. Aussitôt est venu M. Colbert. L'on s'est assis et l'on a mis le plan du Louvre sur le tapis et les mémoires de M. Colbert, lequel a commencé et a dit, que pour la bonne construction il voulait que les fondations du total du Louvre cheminassent d'un même pied. Le Cavalier a pris la parole et répondu que cela était bon, mais non pas nécessaire, le Louvre étant de sorte que ces fondations ne se touchent point

---

1. C'est-à-dire : si l'on ne cherche pas à donner de l'autorité aux paroles de ceux qui sont entendus dans les arts.

étant séparées par ce qu'il y a du Vau[1]. Après l'on a vérifié suivant le plan
et corrigé quelques fautes qui procédaient de ce que M. Perrault a résumé le
grand devis dressé par le signor Mathie et en avait mal entendu quelques
endroits. Le Cavalier a montré après à M. Colbert ce qu'il avait ménagé pour
perfectionner les logements du Roi et de la Reine, et qu'il y a trouvé toutes
les pièces et accommodements nécessaires pour cet effet; qu'il fallait rompre
un gros mur de refend et le transporter plus loin. M. Colbert à cela s'est
renfrogné et a dit tout bas que ce serait chose qui causerait trop de désordre.
Le Cavalier l'a entendu et a dit qu'il n'y avait autre remède que celui-là pour
pouvoir donner l'aisance à cet appartement qui se trouve trop serré, et qui,
pourtant ne peut être que là pour être au midi, comme l'on veut. Après l'on
est venu à la chapelle que le Cavalier a placée au lieu où étaient auparavant
les salles pour bal et banqueter. De ces deux pièces en faisant une grande
chapelle basse de 16 à 17 toises, à un des bouts de laquelle il a mis une
grande tribune pour le Roi au plain-pied de ses appartements, et à l'autre
bout du côté de l'autre, et au-dessus une autre tribune pour y placer la
musique, disant que pour être bien entendue il fallaît qu'elle fût vis-à-vis et
ne fût pas si proche, particulièrement celle du Roi, composée de corps de
voix puissantes, avec lesquelles il y a des orgues, des violes, violons, cornets
de basses et autres instruments. M. Colbert a trouvé que cela était éloigné,
que le Roi était bien aise de voir mieux ses musiciens, et qu'eux aussi sou-
haitaient d'être proches pour être vus, se négligeant dès lors qu'ils sont éloi-
gnés; que d'ailleurs dans toutes les anciennes églises la musique est au milieu
afin qu'elle se répande mieux partout et qu'on la voit toujours à l'aigle
des églises anciennes où est le pupître; s'est fort étendu sur cela. Le Cavalier a répondu qu'il l'avait placée ainsi afin de rendre l'oreille plus satisfaite,
et pour une autre bienséance, qui est de ne point donner occasion aux assis-
tants de tourner la tête pour s'attacher plus à la musique qu'à l'autel; qu'on
pouvait, au lieu de cette tribune qui est au bout, en mettre deux d'un côté
et d'autre de la chapelle; que d'ailleurs il était de la bienséance qu'il y eût
deux porches afin que quand il pleut ceux qui ont à entrer dans l'église aient
un endroit à nettoyer leurs souliers et secouer la pluie, avant que d'entrer,
que ces tribunes seraient sur les porches. Outre ces difficultés, M. Colbert en
a trouvé une grande pour arriver à cette chapelle, pour ce que d'un côté il
faudrait traverser un grand appartement que le Roi, a-t-il dit, veut se réserver
pour lui seul et en avoir seul la clef, et de l'autre il faudrait traverser une
des grandes salles et deux ou trois antichambres ou chambres, qui était
abandonner ces lieux, sans pouvoir espérer d'y tenir jamais aucuns meubles,
à cause de la nécessité du passage. Le Cavalier a reparti que les gens de
moindre condition seraient dans l'église à bas[2] et que les gens de qualité
qui accompagnent Sa Majesté passeraient avec elle, puisque c'était l'usage.
M. Colbert a répliqué qu'il y avait de diverses qualités de personnes; qu'il
demeurait d'accord que les bas officiers et autres iraient dans le bas, mais
qu'il y avait grand nombre d'autres personnes de qualité qui seraient bien

1. C'est-à-dire par les constructions que Levau avait faites.
2. *A bas*, en bas.

fâchées de se mettre ailleurs qu'au lieu même où se met la propre personne du Roi; que telle était l'humeur des Français et l'usage même de France; qu'entre autres les dames, qui ne vont jamais à la messe du Roi, sont bien aises aussi de se mettre au même lieu où Sa Majesté se met, et qu'ainsi c'était perdre dans cette partie du Louvre quatre ou cinq pièces pour servir au passage de cette chapelle. Le Cavalier a dit qu'il y avait en bas un escalier commode à monter à cette tribune, qu'outre cela, pour ne pas perdre ces pièces, l'on pouvait faire un corridor par dehors; qu'ainsi il n'y en aurait qu'une d'assujettie, que cela ne rompait point la symétrie parce que l'on verrait qu'il serait fait seulement pour cette commodité; qu'il y en avait exemple au Vatican. M. Colbert a reparti que cela serait fort mal, qu'il vaudrait mieux chercher un autre remède. Mon frère était là qui écoutait, étant arrivé un peu auparavant ce discours. L'abbé Butti est survenu aussi. M. Colbert l'a fait asseoir et lui a rapporté les difficultés. Il s'est voulu mêler en riant d'y trouver quelque expédient, mais M. Colbert lui a dit aussi en riant qu'il se contentât seulement de servir d'interprète, sans vouloir faire l'architecte. L'on a encore remis l'affaire sur le tapis. Lui[1] a dit qu'on pouvait faire des logis au dedans d'une des petites cours et avec cela ménager le dégagement de toutes ces pièces. Le Cavalier a reparti brusquement : *Ha questa no si perderebbero i lumi*[2]. `

M. Colbert a dit encore en riant : « Je vous disais bien, monsieur l'Abbé, que vous ne devez pas faire l'architecte. » Toutes ces difficultés m'ont paru dégoûter extrêmement le Cavalier. Il a dit qu'on ne pouvait pas faire et ne faire pas, que c'était beaucoup d'avoir trouvé à placer les grands escaliers, de sorte qu'ils n'interrompissent point le cours de tout le plan noble du tour du Louvre, les ayant pour cet effet posés aux quatre angles du dedans de la cour, mais que de faire une chapelle, qui ait la grandeur d'une église, qu'elle soit dans un lieu où elle serve en public et encore en particulier au Roi, et qu'on n'y puisse arriver sans passer que par un endroit cela était impossible; que pour lui, il ne le savait pas faire; qu'il avait fait ce qu'il avait su; qu'il l'avait placée d'abord fort bien, qu'il l'avait depuis changée pour tâcher de satisfaire, qu'il ne pouvait faire davantage, qu'il songeait à présent à s'en aller et à demander congé pour cela; que le Pape ne le lui avait donné que jusques à la fin d'août. M. Colbert a répondu, que ce qu'il en faisait était pour prendre de lui toutes les lumières, qui se pouvaient tirer sur une matière, qu'au reste il fallait qu'il songeât encore à l'examen de ces choses et autres contenues en ses mémoires, lundi et mardi, et qu'il disposerait tout pour faire qu'il pût s'en aller le mercredi. Il a dit qu'il avait fait ce qu'il avait pu; qu'il n'ignorait pas qu'il ne fallait jamais dire : « Cela est impossible »; que néanmoins ce qu'on désirait de lui était lui demander de faire tenir une pipe de vin dans un baril. M. Colbert a repris, et a dit qu'il pourrait faire une église toute séparée, et la faire la plus superbe qu'il se pût et trouver invention de l'attacher, que pourvu qu'on donnât un endroit au Roi d'un fort grand tour, il [y] passerait toujours avec plaisir plutôt que de

1. *Lui*, l'abbé Butti.
2. « Il (ce projet) a cet avantage que les yeux ne s'y perdront pas. »

voir engager ses appartements. Il a dit après au signor Mathie qu'il fallait qu'il travaillât suivant ses mémoires à distribuer tous les offices et logements des officiers y contenus. Il a répondu que nous y travaillerions lui et moi. Après cela, M. Colbert s'est levé, et je m'en suis allé entendre la messe chez lui, car il était une heure, et montant avec lui dans son escalier, il m'a dit : « M. le Cavalier est bien chaud. » Je lui ai répondu : « C'est le naturel des esprits vifs, qui concevant facilement sont prompts à trouver les expédients, mais quand ils voient qu'ils n'ont pas rencontré et satisfait, ils se rebutent plus tôt que les autres. » J'ai entendu à sa chapelle la messe de son aumônier. J'oubliais à noter que les enfants de M. Colbert se sont trouvés à l'entrée de cette chapelle, et d'abord qu'ils l'ont vu entrer, le sont allés embrasser. A la sortie de la chapelle, il a pris la main à sa fille [1] et n'a jamais voulu passer, que je n'eusse passé devant. Je lui ai fait la révérence et m'en suis venu dîner chez moi.

Après dîner, nous avons, M$^{me}$ de Chantelou et moi, mené M. l'abbé de la Chambre [2] au Cavalier, afin qu'il le voulût recevoir pour aller à Rome en sa compagnie, ce qu'il a promis de bonne grâce. Moi étant après demeuré seul avec lui, il a fermé les portes, et tout en colère m'a dit qu'il voulait s'en aller et qu'on se moquait de lui, que M. Colbert le traitait de petit garçon, qu'avec de longs discours inutiles sur des privés et des conduits, il consommait les congrégations entières ; qu'il voulait faire l'habile et qu'il n'y entendait rien ; que c'était un vrai c........ ; qu'il s'en irait sans rien dire ; qu'il avait remarqué ces deux jours-ci qu'il avait voulu lui faire faire *una mala creanza* [3],

1. Probablement la fille aînée de Colbert, Jeanne-Marie-Thérèse, qui était alors âgée de dix-neuf ans. Deux ans plus tard, elle fut mariée à Charles-Honoré d'Albert, duc de Chevreuse, et mourut en 1732.

2. Pierre Cureau de la Chambre, curé de Saint-Barthélemy, à Paris, membre de l'Académie française, mort en 1693. — « M. l'abbé de la Chambre, disent les *Mémoires* de Vigneul-Marville, avait étudié pour être médecin ; mais, frappé de surdité dès sa jeunesse, il se tourna du côté de l'Église. On lui conseilla de voyager pour dissiper son mal. Il alla en Italie, et ce fut là qu'il se lia d'amitié avec le cavalier Bernin dont il a fait l'éloge. C'était son dessein de donner au public la vie de cet illustre sculpteur et architecte ; mais comme la réputation que le Bernin avait acquise en France, où l'on change aisément de goût, tomba tout d'un coup et que ç'aurait été se perdre de la vouloir soutenir contre ses envieux, M. l'abbé de la Chambre abandonna ce dessein et n'en parla plus. D'ailleurs, cet abbé était paresseux. ». L'abbé s'est borné à faire dans le *Journal des Savants* du 24 février 1681, c'est-à-dire trois mois environ après la mort du Cavalier, un *Éloge* de sept pages, dont il y a eu peut-être un tirage à part. Il était fils de l'auteur des *Caractères des passions*, Martin Cureau de la Chambre, membre de l'Académie des sciences, mort en 1675. On voyait jadis dans l'église Saint-Eustache son médaillon sculpté par Tuby « d'après un dessin de Bernin », à ce que dit Hurtaut. Ce médaillon est actuellement au musée de Versailles, galerie 96, n° 1894.

3. Une inconvenance, une impolitesse. — Charles Perrault, dans ses *Mémoires*, rapporte ces paroles du Bernin d'après le Journal de Chantelou qui, dit-il, lui a été communiqué après la mort de l'auteur (liv. II, p. 86). Il a fait précéder son récit des observations suivantes, qui sont pleines de justesse. « Il aurait été, dit-il, malaisé de trouver deux génies plus opposés, (ceux de Colbert et de Bernin). Le Cavalier n'entrait dans aucun détail, ne songeait qu'à faire de grandes salles de comédie et de festins, et ne se mettait point en peine de toutes les commodités, de toutes les sujétions et de toutes les distributions nécessaires, choses qui sont sans nombre et qui demandent une application que ne pouvait prendre le génie vif et prompt du Cavalier ; car je suis persuadé qu'en fait d'architecture il n'excellait guère que dans les décorations et les machines de théâtre. M. Colbert, au contraire, voulait de la précision et

qu'il l'avait assez poussé à cela, mais que la raison l'avait retenu. Je lui ai
représenté doucement que c'en serait une grande de faire ce qu'il disait, que
comme M. Colbert ne lui demandait que deux jours de terme, il fallait qu'il
attendît; que le Roi le traitait si bien que quand ce ne serait que pour cette
considération-là, il ne devait rien faire qui pût lui déplaire; que cela serait
d'éclat; que je lui conseillais, puisque M. Colbert avait proposé de faire un
corps d'église détaché du Louvre, auquel on pourrait aller par une espèce
de pont, que je lui conseillais, dis-je, d'y travailler, et d'en faire un plan;
qu'après il pourrait dire qu'il l'avait fait par complaisance et représenter
même que cela serait contre la symétrie et en faire, s'il voulait, sa déclara-
tion. Il m'a dit qu'il ne se souciait pas de cela, et qu'il n'en ferait rien, qu'il
voulait s'en aller dès demain. Je l'ai toujours adouci autant que j'ai pu, mais
il a reparti qu'il n'avait besoin de rien; qu'il était en meilleur état que ceux
qui cherchaient à le *strapasser* [1]. Je lui ai remis devant les yeux l'accueil favorable que le Roi lui avait toujours fait, et hier même, de fraîche date,
qu'il n'a pas pour tout le monde un visage ouvert et riant comme pour lui;
de s'en aller après cela, sans voir Sa Majesté, qu'il jugeât de quelle sorte cela
serait interprété. Il m'a répondu, qu'il y a treize jours qu'il n'a plus rien à
faire, que le bref du Pape ne porte que jusqu'à la fin d'août, que le plus
peut déplaire au Pape; qu'on n'a rendu aucun office en sa faveur; que le
Pape peut le ruiner en son bien; que beaucoup de choses qu'on demande
pourraient être bonnes à y penser dans deux ou trois ans; que s'en allant,
ce ne serait pas sans laisser une *écriture* [2] pour être donnée au Roi, contenant les raisons qui l'y ont porté; qu'il savait bien que Sa Majesté avait plus
besoin de M. Colbert que de lui; et ainsi qu'il voulait éviter de parler pour
ce qu'un autre répond, et qu'enfin le plus faible le perd toujours; qu'il ne
voulait point se mettre dans ces intrigues. Je lui ai répété qu'il fallait me
croire, et que rien de ce qu'on faisait par colère et précipitation ne réussissait. Le signor Mathie est entré à même temps et m'a prié de travailler avec
lui, afin de trouver à placer les offices de bouche et gobelet du Roi et des
Reines, ce qui a fait que j'ai quitté le Cavalier, qui, comme j'ai cru voir depuis sur sa table, ayant demandé le plan général, a fait quelque esquisse de
cette église que M. Colbert a une fois dit pouvoir être faite tout d'un autre
ordre que le Louvre, et même qu'il était convenable qu'elle fût plus belle et
plus riche, afin que l'on pût dire que le Roi avait voulu loger Dieu avec plus
de magnificence que lui-même, et la faire en sorte qu'on y pût passer dans
une grande tribune du plan noble du Roi.

Après que nous avons fini notre ouvrage, le signor Mathie et moi, le Cava-

savoir où et comment le roi serait logé, comment le service se pourrait faire commodément.
Il croyait, et avec raison, qu'il fallait parvenir non seulement à bien loger la personne du
roi et toutes les personnes royales, mais donner des logements commodes à tous les officiers,
jusques aux plus petits, qui ne sont pas moins nécessaires que les plus importants; il ne cessait de composer et de faire faire des mémoires de tout ce qu'il fallait observer dans la distribution des différents logements et fatiguait extrêmement l'artiste italien. Le Cavalier n'entendait rien et ne voulait rien entendre à tous ces détails, s'imaginant qu'il était indigne
d'un grand architecte comme lui de descendre dans ces minuties. » *Ibid.*, page 85.

1. *Strapasser*, mépriser. C'est le mot italien *strapazzare*.

2. *Écriture*, écrit.

lier est venu et nous avons encore discouru sur la même thèse, recommençant par me dire qu'il voyait bien qu'on voulait lui faire faire *una mala creanza*. Je lui ai dit que je ne le croyais pas, mais qu'en tout cas, il se donnât bien garde de la commettre, que ce serait mal correspondre aux marques d'affection et d'estime que le Roi lui a données; que je lui répétais que moi qui vois le Roi souvent, j'avais bien reconnu la civilité extraordinaire dont Sa Majesté usait avec lui; qu'il l'avait en grande estime, qu'il fallait ménager cet avantage. Il a dit qu'il lui était très honorable d'avoir cette estime du Roi; qu'il ne se plaignait pas de Sa Majesté, mais d'être traité ainsi de M. Colbert; qu'il n'avait point besoin de la France, qu'on lui avait témoigné désirer qu'il y demeurât; que ce traitement faisait bien paraître qu'on n'en avait pas envie, qu'il ne l'avait pas aussi; qu'il s'estimait autant que ceux qui le maltraitaient; qu'il ne considérait point leur croix[1]; que M. Colbert faisait bien paraître qu'il ne s'entendait nullement dans toutes ces choses, que c'était ce qui lui donnait du dégoût et le faisait résoudre à s'en aller. Il m'a demandé après, qui était cet abbé qui voulait aller en Italie, et a passé à d'autres discours : combien coûtait un carrosse à entretenir à Paris; puis m'a demandé, quand quelqu'un avait à parler au Roi, comment on faisait. Je lui ai dit qu'on peut parler quand Sa Majesté va à la messe; que le matin, quand Elle s'habille, qu'il y a grande presse. Il m'a demandé s'il n'y a point de maîtres de chambre. Je lui ai dit que les premiers gentilshommes de la chambre faisaient cette fonction, mais que les ministres et secrétaires d'État étaient ceux qui faisaient donner les audiences. J'attendais toujours mon carrosse, m'ayant dit qu'il ne voulait point sortir. Comme j'ai vu qu'il ne venait point, je suis sorti disant que j'allais envoyer mon laquais faire un message et m'en suis venu. J'oubliais à dire qu'il est venu un gentilhomme de la part de M. le Prince et de M. le Président[2] faire un compliment au Cavalier, de ce qu'il avait été voir la sépulture de défunt M. le Prince aux Jésuites[3], qu'il voudrait bien en avoir son avis, et de quelque chose qu'il y a à y faire. Il a dit qu'il ne se souvenait plus comment la chose était faite, que s'il pouvait avoir le temps, il y retournerait.

Le dix-neuvième, étant arrivé chez le Cavalier, il m'a tiré proche de la fenêtre en particulier et m'a dit : « Je désire savoir de vous une chose, mais je vous la demande, foi de cavalier. « Je lui ai promis de la lui dire. Alors il m'a demandé : « Hier, à la sortie d'ici, fûtes-vous point chez M. Colbert à cause de l'entretien que j'avais eu avec vous? » Je m'étonnai et lui dis qu'il avait mauvaise opinion de moi; que je voyais bien qu'il ne me connaissait pas, que quand on me faisait quelque confidence, je n'en usais pas de la sorte. » Quand il a vu que je me fâchais, il m'a demandé excuse et m'a dit que je ne prenais pas la chose du biais qu'il me la disait; qu'il ne se défiait pas que j'y eusse été qu'afin de lui faire office d'ami. Je lui ai dit que, de peur de lui faire naître une pareille pensée, je serais plutôt allé en poste à

---

1. Allusion à la croix du Saint-Esprit que Colbert portait comme trésorier de l'Ordre.
2. Nicolas Perrault, intendant du prince de Condé et président à la chambre des comptes. Il était frère de Charles Perrault.
3. A l'église Saint-Paul, rue Saint-Antoine.

Rome, que d'entrer dans la maison de M. Colbert qui n'était qu'à deux maisons de la sienne. Il m'a dit à cela que, dans le temps qu'il me parlait le
soir, il avait impatience que je fusse sorti pour travailler suivant mon conseil; qu'il s'était tellement échauffé la tête, qu'il n'avait pas clos l'œil de la
nuit, mais aussi qu'il avait trouvé une chapelle dont il était extrêmement
satisfait; qu'au reste quelque temps après que je fus parti, M. du Metz était
venu lui dire que, s'il voulait s'en aller le mardi, que l'on préparerait tout
pour cet effet, et que sur cela, il s'était imaginé que je pourrais avoir dit
quelque chose de son impatience et rien plus.

Peu de temps après est venu l'abbé Butti et ensuite M. Colbert. L'on s'est
assis et alors le Cavalier a pris la parole et a dit : que véritablement ce que
M. Colbert lui avait dit lui avait tellement échauffé l'imagination, que cela lui
avait fait trouver moyen de placer une chapelle dans son intention, mais une
grande chapelle, parce qu'elle contient autant que la Rotonde[1] et était d'une
forme élégante, étant de l'ovale parfaite, puis en riant s'est tourné vers
l'abbé Butti, et a dit : « Je me trompe, c'est l'abbé Butti qui l'a trouvée et
m'en a envoyé le dessin ce matin pour le faire voir à V. Exc. » Se tournant
vers M. Colbert, l'abbé a dit : « Il est vrai que j'y ai travaillé toute la nuit »
et puis en riant : « Voilà l'effet de ma pensée poétique d'hier; *doppo il fumo,
viene la fiamma che rallegra gli occhi*[2]. Le Cavalier s'est mis à poursuivre,
et a montré que, pour arriver à cette chapelle, le Roi n'aurait qu'à venir tout
droit de sa chambre sans se détourner; qu'un jour de solennité comme celui
de la Fête-Dieu, l'on pourrait faire la procession autour des logis du Louvre
et venir à la chapelle ; que pour descendre en bas, il yavait un escalier grand
et commode ; que pour l'usage ordinaire du Roi, il y avait sa tribune, celle
pour la musique, et à côté de l'autre un lieu pour la sacristie. M. Colbert,
sur cette sacristie, a témoigné qu'il eût été à désirer qu'elle n'ait pas interrompu, attachée qu'elle était au corps de la chapelle, l'ordre extérieur du
vaisseau. L'on fut quelque temps à discourir sur cela, et pour faire cadrer le
tout à la symétrie générale, à cause de la galerie qui doit être du côté de
Saint-Honoré. Le Cavalier approuva l'avis de M. Colbert, et dit que cela se
pouvait réformer; de plus, que son intention était que cette chapelle fût la
plus superbe qu'on pût voir, non seulement de la part de l'ordre, mais
encore de la matière, que les grandes colonnes qui portent le couronnement pouvaient être de ces beaux marbres de France, blancs et rouges,
dont il en voyait beaucoup en divers lieux, avec des chapiteaux de marbre
de Carrare, qu'on peut faire faire sur les lieux, où ils ont des ouvriers depuis
peu qui les exécutent fort bien, ce qui épargne la moitié de la dépense; et
les autres colonnes qui forment les tribunes, les faire de bronze avec des
chapiteaux dorés. Il a ajouté qu'il a tellement tourné tout cela dans sa tête,
et l'avait si fort étudié (« mais je me trompe, a-t-il dit, c'est l'abbé Butti »),
qu'il avait trouvé par ce moyen une symétrie pour la faire vers Saint-Honoré,
qui n'eût pas été sans cela et montra que cette symétrie lui avait donné partie de l'espace nécessaire pour la grandeur de la chapelle; au sujet de quoi

1. Le Panthéon, comme nous l'avons déjà dit.
2. « Après la fumée vient la flamme qui réjouit les yeux. »

je rapportai ce que j'avais entendu dire au Cavalier sur un autre sujet, « *Chi vuol' veder cio che può un grand' huomo, bisogna metterlo in necessità*[1]. M. Colbert témoigna que ces accommodements étaient tout à fait selon son gré.

Ensuite le Cavalier montra ce qui se pouvait faire pour l'agrandissement de l'appartement du Roi, qu'une autre symétrie à donner à la façade du côté de l'eau lui donnait aussi de quoi faire une grande et magnifique chambre de parade, et montra qu'en faisant un retour au droit du passage qui va à la galerie brûlée[2], il donnait de quoi former cette chambre qui aurait l'aspect et du levant et du midi. M. Colbert proposa d'allonger aussi la garde-robe du Roi et d'en faire deux pièces, mais il lui fit remarquer qu'une des deux n'aurait point de lumière. Je lui dis que néanmoins celle-là pourrait l'emprunter de l'autre et servir pour les garçons de la chambre et pour décharge à la chambre du Roi. L'abbé dit qu'on aurait pu faire un beau logement pour le Roi dans cette galerie brûlée et qu'un jour l'on le l'y ferait. M. Colbert dit que jamais l'on ne devait proposer de logement pour le Roi hors le carré du Louvre, et témoigna au reste d'être entièrement satisfait; dit au Cavalier qu'il vît s'il voulait s'en aller le lendemain ou le mercredi. Il dit qu'à la vérité, n'ayant plus rien à faire, c'était une chose qui le consommait bien plus que le travail, et appréhendant le mauvais temps à cause de son âge, il serait bien aise de partir. Il a parlé de Vannestat, sculpteur; a dit qu'il était habile, qu'il aurait été capable de travailler à cette colonne, à l'instar de la colonne Trajane. J'ai parlé de sa beauté[3], ce qui m'avait obligé d'en tirer quantité de pièces[4] que j'avais apportées en France; que cette colonne avait été l'étude de Raphaël et de Jules Romain et de tous les grands maîtres, ce que le Cavalier a confirmé. Il a dit qu'il avait proposé au Pape de la transporter dans la place où est l'Antoniane, et là, faire deux grandes fontaines, qui auraient noyé la place en été, que c'eût été la plus magnifique chose de Rome; qu'il répondait de la transporter sans la gâter. M. Colbert a demandé de quel ordre elle était. J'ai dit : de l'ordre toscan; la hauteur? J'ai dit : 15 ou 16 toises, mais que les basses tailles étaient faites avec la considération que celles d'en haut paraissaient de la même grandeur que celle du bas, étant réduites et faites pour être vues d'une même ouverture d'angle des rayons visuels, qui fait que ces figures paraissent toutes de grandeur égale, quoique celle de chacune soit différente de l'autre. Le Cavalier a dit que ç'avait été en effet la source d'où tous les grands hommes avaient tiré la force et la grandeur de leur dessin. Il a répété ce qu'avait dit Michel-Ange, quand il vit la *Danaé* du Titien, qu'il la fit dans Rome du temps de Paul III : que si ces hommes-là (parlant des Vénitiens) eussent su dessiner, l'on ne regarderait pas leurs ouvrages à eux, mais aussi qu'il n'y avait qu'à Rome où il y eût une colonne Trajane. L'on est retourné après à parler de Vannestat et le Cavalier a dit qu'il avait vu de lui de belles choses, et qu'il était capable de servir. M. Colbert a dit qu'il aurait donc fallu lui donner des dessins. J'ai dit qu'il avait beaucoup d'invention. Il a reparti, qu'il ne savait donc à quoi

1. « Pour voir ce que peut un grand homme, il faut le mettre dans la nécessité. »
2. Elle avait été détruite par un incendie le 6 février 1661.
3. De la beauté de la colonne Trajane.
4. D'en faire mouler.

il avait pensé, quand il avait fait quelques ouvrages qu'il avait vus de lui.
Le Cavalier a répété que ce qu'il avait vu de lui était beau; qu'à la vérité,
c'étaient petites choses; pour le grand qu'il ne savait que dire.

Reparlant encore ensuite de cette colonne Trajane qui est demeurée en pied
et comment les barbares l'avaient laissée, le Cavalier a dit qu'il croyait que ç'a
été la difficulté qu'il y avait de la ruiner qui l'avait conservée; qu'ils ruinaient
les choses qui se trouvaient à la portée de leur main, comme ils avaient fait
quelque partie du piédestal, entre autres les aigles qui sont aux angles du
socle et quelques autres ornements, que le reste était trop élevé pour y attein-
dre, et qu'il eût fallu construire des machines pour cet effet. De cela il a
passé à dire quelque chose du frontispice de Néron[1] qui avait été achevé de
ruiner dans ce siècle-ci; qu'il y avait des pièces de pierre dans cet édifice,
qui avaient 5 ou 6 toises cubes; ce qui est encore plus étonnant, c'est qu'on
ne peut à présent s'imaginer avec quelles machines ils pouvaient les élever.
J'ai dit que le nombre infini d'esclaves qu'ils avaient leur donnait moyen de
faire des choses qui nous semblent prodigieuses. J'ai allégué le pont du Gard,
dont partie des arches ne sont composées que de trois pierres, celle de la
clef et les deux qui posent sur les impostes. M. Colbert a dit que si la paix
dure douze ou quinze ans, il espère que nous ferons des choses aussi éton-
nantes. Après cela, il s'est levé et a dit qu'il s'en allait au Louvre pour savoir
l'heure que M. le Cavalier pourrait prendre congé du Roi, qu'il attendît et
qu'il le reviendrait prendre. Et de fait, à une heure de là, il est revenu et
l'a mené chez le Roi, l'a fait entrer par le cabinet. Paule, Mathie, Jules et
l'abbé Butti et moi y étions aussi. Il a trouvé le Roi dans sa chambre près
de la fenêtre, y ayant le dos tourné. M. de Saint-Aignan était auprès de Sa
Majesté. Le Cavalier présenté par M. Colbert s'est avancé et a fait son compliment au Roi, et puis lui a fait une profonde inclination; le Roi s'inclinant
aussi pour lui répondre, baissé qu'il était, lui a parlé obligeamment à ce qui
a paru et lui a donné des marques de grande estime. En se retirant, comme
il a vu son fils et les autres, il s'est avancé de rechef et les a présentés à
Sa Majesté. Ils lui ont fait la révérence. Le Roi a dit au signor Mathie qu'il
fallait qu'il revînt bientôt. Le Cavalier a pris la parole et a dit qu'il n'allait
que pour revenir avec sa femme, et qu'il serait ici au commencement de
février. Et après que les siens ont eu pris congé du Roi, il a ajouté, qu'il
avait encore à rendre grâce à Sa Majesté de m'avoir [mis] auprès de lui; qu'il
m'avait trouvé si intelligent dans tous les arts qu'il professait qu'il en avait
été étonné. Le Roi lui a dit qu'aussi était-ce pour cela qu'il m'avait choisi
pour cet emploi. De là M. Colbert a fait rentrer le Cavalier avec lui dans le
cabinet du Roi, et a entré, lui, dans la chambre de la Reine pour savoir si
elle était en état d'être vue. Il est demeuré là quelque temps, puis a fait
entrer le Cavalier, qui est entré dans la chambre de parade, et de là dans la
petite chambre où il a pris congé de la Reine, qui n'était encore qu'en
peignoir. Elle l'a reçu avec bonté et affection. Mesdames de Montausier et
la maréchale de la Mothe[2] lui ont fait beaucoup de civilités, et lui ont dit

---

1. Les magnifiques colonnes, restes du temple qui se trouvait sur le Forum de Néron.
2. Louise de Prie, femme du maréchal de la Mothe-Houdancourt, morte en 1709 à quatre-
vingt-cinq ans.

qu'elles eussent été ravies qu'il eût fait aussi le buste de la Reine et de
M. le Dauphin. Il leur a dit que son fils avait fait un ouvrage que la Reine
pouvait considérer souvent, et pour la pensée dévote et pour présenter à son
imagination un bel objet d'un enfant. M^me de Montausier m'a prié de témoigner au Cavalier le regret qu'elle a de ne lui avoir rendu aucun service.
M^me la maréchale de la Mothe m'a fait la même prière. Cela fait, M. Colbert
lui a dit d'attendre, qu'il allait lui faire voir les pierreries de la couronne.
« Véritablement, a dit le Cavalier, M. le légat m'avait recommandé de ne
retourner pas à Rome sans demander à les voir ». A quelque temps de là, un
valet de chambre a porté une toilette dans laquelle était un baudrier avec
une épée du Roi, tous couverts, l'un et l'autre, de diamants de grand prix,
que M. Colbert a fait voir. Après l'on a apporté la cassette où sont les pierreries de la couronne avec les clefs, que M^me de Béthune[1] a fait consigner
entre les mains de M. Colbert, qui a ouvert la cassette et a ôté de leurs étuis
toutes les pièces l'une après l'autre, a fait apporter une table et les a mises
dessus arrangées, particulièrement celles qui servent à parer la Reine, dont
il y en a une quantité infinie soit de chaînes, de bouquets de diamants, de
nœuds de galants[2], de pendants d'oreilles, de poinçons[3], de montres, les
unes de rubis, d'émeraudes, d'hyacinthes, d'opales, et encore d'autres composées de toutes ces pierres de couleur mélangées les unes avec les autres,
ce qui faisait tout étalé sur une même table l'aspect le plus riche et le plus
agréable qu'on se puisse imaginer. L'on a mis à part quelques chaînes et
autres ornements d'émeraudes, que la Reine a apportés d'Espagne venant
en France. Il y en avait tant et de si différentes formes et grandeurs, sans
compter les perles, soit pour colliers, soit pour bracelets et pendants
d'oreilles, que les yeux en étaient lassés. Au sujet de ces émeraudes le Cavalier a dit en riant, qu'il ne s'étonnait pas [que la Reine] n'eût apporté que de
ces pierreries : *perché*, a-t-il dit, *gli Spagnuoli stanno adesso al verde*[4]. L'abbé
a dit que Dieu ne pouvait pas faire qu'un pauvre homme eût tout cela. Le
Cavalier a dit après : *si potrebbe far con questo a sassate*[5]. Cela vu, M. Colbert
a ouvert ensuite une boîte longue où sont les plus grandes pièces parmi lesquelles il a dit qu'il y en avait quatorze que M. le cardinal Mazarin avait
données. Après, l'on a vu le *miroir de Portugal* et le grand Sancì, qui sont les
deux plus fameuses pierres de l'Europe. Le Sanci est en forme de poire et
n'est tenu que d'un filet d'or, qui l'entoure en sa longueur. Cela vu, M. Colbert
a tout remis de sa propre main dans chacun étui et les étuis dans la cassette,
qui a été remise à M^me de Béthune. Ensuite l'on est descendu chez la Reine
mère. Le Cavalier lui a fait ses compliments. Entre autres choses, il lui a dit
qu'il avait vu la coupe du Val-de-Grâce qui réussissait fort bien, qu'il espé-

---

1. Anne-Marie de Beauvillier, veuve depuis le 24 septembre d'Hippolyte, comte de Béthune, dame d'atours de la reine mère, morte en 1688 à soixante-dix-huit ans.

2. « On appelle galants, dit le *Dictionnaire de Trévoux*, des nœuds de rubans qui servent
à orner l'habit ou la tête des femmes. »

3. *Poinçon*, aiguille de tête.

4. « Parce que les Espagnols sont maintenant au vert. » *Esser al verde* est une expression proverbiale qui signifie être réduit à l'extrémité. Bernin, en faisant cette méchante plai-
santerie, oubliait qu'il parlait à la fille de Philippe IV.

5. « On pourrait avec cela se battre à coups de pierre. »

rait que, comme Dieu ne faisait point de grâces à demi, ayant tiré Sa Majesté
de l'extrémité où elle avait été, il voudrait encore lui donner assez de santé
pour pouvoir jouir de ce bel ouvrage. La Reine lui répondant et jugeant qu'il
ne l'entendait pas, m'a appelé pour servir d'interprète, et lui dire qu'elle
était extrêmement aise que l'ouvrage du Val-de-Grâce lui eût plu, et qu'elle
recevait avec joie son bon augure. Il a ajouté que la France était bien obligée
à Sa Majesté de lui avoir donné les enfants qu'elle a eus, que le Roi était un
prince d'un esprit si étendu qu'il ne lui avait jamais rien ouï dire que dans
une justesse admirable touchant les arts qu'il professait, desquels Sa Majesté
ne pouvait parler que par un excellent sens naturel ; qu'il jugeait ce que ce
pouvait être, quand il s'agissait de gouvernement et d'administration de ses
affaires, qui était la profession des rois. La Reine a dit qu'il était vrai.

J'ai dit à Monsieur qui était là, que le Cavalier devait aller recevoir ses commandements et ceux de Madame. Il l'avait déjà vu en entrant et l'avait remercié du dessin qu'il lui avait fait. S. A. R. a dit qu'il pouvait prendre là congé
d'elle et de Madame aussi ; ce qu'il a fait. Cependant la Reine a commandé
qu'on lui fît voir aussi ses pierreries, et a dit qu'elles n'étaient pas si belles
que celles de la couronne, ni en si grande quantité, mais qu'il y avait pourtant de belles choses. Mme de Navailles[1] a apporté la cassette et l'on s'est
retiré proche d'une fenêtre. Cependant le Roi est venu qui a aidé lui-même à
les montrer. Après que le Cavalier les a eu vues et admirées, il a dit qu'à
voir ces pierreries et celles de la couronne, il avait eu un plaisir tout pur, et
sans désirer aucune de ces choses, qu'on peut [dire] des chefs-d'œuvre de la
nature, ce qui n'arrivait pas, quand il voyait de ces belles statues grecques,
pour ce que le plaisir de les voir était mêlé du regret de se voir si éloigné de
l'excellence où ces grands hommes étaient arrivés dans l'art qu'il professait.
Cette pensée a plu au Roi qui l'a fait remarquer à ceux qui étaient là. Après,
Sa Majesté s'est retirée dans les bains de la Reine. Le Cavalier ayant accompagné M. Colbert à son carrosse, nous sommes montés dans celui du Roi et
venus au palais Mazarin. Nous y avons trouvé le trésorier des bâtiments,
MM. du Metz et Perrault. Ils ont donné au Cavalier deux brevets du Roi l'un
pour lui de deux mille écus de pension, et l'autre pour le seigneur Paule de
400 écus aussi de pension ; au signor Mathie ils ont donné un écrit de
M. Colbert portant assurance que le Roi lui donnait 4,000 écus par an durant
tout le temps qu'il servirait à la conduite du Louvre pour l'exécution des
desseins du Cavalier. Avec cela, il y avait sur la table nombre de bourses
arrangées, le Roi donnant au Cavalier 3,000 pistoles[1], 2,000 écus pour son
fils, 2,000 écus à Mathie, 400 écus au seigneur Jules, 800 l. à Cosimo, camé-
rier du Cavalier, 300 écus à Pietro qui a traduit les devis, et qui est au
signor Mathie, et 500 liv. à chacun des estafiers du Cavalier et de son fils.
Ils ont donné leurs quittances. Après, le trésorier a offert de compter l'argent,
ce que le Cavalier n'a pas voulu. Il a arrêté M. du Metz à dîner, et M. Per-

1. Suzanne de Baudéan, femme de Philippe de Montaut-Benac, duc de Navailles, dame
d'Anne d'Autriche, morte en 1700.

2. « Onze mille écus en trois mille louis d'or effectifs », dit la *Gazette* du 24 octobre. —
Rappelons que Bernin avait touché 10,000 écus avant de quitter Rome, et qu'il fut défrayé de
tout pendant ses voyages d'aller et retour.

rault s'en est retourné avec le trésorier. Après dîner, M. le Nonce est venu, qui a été quelque temps en particulier avec le Cavalier. Après, étant sorti, je l'ai mené aux Jésuites de la rue Saint-Antoine où nous avons trouvé une personne de la part de M. le président Perrault. Pendant que le Cavalier a fait sa prière, il s'est assemblé quatre ou cinq des pères, qui lui ont exposé ce que l'on veut faire pour l'ornement de l'autel où est la sépulture de M. le Prince défunt; qui est, au lieu du tableau qui y est, d'y mettre une grande table de marbre noir, au-devant un crucifix de bronze et un saint François-Xavier, des colonnes de marbre aux deux côtés, avec des chapiteaux de bronze. Avec le défaut qu'il se noircissait, s'il n'était doré, [il leur a dit] qu'il leur conseillait de faire dorer ce qu'ils feraient faire de bronze pour le rendre plus riche. Il a conseillé dans la frise qui est pauvre et sans ornements contre la nature de son nom[1], d'y introduire des instruments qui ont servi à la Passion. L'on lui a demandé s'il serait convenable de mettre des confessionaux aux deux côtés de l'autel. Il a dit que, dans l'angle, l'on pouvait y en mettre, les faisant avec proportion et non pas avec une grandeur excessive comme le sont ceux qui sont à l'opposite. Les PP. lui ont dit que tout le monde trouvait la situation de leur autel trop basse. L'ayant sur cela considéré assez longtemps, il a dit que l'autel où se fait le sacrifice n'est pas trop bas, mais que c'était la composition de l'autel qui faisait dire qu'il l'était trop, mais que le mal était incurable. Je leur ai dit qu'il y avait vingt ans que je leur donnai avis qu'ils gâtaient leur église à force de la remplir des vilains ornements qu'on y voit, mais qu'ils avaient alors un père de Rans[2], un frère Pierre et un Flamand qu'ils tenaient pour des oracles d'architecture, qui leur ont gâté ce beau vaisseau; qu'ils me répondirent alors que le nombre des gens sans connaissance était plus grand que celui des habiles, qu'il fallait plaire à la multitude qui aime les choses ornées de la sorte. Ils ont ajouté, que quand M. le cardinal de Richelieu y entra la première fois, il trouva cela beau. Je leur ai dit qu'il avait été un très grand ministre, mais qu'il s'entendait peu en architecture; qu'il fallait croire ceux qui avaient de la connaissance; qu'ils voyaient comme le Noviciat, dont M. de Noyers et mes frères et moi par ses ordres avaient pris le soin, a eu enfin l'approbation d'un chacun et que leur église ne l'avait eue de personne. Ils en sont demeurés d'accord. Le Cavalier leur a dit qu'il se plaindra au P. Oliva leur général, qu'il a été visité en France de tous, hormis de ceux de son ordre. Je leur ai dit que le premier soin du Cavalier avait été de voir toutes leurs maisons de Paris dès en arrivant. Après il a ajouté : « Je vous demande en congrégation un *Ave Maria* pour moi », ce qu'ils ont promis et le P. Annat[3] aussi, qui est arrivé sur la fin.

Au sortir des Jésuites, le Cavalier est allé chez l'ambassadeur de Venise, qui lui a fait cent civilités, et de trois paroles l'une était : *caro mio Cavaliere, Cavaliere mio gentile*. Après avoir demeuré une demi-heure avec lui en conversation, il l'a reconduit jusques au bas du degré, quelques instances qu'il ait faites pour l'en empêcher, lui alléguant sa qualité. Il a répondu

---

1. En italien, *frisare* signifie orner.
2. Le P. François Derrand, né en 1588 dans le pays messin, mort à Agde en 1644.
3. François Annat, jésuite, confesseur de Louis XIV, né en 1590, mort en 1670.

que la République le lui pardonnerait, que c'était comme son ami ce qu'il en faisait. De là nous sommes allés chez M. de Lionne où nous n'avons trouvé que Madame. Elle lui a demandé encore quelques avis touchant son vestibule où elle a fait fermer deux portes. Il lui a dit qu'on y pouvait faire quelques ornements comme elle le désirait. Prenant congé d'elle, elle l'a embrassé deux fois à la française, et après je l'ai ramené chez lui.

Le vingtième, étant allé chez le Cavalier, l'on m'a dit qu'il était chez M. Colbert. Je m'y en suis allé, et j'ai trouvé qu'il prenait congé de lui. M. Colbert lui a dit qu'il se souviendrait toujours de l'avantage qu'il avait tiré de sa conversation, qui lui donnerait moyen de servir le Roi avec plus de capacité dans la charge qu'il lui avait donnée dans ses bâtiments. Le Cavalier a répondu qu'au contraire M. Colbert lui avait donné des lumières qu'il n'avait pas eues sans lui. M. Colbert a dit au signor Mathie qu'il fallait revenir bientôt, et sur cela se sont séparés. En sortant, M. Colbert m'a demandé s'il ne s'en retournait pas chez lui. Je lui ai dit que je le croyais, et peu de temps après que nous avons été rentrés au palais Mazarin, M. Colbert y est aussi arrivé. Après quelques civilités, comme le Cavalier ne savait sans doute de quoi l'entretenir, il se mit à dire qu'il ne se lasserait jamais de publier qu'il avait remarqué en moi un grand jugement dans les arts qu'il professait; qu'au commencement, il avait été surpris de voir que dessinant, lorsqu'il produisait deux ou trois pensées, pour choisir ce qui conviendrait le mieux à son dessein, je ne manquais jamais de dire celle qui était la meilleure; *in fine* M. de Chantelou *è un huomo che intende per aria*[1], et que quand il m'a dit qu'il me ferait voir quelque chose de beau, je n'ai jamais manqué de le trouver tel qu'il me l'a dit, m'indiquant toujours le beau et le laid de chaque chose; que les voyages que j'avais faits en Italie m'avaient sans doute aidé beaucoup, mais qu'il fallait, outre cela, une naissance[2] particulière pour les arts; qu'il croyait qu'il y en avait encore d'autres à Paris d'aussi bon goût, mais qu'il ne les connaissait pas. M. Colbert lui a répondu que j'étais connu de tout le monde dans Paris pour intelligent dans ces sortes de choses-là. J'étais là cependant assez décontenancé. Outre ce discours j'ai su depuis de ma femme, qui l'avait appris du signor Paul, qu'avant que je vinsse chez M. Colbert trouver le Cavalier, il avait dit que, si l'on était en doute de quelque chose sur ses desseins, j'en donnerais l'éclaircissement, les entendant aussi bien que lui, et pareilles choses que celles qu'il vient de dire. Après que l'on a eu parlé du retour du signor Mathie, M. Colbert a dit par deux ou trois fois qu'il fallait du signor Paul faire un Français. Puis s'adressant au Cavalier : « Pour vous, monsieur, il y a lieu d'espérer que vous aurez assez d'amour pour votre ouvrage, pour avoir envie dans quelques années de venir voir le Louvre. » Il a dit qu'il avait plus d'amour pour cet ouvrage que pour aucun autre; qu'il en avait d'ordinaire pour ses productions, pendant qu'il les commençait, mais que quand l'ouvrage était achevé, son amour cessait, connaissant d'être fort éloigné de la perfection à

---

1. « M. de Chantelou est un homme qui comprend à demi-mot. »
2. Un sentiment inné.

laquelle il avait visé. J'ai dit que quand l'ouvrier était content de son ouvrage, c'était d'ordinaire une marque de son peu de jugement; que d'ailleurs
l'on peut croire que cet amour est de l'ordre général de la nature, qu'on le
voit même dans tous les animaux à l'égard de leurs petits, pour lesquels il
ne continue que pendant qu'ils ont besoin de leur ministère, et jusques à ce
qu'ils soient arrivés à la perfection de leur être. Le Cavalier a dit ensuite
qu'il allait à présent, retournant à Rome, se mettre en l'esprit l'ouvrage de
la *Catedra*[1] et qu'il lui serait impossible de s'empêcher d'y penser le long
du chemin, de même que, depuis Rome jusques à Paris, il avait incessamment songé au Louvre, sans pouvoir jamais se donner du repos, que telle
était la nature de son esprit. Après, M. Colbert a pris congé du Cavalier et
s'en est allé. D'abord que M. Colbert a été parti, nous nous sommes promenés
dans la salle quelques tours ensemble, après lesquels, il m'a dit : « Il y a
deux choses en M. de Chantelou qui me le font estimer beaucoup : l'une la
prudence qui lui fait tenir secrètes les choses qui se doivent taire; que je
lui avais tenu lieu de père, pour ainsi dire, de frère et de bon ami, ayant
toujours ramené son esprit dans l'emportement où il avait été; que le sien
était de telle nature que souvent il n'en était pas le maître; qu'il reconnaissait que j'étais bien plus sage que lui; qu'il m'était fort obligé de la manière
sincère dont j'avais usé avec lui, et qu'il ne l'oublierait jamais; pour l'autre
chose c'était qu'il avait connu plus d'intelligence en moi et de bon goût,
qu'en aucun autre, que j'étais plus entendu dans ses professions qu'il n'eût
pu s'imaginer. Sur cela, sont arrivés M^me de Chantelou, mon frère et mon
neveu[2]. Elle l'a prié de recevoir une cassette de confitures sèches et de
pâtes et a donné aussi une bourse de cheveux au signor Paul et une autre
au signor Mathie. « Et moi, a dit le Cavalier en riant, je passerai pour le
gourmand et n'aurai que des friponneries[3], » et en même temps, il s'est mis
à manger de ces confitures, et il s'en est allé dans la ruelle de son lit, d'où
il a apporté un dessin de Vierge qu'il lui a donné. Après qu'elle l'a eu remercié et être restée encore là quelque temps, elle a pris congé de lui. Il lui a
fait de très grandes civilités et beaucoup d'honneur, après quoi elle s'en est
allée. Il s'est ensuite entretenu avec l'abbé Butti, et moi je suis demeuré à
discourir avec M. du Metz à qui j'ai parlé pour le petit Blondeau, et lui ai
représenté la charité que ce serait de l'aider. Il m'a dit que cela n'était pas
encore hors d'espérance, mais que M. Colbert avait dit, voyant le mémoire
de ceux qu'on envoie à Rome, qu'après qu'il aurait coûté de l'argent au Roi,
pour le faire instruire, il irait en Angleterre. Je lui ai dit qu'il n'y avait pas
lieu de craindre cela, que son père y était si mal que cela servirait à l'en
chasser et non pas à l'y attirer. Il m'a dit, qu'il y ferait ce qu'il pourrait,
qu'il avait écrit à côté de son nom recommandé par M. le cavalier Bernin,
que le Roi n'en entretiendrait que huit jeunes garçons, quatre peintres et
quatre sculpteurs; que le fils de Voüet, le fils de Sarrazin et autres de l'Aca-

---

1. De la chaire de saint Pierre.
2. Roland.
3. *Friponnerie*, friandise, gourmandise. Au xvi^e siècle, friponner avait surtout le sens de
bien manger.

démie qu'il m'a nommés en étaient; que Blondeau n'était pas de l'Académie. Je l'ai assuré que si, que le Cavalier l'y avait trouvé[1].

Le gentilhomme du prince Pamphile était là qui a été expédié, mais qui n'avait pas encore ses dépêches pour pouvoir s'en aller avec le Cavalier comme il eût souhaité. Mignard est venu prendre congé du Cavalier qui lui a dit la façon dont il avait parlé de son ouvrage à la Reine-Mère. L'on a discouru de la fresque : Mignard a dit qu'il a observé qu'il fallait différentes méthodes d'y travailler, selon les différentes saisons de l'hiver et de l'été; qu'il en était à présent si pratique qu'il n'avait rien à retoucher, et qu'il exposait son ouvrage à être baigné tant qu'on voudrait; que ce qui l'a beaucoup aidé, ç'a été d'avoir travaillé à détrempe en sa jeunesse. Le Cavalier a dit que l'usage est nécessaire, que le Guide ayant été appelé à Rome pour un ouvrage à faire à fresque à Saint-Jean de Latran ou Sainte-Marie-Major, se trouvant hors d'exercice[2], avait fait enduire un morceau de maçonnerie, sur lequel il avait peint un enfant dormant pour s'essayer, et que cela était peint avec une franchise admirable, que le cardinal Barbarin gardait encore ce morceau, quoique gâté en plusieurs endroits, pour ce que l'enduit n'avait pas eu le temps de sécher qu'il[3] aurait été nécessaire; qu'Annibal Carrache disait souvent, que qui n'avait pas peint à fresque ne pouvait pas être appelé peintre.

L'on a dîné, et pendant qu'on était à table, MM. de la Chambre, les deux frères[4], sont venus. M. le Nonce a aussi envoyé un estafier avec ordre de le venir avertir une demi-heure avant le départ du Cavalier. Cependant il est venu deux carrosses à six chevaux pour le Cavalier et pour ceux de sa suite et les hardes. Les carrosses ont ordre d'aller jusqu'à Lyon, où le Cavalier trouvera chaises, litières pour lui et autres commodités pour sa famille. Manchini, courrier, le doit accompagner jusque-là et le signor Beaupin jusques à Rome, avec le sommelier et cuisinier et les autres officiers pour le service de sa table, comme depuis qu'il est en France. Peu de temps après qu'on a été hors de table, est arrivé M. le Nonce, qui a pris le Cavalier dans son carrosse, l'abbé Butti, l'abbé de la Chambre et moi, et l'on est allé devant jusques à Villejuif. Pendant le chemin, l'on a discouru de diverses choses, entre autres des cardinaux de Richelieu et de Mazarin. Le Nonce tenait pour le dernier, et l'abbé Butti disant qu'il y avait comparaison entre eux comme du jour à la nuit; que le cardinal Mazarin était un prodige de fortune, mais nullement comparable en capacité et autres qualités au cardinal de Richelieu; qu'il avait trouvé une reine espagnole dans la défiance des Français, deux enfants presqu'au berceau, un M. d'Orléans qui ne voulait autre chose que jouir et M. le Prince d'humeur à mécontenter tout le monde, au lieu que le cardinal de Richelieu s'était établi et maintenu en

---

1. Ce Blondeau, qui ne figure pas dans le livre de M. Dussieux : *Les Artistes français à l'étranger*, 1856, in-8°, ne se trouve pas non plus sur les listes publiées des membres de l'Académie.

2. *Hors d'exercice*, sans occupation, ayant du loisir.

3. *Qu'il*, autant qu'il.

4. L'abbé dont il a été parlé plus haut et son frère François, premier médecin de la Reine, mort en 1680.

dépit même de la France. Le Nonce a toujours insisté qu'il fallait que le cardinal Mazarin eût un grand génie de rien être devenu ce qu'il était, de s'être rendu dès ses premiers commencements considérable aux Espagnols et aux Français, et avoir été le seul en qui ils eussent voulu prendre créance et non pas à Pancirole [1] qui était le nonce et l'homme de foi à qui ils auraient dû se remettre. L'abbé Butti a demandé si c'était lui qui avait fait que Pancirole était un *brutto mustaccio* [2] et propre à rien, et si ce n'avait pas été la fortune.

Le Cavalier a dit que le cardinal Pallavicini [3] notait deux grands esprits de son temps, le cardinal Mazarin pour l'un et n'a pas voulu nommer l'autre. Le Nonce a dit qu'il soupçonnait que c'est le Cavalier. Il a dit faiblement que non. De ce discours l'on a passé au dessein du Louvre. J'ai dit que trois ou quatre Italiens en avaient fait et envoyé des desseins, et qu'à mon jugement ils n'avaient pas réussi [et entr'autres] le cavalier Rinaldi. M. le Nonce m'a demandé pourquoi : « Pour ce, ai-je répondu, que le sien est peu régulier à l'égard des ordres d'architecture, ne s'y trouvant aucune partie qui ne soit extrêmement altérée et défigurée par des cartouches et autres vilains orne-ments, des frontons brisés, d'autres frontons entés l'un dans l'autre, sur les fenêtres du premier et second étage, et une confusion continuelle de ressau-tements dans les corniches, et enfin trois couronnements qui font le comble et forme de couverture à la façade, dont la grande aurait plus de 300 pieds de circonférence ; que celui de Landiani est aussi extravagant, ayant formé la couverture du dôme, qu'il élève au milieu de la façade d'un globe royal soutenu par deux figures semblables à des Hercules dont la hauteur est bien de 80 pieds ; que celui de Pietre de Cortone a plutôt l'idée d'un temple que d'un palais, et a été fait sans avoir aucun égard à ce qui est présentement au Louvre ». Le Cavalier a dit que ce qu'il y avait de fâcheux dans les des-seins du Cortonese, d'ailleurs fort habile homme, est que, quand il dit qu'une dépense pourrait aller à 5 ou 600 écus, cela allait, lorsqu'on était embarqué, à 2 ou 3,000 écus ; que cela était arrivé ainsi au cardinal Barbarin, pour l'autel de Sainte-Martine, et ensuite pour l'église de la même sainte ; qu'au lieu de 50,000 écus, il faudrait 2 ou 3 millions pour l'achever.

L'on a parlé du Boromini comme d'un homme dont l'architecture est extravagante, et qui fait tout contre ce qui se pourrait imaginer ; qu'un peintre et un sculpteur dans leur architecture ont pour règle de proportion le corps de l'homme ; qu'il fallait que le Boromini formât la sienne sur des Chimères. J'ai dit que j'avais appris que quand on lui avait parlé de faire un dessein du Louvre, il avait demandé de l'argent avant que d'y travailler. Le Cavalier a pris la parole et dit qu'on lui faisait injure de publier cela, mais qu'il avait su qu'il avait demandé seulement que le Roi lui en écrivît. Il a ajouté que l'abbé Elpidio était venu pour lui montrer le dessein de l'ar-chitecte du Roi, qui était un homme que M. Colbert aimait fort, lui avait-il dit, et qu'il avait refusé de voir ce dessein, pour ce que c'était sa coutume de ne vouloir point voir l'ouvrage des autres, quand il avait à travailler à

---

1. J.-J. Panciroli, cardinal en 1643, mort en 1651.
2. « Un laid visage. »
3. Sforza Pallavicini, créé cardinal en 1657, mort en 1667.

un ouvrage. J'ai dit que le signor Elpidio avait emporté d'ici à Rome le dessein du Vau pour le faire examiner et avoir dessus les avis des intelligents. Sur cela l'abbé Butti a dit qu'il avait parole de quatre mille pistoles au cas qu'il le fît agréer, au moins le lui avait-on assuré; que si Elpidio avait voulu faire voir ce dessein au Cavalier, c'était pour escroquer son approbation; qu'il avait bien fait de refuser à le voir. M. le Nonce lui a demandé s'il n'avait point vu cet architecte. Le Cavalier a dit que non; qu'il y avait du malentendu, qu'ils s'étaient trouvés dans une même hôtellerie et avait demandé à le voir, que Mancini lui ayant dit qu'il pourrait se reposer auparavant, d'autant que le Vau n'avait pas dîné, et qu'il serait réveillé à temps pour le voir, il [1] était parti avant qu'il fût relevé; qu'il avait du regret de cela, pour que cela ne passât pour une *mala creanza* [2].

Le Cavalier a parlé ensuite du Louvre; il a dit qu'il craignait que l'ouvrage ne plût pas dans le commencement, les choses ne pouvant satisfaire ceux qui ne s'y entendent pas, qu'elles ne soient achevées. J'ai répondu qu'on bâtirait peut-être dorénavant de cette méthode, non pas pour voir que cela était mieux, mais seulement pour la mode.

Arrivés à Villejuif l'on a attendu bien une heure l'arrivée du signor Paul et autres de la famille. Enfin étant arrivés, le Cavalier a dit à mon frère, qui était venu avec eux, qu'il était un grand débauché, qu'il lui demandait un *ave Maria*. Après, il a monté en carrosse et a fait mettre auprès de lui M. l'abbé de la Chambre. Quand je l'ai été embrasser, je lui ai vu les yeux mouillés, de quoi j'ai été fort touché et me suis retiré. M. le Nonce a remonté dans son carrosse avec l'abbé Butti, et moi dans le mien.

Le vingt et unième, j'ai envoyé à M. du Metz les armes du Roi du dessin de Jules Romain, qui avaient été tirées du cabinet des armes pour servir au Cavalier.

Le vingt-deuxième, au souper du Roi où je me trouvai, M. le maréchal de Gramont, par raillerie, dit que le Cavalier avait fait de grandes libéralités; qu'il avait donné 30 s. à une vieille servante, qui l'ayant rejetée, il la ramassa; qu'il avait pris l'argent que le Roi avait donné à ses gens; qu'il ne pouvait souffrir les présomptueux et ne pouvait encenser leurs ouvrages. Le comte de Gramont aidait. Le comte de Sault avait dit, avant que le Roi se mît à table, que le Cavalier n'était pas satisfait des présents qu'il avait reçus. Je lui ai dit qu'il s'en était allé comblé des bienfaits qu'il avait reçus et de l'estime que le Roi lui avait fait paraître.

En faisant les compliments du Cavalier à M. Colbert, il m'a dit qu'il n'avait pas paru fort touché. Je lui ai reparti qu'il m'avait paru l'être au dernier point de l'estime et des grâces du Roi; qu'aussi ne voyait-on point dans les histoires de traitement si honorable non seulement pour lui, mais pour le signor Mathie et tous les siens. M. Colbert m'a dit qu'il parlerait au Roi de ce qui me touchait.

Le même jour, au lever du Roi, plusieurs m'avaient dit que le Cavalier

1. *Il*, Levau.
2. Une impolitesse.

n'était pas parti satisfait. Monsieur à son déjun [1] me le dit à l'oreille. Tâchant
de détromper S. A. R., Elle me dit par deux fois ces mêmes mots : « Mais le Roi
le croit ». Descendu en bas, M. d'Albon me confirma la chose et me dit que
M. l'abbé de Montaigu était présent, comme lors l'on parlait devant le Roi.
Lui et M. de Montaigu me conseillèrent d'en écrire au Cavalier, afin qu'il
écrivît à M. de Lionne de détromper le Roi ; ce que j'ai fait ayant été auparavant chez M. Colbert pour lui demander s'il le trouvait à propos.

Le lendemain (24), samedi, Monsieur à son déjun me dit encore que le
Cavalier était parti mécontent. Lui représentant l'injustice qu'on lui faisait
de semer ces bruits, S. A. R. m'ajouta : le Roi dit qu'il le sait d'un lieu à n'en
pas douter.

Le lundi vingt-sixième, au souper du Roi, moi étant tout auprès de Sa
Majesté, Elle me demanda, s'il était vrai [qu'il] eût donné une pièce de 30 s.
à la servante du palais Mazarin. Je lui répondis que je n'avais rien vu de
cela. Mais, me dit le Roi tout bas : « Est-il vrai, qu'il s'en est allé si mécontent ? » Je lui répondis que je l'avais vu partir avec une satisfaction extrême
des bienfaits de Sa Majesté, de l'estime qu'elle lui avait fait paraître et de
l'honneur qu'il avait reçu ; que sur le bruit qui s'était répandu, j'avais cru lui
devoir écrire pour lui en donner avis et n'avais pas cru faillir de le faire.
Sa Majesté me demanda : « Lui avez-vous écrit ? » — « Oui, Sire », lui
dis-je.

S'ensuivent autant de lettres que j'ai écrites au Cavalier et ses réponses.

### Monsieur,

Vous qui avez vieilli dans la première cour de l'Europe où l'intérêt, l'envie
et la jalousie règnent comme dans toutes les autres, vous ne vous étonnerez
pas sans doute de ce que je m'en vais vous écrire.

J'appris hier de divers côtés que l'on avait publié que vous étiez parti
d'ici mal satisfait. Je répondis à ceux qui m'en parlèrent comme je devais.
Hier au souper du Roi, il se fit, moi présent, quelques discours fort appro-
chants de cela. Au lever du Roi aujourd'hui, quelques-uns m'en ont encore
parlé, et étant allé ensuite au lever de Monsieur, il m'a dit tout bas à l'oreille,
que le bruit courait que vous vous en étiez allé peu content des présents que
le Roi vous a faits. J'ai répondu à S. A. R. que c'était la plus grande injustice
du monde que l'on vous faisait, et que vous étiez parti comblé des marques
d'estime et d'affection que Sa Majesté vous avait données et des bienfaits que
vous et les vôtres aviez reçus d'elle. Il m'a reparti, mais le Roi croit qu'il s'en
est allé mal satisfait. J'ai répliqué à S. A. R. que c'était l'ordinaire des esprits
de la cour de rendre de ces bons offices, c'est-à-dire de convertir tout en
venin.

Pareille chose m'a été confirmée par M. le comte d'Albon, chevalier d'honneur de Madame, et par M. l'abbé de Montaigu, qui se trouvaient hier, lorsqu'on en parlait devant le Roi. Ceci étant tout notoire, j'ai cru devoir vous en

---

1. Déjeuner. La forme *desjun* se retrouve au xiv° siècle.

donner avis, et je vous conseille, Monsieur, d'écrire à M. de Lionne ou à M. Colbert, et les prier d'assurer le Roi de votre part de la fausseté de ces bruits et de lui bien exprimer les sentiments de votre reconnaissance pour sa libéralité et son estime. Pardonnez à ma liberté, qui ne procède que de zèle pour votre service, vous souhaitant au reste un bon voyage, et à moi les moyens de vous témoigner combien je suis, etc.

> Le 27 octobre 1665.

Monsieur,

Je vous ai mandé par le dernier ordinaire le bruit qui s'est répandu que vous êtes parti mécontent, que Monsieur m'en avait parlé et m'avait dit que le Roi en était persuadé. Le jour suivant, S. A. R. me le dit encore; et insistant que cela ne pouvait être, Elle me répliqua que le Roi le savait d'une part à n'en point douter.

Hier soir, Sa Majesté à son souper me demanda tout bas si cela était vrai; je l'assurai que non, qu'au contraire, je vous avais vu très satisfait de l'honneur que vous aviez reçu, de l'estime que Sa Majesté vous avait fait paraître et de ses bienfaits. Je lui dis même que je vous avais donné avis de ces bruits, de sorte qu'il importe, Monsieur, que vous écriviez comme je vous ai mandé, afin de détromper le Roi; vous devez cela à l'estime et à l'affection que Sa Majesté a pour vous. Au reste, je me réjouis des beaux jours qui vous accompagnent et suis avec sincérité et de tout mon cœur, etc.

(Dans une lettre datée de Lyon, le 30 octobre 1665, le Cavalier ne fit pas une réponse aussi explicite que M. de Chantelou l'aurait sans doute désirée. Après l'avoir remercié de son amitié, il se borna à lui dire que « si Dieu lui donnait vie, il ferait voir non en paroles mais en effets à Sa Majesté et au monde entier combien il restait obligé et affectionné à un si grand roi. » Cette lettre est suivie de quatre autres dans le manuscrit. Pour ne pas interrompre le récit, nous les donnons toutes en note. A la fin de la seconde, il annonce la mort de Poussin.)

### I. — ILLUSTRISSIMO SIGNORE E PADRONE, CARO MIO OSSERVANTISS°,

Oggi li 30 octobre siamo arrivati a Lione tutti con buona salute per gratia del signor Iddio, e di quelle, che mi fà il grande Rè di Francia.

Ho sempre conosciuto in lei una gran prudenza accompagnata con una vera leggie d'amicitia, maggiormente mi viene confirmata dall'affettuosa sua lettera, alla quale respondo, che se Iddio benedetto mi darà vita, faro veder non con parole, ma con gli effetti a sua Ma$^{ta}$ e a tutto il mondo, quanto io sia restato obligato e innamorato di un si gran Rè. E tanto basta; saluto V. sig$^{ria}$, Madama sua moglie, e il mio caro giocatore.

Lione, 30 ottob. 1665. Di V. S. Illust$^{ma}$. V. $_{3}$$^{r}$.

GIO. CARLO BERNINI.

### II. — ILLUS$^{mo}$ MIO SIG$^{re}$ E PADRONE OSSERVANTISSIMO,

Caro amico mio, quanto vi amo, perche ho conosciuto in lei una gran prudenza e una vera e reale leggie di amicitia, la quale assai di rado si trova nelli huomini. Io sono arrivato a Roma con buonissima salute, insieme con tutti, eccettuato il sig. Mathia, quale non ha potuto avanti aggiustar la sua uscita di corpo. Il viaggio m'a parso breve, ancora che sia assai lungo. Credo che questo venga perche medianti li favori particulari et grossi regali, ch'è ricevuto da sua Ma<sup>ta</sup> l'animo è restato tanto sodisfatto et contento, che non mi a dato fastidio cosa nessuna; tutti i principi, che ho veduto per il viaggio, et quelli di Roma mi hanno stancato in farli veder li dissegni del Lovre, e tutti riconoscono in questo il gran animo e il gran cervello del Rè, e io medesimo ho confessato che senza i suoi lumi e sublimi pensieri no havrei potuto fare quello che ho fatto, e se piacerà a Dio, che questa fabrica si commincia veder non so se mi potro contenere di non vederla, perche è un parto troppo di mio gusto, e cotanto fisso nella mente, che quasi sempre penso a questa e anco dissegno per alcune parti di essa.

La prego a salutare Madama sua moglie in mio nome, e dirli che Monsu l'abbatte[1] mi è riuscito un garbatissimo giovane, et molto intelligente (mà è un poco troppo rispettoso). Saluto ancora quel tristo huomo di quel giocatore suo fratello, e mi dia nuova se a ricevuto una mia scrittali di Lione. Caro amico mio, la saluto più con il core con la bocca, et la prego a ricordarsi di me nelle sue orazioni e continuarmi la sua corrispondenza.

Ho trovo Monsù Pussino morto.

Roma, li 8º decemb. 1665.

### III. — ILLUSTR<sup>mo</sup> SIGN<sup>re</sup> PAD<sup>ne</sup> OSS<sup>mo</sup>,

Questa settimana non ho ricevuto lettere di Parigi di nessuno, si che con verità posso dire che gia tutti si sono scordati di me, hanno raggione, ma non ho gia raggione io di scordarmi della buona compagnia, e consigli che so, che m'ha dato V. S. Tanto per strada, come in Roma, non posso resistere a mostrare i dissegni del Lovre, e tutti che li vedono cognoscono che i lumi et gli elevati pensieri di sua Ma<sup>ta</sup> hanno potuto farmi fare quello che per me stesso non avrei mai saputo. Sig<sup>r</sup> mio, lei non potra mai imaginarsi, quanto io sia restato innamorato del Rè et della fabrica del Lovre et continuamente penso e fo qualche dissegno per la perfettione di quella. Mi compatisca perchè è stato un parto fatto con molto mio gusto. Molti principi vorrebbono un getto di bronzo del ritratto di sua Ma<sup>ta</sup>, e io l'ho tanto impresso nella mente che penso poterlo fare senza vederlo. Spero frà un mese finire l'opera della catedra et subito penso metter mano a gli Hercoli di S. M<sup>ta</sup>. Saluto V. Sig<sup>ria</sup> con tutto il core, Madama et suo fratello.

Roma, 14 decemb. 1665.

V. D. O. S. GIO. CARLO BERNINI.

### IV. — SIG. MIO SINGULAR<sup>mo</sup>,

Ho ricevuto questo ordinario due sue lettere, quelle sono state scritte assai prima che sono state date alla posta; le dette sono tutte piene d'affetto e d'amore, e ogni giorno più conosco la sua vera amicitia, e la sua prudenza, alla quale non posso contracambiare con altro, che con un sincero amore. Io per gratia di Dio ho finita l'opera della catedra, e subito mi sono messo a dissegnare per la fabrica del Lovre. Il sig<sup>r</sup> Mathia dopo essere stato un mese con febre, con l'aiuto di Dio è sanato, e vuol' fra pochi giorni partire, ma per esser fresco del male e i tempi assai rigidi, nessuno gliene consiglia, parendo a tutti, che metti in evidente rischio la sua sanità. Sono incerto, perchè da una parte mi preme la sua sanità, dall'altra avrei caro che questa fabrica s'avanzasse presto, sperando di poter la veder e insieme goder qualche giorno la sua buona conversazione. Mia moglie saluta la sua sig<sup>ria</sup> et Paulo che tutti facciamo a V. S. cordialissima riverenza.

Roma, li 30 gen<sup>ro</sup> 1666, etc.

### V. — ILL<sup>mo</sup>, MIO SIGNORE,

Il signor Mathia presenterà questa a V. S<sup>a</sup> et gli ricordarà la mia servitù, e la memoria, ch'io tengo delle sue rare virtù, e bona leggie d'amicitia. Il signor Mathia è venuto volontieri per servire S. Ma<sup>ta</sup>, ma anco perche sà, che non mi poteva mostrare maggior segno di

1. L'abbé de la Chambre.

gratitudine, conoscendo quanto mi prema questa opera del Lovre. Io a l'incontro amandolo cordialmente per le sue virtù e bone qualità lo raccomando a V. S<sup>a</sup>, dichiarandomi che tutti quelli servitij che lei farà al detto io li ricevero, come li facesse in persona di Paulo mio figlio. Prego a salutare sua moglie, e fratello, ed io di tutto core le faccio riverenza.

Roma, 2° marzo 1666.

Le huitième novembre, parlant à M. Colbert des bruits qui avaient couru du mécontentement du Cavalier, et qu'ils étaient faux, comme il se voyait par la lettre qu'il m'écrivait de Lyon, il m'a reparti que le Cavalier s'en était ouvert à M. le Nonce et que l'abbé Butti ne l'avait pas celé.

Le trentième novembre, j'ai trouvé dans la chapelle du Louvre l'abbé Butti, à qui j'ai dit en riant qu'il nous avait bien manqué au besoin, au sujet des bruits qui avaient couru, que le cavalier Bernin était parti d'ici mécontent, que pendant qu'il a été à la campagne, j'avais eu à répondre sur cela à tout le monde, que le Roi même m'en avait parlé et Monsieur aussi, que je les avais détrompés au mieux qu'il m'avait été possible. Il m'a dit que cela avait procédé d'un discours figuré que le Cavalier avait fait à M. Colbert, le jour même qu'il s'en alla, et que comme l'on n'était pas accoutumé à sa façon de s'expliquer; qu'il avait dit, à la vérité, à M. Colbert, qu'il n'y avait que le Pape et le Roi qui eussent pu lui faire quitter sa maison; qu'il n'en serait pas sorti pour cinquante mille écus pour tout autre; qu'il ne s'était point étendu dans cet entretien sur la libéralité du Roi, mais avait seulement parlé de l'honneur qu'il lui avait fait et de l'affection qu'il lui avait fait paraître, dont il serait dans une reconnaissance éternelle; que M. Colbert avait inféré delà qu'il n'était pas satisfait; du reste, et pour preuve de la fausseté des bruits répandus, l'abbé a ajouté qu'il n'y avait qu'à voir la lettre qu'avait écrite un peintre de Lyon nommé [1]...; qu'elle faisait connaître combien le Cavalier s'en allait content et satisfait. Je lui ai dit qu'il m'avait écrit à moi de Lyon; même, qu'un architecte du duc de Savoie nommé La Monie [2], qui l'avait vu à Chambéry, m'avait mandé qu'il s'en allait comblé des honneurs et des bienfaits qu'il avait reçus du Roi. L'abbé a repris et a dit qu'il faudrait faire voir ces lettres; qu'à la vérité, le Cavalier était quelquefois fâcheux, qu'il avait peine à le ramener quelquefois. Je lui ai demandé s'il lui avait témoigné d'être mécontent, il m'a dit que non; s'il l'avait témoigné

1. Le nom est resté en blanc dans le ms.
2. Voici cette lettre donnée plus loin dans le manuscrit. Je n'ai rien pu trouver sur cet artiste, qui était non seulement architecte, mais peintre du duc.

Monsieur,

Comme vous avez infailliblement assez bonne opinion de M. le cavalier Bernin pour ne pas douter qu'il ne soit parti de Paris avec tous les sentiments qu'il devait d'estime et de reconnaissance, il était superflu que je prisse la liberté de vous porter le témoignage que je fais, mais le récit de vos civilités et de vos bontés extrêmes, dont il me protesta de ne se pouvoir assez louer, m'inspira une si forte pensée de vous faire connaître la vénération et le respect que j'avais pour votre personne et pour votre illustre maison, qu'il me fut impossible de m'en défendre. Je me laissai donc aller à ce désir et ce fut même avec tant de hâte, que cela n'aura été que trop visible dans ma lettre, mais enfin je n'aurais pas sujet de condamner cette entreprise si elle pouvait m'attirer, avec l'honneur de vos commandements, celui de vous témoigner le zèle et la soumission avec quoi je serai toute ma vie, etc.

à M. le Nonce, il a dit que non. « D'où pourrait donc venir, ai-je dit, le bruit qui s'est répandu? » Il a répondu que c'était de la mauvaise interprétation qui a été donnée à son discours fait à M. Colbert. Je lui ai dit que je n'y étais pas, et qu'ainsi je n'en pouvais pas parler, que je n'arrivai chez M. Colbert, que comme il prenait congé de lui. L'abbé m'a dit que le commis de M. Colbert[1], qui avait affection à d'autres, avait augmenté ce bruit; qu'ils laissaient mourir de faim les Italiens qui sont ici, sans leur donner de subsistance, afin qu'ils se dégoûtent et s'en aillent; que le Cavalier à Lyon s'est loué des sculpteurs et de Vannestat, mais a dit que les architectes étaient ignorants[2].

1. Ch. Perrault.

2. Le manuscrit contient encore les trois lettres suivantes de Bernin :

I. — Ho avúto gran contento d'avere la sua lettera, ricordandomi sempre la sua buona compagnia e i favori che m'ha fatto ed il buon esempio che m'ha dato e la pazienza che ha avuto in soportare infiniti mancamenti che io fatto mentre ero in Parigi. Il sigr Colbert mi a mandato gli ordini delle mie pensionni sin a casa, et io dovrei andarlo ringraziare sin a Pariggi; prego ben lei a ringraziarlo in mio nome, e dirli che vedermi in Pariggi et Paolo dipende della fabrica del Lovre. Io ho gran passione di poter veder il modello, anco che con l'occhio della mente lo vedo et mi pare, che riesca la meno cattiva cosa che io habbia fatta, et tanto più la credo quanto mi viene approvata dal suo giudicio sapendo io quanto lei habbia bon gusto in queste professioni. La prego a salutare la sua consorte in mio nome, dicendoli che non è vero che la lontananza ogni gran piaga salda, perche io anco che sia lontano l'amo più che mai; saluto anco il suo buon fratello, ed a lei di tutto core gli faccio humilissima riverenza. Spesso si fa menzione della sua persona con il sigr cardinale legato, quale veramente gli vuol' bene. Addio, caro mio amico. Roma, li 30 genrro 1667. Sono due settimane che non ho lettere del sigr Mathia; dubito della sua sanità.

II. — Oggi, li 18 luglio è arrivato in Roma il sigr Mathia in buonissima sanità, insieme con la sigª sua moglie. Il detto m'a portato una di Madama, dove si conosce che l'amore che era tra di noi, anco non è cessato. Sono bene in colera fieramente con Monsù l'abbé e del suo modo di fare. Mi fà chiaramente conoscere, che io non lo saputo servire in cosa nessuna: pacienza : capitò anco gli giorni passati qui in Roma, un garbato sigre quale con una sua lettera mi accennava esser suo parente, ma per non intendere la lingua, ci vedemo assai poco. Io in tanto tengo sempre eterna memoria delli favori, che ho sempre ricevuti da lei, al quale insieme con Madama e suo buonissimo fratello faccio humilissima riverenza. Di Roma, li 18 luglio 1667.

ILLmo MIO SIGNORE,

III. — Mentre stava raggionando di lei m'è arrivata una sua lettera, alla quale rispondo, che in ordine alli giovani pittori ne per carità, ne per obligo, che professo a loro signori io faccio quel più che dovei. Della morte di suo fratello, io ho gran raggione di rallegrarmene perchè era un buon uomo e come tale per l'infinita bontà del Sigre deve essere in paradiso.

La casa che ha fatto fabricare e la situazione che a dote al busto del Rè e li acquisti che ha fatto di altri quadri devono essere cose desiderabili a vederli, perche il suo ingegno ed il suo buon gusto non puol fare se non cose belle, ed io le vedo e ne godo con l'occhio della mente.

Signor mio, la rimembranza della sua persona e compagnia sempre più mi obbliga ad amarlo e tenerlo fisso nella memoria. Il rivederci più in questo mondo credo sia desiderare, ma non di sperare, cerchiamo dunque di rivederci in cielo, sperando cosi per l'infinita bontà del Sigre.

La statua del Rè a cavallo è un pezzo che lo finita... ma quando poi la vedranno, troveranno poco, ma perchè li altri signori sono ripieni di cortesia, prudenti e discreti mi compatiranno.

La prego a salutare caramente Madame del suo nome, e dirli, che mi contentaria che lei amasse me la decima parte di quello che amo lui, si come faccio il mio signore de Chantelou di tutto core.

Roma, li 18 decembre 1678.

GIO. CARLO BERNINI.

Le 15 juin 1668, j'ai donné à M. Colbert un écrit cacheté contenant ce qui suit :

« L'obligation récente que mon frère et moi vous avons, nous fait, Monsieur, prendre la liberté de vous représenter que nous ne jugeons pas que rien pût servir davantage à votre gloire dans les bâtiments que de faire exécuter au Louvre le dessein du cavalier Bernin. Nous ne vous en avons, Monsieur, rien dit ci-devant, jugeant que les dépenses de la guerre plutôt qu'autre chose vous ont fait abandonner ce dessein. L'on ne doit pas croire que M. Lebrun qui s'est plaint du peu d'honneur qu'il avait reçu du Cavalier, lorsqu'il fut le saluer avec l'Académie, eût voulu vous inspirer ce changement après ce qui avait été commencé, reur de perdre le ministère des bâtiments qu'il a sous vos ordres ; ni M. Perrault non plus par ressentiment du grand démêlé qu'il eut avec le Cavalier ; ce serait pour de très petits intérêts empêcher l'exécution d'un grand et trop important ouvrage ».

Ayant le 23 juin vu M. Colbert, je lui ai demandé s'il avait lu cet écrit et l'ai supplié de croire que je n'avais pris la liberté de lui dire ainsi ma pensée que par un zèle qui regarde sa gloire. Il m'a dit qu'il l'avait vu, mais que le dessein du cavalier Bernin, quoique beau et noble, était néanmoins si mal conçu pour la commodité du Roi et de son appartement au Louvre, qu'avec une dépense de dix millions, il le laissait aussi serré dans l'endroit qu'il devait occuper au Louvre qu'il était sans faire cette dépense ; que cela était si peu convenable, qu'avant que d'y consentir dans la charge qu'il avait, il eût voulu avoir auparavant dix ordres du Roi, par écrit, pour sa décharge ; que le Cavalier n'avait rien voulu écouter sur ce sujet. Je lui ai reparti qu'il avait eu la pensée de faire un appartement royal dans l'angle du Louvre qui est le plus proche du Pont-Neuf. Il m'a dit qu'il était ridicule de vouloir faire le logement pour la personne de leurs Majestés, en un endroit où il eût été nécessaire d'avoir des sentinelles avancées pour empêcher le matin les carrosses d'approcher du Louvre ; qu'il lui avait fait entendre que l'appartement du Roi ne pouvait être qu'au lieu où il est, mais que le Cavalier n'avait point entré là dedans, et ne voulait faire les choses qu'à sa fantaisie ; qu'on ne pouvait nier que son dessein ne fût beau et magnifique, mais qu'en ruinant, pour ainsi dire, tout le Louvre et dépensant dix millions, il laissait le Roi avec aussi peu de commodité à son appartement qu'il y en avait auparavant ; qu'il avait cherché à faire de grandes salles et de grands lieux pour tout le reste et ne faisait rien pour le Roi ; que je ne devais pas m'imaginer qu'il se laissât persuader par le sentiment des autres ; qu'il avait su l'emportement que le Cavalier avait eu avec M. Perrault et s'en était étonné, étant une personne qui lui portait ses ordres ; que le Cavalier avait d'excellentes parties, mais qu'il était trop attaché à son sentiment et ne voulait rien donner à celui d'autrui ; qu'il avait donné au Louvre un exhaussement excessif dont il n'avait rien voulu diminuer, durant qu'il avait été ici, mais qu'au dessein qu'il avait renvoyé de Rome, il l'avait corrigé et rabaissé de [1]... pieds. Je lui ai dit, que j'appréhendais que de la sorte que le Louvre s'achevait les ornements n'en parussent trop petits ; que j'avais toujours cru et mon frère

1. Le chiffre est resté en blanc dans le manuscrit.

aussi, que le Louvre n'avait été projeté que pour être les trois quarts moins grand qu'il ne sera. Il m'a dit qu'il le croyait aussi ; et ce que j'appelle les ornements ? J'ai dit les ordres, qui, dans le premier projet, étaient convenables à la distance dont ils étaient vus, mais que dans le grand éloignement, ils me semblaient disproportionnés ; que d'ailleurs l'incommodité de la grandeur de la cour pour le soleil et pour la pluie faisait juger que les loges [1] auraient été nécessaires. Il m'a dit qu'il y en aurait, et que pour bien loger le Roi, il élargissait du côté de la rivière ; que le temps qu'il y a qu'il entend parler de bâtiments, fait qu'il peut juger des choses par lui-même et de ce qu'il sera plus convenable de faire ; qu'il a été bien aise de s'expliquer avec moi pour m'ôter la pensée qu'il se laissât persuader. J'ai répété que rien ne m'avait fait prendre la liberté que j'avais prise, que le zèle de sa gloire ; que je n'avais rien vu de ce qui s'exécutait, qu'ainsi je n'en parlais point ; et lui ayant fait la révérence, je me suis retiré.

1. Galeries ; c'est le mot italien *loggie*.

(Extrait de la *Gazette des Beaux-Arts*.)

# TABLE ALPHABÉTIQUE

## DES MATIÈRES

63